日本政治学会 編

国家と社会

統合と連帯の政治学

年報政治学2008‐Ⅰ

木鐸社

はじめに

　それぞれの来歴をもつ「国家（state）」と「社会（society）」という概念であるが，両者の対比がきわめて大きな政治的意義をもつようになったのは，おおよそ18世紀のスコットランド啓蒙思想以降と言えよう。その際，強制の領域としての国家に対し，社会は自発性の領域であるとされることが多かった。19世紀以来の自由主義思想では，国家の領域を狭め，社会に委ねることが，自由の増大につながるものとされ，こうした認識はその後，いわゆる市民社会論に継承されて今日に至っている。

　しかし，これとは別の物語も進行したことに注意すべきである。古代ギリシアのポリスとオイコスとの対比，すなわち言語を媒介とする人間の活動（ビオス）の領域と，生物としての人間の再生産（ゾーエー）の領域との切断は，近代社会では，とりわけフランス革命以後は維持されなくなる。貧困問題としての「社会問題」への関心は，今日の福祉国家論にまでつながるが，そこでは，自発的な交換では必ずしも担保されえない生活保障のために，しばしば国家が呼び出される。「社会国家」観念の成立に見られるように，国家と社会は癒着することもある。

　このように，国家と社会との関係はきわめて錯綜しているが，その理由の一端が国家の二面性にあることは明らかであろう。すなわち，それは一面において個人を抑圧し，その自由を奪う側面があるが，他面では個人の生活を保障し，自由の条件を整える。もう一つのポイントは，社会概念の包括性に求められよう。経済的な交換の領域としての市場が社会に含まれると見るか，それともその外部にあり，むしろ社会と対立していると見るかは，単なる定義の問題を越えて，理論の性格を規定する。このことは，市場が猛威を振るっている現在，ますます重大な論点となりつつある。これに加えて，現代においては，家族という領域をどう見なすかも大きな争点となっている。

　国家と社会との間の境界線を強調することは，自由主義や市民社会論に活力を供給し，大きな成果をもたらしてきた。しかし，そのことによって

逆に隠蔽された問題や，見えなくなってしまった対立関係もあるのではないか。こうした問題意識を共有しつつ，それぞれの論者が，各自の専門領域から国家—社会関係をめぐる諸問題を改めて追究したのが，本号の特集に他ならない。

田中論文は，フランス革命によって労働がただちに個人化されたわけではなく，中間団体を通じた相互扶助的（「社会的」）なものと結びついていたことを示す。そこでは，国家は一種の後見的な役割を期待されていた。近年の自由主義的改革によって，こうした労働のあり方は大きく変えられつつあるが，これに対して示されたいくつかの代案にも，田中論文は言及する。

山中論文は，20世紀の代表的な自由主義者ハイエクと，19世紀のトクヴィルとの関係に新たな光を当てる。平等化への期待が専制的な権力を呼び出しかねないという危惧において両者は一致していた。しかし，トクヴィルが専制への防壁として人々の政治的自由に期待したのに対し，ハイエクはそれに否定的であったと言う。市場原理が貫徹し，デモクラシーへの懐疑が語られる現在，こうした考察は重要な示唆をもたらす。

早川論文もまたトクヴィルに注目し，トクヴィルの結社（アソシエーション）論の意義と，それを継承したアメリカの結社論の狭さを明らかにする。最近のアメリカの結社論では，国家と対比されたものとして社会を称揚するあまり，社会内の権力を見逃していると言うのである。その上で早川論文は，イギリスの多元主義論にもふれつつ，諸々の結社をどう統合するかに考察をめぐらす。

大中論文が目を向けるのは，人の移動が国家—社会関係に与える効果である。共和国は自発的な結合であると強調する議論に対して，現代フランスを「移民社会」としてとらえる著者は，その上に落ちる植民地主義や人種主義の影を見逃さない。フーコーの講義録やアーレントの全体主義論に言及しつつ，大中論文は，植民地主義が旧宗主国社会にもたらす「ブーメラン」的な効果の内実を明らかにするのである。

木下論文は，1960年代における日本社会党の構造改革論について，当事者へのインタビューをまじえて再構成する。この路線が浸透しなかった最大の理由は，木下氏によれば，改革の内容が不明確であったからである。資本主義の改良が社会主義革命実現を遠ざけるのではないか，という認識

があったとも言う。フランスのような形で「社会的」なるものが成立しなかった日本の事情が明らかにされている。

　田村論文は，近年のフェミニズム理論を参照しつつ，国家・市民社会・家族の関係を問い直そうとする。国家には家父長制的な面もあるが，女性の自立を促す面もある。どうすれば，国家を後者の方向に進めて行くことができるのか。市民社会もまた女性にとって抑圧的でありうるし，さらには家族もまたそうである。こうした認識の下に田村氏は，諸領域の間の相互作用を解明して行くのである。

　この他に提出された，国家／社会といった境界画定そのものの問題性について論じた拙稿（「法と暴力———境界画定／非正規性をめぐって」）については，編集上の都合により，次号に掲載される予定である。

　以上のような構成の特集では，論じ尽くされなかった点も多いが，国家と社会の関係をめぐるさらなる研究の端緒となれば幸甚である。なお本特集のため，年報委員会は，2007－8年度科学研究費補助金を受けている。

　特集に加えて，本号には7本もの個別論文が収録されている。多くの公募論文を掲載することは，本年報を年2回発行とする際の最大の目的であった。質の高い論文をお寄せいただいた執筆者諸氏と，中邨章査読委員長をはじめとする関係者に敬意を表したい。

　　　　　2008年5月
　　　　　　　　2008年度第1号年報委員長　杉田　敦

日本政治学会年報 2008‐Ⅰ

目次

はじめに   杉田　敦（3）

〔特集〕 国家と社会：統合と連帯の政治学

労働の再定義
  ―現代フランス福祉国家論における国家・市場・社会― 田中拓道（11）

ハイエクの民主政治論における懐疑と失望
  ―トクヴィルとの比較の観点から―   山中　優（37）

結社と民主政治
  ―アソシエーションから政治は生まれるのか―   早川　誠（61）

ポスト植民地主義期における社会と国家
  ―現代フランス政治における移民問題を手がかりに― 大中一彌（82）

社会党はなぜ，構造改革を採用できなかったのか？
  ―歴史的・政治的意味の再考―   木下真志（109）

フェミニズムと国家理論
  ―「国家の復興」とその後―   田村哲樹（143）

〔論文〕

「制度」と「人心」
　──田口卯吉『日本開化小史』の秩序像── 河野有理（169）

途上国の金融改革のペースを決定する政治的要因　大森佐和（188）

党首選出過程の民主化
　──自民党と民主党の比較検討── 上神貴佳（220）

軍部大臣文官制の再検討
　──1920年代の陸軍と統帥権── 森　靖夫（241）

J.ロックにおけるプライドと市民社会（文明社会）
　──『教育に関する考察』を中心として── 中神由美子（263）

政治的知識と投票行動
　──「条件付け効果」の分析── 今井亮佑（283）

『危機の二十年』（1939）の国際政治観
　──パシフィズムとの共鳴── 三牧聖子（306）

〔書評〕

2007年度　書評　　　　　　　　　　日本政治学会書評委員会（324）

〔学会規約・その他〕

日本政治学会規約　　　　　　　　　　　　　　　　　　　（344）

日本政治学会理事・監事選出規程　　　　　　　　　　　　　（346）

日本政治学会理事長選出規程　　　　　　　　　　　　　　　（347）

日本政治学会次期理事会運営規程　　　　　　　　　　　　　（348）

『年報政治学』論文投稿規程　　　　　　　　　　　　　　　（349）

査読委員会規程　　　　　　　　　　　　　　　　　　　　　（353）

Summary of Articles　　　　　　　　　　　　　　　　　　（356）

国家と社会

― 統合と連帯の政治学 ―

労働の再定義

――現代フランス福祉国家論における国家・市場・社会――

田中拓道*

1 はじめに

　1990年代以降，グローバル化や産業構造の変化（情報化・サービス化）の進展によって，福祉国家の役割が転換しつつある，と言われる。20年来の比較福祉国家研究を主導してきたエスピン＝アンデルセンは，かつて福祉国家の機能を「脱商品化（decommodification）」として把握していた。それは個人が「商品化」された労働に従事せずとも，一定の生活水準を保障される程度をさす[1]。ところが近年では，受動的な所得・サービス保障にとどまる従来の福祉政策が，「雇用拡大と知識集約型の競争経済を促進するより，むしろ阻害する」と指摘される[2]。新たな経済環境に適合する福祉政策とは，人的資本への投資（教育・就労支援）をつうじて万人の「就労可能性（employability）」を高め，（就労）機会を最大化することでなければならない。実際，近年の福祉国家改革では，失業保険・公的扶助改革や就労支援のあり方が大きな論点となっている[3]。こうした議論の方向性は，大きく言えば，「労働」と「社会権」との再結合，あるいは「脱商品化」から「再商品化（re-commodification）」への転換と称することができるだろう[4]。

　本稿の目的は，近年の議論状況を念頭に置きつつ，フランス福祉国家の再編過程において，「労働」と「社会権」との結びつきがどう問い直されているのかを検討することである。フランスでは，歴史的にみるとフランス革命において，「自由な労働」を担う個人が近代的秩序の中核に位置づけられた。ただし，こうした個人の存立基盤は不安定なままであり，19世紀を

---

*　新潟大学法学部教員　政治理論・政治思想史

つうじて，個々人の相互行為・相互扶助関係から成る「社会的」領域を組織化し，その中に「労働」を埋め込もうとするさまざまな構想があらわれた。20世紀に成立するフランス福祉国家とは，たんなる国家・市場関係の調停としてではなく，19世紀をつうじた「社会的なもの」をめぐる構想の競合と，そのひとつの帰結として理解されなければならない。ところが，およそ1970年代以降，「労働」のあり方が大きく変容し，社会的「排除（exclusion）」が顕在化することで，戦後福祉国家に体現された「労働」と「社会的なもの」との結びつきが根本的に問い直されることになった。今日のフランスの議論状況を省みることは，先進国の福祉国家再編に共通する動きをより原理的視座からとらえ直し，その将来像をめぐる対立軸を明らかにするうえで，有益な示唆を与えるであろう。

以下ではフランス革命以降の流れを「労働と社会的なもの」の関係という観点からふり返り，戦後フランス福祉国家の特徴を指摘する（第2節）。次に1970年代以降の福祉国家の「危機」を，「労働」の変容と「社会的排除」の顕在化という二点から指摘し，今日両者の関係がどう問い直されているのかを，三つの立場に区分して検討する（第3節）。最後に以上の考察を踏まえ，福祉国家の将来像をめぐる理念上の対立軸について，試論を述べたい（第4節）。

2 「社会的なもの」と労働①――フランス福祉国家の成立まで

(1) フランス革命における労働の中心化

「労働（travail）」概念史を研究したジャコブによれば，「労働」とは中世をつうじて神の課した罰や苦役という否定的意味を持っていた。それは勤勉・清貧という徳や，財の生産という意味と結びつくことはあっても，重要な活動とはみなされていなかった。「労働」が国富の源泉であり，社会的に「有用」な活動として広く認知されるのは，18世紀以降のことである[5]。

フランス革命は，「自由な労働」を担う個人を新たな秩序の主体へと位置づける革命であった[6]。たとえばシエイエスは，1789年のパンフレット『第三身分とは何か』の中で，労働を担う「有用な第三身分」と「無用な貴族階級」を対比し，前者こそが「市民のすべてである」と宣言した。フランス革命期には，1791年ル・シャプリエ法をはじめとする一連のデクレ・立法によって，職人組合・同業組合が禁止され，「自由な労働」を担う個人

の析出が目指された。他方,「労働」に従事しない「怠惰」な個人への私的・宗教的救済が禁じられ,公的扶助への一元化が目指された。1790年に設置された物乞い根絶委員会で,ラ・ロシュフーコー＝リアンクールは次のように言う。「個人が社会に『生存を保障せよ』と言う権利を有するならば,社会は個人に『労働を提供せよ』と応える権利を有している」[7]。公的扶助は就労能力のない「真の貧民」に限定されなければならず,就労能力のある「偽の貧民」の物乞いは禁止され,労働義務が課される(1793年憲法案人権宣言第21条における「公的扶助」の規定,および1793年10月15日法による物乞いの禁止)。

　以上のように,革命期において,「自由な労働」は,近代社会を担う「市民」の権利・義務の中核に位置づけられた。本稿ではこうした考え方を「労働の中心性」と称する。

(2) 19世紀における「社会的なもの」の競合

　しかし革命期の秩序像が,19世紀以降にそのまま具体化されたわけではない。職人組合や信心会は法的に禁じられたにもかかわらず,事実上は革命後も存続した。「労働の自由」の法的規定は,伝統集団から切り離され,孤立した個人に,生存や安全の実質的な保障をもたらさなかった。たとえばルイ・ブランは1840年に次のように言う。「抽象的に捉えられた権利とは,1789年以来,人民を酷使する蜃気楼であった。権利とは,人民にとって,彼らが有していた生きた保護に代わる,抽象的で死んだ保護である」[8]。1830年代には,パリ,リールなど産業化の進んだ大都市労働者層のあいだで,「大衆的貧困 (paupérisme)」と称される大規模な貧困現象が生まれた。「労働」を担う個人は,法的には自律した主体とみなされるにもかかわらず,現実には多くが自律を持たない貧民となっている。およそこの時期以降,国家・市場と区別された個々人の相互行為,相互扶助から成る「社会的」領域を組織化し,その中に「労働」を埋め込むことで,秩序を再建しようとするさまざまな構想があらわれる[9]。

　一部の労働者や社会主義者は,「労働」を人間の本質的活動であり,最も重要な社会的紐帯とみなした。たとえばサン＝シモンは,旧支配層(聖職者,法律家,貴族)に代わって,「産業者 (industriels)」(労働全般を担う個人を意味する)こそが経済的・政治的権力を握り,公共財を管理しなけ

ればならない，と主張した[10]。フーリエやプルードンによれば，労働に従事する者とは，純粋で善良な精神を持ち，自然な「連帯」の感情を持っている。彼らを真に解放するには，生産・信用・所有のあり方を全面的に変革し，「社会革命」によって新たな共同体を樹立しなければならない[11]。

　1840年代の労働運動を経て，1848年に勃発する2月革命を主導したのは，ルイ・ブランやルドリュ＝ロランなどの共和主義知識人であった。セウェルによると，この革命をもたらした原理とは，「労働こそが人間の活動の本質である」という考えであった[12]。たとえば革命直後の2月25日に，臨時政府は次のように宣言する。「フランス共和国臨時政府は，全市民に労働の保証を約束する」。続く第二共和政国民議会では，「労働への権利（droit au travail）」（労働の自由を意味する労働権と異なり，国家が万人の就労機会を保障する義務を負う，という法的理念）の実現をめぐって，激しい議論が戦わされた。ルドリュ＝ロランなどの共和主義者は，「労働への権利」を1793年憲法の精神の継承と主張したが，トクヴィル，ティエールなどの自由主義者は，「労働への権利」が大革命の原理である個人の自由を脅かし，国家の専制を導くとして批判した[13]。結局この権利は憲法に明記されず，第二共和政下では公共事業による雇用が短期間行われるにとどまった。国家による「労働への権利」の保障という考えは，その後約1世紀のあいだ，議論の俎上にのぼることはなかった。

　一方，七月王政期や第二帝政期の支配層は，産業化のもとで「労働」を担う階層を，秩序を脅かす潜在的な反乱者，「危険な階級（classes dangereuses）」として表象した[14]。「労働」をとりまく場や環境の悪化によって，それは人びとに勤勉の精神や美徳をもたらすどころか，行動規律・生活習慣の退廃をもたらしている。国家による直接的な扶助は，こうした人びとの「モラル」をさらに堕落させるにすぎない。「労働」を担う階層のふるまいを改善するには，パトロナージュ，宗教組織，共済組合，貯蓄金庫などの中間集団を活用し，彼らの生活習慣・労働規律・家族関係に働きかけ，その集合的「モラル」を向上させなければならない[15]。この時期の支配層は，「労働の自由」を実現するにとどまらず，むしろ「労働」を担う個人やその生活環境を観察と働きかけの対象とみなし，それらをより広い「社会」関係（上下階層の依存関係の集積）の中に埋め込もうとした。

　以上のようにして，フランス革命期には「労働」が近代的主体の権利・

義務の中核に位置づけられ，国家による「労働の自由」の保障が目指された。19世紀以降,「労働」を担う個人を中間集団を介した「社会」関係の中に埋め込もうとするさまざまな構想があらわれ，それらは互いに競合した。

(3) 第三共和政における労働と社会権

第三共和政中期（1890-1920年）に急進共和派に近い知識人・政治家フイエ（Alfred Fouillée），デュルケーム（Emile Durkheim），ブグレ（Célestin Bouglé），ブルジョワ（Léon Bourgeois），デュギー（Léon Duguit）などによって唱えられた一連の思想は，19世紀をつうじた「社会的なもの」をめぐる思想対立を調停し，20世紀に引き継がれる国家・社会関係を準備する役割を果たした。

この時代を代表する共和派知識人エミール・デュルケームは，1893年に『社会分業論（De la division du travail social）』という著作を発表する。「労働の分業」に「社会的」という語が付されたこの著作は，「労働」への新しいとらえ方を象徴的に示している[16]。デュルケームによれば,「労働」とは，たんに富を産出する活動でも，資本家の「搾取」をもたらす活動でもない。それは新しい社会的絆，すなわち「連帯（solidarité）」を生み出す源泉である。現代では，社会的な絆は「分業化された労働」の相互依存関係によって成り立っている。ただし，そこでの「労働」とは「自由な労働」ではなく，以下の意味において「社会的」に規制された労働である。

第一に,「労働」は労使から成る職業団体によって規制されなければならない。デュルケームによれば,「経済的機能とは，それ自体のために存在するのではなく，ある目的の手段にすぎない。それは社会生活の一器官である。社会生活とは，何より同じ目的に向かう人びとの努力の調和する共同体，精神と意思の融合体である」[17]。当時の社会問題とは，経済が無規制状態に置かれ，人びとが私的利益の衝突状態（「アノミー（anomie）」）に陥っていることからもたらされている。彼はこうした「異常（anormal）」状態にたいして，国家による画一的な規制ではなく，職業組合を再建し，そこでの交渉によって労働条件・賃金・衛生・保険などのあり方を規定すること，中間集団を介して個人に「正常」なモラルを内面化させることを主張する[18]。こうした職業組合を基礎とした職能代表制が「デモクラシー」の新しい形となる。

この時期には，革命期の「ジャコバン主義」的秩序像が修正され，職業組合の「社会的」役割が法的に承認されていった。1884年には職業組合法が制定され，1900年労働協議会（Conseils du travail），1906年労働局（Office du Travail），労働センター（bourses du travail）の設置によって，労使団体による交渉が奨励された[19]。デュギーやオーリウは，団体の「法人格（personne juridique）」を理論的に基礎づけ，1919年団体協約（convention collective）法成立への道をひらいた[20]。こうして「労働」は，労使団体による一定の「社会的」規制の下に置かれていく。

　第二に，「労働」を担う個人は，産業社会において，自律をおびやかす出来事に遭遇する。たとえば労働災害やコレラなどの伝染病は，都市における工場労働とともに一般化した。失業・老齢による失職も，産業化によってはじめて深刻化した[21]。ブルジョワは，労災，疾病，老齢などを，「連帯」の秩序に内在する「社会的リスク」ととらえる。それは一定の確率で個人に発現する集合的現象である。「リスク」への対応は，個人の責任ではなく「社会」の側の責任である。彼は言う。「社会的リスクへの自発的かつ相互的な保険が成員に同意され受容されるところにしか，社会生活は存在しない。社会生活の進歩とは，まさにこの相互保険に関わる共通の対象・利益・リスクによって測られるであろう」[22]。

　世紀転換期から，急進共和派の手によって，「労働」を担う個人を対象とする社会保険が導入されていった。1898年には労災保険が，1910年には強制的な労農年金が導入された。それらは国家が一元的に管理するのではなく，職業組合や共済組合によって管理される。国家の役割は，保険加入を義務化し，集団間の財政的調整を行うことに限定される。1928-30年には，出産，疾病，労災，年金を包括する社会保険法が成立する。

　以上のように，「労働」が「社会的なもの」と結びつくことで，個人の「自律」と社会「進歩」とのあいだには，次のような相互関係が形成された。個人は「労働」を担うことで社会的アイデンティティを獲得し，共和国を支える「市民」となる。たとえば当時の代表的社会理論家マクシム・ルロワは，1922年の著作で次のように述べている。「各人が理解すべきことは，今後は各人が，有用な労働を担う者として市民でなければならない，ということである」[23]。個人は「労働」にともなう「リスク」から保護されることで，「自律」を獲得する。「社会」は「労働」を能動的に担う個人を統合

し、そうした個人の「自律」を保障することで、全体の「進歩」を実現する。

ただし第一次大戦を経た1920年代以降、「労働者」が消費社会へと組み込まれるにつれて、個人の「自律」とは、所得の増加と余暇の拡大として、社会「進歩」とは、産業の近代化・発展として読みかえられていく。1936年マティニヨン協定では、産業近代化への労使協力を前提として、週40時間労働、有給休暇、労働協約の強化が定められた。そこで国家は、「自由な労働」を保障するのではなく、労使交渉や職域保険を奨励・義務化し、産業「進歩」と個人「自律」との調和を約束するという後見的（tutelaire）な役割を担うことになる。

(4) 戦後福祉国家の成立

戦後フランス福祉国家は、戦前からの基本的な秩序像を引き継ぎ、戦後の政治的文脈の中で「労働の中心性」をより強く反映する形で成立した。以下では制度構造にかんして二点を指摘しておきたい。

第一に、戦後の社会保障プランを作成したのは、1930年代に労使関係の組織化による産業近代化（「コルポラティスム」）を図ろうとした改革官僚ピエール・ラロックであった[24]。ラロックが1945年に提出したプランは、「労働者」の統合と「社会化」という目的を反映している。たとえばラロックは次のように言う。「社会保障は、なによりも就労している男女、労働によって生計を得ており、労働のみによって生活するすべての男女にたいして、報酬を提供するものでなければならない」。社会保障とは「労働者が十全な責任を持つ新しい社会秩序の創出」を意味しており、そこでは当事者（労使）自身が運営に携わらなければならない[25]。

フランス福祉国家の制度には、ベヴァリッジ・プランなどと対照的に、「労働の中心性」が以下のように組み込まれている。まず財源は、国庫からではなく労使の拠出によって賄われ、給付は所得比例となる。（下級・地域）保険金庫は国家によってではなく、選挙をつうじた労使代表によって自治的に運営される（「社会的デモクラシー」）。ラロックによれば、「社会保障におけるフランス的伝統とは、相互扶助、サンディカリズム、かつての社会主義、そして友愛（fraternité）の伝統である」[26]。

第二に、こうした「労働の中心性」は、1945-47年に左派労働運動の強

い影響の下で制度化が進められたことで、さらに強められた[27]。1945年社会保障組織法の立法化にあたっては、組合活動家クロワザが大きな影響力を発揮し、法を策定した「臨時諮問会議」では共産党系労働組合（CGT）に近い議員が多数を占めた。その結果、使用者が拠出金の約2／3を負担する一方、保険金庫の運営委員会では労働者代表が3／4を占めることになった。

ただし、1947年以降は自営業者、特定産業の使用者・労働者、農民などが、ラロックやCGTの推進した金庫の一元化に反対した。1950年以降、フランス福祉国家は職域ごとに分立した制度（給与所得者を対象とした一般制度、公務員・鉄道炭鉱労働者などの特別制度、農業・自営業の独立制度など）のもとで発展をとげていく。

以上のように、フランス福祉国家は「労働」を「社会的なもの」に埋め込むと同時に、そうした「労働」を担う個人に社会的保護を約束するという理念の上に成立した。戦後の制度構造では、財源・制度管理において「労働の中心性」が強く反映された。国家は制度間の財政調整によって「社会的なもの」を促進するという後見的な役割を担うにとどまる。戦後の「栄光の30年」（1945-75年）を支えたのは、こうした「労働」と「社会的なもの」との緊密な結びつきであったと言うことができる。

3　「社会的なもの」と労働②――フランス福祉国家の再編

(1)　福祉国家の「危機」

①労働の変容

「栄光の30年」と称される経済成長の過程で、労働のあり方は大きく変化した。1949年から74年のあいだに、「労働者（travailleur）」の多数派は肉体労働者から事務員・技術者・管理職などへと移行し、1974年には第三次産業従事者が50％を越える[28]。

機械化の進行やホワイトカラー層の増大につれて、「労働者」のあいだでも、高技能・高所得層と、肉体労働・低所得層との分化が顕在化していく。この時期の「労働」論の主題は、機械化・オートメーション化による「労働」の性質変化と、労働者階級の分化・多様化であった。たとえばベルヴィルは『新しい労働者階級』（1963年）の中で次のように言う。機械化にと

もない「労働者」の境界がますます曖昧となり,技術進歩から利益を得る層と,そこから脱落する層との格差が拡大している。労働運動においても,かつての過酷な労働から解放され「進歩」が実現したという議論と,いずれの時代より労働者が疎外状態に置かれているという議論とが並存している,と[29]。

　フリードマンは『細分化された労働』（1964年）の中で,機械化・オートメーション化の進行が,肉体的苦痛をともなう労働からの解放をもたらすのではなく,逆に中技能職を没落させ,人格とのつながりを失った「細分化された」単純労働を増大させる,と指摘した。彼は言う。「労働時間をいちじるしく短縮し,個人から心理的均衡と多くのばあい労働が個人に伝統的に確保していた人格の実現という基本的要素を奪ってしまう社会においては,この人格の実現の中心を自由時間,能動的な余暇に置くという必要性がいっそう切実になる」[30]。実際この時期には,給与の増額による購買力強化,労働時間の短縮,そして所得の平等化が最も強く要求された[31]。

　1968年5月には,大規模な学生・労働者の運動が勃発する。これを受けてセルジュ・マレは,『新しい労働者階級』（第2版,1969年）で,技術者,専門職,管理職などにおいて,高度な政治意識をもった階級が出現していると指摘した。「現代労働者が集団レベルにおいて,かつて労働の機械化段階で失った職業的自立性を取り戻せば取り戻すほど,ますます管理要求に向かう諸傾向が強まってゆく。現代的な生産条件は,今日,生産と経済とのその従事者たちによる全般的な自主管理が発展する客観的な可能性を提供している」[32]。こうした「新しい階級」は,共産党に近い左派労組（CGT）と路線を異にする中道労組（CFDT）の担い手となり,1960年代末から生産の自主管理や政治社会の民主化運動を展開する[33]。

　こうした動きにたいし,政治の側からは新たな統合策が提示された。ポンピドゥー大統領に任命されたシャバン＝デルマス首相は,1969年9月16日国民議会で「新しい社会（nouvlle société）」の到来を宣言する。従来の国家による画一的規制から「社会」を解放し,労使交渉を活性化しなければならない。社会問題省顧問に任命されたジャック・ドロールの「契約の政治（politique contractuelle）」（公企業の労使による運営）をはじめ,この時期には,「契約」をキーワードとした労使関係の調整が目指された。1971年には労働組合による団体交渉の権利が承認され,平均所得に連動した最

低賃金（SMIC），月給制，雇用保障などが新たに導入された[34]。

　以上のように，戦後の経済成長の下で，従来の肉体労働者と異なる「新しい労働者階級」が登場し，賃金・労働時間・労働条件をめぐる「自主管理」運動と「契約の政治」のせめぎあいのなかで，新たな労使関係が構築されていった。たしかに労働組合の代表性が企業に承認され，労使交渉が義務化されるのは，1982年オルー法の成立を待たなければならない。とはいえ，高技能職や公企業を中心とする人びとは，「労働」という地位に基づく手厚い身分保障や社会保障を約束される。社会保障を労働運動の「社会的獲得物（acquis sociaux）」とする見方は，この時期に根付いていく。一方その背後では，労働の多様化，不安定化が徐々に進行し[35]，「社会的なもの」の内部に亀裂がはらまれていく。

②社会的排除——フランス福祉国家の構造問題

　1970年代半ば以降，フランスの社会保障財政は恒常的な赤字に転落する（1974－80年で2－4％の赤字[36]）。この時期以降，さまざまな福祉国家改革が試みられるが，それは制度上の特性から，「社会的なもの」の分断を顕在化させ，「労働」と「社会的なもの」とのつながりを徐々に解体していくことになった。

　第一に，もともと意思決定が分権的であり，「社会的なもの」が「労働」に付随する「獲得物」とみなされてきたフランスでは，財政赤字の下でも給付削減がほとんど進まず，80年代をつうじて，主に企業負担の増加による財政均衡策が選択された[37]。

　戦後「プラニスム」と呼ばれる経済政策を担ってきた国家官僚（INSEE，計画総庁（Commissariat général du Plan）など）のあいだでは，1970年代後半に「ケインズ主義」から新自由主義への政策理念の転換が広がる[38]。政府や社会問題財務局でも，1983年以降は社会保障の赤字削減が主な関心事となっていった。しかし政府のイニシアティヴによる給付削減や拠出増額にたいしては，制度管理の主体である労働組合を中心に，激しい抵抗運動が引き起こされた。1975年の医療保険の拠出増額案にたいしては，主要労組（CGT, CFDT）のストライキによって，当時のジャック・シラク首相が退任に追い込まれた。1986年セガン首相による医療支出抑制案にたいしては，86年末から87年にかけて中道・左派労組（CGT, CFDT, FO），共

済組合のそれぞれが大規模なデモを組織し，88年にセガン・プランは修正された。これらを除けば，給付削減への政治的イニシアティヴはとられず（非難回避戦略），主に労使拠出（特に使用者負担）を増やすことによる財政均衡が試みられた[39]。

第二に，1980年以降，長期失業が拡大し，パートタイマーや短期契約といった不安定雇用も増大していく[40]。こうした雇用に従事する人びとは，フルタイム・長期雇用という従来の「労働」のあり方に対応した社会保障の枠外に放置される。この時期から「新しい貧困」「不安定（précarité）」が社会問題化し，それらが経済的貧困にとどまらず，「社会的紐帯」からの疎外と孤立をもたらしているとして，80年代末からは（社会的）「排除（exclusion）」と称されるようになる[41]。

「排除」をめぐる議論では，従来の社会保障システムそれ自体が「排除」を促進していると考えられるようになった。長期間にわたる重い拠出義務が，そうした負担を担えない人びとを十全な社会保障の枠外に追いやっている。さらに企業の重い社会負担は，雇用の拡大を阻害し，失業や非正規労働を拡大することになっている。従来の画一的な「労働」のあり方（長期・フルタイム労働）に対応した社会保障が，それ以外の人びととのあいだに社会の「二重化（dualisation）」を促進させている，と[42]。

第三に，こうした「排除」論およびヨーロッパ統合を契機として，CFDTなど一部の労働組合は社会保障改革へと立場を移行させる。1990年代以降，右派政権と一部労組との間に合意が形成されることで，従来の制度構造の根幹にかかわる改革が進められていくことになった。1993年にはバラデュール内閣のもとで一般制度の赤字が国家の負債へと付け替えられ，1995年ジュペ内閣では社会負債返還税が導入された。1996年には医療保険支出を国家が管理する社会保障財政法が定められ，1997－98年には一般福祉税（CGS）が引き上げられた（約7.5％へ）。これらはいずれも，労使の財政管理に代えて国家の管理を拡大させ，全体の支出を抑制しようとする動きである。

さらに1980年代末からは，貧困・「排除」問題にたいして，1988年の参入最低所得（RMI）をはじめとする新たな最低所得（社会的ミニマム）の導入が進められた。今日では人口の約10％にあたる600万人が最低所得の受給者となっている。また1999年には，国家の管轄下で貧困層を包摂する普

遍的医療保険（CMU）が導入された。

以上のように，従来の「労働」と「社会的なもの」との結合がむしろ「社会的なもの」の内部に分断を引き起こしているという認識を背景として，近年では両者を徐々に切り離す方向で改革が進められてきた。一方では「労働者」に代わって「市民」という属性に基づく（最低限の）社会給付が拡大すると同時に，他方では，労使に代わり国家による社会支出の管理が広がっている。戦後制度構造の転換は，フランス福祉国家を支えてきた原理そのものへの問いに遡り，「労働」と「社会的なもの」の結びつきを原理的に問い直す動きへとつながっていった。

(2) 労働の再定義

およそ以上のような文脈を背景として，フランスでは1990年代半ばから，両者の関係を根源的に問う議論がつみ重ねられている。たとえば1997年の論文集『労働，その未来とは？』では，冒頭で次のように指摘される。「90年代初頭まで，ほとんどの公的議論と専門家の研究では，失業を抑制する手段のみに注意が向けられてきた…。今日では，労働の変容が不可逆的な社会の変化（changement social）をともなっており，雇用の危機はその一帰結にすぎないと広く認識されている」[43]。ここでは「労働」と「社会的なもの」をめぐる今日の議論状況を，それぞれによる歴史的伝統の再解釈を含めて，三つの潮流に整理しておきたい。

①労働の個別化と「社会的なもの」の縮減

フランスの使用者団体は，1998年にCNPF（フランス全国使用者連盟）からMEDEF（フランス企業運動）へと名称を変更し，2000年1月18日の総会で「社会の再設立（refondation sociale）」というプログラムを掲げ，積極的な政治運動を展開しはじめる。

MEDEFの代表サイエールは，その狙いを次のように語っている[44]。彼によれば，「社会の基本単位」とは企業である。「企業利益は一般利益，さらには国民の利益とすら合致する」。社会の絆を形成するのは雇用であり，企業活動の活性化が国民全体の利益となる。ところがフランスでは，国家が企業活動を圧迫し（35時間法や企業の重い社会負担など），グローバル化・情報化の下で企業の競争力を削ぎ，「リスクからの保護者」どころか「リ

スクの産出者」となっている。サイエールによれば，今日の最も重要な課題は，「社会的パートナー」（労使）の交渉を活性化し，それらの自発的取り決めをつうじて公的社会保障のあり方を抜本的に変革（縮減）することである。

このように「社会の再設計」とは，新たな経済環境の下で「労働」を従来の規制から解き放ち，「社会的なもの」をそれに適合するよう作り変えることを意味する。具体的には以下のようなプロジェクトを包含する。企業の社会負担を軽減すること，35時間法を修正し自由裁量を拡大すること，労働の柔軟化を進めること，失業保険を改革し就労義務を強化すること，社会保障の三者協議機関（organismes paritaires）への参加を取りやめ，個別の労使交渉へと切り替えること，公的年金・疾病保険を補足制度へと移管することである[45]。

実際には，1990年代に入ってから，社会保障費に占める労使の拠出割合は，1992年の78.4％から2002年の66.9％へと軽減されてきた[46]。MEDEFは2001年に社会保障の三者協議機関からの離脱を表明する。これ以降左派労組（CGT, FO）は交渉において周縁化され，上記改革に協力的な中道労組CFDTを中心とした交渉が行われるようになった[47]。2001年からはMEDEFとCFDTなどとの合意（CGT, FOは強力に反対）に基づいて，失業給付の削減，就労活動の義務化をともなう再就職支援法（PARE: Plan d'Aide au Retour à l'Emploi）が導入された。

こうした動きに理論的根拠を提供しているのが，MEDEF副代表ケスラーと，フーコーの影響を受けて哲学的福祉国家論を展開したエヴァルトによる「リスク」論である。エヴァルトの福祉国家論の特徴は，それを国家の一形態としてではなく，社会的規律のテクノロジーの集積としてとらえることにある。彼によれば，19世紀末における社会保険の成立は，「リスク」概念を介した個人的責任観念の転換を意味した[48]。労働災害や疾病を「リスク」ととらえ，それへの補償責任を保険をつうじて「社会化」することは，そうした「リスク」をあらかじめ最小化するよう個人の「モラル」・ふるまいを規律化するテクノロジーが，「社会」の中に埋め込まれる過程と並行した。20世紀に入ると「リスク」の範囲はますます拡大する。ケスラーの言葉を借りれば，「福利（bien-être）」という抽象的観念に反するあらゆる現象（病気の予防，退職後の生活，新しいテクノロジー・環境問題な

ど）が「リスク」に含められるようになった[49]。

　ところがフランスの問題は，20世紀以降国家が中間集団や民間保険の役割を奪い，それへの介入を強化しつづけてきたことにある。今日の福祉国家は，多様化した「リスク」に個々人が対応するよう「モラル化」を促進させるのではなく，逆に「モラルの堕落（démoralisation）」を導く装置となっている[50]。こうした認識にしたがい，エヴァルトやケスラーは，企業福祉や民間保険の役割を見直し，公的に保護される「リスク」の範囲を縮小するよう主張している。

②新たな労働への適応と「社会的なもの」の再定義
　第二に，「労働」の変容を前提として，その社会的意味をとらえなおそうとする議論潮流がある。社会学者サンソーリウや労働法学者シュピオは，技術発展と情報・サービス化の進展にともなって，「労働」がたんなる生産活動ではなく，個人の文化的アイデンティティ，自己表現，自己実現とより緊密に結びつくようになった，と主張する[51]。シュピオは言う。「労働の組織のあり方，テクノロジーの進歩によって，大部分の仕事の遂行において，創意と責任がますます認められるようになっている」。彼によれば，従来の法による保護の対象となってきた抽象的・定型的な「労働」の概念はもはや時代遅れであり，その個人化・多様化にあわせて保護のあり方も見なおさなければならない[52]。

　ロザンヴァロンはこうした議論を「リスク」論と結びつけてさらに展開する。彼によれば，20世紀に成立する「保険社会（société assurancielle）」とは，ロールズ的な「無知のベール」を介して，人びとが共通の「リスク」を抱えていると仮定することで成り立っていた。ところが今日では，情報化・生命テクノロジーの進展により個々人の抱える「リスク」の多様化が明らかとなっている。経済的不安定と大量失業は，高い「リスク」を抱える個人とそうでない個人との分断を可視化した。「リスク」の多様化にあわせて「社会的なもの」は再定義されなければならない[53]。

　カステルは20世紀社会の特徴を，福祉国家よりも「賃労働者社会（société salariale）」の成立に見いだす。「賃労働者社会」とは，個人が財産によってではなく「賃労働」によって社会的アイデンティティを獲得し，こうした個人に保険による財の移転と公的サービス（健康，衛生，住居，教育など）

を保障するような社会（両者をあわせて「社会的財産（propriété sociale）」と称される）である54。「賃労働者社会」は，人びとに「脆弱さからの保護」と「共通の社会的価値への参与」をもたらし，西欧に固有の「デモクラシー」を根づかせてきた。ところが1970年代以降，経済競争の激化，サービス労働の拡大にともなって，労働市場の二重化が進み，そこから「排除された人びと」が大量に生み出されている。ただし彼によれば，こうした状況においても「賃労働」が「市民権（citoyenneté）」の基礎であることに変わりはない。「今日でも賃労働者社会にたいする信頼に足る選択肢は存在しない」以上，稀少財となっている「労働」を万人に配分するために，新しい方策がとられなければならない55。

以上の「労働」のとらえ方から帰結するのは，「参入（insertion）」と労働時間短縮によるワークシェアリングが，新しい「社会的なもの」の中心的内容となる，ということである。ロザンヴァロンによれば，「社会的なもの」とは，もはや「労働」義務を担う個人に定型的「リスク」からの保護を提供するという受動的な意味ではなく，個人を「労働」へと組み込み，自ら個別化したリスクに対処するよう奨励するという能動的な意味へと転換すべきである。「労働による社会参入こそが排除にたいするあらゆる闘争の礎石でありつづけるべき」である。具体的には，国家・中間集団の協力により個人に就労訓練を行い，社会的企業や公的セクターによる就労の場を提供することが挙げられる。

カステルによれば，今日の産業構造を前提とする限り，「参入」は常に例外的なものにとどまり，参入政策は「排除と統合の中間」にある地位を作り出すにすぎない。個人を「賃労働者社会」へと統合するには，労使交渉をつうじて一人あたりの労働時間を短縮し，社会全体でワークシェアリングを実現する以外にない。

こうした考え方は，1997－2001年の社会党ジョスパン内閣のもとで，部分的に実践に移されてきたと考えられる56。ジョスパンは，就任直後の1997年10月10日に「雇用・給与・労働時間にかんする国民会議」で35時間法成立に向けたイニシアティヴをとることを宣言した。国家が法の枠組みを決め，細部は労使交渉に委ねるという手法をとることで，1998年と2000年に35時間法（オブリー法ⅠⅡ）が成立した57。

ジョスパン政権のもう一つの政策の柱は「排除」への対応であった。1997

年11月16日法では，30歳以下の若年層を対象として，非営利・行政・公的セクターでの時限雇用により最低賃金の8割を保障するプログラムが作られ，9万5千人がその対象となった。1998年7月29日に成立した「排除対策法」では，「社会への再参入（reinsertion sociale）」が目的に掲げられ，「排除との闘いは，すべての人の平等な尊厳にもとづく国家的要請である」と宣言された。1999年には就労支援を中心とした「新出発」プログラムによって85万人が支援の対象となったとされる[58]。

③「労働」から「活動」へ

1995年に発刊されたJ．リフキンの『労働の終焉（*The End of Work*）』は，フランスでも大きな反響を呼んだ。リフキンは，情報技術の発展という「第三の産業革命」によって，社会に必要な労働総量が減少してきているという。今後の社会では，国家・市場と異なる「第三セクター」（フランスで言う「社会的経済（économie sociale）」）の発展が必要であり，国家の役割は，社会保障から「第三セクター」奨励へと変化すべきである。社会党の元首相ミシェル・ロカールは，そのフランス語版序文において次のように述べている。「われわれの多くは，職業活動を含むあらゆる活動の中で，アソシエーションへの参加こそが，最も大きな喜びと深い自己実現をもたらすと考えている」。彼によれば，「労働時間の短縮は失業と闘う技術にすぎないわけではない。それは人々の活動を異なる形へと向けることを可能にする」[59]。

社会党の中でもロカールやJ．ドロールなどは，必ずしも「労働の中心性」を共有せず，労働を社会的活動の一つと位置づけていた[60]。こうした議論は近年「連帯経済（économie solidaire）」論を唱えるラヴィルやカイユ，エコロジストのゴルツ，リピエッツなどによって急進化され，「労働の中心性」を問い直す議論として展開されている。

彼らによれば，情報化やサービス化の進展とともに，かつて「社会的なもの」に埋めこまれ，規制されていた労働に代わり，就労時間や形態の断片化した，不安定労働が広がりつつある。さらに，技術革新や生産性の向上によって，社会的に必要な労働総量は一貫して減少してきた。もはや経済成長がフルタイムの完全雇用を実現することはなく，短期労働や非正規労働が一般化することは避けられない。今日では完全雇用ではなく，むし

ろ失業の再分配が政策上の課題となっている[61]。こうした状況において，「労働」は（ヘーゲル以来繰り返し主張されてきたような）「精神」の自己表出，あるいは社会的アイデンティティの中核としての意味を喪失しつつある。

　これらの議論潮流の特徴は，歴史を遡り，しばしば「人類学的」な「労働」観念の再解釈へと向かうことである。たとえばK．ポラニー，H．アレントの議論が参照され，先史時代，古代ギリシア，中世の労働観が，近代以降の「労働の中心性」と対比される[62]。さらに19世紀後半のフランスで発展した「社会的経済」（共済組合，協同組合活動など）の伝統が，市場経済へのオルタナティヴとして引照される[63]。ここで確認しておくべきことは，これらの議論において，「労働」が歴史上常に他の互酬活動を含めた「社会的なもの」の一部に埋めこまれていた，と主張されることである。

　以上の観点から見れば，今日の「労働」と「社会的なもの」との関係の問い直しとは，およそ一世紀前に成立した「賃労働者社会」が，現在歴史的役割を終えつつある，ということにほかならない[64]。すなわち市場経済において「賃労働」を担う他律的個人が，社会権の主体として自律を保障される，というかつての結びつきは，「労働」の変容と「社会的なもの」の分断によって失われつつある。しかしその過程は，ただちに「賃労働」の解放へと向かうことを意味しない。彼らは「労働」を「賃労働（travail salarié）」という狭い意味から拡張し，ふたたび「社会的なもの」と関連づけることを提案する。ラヴィル，カイユ，ゴルツ，リピエッツなどは，細分化され，アイデンティティの基礎としての意味を失いつつある「賃労働」を一つの選択肢にとどめ，社会的に有用な価値を生み出す「活動（activité）」——広い意味での「労働」——に，所得や社会給付を認めるよう主張する[65]。「活動」とは，①市場での利潤獲得を直接の目的とせず，②互酬原理に基づいて公共財を生み出すための営み（保育，教育，福祉，衛生などのサービス）を広く指し，③共済組合，協同組合，社会的企業，非営利アソシエーションなどに担われる[66]。これらの活動領域は市場経済と区別されて，一部の論者に「連帯経済」と称されている（図1）。国家の役割は，こうした「活動」への参加を促すために，生活に十分な市民所得を保障し，賃労働時間を短縮し，連帯経済を奨励・支援へと転換することである。

　ただしこうしたユートピア的構想は，まだ具体的な制度設計としては未

図1　連帯経済

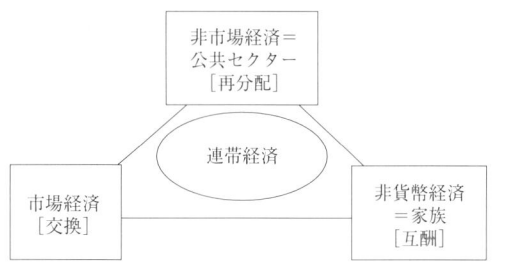

```
        非市場経済＝
        公共セクター
         [再分配]
            │
         連帯経済
        ╱        ╲
  市場経済         非貨幣経済
   [交換]          ＝家族
                   [互酬]
```

連帯経済（第三セクター）＝利潤を目的とせず、国家の補助を受け、社会的に有用な公共財を創出する、互酬原理に基づく活動領域

出所：Laville dir., *L'économie solidaire, op. cit.*, p. 88より筆者作成

成熟である。たとえばカステルやメーダは、「連帯経済」が市場経済から排除された人々に低技能・低賃金労働を提供する「補完的労働市場」となりかねない、と指摘する[67]。互酬原理に基づく共同体や19世紀の社会的経済といった伝統への引照は、離脱の自由の少ない閉鎖的な共同体（家族やエスニックの互酬関係）を称揚し、固定化することにつながりかねない。ゴルツは市場経済と連帯経済の両立という連帯経済論者の構想を、市場の失敗を安価に補完しようとする官僚的発想にすぎないと批判し、両者の社会観の根本的対立を指摘している[68]。

　これらの議論が示しているのは、産業発展や所得・余暇の拡大というかつての社会的目的が自明でなくなり、「労働の中心性」自体が選択と討議の対象となっているということである。「（賃）労働」を市民的義務の中核におき、「労働」義務に対応した社会権を保障するだけでは、もはや成員全体を社会に包摂できない可能性がある。「（賃）労働の終焉」の代表的論者ドミニク・メーダによれば、社会権の基礎を「労働」から「活動」へと拡張することは、その先に、社会の「目的」それ自体を問い直すことを意味する。「社会的なもの」を経済的価値・指標に還元するのではなく、個人・集団の創造的文化活動、政治的活動、経済的活動の三者をどう組み合わせるのか、「社会的なもの」の将来像をどう構想するのかを討議・決定するための、「政治的」な公共空間の再構築こそが重要である。労働時間短縮や市民所得の保障は、そのひとつの手段としてとらえるべきである[69]。

4　おわりに

本稿では，フランスにおいて「労働」と「社会的なもの」の関係が歴史的にどう形成され，今日どう問い直されているのかを検討してきた。フランスでは，大革命において「労働の中心性」が秩序の基本原理と位置づけられたが，19世紀をつうじた模索を経て，国家による「労働の自由」の実現あるいは「労働への権利」の保障ではなく，「社会的なもの」と「労働」を結びつけ，一定の「社会的」規制下にある「労働」を担う個人に社会的保護を約束する，という秩序のあり方が選択された。1970年代からの福祉国家の危機は，フランスでは「労働」の変容と「社会的排除」の顕在化による両者の結びつきの危機としてとらえられた。今日ではおよそ三つの議論があらわれている。第一に，使用者団体（それに近い右派勢力）は，従来の規制から「労働」を解放し，「社会的なもの」を雇用をつうじたつながり，企業の成長戦略に沿った労使関係へと縮減しようとしている。第二に，中道・左派勢力の多くは，新たな情報・サービス労働を自己表出とアイデンティティ獲得の手段とみなすが，「賃労働」をもっとも重要な社会的アイデンティティとみなす従来の立場を保持し，「社会的なもの」の中身を，受動的な「リスク」保護ではなく，労働への「参入」と労使交渉をつうじた労働時間短縮による労働「再分配」へと定義しなおそうとしている。第三に，社会党の一部やエコロジスト勢力は，「賃労働」と「社会的なもの」との結びつきを，20世紀初頭に成立し今日では役割を終えつつある歴史的構築物にすぎないととらえる。この議論潮流は「賃労働」をより広い「活動」の一部と位置づけることで，「社会的なもの」との関係を再構築しようとする。すなわち「賃労働」は社会的に有用な価値を生産する「活動」の一選択肢であり，所得や社会給付はこうした「活動」と結びつけられるべきである，と。国家は「賃労働」から「活動」への移行を奨励すべく，労働時間の短縮，市民所得の保障という役割を担う。

　最後に以上の検討を踏まえ，福祉国家の将来をめぐる理念上の対立軸について，試論を述べておきたい。冒頭で指摘したように，今日の主な福祉国家論は，新たな経済環境への「適応」戦略をめぐって展開されている。しかし，福祉国家の将来をめぐる構想が，真の意味で個人の「自律」をめざす政治的構想であるためには，現在の経済環境を前提とするのではなく，「経済的なもの」——その中心にある「賃労働」——の意味を，我々自身が選びなおす手がかりを提供するものでなければならないだろう。今日のフ

ランスの議論が示しているのは，少なくとも一世紀来の「賃労働」と「社会的なもの」とのつながりが自明でなくなり，「労働の中心性」や「労働」の社会的意味が，自覚的な討議と選択の対象となっている，ということである。フランスの制度構造の特性から，こうした議論がとりわけ先鋭に問われているとはいえ，それは他の国にも共通する問題である。こうした状況において，将来の福祉国家の役割とは，今日の賃労働，社会的紐帯，政治・文化活動の意味，それぞれの関係のあり方を討議し，決定するための公共空間を保障し，そこに万人を包摂することへと向かわなければならない。フランスでの「労働の再定義」論は，そうした構想に向けたひとつの手がかりを示している。

（1） Gøsta Esping-Andersen, *The Three Worlds of Welfare Capitalism*, Cambridge, Polity Press, 1990, p. 23（宮本太郎監訳『福祉資本主義の三つの世界』ミネルヴァ書房，2001年，24頁）.
（2） Gøsta Esping-Andersen et al., *Why We Need a New Welfare State*, Oxford, Oxford University Press, 2002, p. 4.
（3） Ex. Joel F. Handler, *Social Citizenship and Workfare in the United States and Western Europe : the paradox of inclusion*, New York, Cambridge University Press, 2004.
（4） Paul Pierson ed., *The New Politics of the Welfare State*, Oxford University Press, 2001, p. 422. 1970年代から今日までの福祉国家理論の変遷については，田中拓道「現代福祉国家理論の再検討」『思想』1011号（2008年7月発行予定）も参照されたい。
（5） Annie Jacob, *Le travail, reflet des cultures : du sauvage indolent au travailleur productif*, Paris, Presses Universitaires de France, 1994, p. 16 et s. なお，フランス革命以前から今日までの労働の位置づけの変遷を，労働法の観点から辿った優れた著作として，水町勇一郎『労働社会の変容と再生—フランス労働法制の歴史と理論』有斐閣，2001年がある。
（6） Cf. Willian H. Sewell, *Gens de métier et révolutions : le langage du travail de l'ancien régime à 1848*, Aubier Montaigne, 1983, p. 272.
（7） La Rochefoucauld-Liancourt, *Premier rapport du comité de mendicité : exposé des principes généraux qui ont dirigés son travail*, Imprimérie nationale, Paris, 1790, pp. 2-3.
（8） Louis Blanc, *Organisation du travail*, Paris, 1840, p. 19.
（9） 詳しくは，田中拓道『貧困と共和国—社会的連帯の誕生』人文書院，

(10) Henri de Saint-Simon, *Catéchisme des industriels*, Paris, 1823（森博訳『産業者の教理問答』岩波文庫，2001年）.
(11) そもそもフーリエにおいて，「労働」とは単なる生産活動を越えた生産・消費・精神の協同関係を意味する。この点につき，今村仁司『労働のオントロギー――フランス現代思想の底流』勁草書房，1981年，221頁以下を参照。
(12) Sewell, *Gens de métier et révolutions, op. cit.*, p. 335.
(13) Joseph Garnier, *Le droit au travail à l'Assemblée nationale, récueil complet de tous les discours prononcés dans cette mémorable discussion*, Paris, 1848, pp. 99-124, pp. 188-219.
(14) H.-A. Frégier, *Des classes dangereuses de la population dans les grandes villes, et des moyens de les rendre meilleures*, Paris, 1840. Cf. Louis Chevalier, *Classes laborieuses et classes dangereuses à Paris : pendant la première moitié du 19e siècle*, Paris, Plon, 1958（喜安朗ほか訳『労働階級と危険な階級――19世紀前半のパリ』みすず書房，1993年）.
(15) Villeneuve-Bargemont, *Économie politique chrétienne, ou Recherches sur le paupérisme*, 3 vol., Paris, 1834 ; Joseph Marie de Gérando, *De la bienfaisance publique*, 2 vol., Bruxelles, 1839.
(16) Emile Durkheim, *De la division du travail social*, Paris, Félix Alcan, 1893. なおこの表題は，文法的には「社会的労働（travail social）」の「分業」であるが，表題を除く中身ではもっぱら「労働の分業（division du travail）」という語が用いられている。
(17) Emile Durkheim, *Léçon de sociologie : physique des mœurs et du droit*, Paris, Presses Universitaires de France, 1950, p. 22（宮島喬，川喜多喬訳『社会学講義』みすず書房，1974年，50頁）.
(18) *Ibid.*, p. 77（邦訳，74頁）.
(19) Jacques Le Goff, *Du silence à la parole : droit du travail, société, État (1830-1989)*, 3e éd., Paris, Calligrammes, 1989, p. 100.
(20) 法人論について，高村学人『アソシアシオンへの自由』勁草書房，2007年を，団体協約をめぐる法的議論について，Claude Dibry, *Naissance de la convention collective : débats juridiques et luttes sociales en France au début du 20e siècle*, Paris, Edition de l'EHESS, 2002 を参照。この時期の団体論については，ジャコバン主義的秩序像を転換したのではなく，政治的集権性と両立するかぎりで社会経済団体の「有用性」を承認したものにすぎない，というロザンヴァロンの解釈もある。Pierre Rosanvallon, *Le modèle politique français : la société civile contre le jacobinisme de 1789 à nos jours*, Paris, Seuil,

2006, pp. 351-355. ロザンヴァロンの議論につき，田中拓道「ジャコバン主義と市民社会――19世紀フランス政治思想史研究の現状と課題」『社会思想史研究』31号，108－117頁，2007年も参照されたい。

(21) Christian Topalov, *Naissance du chômeur : 1880-1910*, Paris, Albin Michel, 1994, p. 165 et s.

(22) Léon Bourgeois, «L'idée de solidarité et ses conséquences sociales», dans *Essai d'une philosophie de la solidarité*, Paris, 1907, p. 44.

(23) Maxime Leroy, *Vers une république heureuse*, Paris, 1922, p. 320.

(24) Cf. Pierre Laroque, *Les rapports entre patrons et ouvriers : leur évolution en France depuis 18ᵉ siècle, leur organisation contemporaine en France et à l'étranger*, Paris, Fernand Aubier, 1938. ラロックは1930年代の改革官僚の雑誌『*Homme nouveau*』にも「コルポラティスム」にかんする複数の論考を執筆している。「フランス労働組合の法的地位」(no. 10, novembre 1834)，「使用者組合」(no. 11, décembre 1934)，「労働組合」(no. 12, janvier 1934)，「コルポラシオン組織化の必要条件」(numéro special «le corporatisme», juillet-août 1935)，「労働組合と政治」(no. 26, avril 1936)，「権威か専制か？」(no. 32, janvier 1937)。

(25) Pierre Laroque, «Le plan français de sécurité sociale», *Revue française du travail*, no. 1, 1946, p. 10, p. 13, p. 19.

(26) Pierre Laroque, *Au service de l'homme et du droit : souvenirs et réflexions*, Paris, Association pour l'Etude de l'Histoire de la Sécurité Sociale, 1993, p. 199.

(27) Henry Galant, *Histoire politique de la sécurité sociale française 1945-1952*, Paris, Armand Colin, 1955, p. 24.

(28) Olivier Marchand et Claude Thélot, *Le travail en France (1800-2000)*, Paris, Nathan, 1997, p. 219.

(29) Pierre Belleville, *Une nouvelle classe ouvrière*, Paris, René Julliard, 1963, pp. 26-32.

(30) Georges Friedmann, *Le travail en miettes*, Paris, Gallimard, 1964（小関藤一郎訳『細分化された労働』川島書店，1973年，xiv 頁）。フリードマンと同様に，当初はテクノロジーの発展や脱物質主義労働の拡大に期待していたゴルツも，1969年以降，それが未熟練労働からの解放や知的労働者による生産自主管理を導くとはかぎらないこと，むしろ新たなテクノロジーと資本が結びつくことで，労働の断片化，労働者のさらなる統制をもたらす可能性が高いことを認識するようになった（François Gollain, *Une critique du travail : entre écologie et socialisme*, Paris, Découverte, 2000, pp. 223-225 における対談）。

(31) Jean Fourastié, *Les trente glorieuses, ou la révolution invisible de 1946 à 1975*, Paris, Fayard, p. 235.
(32) Serge Mallet, *La nouvelle classe ouvrière*, 2ᵉ éd., Paris, Seuil, 1969, p. 41（海原峻，西川一郎訳『新しい労働者階級』合同出版，1970年，35頁）.
(33) それはミシェル・ロカールを介して1974年以降は社会党にも引き継がれる。Frank Georgi dir., *Autogestion : la dernière utopie?*, Paris, Publications de la Sorbonne, 2003, p. 175.
(34) 以上の点につき，Le Goff, *Du silence à la parole, op. cit.*, pp. 226-233 ; Pierre Guillaume, «Un projet : "la nouvelle société"», dans Bernard Lachaise et al dir., *Jacques Chaban-Delmas en politique*, Paris, Presses Universitaires de France, 2007, pp. 185-199.
(35) たとえばパートタイム労働は1970年代初頭で全労働者の8％を占め（その大部分は女性であった）(Commissariat Général du Plan, *Minima sociaux, revenus d'activité, précarité*, Paris, Documentation française, 2000, p. 33)，70年代後半からは教育水準の低い労働者や低技能労働者を中心に，短期労働や失業が拡大していく。
(36) Palier, *Gouverner la securite sociale, op. cit.*, p. 171.
(37) この過程は，パリエの「新制度論」による説明が適合的である。Bruno Palier, «Un long adieu à Bismarck ?: les évolutions de la protection sociale», dans P. Culpepper, P. Hall et B. Palier dir., *La France en mutation, 1980-2005*, Paris, Presses de la Fondation Nationale des Sciences Politiques, 2006, pp. 197-228.
(38) Bruno Jobert, *Le tournant néo-libéral en Europe : idées et recettes dans les pratiques gouvernementales*, Paris, Harmattan, 1994, p. 26 et s.
(39) 社会拠出は給与総額（salaire brut）の35.9％（1973年）から45.8％（1981年）へ，1996年には55％へと増大する。その約3／5は使用者により負担されている。以上の経緯につき，Palier, *Gouverner la sécurité sociale, op. cit.*, pp. 176-183, p. 207.
(40) Serge Paugam, *La société française et ses pauvres : l'expérience du revenu minimum d'insertion*, Paris, Presses Universitaires de France, 2ᵉ éd., 1995, pp. 52-56. 失業率の平均は1974－83年が5.8％，1984－94年が10.3％である（DARES, *40 ans de politique de l'emploi*, Paris, Documentation française, 1996, p. 25）。またパートタイマーの割合は，1979年の8.2％から1998年14.8％に増加する（Jean-Claude Barbier, Henri Nadel, *La flexibilité du travail et de l'emploi*, Paris, Flammarion, 2000, p. 45）。
(41) Conseil économique et social, *Rapport de Wrésinski : Grande pauvreté et précarité économique et sociale*, Journal Officiel, 1987. Cf. Robert Castel, «De

l'indigence à l'exclusion, la désaffiliation : précarité du travail et vulnérabilité rationnelle», dans Jacques Donzelot éd., *Face à l'exclusion: le modèle français*, Paris, Editions Esprit, 1991, pp. 137-168.

(42)　社会負担と雇用の関係について, DARES, *40 ans de politique de l'emploi, op. cit*, p. 34.「二重化」の進展について, Jean Jacques Dupeyroux, *Droit de la sécurité sociale*, 15ᵉ éd., Paris, Dalloz, 2005, p. 170 など。

(43)　Pierre Boisard et al., *Le travail, quel avenir ?*, Paris, Gallimard, 1997, p. 1. またボワソナは1995年に計画総庁に提出した著名な報告書『20年後の労働』で,「労働」の社会的機能が根本的に変化してきたと論じ, 将来の労働のあり方を①失業増大と経済の停滞, ②アメリカ型モデルへの接近, ③労働時間短縮と労働形態の多様化, ④政労使の新たな協調, という四つのシナリオに区分している (Jean Boissonnat, *Le travail dans vingt ans : Commissariat général du Plan*, Paris, Documentation française, 1995)。

(44)　«Entretien avec Ernest-Antoine Seillière», *Risque : les cahiers de l'assurance*, no. 43, juillet-septembre 2000, pp. 7-13.

(45)　«Refondation sociale», Assemblée Générale du MEDEF, le 18 janvier 2000 (http://www.medef.fr).

(46)　Dupeyroux, *Droit de la sécurité sociale, op. cit*., p. 272.

(47)　Palier, *Gouverner la securite sociale, op. cit*., p. 384.

(48)　François Ewald, *L'État providence*, Paris, Grasset, 1986.

(49)　Denis Kessler, «L'avenir de la protection sociale», *Commentaire*, vol. 22, no. 87, Automne 1999, pp. 619-620. Cf. François Ewald et Denis Kessler, «Les noces du risque et de la politique», *Le débat*, no. 109, 2000, p. 61.

(50)　François Ewald, «Les valeurs de l'assurance», F. Ewald et Jean-Hervé Lorenzi éd., *Encyclopédie de l'assurance*, Paris, Economica, 1998, p. 423.

(51)　Renaud Sainsaulieu, *L'identité au travail*, 3ᵉ éd., Paris, Presses de la Fondation Nationale des Sciences Politiques, 1988, pp. 448-449. なお90年代の労働論の整理として, Boissonnat, *Le travail dans vingt ans, op. cit*., pp. 321-343 を参考にした。

(52)　Alain Supiot, *Critique du droit du travail*, Paris, Presses Universitaires de France, 1994, pp. 264-265.

(53)　Pierre Rosanvallon, *La nouvelle question sociale : repenser l'État-providence*, Paris, Seuil, 1995 (北垣徹訳『連帯の新たなる哲学——福祉国家再考』勁草書房, 2006年).

(54)　Robert Castel, *Les métamorphoses de la question sociale : une chronique du salariat*, Paris, Gallimard, 1999, p. 483 et s., p. 519 et s.

(55)　*Ibid*., pp. 730-734, p. 744.

(56) 社会党の1997年国民議会選挙の公約『未来を変えよう』では，若年層向けの雇用創出と35時間法の成立が最重要の政策として冒頭に掲げられている(Parti socialiste, *Changeont l'avenir*, 1997)。またCFDTは2001年のパンフレット『問い直される労働』の中で，労働の個別化，個人的責任の強化が行われているにもかかわらず，「労働が社会の組織化と人間の尊厳の中心的要素でありつづけると確信している」と述べている (CFDT, *Le travail en question : enquêtes sur les mutations du travail*, Paris, Syros, 2001, p. 23)。

(57) その効果にかんする評価は一様でないが，2001年の政府報告書によれば，2000年にワークシェアリングによって15万人の雇用があらたに創出されたとされている(Commissariat Général du Plan, *Réduction du temps de travail : les enseignements de l'observation*, Documentation française, 2001, p. 310)。ただし35時間法には次のような批判もある。労使交渉の過程で，現在の労働者の所得維持が最も重視され，代わりに雇用の柔軟化が許容されたことで，新たな職の多くが不安定雇用となった，という批判である (Alain Lipietz, *Refonder l'espérance : leçon de la majorité plurielle*, Paris, Découverte, 2003, p. 49)。

(58) 以上の統計について，Ministère de l'Emploi et de la solidarité, *Exclusion sociale et pauvreté en Europe*, Paris, Documentation française, 2001, pp. 121-134.

(59) Michel Rocard, «préface», dans Jeremy Rifkin, *La fin du travail*, Paris, Découverte, 1996, p. x ii.

(60) たとえばドロールが序文を書いたEchange et projet, *La révolution du temps choisi*, Paris, Albin Michel, 1980 では，労働時間の短縮が「文化革命」であり，たんなる消費のためではなく，家庭・文化・市民的生活，とりわけ「第三セクター」活動の豊饒化のためである，と指摘されていた (p. 226, pp. 245-246)。

(61) Guy Aznar, *Emploi : La grande mutation*, Paris, Hachette, 1998 ; G. Aznar, A. Caillé, J-L.Laville, J. Robin et R. Sue, *Vers une économie plurielle : un travail, une activité, un revenu pour tous*, Paris, Syros, 1997, p. 23 et s.

(62) Dominique Méda, *Le travail : une valuer en voie de disparition*, Paris, Aubier, 1995 (若森章孝，若森文子訳『労働社会の終焉——経済学に挑む政治哲学』法政大学出版局，2000年) ; Jacques Godbout, *L'esprit du don*, Paris, Découverte, 1992. また同時代の邦語の研究として，今村仁司『近代の労働観』岩波書店，1998年。

(63) Jean-Louis Laville dir., *L'économie solidaire : une perspective internationale*, nouvelle éd., Paris, Desclée de Brouwer, 2000, p. 303.

(64) Gollain, *Critique du travail, op. cit.*, p. 147 et s.

(65) Alain Lipietz, *Pour le tiers secteur : l'économie sociale et solidaire : pourquoi et comment*, Paris, Découverte et Syros, 2001, p. 29 ; Paul Bouffartigue et al dir., *Le travail à l'épreuve du salariat : à propos de la fin du travail*, Paris, Harmatta, 1997, p. 21 ; Boisard et al., *Le travail, quel avenir ?*, p. 147 et s.

(66) Laville dir., *L'économie solidaire, op. cit.* p. 88.

(67) Castel, *Les métamorphoses de la question sociale, op. cit.*, p. 724 ; Dominique Méda et Juliet Schor, *Travail, une révolution à venir*, Paris, Editions Mille et une nuits, 1997, p. 46.

(68) Gollain, *Critique du travail, op. cit.*, p. 242. 現在の市場経済と福祉制度に「受益者」として組み込まれている人びとが、いかにして「連帯経済」の価値を承認できるのか、という問いにたいする理論的展望を示せないかぎり、ゴルツの懸念は的を射ていると言える。

(69) Méda, *Le travail : une valuer en voie de disparition, op. cit.*

〔付記〕 本稿は平成17-19年度文部科学省科学研究費補助金（若手研究Ｂ）「フランス福祉レジームの形成と展開」による研究成果の一部である。

ハイエクの民主政治論における懐疑と失望
―― トクヴィルとの比較の観点から ――

山中　優＊

はじめに ―― ハイエクはトクヴィルの後継者だったのか？

　ハイエクがその自由主義を展開する際に大変高く評価していた思想家の一人がトクヴィルである。ハイエクは自らの思想の属する知的伝統について論じた「真の個人主義と偽の個人主義」（1945年）のなかで、19世紀における最大の貢献者としてトクヴィルとアクトン卿の名前を挙げ、「この二人は、スコットランドの哲学者たち、バークおよびイングランドのウィッグ党の政治哲学のなかにある最良のものを発展させることに、私の知る他のどの著者たちよりも成功した、と私には思われる」と述べている[1]。この論文でハイエクの語ったところによると、その前年に出された『隷従への道』（1944年）の書名は、実はトクヴィルの論ずる"新しい隷従"に示唆を受けていた[2]。また1947年には、自由主義の擁護を目的とした国際的な学術団体 ―― 現在の「モンペルラン協会」―― の設立を提唱することになるが、その名称として彼が当初考えていたのは、実に「アクトン‐トクヴィル協会」というものだったのである[3]。

　実際、ハイエクの思想を検討してみるならば、たちどころにわれわれは、トクヴィルからの影響を自認するハイエクの言葉にたびたび出会うことだろう。それは何よりもまず『隷従への道』での専制支配論において著しいのであるが、それにとどまるものではなかった。すなわち、ハイエクは上述の論文「真の個人主義と偽の個人主義」で民主主義の理想を語る際にもトクヴィルの名を挙げ、「真の個人主義は民主主義を信じるだけではなく、民主主義の理想は個人主義の基礎的原理を源泉とすると主張することもで

＊　皇學館大学社会福祉学部教員　政治思想

きる」と述べていたのである[4]。後述するように，このことはその後『自由の条件』(1960年)で民主主義を論ずる場合においても同様であった。このようなハイエクのトクヴィルへの称賛の声をたびたび聞かされるとき，われわれには，ハイエクがトクヴィルの後継者の一人だったと思われるかもしれない。

しかしながら，ハイエクとトクヴィルの議論を綿密に比べてみるとき，トクヴィルに対するハイエク自身の度重なる讃辞にもかかわらず，あるいはまた，その"新しい隷従"論における多くの類似点にもかかわらず，われわれはハイエクのうちにトクヴィルとはかなり異質な要素をも認めずにはいられないだろう。というのも，政治的自由の行使によって民主主義時代の人々を積極的な政治主体へと何とか仕立て上げようとしていたトクヴィルとは異なり，ハイエクの政治論は，多数者の政治参加への不信と少数者の先見の明への信頼とにおいて終始一貫していたからである。実のところ，ハイエクのトクヴィル論は，もっぱら経済的自由を基盤としたハイエク流の自由主義に引きつけてトクヴィルを解釈したものであり，そこではトクヴィル自身の政治論が捨象されていたのである。そのことは，両者の個人主義論と民主主義論をそれぞれ比較検討してみるとき，おのずから明らかとなるだろう。ハイエクの民主政治論は，多数の暴政や民主的専制を警戒しながらも民主政治の積極的な側面を何とか活かそうとしていたトクヴィルとは異なって，徹頭徹尾，民主政治に対する懐疑と失望とによって貫かれていたのである。

そこで本稿では，ハイエクのトクヴィルとの類似と相違の有様を明らかにすべく，トクヴィルとの比較の観点から，ハイエクの民主政治論を検討することにしたい。まず第1節では，ハイエクの"新しい隷従"論におけるトクヴィルとの顕著な類似点を確認する。続く第2節では，その顕著な類似にもかかわらず，それぞれの自由論にはかなり大きな相違があり，その違いがそれぞれの個人主義論のあり方に由来するものであることを論じる。さらに第3節では，ハイエクの民主政治論を検討し，それがトクヴィルとは異なって実は民主主義への懐疑と失望によって終始貫かれたものであり，その点でむしろハイエクはプラトン的相貌さえ帯びていたことを明らかにする。最後に，以上のような両者の相違にもかかわらず，ハイエクがトクヴィルをハイエク流の経済的自由主義に引きつけて解釈することを

可能にしたものは何であったかを考察し、それがトクヴィルのいわゆる「正しく理解された自己利益の原理」にあったことを指摘した後、ハイエクが結局トクヴィルから距離を置くに至ることになったのは、個人の利益と全体の利益との調和を楽観的に説いていた「正しく理解された自己利益の原理」について、実はハイエク自身が後年かなり悲観的になったからであることを論じ、それが現代の国家‐社会関係に対するひとつの大きな問題提起となっているを指摘することにしたい。

1 "新しい隷従"
――平等化の趨勢がもたらす不満の昂揚と専制支配

トクヴィルとの比較の観点からハイエクを検討し始めるとき、何よりもまず目につくのは、『隷従への道』での専制支配論において、ハイエクが自認していたトクヴィルからの多大な影響である。実際、たしかにこの点に関しては、ハイエクのトクヴィルとの類似には顕著なものがある。そこでまず本節では、その両者の類似点を確認しておくことにしよう。

平等化の歴史的趨勢

トクヴィルの『アメリカのデモクラシー』全体を貫く問題意識が"諸条件の平等"（あるいは"境遇の平等"）にあったことは言うまでもないだろう。「合衆国に滞在中、注意を惹かれた新奇な事物の中でも、境遇の平等ほど私の目を驚かせたものはなかった」[5] という非常に印象的な書き出しで始まるこの書物の中で、トクヴィルは人々の間で進展する平等化現象を、アリストクラシーの時代とは決定的に異なるデモクラシーの時代における「基本的事実」とみなし、それがデモクラシーの政治や社会にもたらす様々な影響に目を向けていく。トクヴィルにとって、平等の漸次的進展は「神の御業」と目されるべきものであり、「デモクラシーを阻止しようと望むのは神への挑戦」であって、「諸国民に許されるのは神意によって与えられた社会状態に適応することだけ」なのであった[6]。

平等化の進展が歴史の趨勢であるという認識は、ハイエクの『隷従への道』においても同様であった。「ヨーロッパ近代史の全期を通じて、社会発展の一般的方向は、慣習または法規によって日常の行動を拘束されていた個人を解放することにあった」[7] とハイエクは述べている。封建的紐帯か

らの個人の解放を「ヨーロッパ近代史の全期を通じた社会発展の一般的方向」とみなすというこのハイエクの姿勢は,「平等の漸次的段階的進展こそ人類の過去であり,未来である」[8]と語るトクヴィルに一脈通じるものがあるだろう。トクヴィルのようにその歴史的趨勢を「神の摂理」とまで考えていたわけではなかったとはいえ,それを後戻りのきかない不可逆的なものと看做し,それを押しとどめようとするのは時代遅れの反動に他ならないと考える姿勢を,ハイエクはトクヴィルと共有していた。ハイエクにとって,個人の自由を否定し,社会全体を階層的に再び序列化しようとする社会主義の思想と運動は,この歴史的潮流に対する「完全な逆転であり,西欧文明をつくり出した個人主義的な伝統の完全な放棄」[9]に他ならなかったのである。

平等化が呼び起こす不満

　トクヴィルに特徴的なのは,このような平等化が人々に却って不満感を呼び起こす,という視点を彼が持っていたということである。宇野重規も指摘しているように,トクヴィルは現実の不平等までもなくなると考えていたわけではなかった。むしろトクヴィルの指摘する平等化というのは,人々の想像力の上で,かつて貴族制社会で諸身分を隔てていた壁がもはや自明のものとは看做されなくなった,ということであった。そのような人々の想像力の変質ゆえに,まだ現実に残されている不平等に対しては,却って人々の不満が昂じてしまうのである[10]。実際,「民主政においては,一般市民は自分たちの列から出た者が僅かな年月のうちに富と権力に到達するのを目の当たりにする。この光景は彼らの驚きと嫉妬をかきたて,昨日自分と同等だった者がどうして今日は自分を指導する権限を持つのか不思議でならない」とトクヴィルは述べている[11]。

　他方で,「自由主義の成功こそがその没落の原因になったとさえいえるかもしれない。すでに達成された成功のために,まだ存在している諸悪に人は耐えようとはしなくなってきた。そのような諸悪は,いまや必然的でもなければ耐え忍ぶべきものでもないように思われたのである」[12]と述べるのはハイエクである。ハイエクにとっても,人々の不満が高まった原因は,身分制社会から解放された個人に等しく選択の自由が認められる一方で,誰もが成功できるわけではなく,実際の不平等はなくならないという

苦い現実であった。ハイエクによれば「われわれの世代を特徴づけるものは，物質的福祉に対する軽蔑または物質的福祉に対する欲求の減少ではなくて，反対に何らかの障害，または自分自身の欲求の達成を妨げる他の目的との衝突を認めない」[13]ということであるが，そのような時代にあっては，「だれかが自分自身の過失によるのではなく，しかも努力して働き，非凡な熟練を有しているにもかかわらず，その所得の激減という損害を蒙ったり，その希望のすべてを残酷にも失わせられるというようなことは，疑いもなくわれわれの正義感を害する」[14]ようになるのである。

平等化の招来する専制支配

トクヴィルによれば，このような平等化の時代に警戒すべきなのは，肉体を鞭打つ従来の暴政というよりも，むしろ肉体は可愛がるが人々の魂を柔弱にするという新たなタイプの専制支配であった。というのも，平等化の進展する民主主義の時代には物質的な享楽を好む気風が蔓延し，その享楽的な気風が専制的な後見的権力を歓迎するメンタリティを人々のうちに植えつける恐れがあるからである。そしてそれこそが，ハイエクの懸念する"隷従への道"でもあった。

「人の心が最も執着を感ずるのは，ある貴重なものを安全に所有している時ではなしに，それを持ちたい欲望が不完全にしか満たされず，それを失う恐れが絶えない時である」[15]と前置きした上で，トクヴィルは貴族制社会について次のように述べている。

> 貴族が社会を支配し，その安定を維持している国では，貴族がその富裕に慣れると同じように，民衆もその貧困に慣れてしまう。一方はわけなく物質的な幸福を手にするがゆえにこれに無頓着であり，他方は，それを得ることに絶望し，それを欲するほどには恵まれていないから，それに少しも思い至らない。〔原文改行〕この種の社会では貧者の想いは来世に向けられる[16]。

このような貴族制社会と対照的なのが，民主制社会における次のような風潮である。

> 諸身分が混淆し，特権が破壊される時，家産の分割が進み，教養と自由とが世に拡がるその時には，安楽を獲得したいという欲望が貧者の心に浮かび，それを失いはしまいかという危惧が富者の心に生ずる。そこに成り立つのは無数の小財産である。こうした財産の所有者は，物質的な享楽を好む気分を覚えるほどの生活には恵まれているが，これで満ち足りるほど豊かではない。彼らがこの楽しみを手に入れるには努力を払わねばならず，またこわごわそれに耽らなければならぬ。〔原文改行〕こうして彼らは，このかけがえのない，しかしまたあまりにも不確かで逸し易い楽しみを追い求め，これを保持することに熱中する[17]。

　このような物質的な享楽を求める情熱のもたらす帰結は，しかしながら，トクヴィルの診断によれば，アリストクラシーにおける場合とは異なって，デモクラシーにおいては決して秩序に対立するものとはならない。この点においても，デモクラシーはアリストクラシーとは対照的である。
　富裕に慣れているがゆえにそれに無頓着であるはずの貴族であっても，時として物質的享楽に惑溺することもあるのだが，美徳において卓越を求める貴族のエネルギーがひとたび物質的享楽という悪徳に向けられるとき，その耽溺ぶりは「惑溺の術に卓越することを願うかのごとく」[18]となる。その極端な放埓は，大なり小なり反社会的な様相を呈することとなるだろう。
　ところがトクヴィルによれば，「物質的な享楽を好む心は，民主的な国民を決してそのような極端に押しやらない。そこでは安楽への愛着は確かに強靭で排他的・普遍的な情熱であるが，しかし抑制されたものである」[19]。というのも，デモクラシーにおける最も富裕な市民も「民衆の中から上昇してきたものであるから，実際に民衆の好みを分かち持っているか，または民衆の好みに従うべきだと信じている」[20]からである。民主的な国家に生きる人々は，たとえ富裕な者であっても，度を超えた贅沢に耽溺するのではなく，むしろその些細な欲求を満たすことに没頭し，生活をできるかぎり安楽に，便利にすることに熱中する。こうして「社会には一種穏健な物質主義が確立され，それは人の魂を腐敗させはしないが，これを柔弱にし，知らず知らずのうちに，やがては一切の精神的緊張を緩めさせてしまう」[21]ことになるのである。

こうした風潮の行く末に，人々の享楽を保障し，その運命を見守る任に当たる後見的な権力が登場してくること——これこそがトクヴィルの警戒した新たな専制であった。それはあまりにも有名であるから，これ以上ここで詳述する必要はないだろう。むしろここでわれわれが確認しておくべきなのは，これがハイエクの警戒した専制支配の姿でもあったということである。ハイエクは『隷従への道』出版の12年後に出されたそのアメリカ版への序文で，『アメリカのデモクラシー』第2巻の第4部第6章「民主的な国民はいかなる専制を恐れるべきか」の中からの一節を長々と引用した上で，「この章全体は，ド・トクヴィルがどのように鋭い洞察力によって現代福祉国家の心理的効果を予見できたかを認識するために読まれるべきである」と述べ，読者にトクヴィルをひもとくことを強く勧めていた[22]。それのみならず，そもそも『隷従への道』の題名自体，ハイエクの語るところによると，それはトクヴィルがしばしば言及する"新しい隷従"に示唆を受けていたのである[23]。

　このようにハイエクは，第一に平等化という歴史的趨勢，第二に平等化が呼び起こす不満，第三に平等化の招来する専制支配，この三点において紛れもなくトクヴィルから多大な影響を受けていた。ハイエクに言わせれば，19世紀の最も偉大な政治学者たるトクヴィル（とアクトン卿）は「社会主義は奴隷制度（slavery）を意味する」とすでに警告していたのであり，社会主義のもたらす専制支配は，そのトクヴィル（やアクトン卿といった自由主義哲学の父祖たち）の警告を単に確証するものにすぎなかった[24]。その意味で，『隷従への道』という書物は，トクヴィルが19世紀において論じたことを，20世紀においてハイエクなりに論じ直そうとしたものと言ってもよいのである。

2　政治的自由と経済的自由
　　　——トクヴィルとハイエクの個人主義論

　それでは，このような平等化の趨勢がもたらす新たな専制支配の恐れから抜け出して自由を確保するには，一体どのような方策が求められるべきなのだろうか？　新たな専制支配の有様を論じる際にはほぼ全面的にトクヴィルの影響を受けていたハイエクではあったが，その防波堤となるべき自由とは何かについては，実は両者の間に看過できない重要な相違があっ

た。その相違は，個人主義についての両者の論調の違いに表れている。

トクヴィルの個人主義論——政治的自由による専制の防止

周知のように，トクヴィルは個人主義を「個々の市民を同胞の群れから孤立させ，家族と友人との別世界にひきこもらせる」という感情であると述べたが[25]，トクヴィルによれば，それは平等化を基本的事実とする民主的な世紀に特有の病理であった。ここでもトクヴィルは貴族制社会との対比のもとに——そして貴族制社会への郷愁の念をにじませながら——その特徴を説明している。

貴族制の社会では，あらゆる人々が「下は農民から上は国王に至る一つの連鎖」に仕立てあげられており，その結果，「誰もが自分の上に，その庇護を必要とする者を常に認め，自分の下には，その協力を要求できるまた別の人間を見出す」ことになった。そこでは一つの家系が何世紀もの間同じ身分にあり，多くの場合，同じところに暮らしていたので，身分的な主従関係における庇護と奉仕の具体的な繋がりが，世代を超えて緊密に形成されていた。そこでは同胞という普遍的観念は明確ではなかったが，ある特定の人間のためには，人々はしばしば自分を犠牲にした。身分的な安定した上下関係の中で，人々は互いに義務を果たし合ったのである[26]。

ところが，平等化の進む民主制社会においては，社会的流動性の高まりによって世代間の固定的な上下関係が断ち切られるが故に，祖先の存在は容易に忘れ去られ，未来の子孫にも考えが及ばなくなる。民主的な人々にとっては，同世代のもっとも身近な人々だけが自らの関心事となりがちなのである。こうして生まれる感情が「個々の市民を同胞の群れから孤立させ，家族と友人との別世界にひきこもらせる」という個人主義である。そこでは誰もが同質的で平等な人間と看做されるがゆえに，同胞という普遍的観念は明確になるが，それと同時に，諸階層の平等化が進展すると，具体的な人間にたいする情愛の絆は貴族制の時代よりもはるかに弱くなり，人々は互いに無関心で他人のごとくなっていく。というのも，大多数の人々は，一方で多くの人々を自らの庇護の下に置くほどに莫大な富や権力を蓄えることはないが，他方で誰かの庇護の下に置かれなければならないほど貧しいわけでもなく，自足しうる程度の知力と財産は手に入れるが故に，人々は庇護と奉仕の具体的な人間関係から自己を引きはなし，自立するこ

とができるようになるからである。こうして人々は私的な世界に引きこもり、社会全体の動きについては無関心になってしまう恐れがある。要するにトクヴィルにとって、「デモクラシーは人をして祖先を忘却させるのみならず、子孫をもその目から隠し、同時代人から人を切り離す。それは、人を絶えず自分に立ち返らせ、ついには、人をまったくその心の殻の中に閉じこめてしまう危険がある」のであった[27]。

デモクラシーの時代に特有の新たな専制支配の温床は、トクヴィルにとって、他者との絆を失って私的な世界へと閉じこもってしまう個人主義に他ならなかった。そもそもトクヴィルが「民主的な国民はいかなる種類の専制を恐れるべきか」を論じた際、この専制のとる新しい姿の特徴として、「誰もが自分の世界にひきこもり、他のすべての人の運命に関わりを持たないかのようである」ことを挙げていたことにわれわれは注意すべきだろう[28]。「専制は元来臆病なものであるから、人間の孤立の中にそれ自身の永続の最も確かな保障を見出し、通例、人間を孤立させることにあらゆる努力を傾ける」[29]と述べるトクヴィルにとって、何よりも憂慮すべきだったのは、個人主義と専制支配とが互いに補完し合う事態、すなわち「平等は人間を一人ひとり切り離し、人と人とをつなぐ共通の絆を与えない。専制はその間に障壁を築き、離間させる。平等のために、人は隣人のことを少しも考えなくなり、専制は無関心を一個の公けの徳に仕立てる」という事態であった[30]。

このような専制支配を未然に防ぐための方策は、トクヴィルにとって、何よりも政治的自由でなければならなかった。「私自身は、平等から生じ得る諸悪と闘うのに効果的な方策は、ただ一つしかないと主張する。政治的自由こそ、それである」とトクヴィルは述べている[31]。というのも、「専制者は、被治者相互が愛し合うことがなければ、彼らが自分を敬愛しないことも容易に赦す。国政を執り行なうのに被治者の援けを求めはしない。被治者が自分たちの手で国家を動かそうとしなければそれでよい」からである[32]。とくに国政よりもまず地方自治への政治参加こそが、トクヴィルにとって非常に重要な意義を持っていた。というのも、「国家の運命が個人の行く末にどんな影響を及ぼし得るか」という問題よりも、たとえば「自分の土地に道路を通す」といった身近な問題の方が、自分個人の利益と公共の利益とをつなぐ絆が見出されやすく、したがって諸個人に公的問題へ

の政治的関心を持たせやすいからである[33]。「地方自治は，多数の市民たちに，隣人・知友の情愛を重んじさせるものであり，それゆえ，人と人とを隔てる諸本能に抗して，彼らを絶えず接近させ，互いに援け合わざるを得なくする」とトクヴィルは述べている[34]。トクヴィルにとって，平等化のもたらす新たな専制に対する防波堤は，このような政治的自由にこそ求められるべきだったのである。

ハイエクの個人主義論──経済的自由による専制の防止

　他方，ハイエクには，貴族制社会の人的紐帯から解放された結果もたらされた個人主義に対するトクヴィル的な留保は見られない。去りゆく貴族制社会への郷愁の念を時折垣間見せていたトクヴィルとは異なって，ハイエクにとっては，近代的な個人主義こそは，まさに西洋の自由主義文明の誇るべき成果であった。「キリスト教や古代哲学を基礎として，ルネサンスの時期になって完全に発展し，その後西欧文明として知られるようになった個人主義は，個人を人間として尊敬するということを根本的な特徴としている」とハイエクは述べている[35]。ハイエクの言う個人主義とは，トクヴィルの言うそれとは異なって，「個人の見解や嗜好をその人の行動範囲──それがたとえ狭く限られているとしても──においては，最上のものと認め，人々は自分の天性や性向を発展させることが望ましいと確信する」という立場のことであった[36]。かつてＳ・ルークスが個人主義の諸概念を簡明に整理して述べていたように[37]，トクヴィルにおける個人主義という語の用法はそれを社会的結合に対する脅威と看做すフランス的伝統に則っていたのに対して，ハイエクにおけるそれは，集産主義との対比のもとに，経済やその他の領域での国家の干渉の不在ないし極小化を意味するイギリス的用法に従ったものだったと言えるだろう。

　もっとも，ハイエクに個人の孤立に対する懸念が全くなかったわけではない。むしろ諸個人が「一切を包括する組織によって決定される関係以外には，お互いに対して一定の持続的関係をなにひとつもたない，互換可能な単位になってしまうような事態」[38]をハイエクも憂慮していた。ハイエクが重視し称揚していた美徳には，個人の「独立，自助，すすんで危険を負担しようとする気風，多数と対立する自分自身の信念を曲げぬこと」のみならず，「自発的に隣人と協力しようとする気持」も含まれていた[39]。ト

クヴィルが地方自治と並んで結社の重要性を強調していたように，ハイエクもまた，「真の個人主義は地方自治と自発的結合に信を置く」ことを明言していたのである[40]。「真の個人主義の立場は，国家の強制行為に通常頼られていることの多くが，自発的協力によってヨリ上手になされうるという主張に大いに基づいていることは，これ以上さらに強調する必要はない。それとはこの上もない対照をなすのが偽の個人主義であって，こちらは，比較的小さい集団をすべて，国家が課す強制的規則の他には繋りのないアトムに解体することを欲し，〔中略〕すべての社会的紐帯を指令によるものにしようと努める」とハイエクは述べている[41]。要するにハイエクもトクヴィルと同様に，専制権力への防波堤として，中間団体の存在の重要性を力説していたのである。

ところが，一般の結社とともに政治的結社をも重視し，その両者の間に本来的な関係を認めていたトクヴィル[42]とは異なって，ハイエクが重視していた結社は，あくまでも経済社会における一般の結社のみであった。政治的結社を"共同精神の学校"と看做していたトクヴィル[43]とは対照的に，ハイエクはむしろ政治的結社を警戒していた。というのも，ハイエクが目の当たりにした政治的結社とは，つまるところ，公共的な利益のためではなく，むしろ狭隘な集団利益を押し通すために組織された利益集団あるいは圧力団体だったからである。そのようなハイエクにとって，政党による立法は，利益集団あるいは圧力団体の支持を買い取るためになされるものに過ぎず，したがって，むしろそれは民主主義社会に腐敗をもたらすものに他ならなかった[44]。

結局のところ，ハイエクにとって，専制支配に抗するために最も重要な自由は政治的自由ではなく，あくまでも経済的自由であった。ハイエクに言わせれば，そもそも貨幣の獲得といった経済的目的というのは，（病的な守銭奴の場合は別として）それ自体が目的ではなく，むしろそれは他の人生上の諸目的を達成するための手段である。だとすれば，全経済活動を統制する者は，様々な人生上の諸目的を実現するための手段を統制する権力を握ることになる。すなわち，経済統制は個人の生活のある一部分にとどまらず，むしろその全生活への統制となるのである。したがって，ハイエクにとって何よりもまず死守されるべきなのは，あくまでも経済的自由なのであった[45]。

こうしてみると，ハイエクのトクヴィルに対する数々の称讃にもかかわらず，専制支配の防波堤となるべき自由の内実において，ハイエクはトクヴィルとはかなりその主張を異にしていたことが分かるだろう。その相違こそが，次節で論じるように，ハイエクの民主政治論におけるトクヴィルとの異質性をもたらすことになるのである。

3 民主政治への懐疑と失望
──ハイエクのトクヴィルとの異質性

意見の形成過程としての民主主義──多数意見に対するハイエクの不信

ハイエクは『自由の条件』第7章において，民主主義を正当化する理由として，次の三つを挙げていた。第一に，民主主義は今までに発見されたなかで唯一の平和的な政権交代の方法であること。第二に，民主主義は個人の自由の最も重要な安全装置であること（ただし，いつもそうであるとは限らない）。第三に，民主主義が多数者を教育する唯一の効果的な方法であること。以上の三つである[46]。

この三つの正当化理由のうち，『自由の条件』の執筆時点において最も有力な理由とされていたのは，第三の「多数者への教育効果」であった。ここでもハイエクは再びトクヴィルを引き合いに出しつつ，「トクヴィルの『アメリカのデモクラシー』の議論の主旨は，民主主義が多数者を教育する唯一の効果的な方法であることである。このことはかれの時代と同じく現在でも真実である」と述べている[47]。

その際，ハイエクが力説していたのは，「民主主義は何にも増して，意見を形成する過程である」[48]ということであった。「多数決はその時点で人びとが何を望むかを語るが，もしかれらがもっと事情に詳しかったならば何を望むことが自身の利益にかなったかを語るものではない。そして多数の決定が説得によって変更できるものでないとすれば，それにはなんの価値もないであろう。民主主義の主張は，どんな少数意見でも多数意見になりうることを前提としている」とハイエクは述べている[49]。

こうしたハイエクの議論のうちに，われわれは，多数意見に対する彼の不信感を読み取ることができるだろう。むしろハイエクが信頼を寄せていたのは一部の少数者による先見の明であった。ハイエクが民主主義を"意見の形成過程"として捉えていた時，彼が期待していたのは，多数意見の

正しさというよりは，むしろ一部の優れた少数意見が，意見の形成過程の中で，いずれ多数者にも受け入れられるようになることだったのである。「多数意見が一部の人たちによってつねに反対されるからこそ，われわれの知識と理解は進歩する。意見が形成されるその過程において，ある見解が多数派になるまでには，それがもはや最善の見解ではなくなっているということは大いにありうることである。ある者は多数者が到達した点をすでに越えて前進しているかもしれない。多くの競合する新しい意見のうちのどれが最善であるかを立証する仕方がわからないために，われわれはそれが十分な支持を得るまで待つのである」とハイエクは述べている[50]。

公的自己形成のための民主主義
——人々の政治参加に対するトクヴィルの期待

たしかにトクヴィルも，「正しい少数意見がいずれ多数意見になりうる」という意味での「多数者への教育効果」を民主主義に認めていたことは事実である。たとえばトクヴィルは，フィラデルフィアで飲酒が犯罪を誘発することを防ぐために酒税をかけることが下層民衆の反対によって実現していないという現状について，当地の政治家が「時間に委ねましょう，いずれ弊害の意識が人民を啓発し，何が必要かを示すでしょう」と答えたというエピソードを紹介しつつ，「民主政治は国王や貴族団体より誤りを犯しやすいとしても，一度光が射しさえすれば，真理に立ち返る機会もまた大きい」と述べていた[51]。たしかに『アメリカのデモクラシー』第1巻に関するかぎり，トクヴィルの議論の主旨を，「正しい少数意見がいずれ多数意見になりうる」という意味での「多数者への教育効果」を説いたものと捉えるハイエクのトクヴィル解釈は，まだしも妥当性を持っていたと言ってよいだろう。

しかしながら，『アメリカのデモクラシー』の第2巻に目を移すとき，ハイエクによっては描かれていなかったトクヴィルのもう一つの顔が，われわれの前に立ち現われてくるだろう。というのも，そこでトクヴィルは「人民が政治に関与する時には，結社の観念と，他人と結びたいという願いとは，国民誰しもの念頭に毎日浮かぶ」と述べているからである[52]。すなわち，ここでのトクヴィルの議論の主旨は，ある正しい少数意見がいずれ多数者に受け入れられる，ということよりもむしろ，宇野重規が論じてい

たように,「差異を持った諸主体を,ただばらばらにしておくのではなく,それらの関係を意味づけまとめあげる政治的自由の働きにより,その異質性を損なうことなく緊密な関係を持たせる,ということにその核心があった」のである[53]。換言すれば,小山勉が述べていたように,むしろトクヴィルの問題意識は「個人主義が私的自己に自閉して,公的な事柄を忘れているとき,その自己をいかにして自閉の殻から引き出して公的世界に関わらせるか,つまり公共性を担う主体をどのように形成するのか」[54]ということにこそあったのである。

"多数の暴政"と"民主的専制"

このように,ハイエクがその民主主義論においてトクヴィルに言及していたとはいえ,その場合のトクヴィル解釈が主として『アメリカのデモクラシー』第1巻に依拠したものであったとするならば,ハイエク自身のトクヴィルへの度重なる肯定的言及にもかかわらず,われわれは上述の"新しい隷従"論におけるハイエクとトクヴィルの類似関係を,いま一度検討し直さなければならないだろう。というのも,『アメリカのデモクラシー』第1巻と第2巻とでは論じられている暴政あるいは専制の概念に重大な相違があるということが,すでに我が国のトクヴィル研究者によって明らかにされているからである。

松本礼二によれば,そもそも西欧政治思想史の上で,"暴政"(tyranny)と"専制"(despotism)とはその意味を異にしていた。"暴政"という概念は,「治者と被治者を共通に拘束する規範が存在し,支配は本来被治者の同意の上に成立するという政治文化を前提にして,これに対する例外状況における逸脱的支配」のことであり,あくまでも西欧の政治文化内部における逸脱体制のことであった。それに対して,"専制"はその外の異質な世界におけるノーマルな政治体制を,すなわち主人の奴隷に対する支配をさす範疇として成立した。それは西欧とは異質の,本来自由の存在しない政治文化の上に成り立つものとされていたのである[55]。松本礼二によれば,トクヴィルはこの二つの概念の語源の違いや意味の変遷を熟知していたわけではなかったとはいえ,そのいくつかの文脈における語の選択には,二つの言葉が歴史的に負っているニュアンスの違いが作用していた。何よりも『アメリカのデモクラシー』第2巻末尾において,まったく新しいものとし

て民主的専制を叙述する際，(事象の新しさを示す適切な言葉の不在を指摘した上で) トクヴィルが用語をほぼ"専制"に統一していたことに注意しなければならないのである[56]。

以上のような松本礼二の議論を踏まえつつ，宇野重規は，『アメリカのデモクラシー』第1巻を代表するキーワードが"多数の暴政"である一方，第2巻のキーワードは"民主的専制"であると推定している。多数の暴政と言う場合に問題とされているのは，民主的社会において多数派が持つ全能的性格，およびそれに基づく少数派の抑圧である。それに対し，民主的専制を問題とする場合，そこでは個人主義によって個人が原子化して無力になることによって，このような個人を支配する絶対的権力が成立することが重視されている。宇野重規によれば，この両者は根本的に議論の水準を異にしていた。というのも，専制が意味するのは，言わば政治的空間の崩壊であり，もはや自由であるとも政治的であるともいえない，まったく別個の秩序であるのに対し，暴政は民主的社会に必然的に生じる多数派と少数派の関係，あるいは一方の他方への圧迫の問題だからである。専制を改めるにはシステムの根本的転換が必要であるのに対して，暴政はいかに深刻なものであってもシステムの根本的枠組み自体には問題がないのだから，防壁を設けさえすれば解決可能なのである[57]。

以上のような両者の概念の相違を念頭に置きつつ，ハイエクにおける"新しい隷従"の議論を再検討してみるとき，われわれは次のことに気づくだろう。すなわち，ハイエクが明確にトクヴィルからの多大な影響を自認していたにもかかわらず，また実際に多くの点で互いに類似していたにもかかわらず，トクヴィルにおける個人主義への懸念，すなわち「誰もが自分の世界にひきこもり，他のすべての人の運命に関わりを持たないかのようである」という事態への警戒心が，ハイエクの"新しい隷従"論においては影を潜めている，ということにわれわれは気づかされるのである。

本稿冒頭でも触れたように，ハイエクはその論文「真の個人主義と偽の個人主義」においてトクヴィルの名を挙げつつ，「真の個人主義は民主主義を信じるだけではなく，民主主義の理想は個人主義の基礎的原理を源泉とすると主張することもできる」と述べていた[58]。しかしながらその際，ハイエクが警戒していたのは「多数決万能の迷信」であり，それに対して「民主主義の正統性の全根拠は，時の流れのうちに，今日はほんの少数の意

見にすぎないものが多数意見になることも可能だ、という事実にもとづいている」と述べていた59。要するに、ハイエクの"新しい隷従"論は、たとえトクヴィルの名を挙げつつ『アメリカのデモクラシー』第2巻に言及していたとはいえ、また確かに「人々の肉体を鞭打つよりもむしろその魂を柔弱にする」という点での新しさには適切に着目していたとはいえ、その力点は、むしろその第1巻における"多数の暴政"により大きく置かれていたのであり、トクヴィルの言う"民主的専制"とは少なからずその様相を異にしていたのである。

"政治哲学者の義務"——ハイエクにおける多数者へのプラトン的な懐疑

だとするならば、われわれはたとえハイエクが後年「トクヴィルに夢中になりすぎた」と後悔の念を表明しているのを目にしても、不思議に思う必要はないだろう。ハイエクはかつて『自由の条件』で論じていた民主主義正当化の三つの理由のうち、第三の「多数者への教育効果」を最も有力な理由として挙げていたものだったが、後年の『法と立法と自由』第3巻（1979年）になると、その主張を修正していた。この点について、ハイエクは次のように吐露している。

> 私はその書物〔『自由の条件』〕でド・トクヴィルに夢中になって、私があげた三つの民主主義支持論の第三番目のもの、すなわち、民主主義は政治問題において多数派を教育する唯一有効な方法である、という議論を「もっとも有力」な擁護論として記述したことを、むしろ後悔している。それは大変重要ではあるが、無論、私がそのとき第一番目としてあげたもの、すなわち、平和的変化の手段としての民主主義の機能、に比べると重要性は低い60。

すなわち、依然としてその第三の理由も重要だとしながらも、結局、ハイエクが最も重視するにいたった民主主義正当化の理由は、その第一のもの、すなわち「平和的な政権交代を可能にする唯一の方法」という非常に現実的なものへと変化するに至ったのであった。

そうした論調の変化の兆しは、しかしながら、まだ「トクヴィルに夢中になっていた」時代の『自由の条件』においても、すでに現われていたと

言えるだろう。というのも，上述したとおり，それは徹頭徹尾，多数者への不信と少数者の先見の明への信頼とに貫かれたものだったからである。それどころか，ハイエクがすでに『自由の条件』において次のように論じ，それを"政治哲学者の義務"としていたとするならば，われわれはむしろハイエクの民主政批判のなかに，トクヴィルよりもむしろプラトン的な統治術の響きを聴きとるべきではないだろうか。

> もしも意見が前進すべきであるとするならば，指針を与える理論家は自分が多数意見によって拘束されると考えてはならない。政治哲学者の仕事は多数の意志を実行する専門の公務員の仕事とは違う。政治哲学者は人びとがどう考えるべきかを決定する。「指導者（leader）」の地位を僭称してはならないが，共通の行動の可能性とその結果を明らかにし，多数が未だ考え及んでいない政策全体の包括的な目的を与えるのがかれの責務である。いろいろな政策のありうる結果に関して，そのような包括的な描写が示された後においてのみ，民主主義は自身の望むものを決定することができる。もし政治が可能なことについての技術（the art of the possible）であるとするならば，政治哲学は一見不可能なものを政治的に可能にする技術（the art of making politically possible the seemingly impossible）である[61]。

たしかに，ハイエクはプラトンとは異なり，最後の一線のところで民主主義者として踏み止まっている。上の引用文において，彼は注意深く，政治哲学者は「指導者の地位を僭称してはならない」と付け加えるのを忘れてはいなかった。そもそもハイエクが上述のように"政治哲学者の義務"を説くのも，彼に言わせれば，「政治哲学者はこの仕事において多数の意志に反対することによって，もっとも民主主義の役に立つことにしばしばなるであろう」[62]という理由からである。彼が政治哲学者のいわばオピニオン・リーダーとしての責務を説いたとき，それはプラトンの唱えた"哲人王政治"を文字通り意味していたのではなく，あくまでも「意見の形成過程としての民主主義」を活性化する役割を期待してのことだった。

にもかかわらず，他方でハイエクが次のように現実の多数決に対して極めて低い評価を下し，一種の"超個人的な知恵"の存在を現実の民主政治

以外の領域に求めているのを目の当たりにするとき、筆者はそこに、政治的自由による公的自己の形成を説くトクヴィルの姿ではなく、むしろ民主政治に対する「警告者としてのプラトン」[63]の姿を認めざるをえないのである。

> われわれは、多数決がある意味で自生的な社会的成長の産物がもつことのできる高次の超個人的な知恵（higher, superindividual wisdom）をともなう、と信じる理由は少しもない。多数者の決議はそのような優れた知恵（superior wisdom）を探し求める場所ではない。どちらかといえば、それは集団のなかでもっとも賢明な成員がすべての意見を聞いた後で下す決定にも劣らざるをえない。多数者の決定はさほど注意深くない思考の結果であろうし、また概して誰をも満足させることがないと思われる妥協をあらわすであろう[64]。

ハイエクの"新しい隷従"論が、『アメリカのデモクラシー』第2巻の"民主的専制"よりも、むしろ第1巻における"多数の暴政"を意味していた度合いが強かったとするならば、それは、プラトンの民主政批判、すなわち「民主政における極端な自由が僭主政という極端な隷属へと至る」というプラトンの警告[65]にも、実は通じるものだったと言えるだろう。この点において、ハイエクはまさにプラトン的相貌を図らずも帯びていたのである。

おわりに
——「正しく理解された自己利益の原理」をめぐって

このように実はハイエクとトクヴィルとの間にはかなり大きな相違があった。それにもかかわらず、ハイエクのトクヴィル解釈は、トクヴィルをスミスのような経済的自由主義の系譜にもっぱら引きつけて理解したものであった。上述したように、ハイエクとは異なり、トクヴィルは「個人主義」の語を否定的に用いている。ところが、そのトクヴィルをスミスと同様に「真の個人主義者」と看做すべきことを、かつてハイエクは次のような文章で主張していた。

「個人主義」という用語は，真の個人主義の〔バークに次ぐ〕いまひとり最高の代表者であるド・トクヴィルの著作のひとつの翻訳によって英語に導入されたのだが，そのトクヴィルは『アメリカにおけるデモクラシー』において，かれが遺憾として排斥する態度を記すために「個人主義」という言葉を使用しているのである。しかしながら，バー・ク・も・ド・ト・ク・ヴ・ィ・ル・も・す・べ・て・の・本・質・的・な・点・に・お・い・て・ス・ミ・ス・に・近・い・こ・と・に・何・の・疑・い・も・あ・り・え・な・い・。そしてスミスに対して個人主義者という名を拒むひとはいないであろう。バークやド・トクヴィルが対立する「個人主義」は，スミスの個人主義とはまったく別種のものである[66]。

ハイエクがこのようにトクヴィルをもっぱらスミスに引きつけて理解できたのは，(ハイエク自身はこの点に関して何も明示的には述べていないが) トクヴィルが「正しく理解された自己利益の原理」を説いていたからであったと思われる。トクヴィルは『アメリカのデモクラシー』の序文で「民衆は自己の真の利益を知って，社会の恩恵に浴するためには義務をも負わねばならぬことを理解するであろう」[67]と述べており，また第1巻において，理屈抜きの熱烈な"本能的な祖国愛"とは異なる別種の祖国愛として"思慮ある愛国心"を挙げ，「人は国の幸福が自分自身の幸福に及ぶことを理解し，この法制の下，自分もまた国の幸福に寄与しうることを知っている」と述べていた[68]。そして第2巻で「正しく理解された自己利益の原理」を論じているが，要するにそれは「市民の個人的利益が全体の幸福に役立つ」こと，「善行が個人の利益である」ことを説く原理のことであった[69]。それは，個人の利益を全体の利益と調和させるメカニズムとして市場秩序を説いたハイエクと，基本的には同様の主張であったといってよい。ハイエクも長期的・間接的な意味ではすべての人々に利益を約束する自由論を展開していた。

ところが他方で，ハイエクの唱える自由原理は，短期的・直接的な意味では，市場競争の過程において，むしろ個々人に無数の試行錯誤と失敗とを余儀なくさせるものだった。というのも，ハイエクの自由論の基本的出発点は"人間の無知"だったからである。すなわち，人間は無知であるが故に，その努力には不可避的に多くの試行錯誤や失敗が伴うことになるのである。そのような事態を恐れがちな大多数の人間は既知のやり方に慣れ

親しむ傾向があるのに対し，無数の試行錯誤の末にすぐれた範例を提示することになる創造的で活発な人間は，往々にして少数にすぎないことが多い，というのがハイエクの終生保持していた冷徹な認識だった。ハイエクに言わせれば，その他大多数の者は，そのような少数者の優れた創造性から間接的に利益を得られるにすぎないのであり，直接的には市場競争の中でむしろ苦い失敗を強いられるのである。したがって，ハイエク的な自由原理はむしろ多数者によって拒否されることになるだろう70。要するにハイエクの議論は，その政治論のみならず，その経済論においても，多数者への不信と少数者への信頼とによって終始一貫していたのである。そしてそのような多数者への不信こそが，ハイエクをして，トクヴィルよりもむしろプラトン的相貌を帯びさせたのであった71。

　ハイエクの民主政治論が辿ったこのような軌跡は，現代の国家－社会関係のあり方に対して，重要な問題を提起していると言えるだろう。というのも，こうしたいわば"トクヴィルからプラトンへ"とでもいうべきハイエクの民主政治論の軌跡が物語っているのは，国家権力による中央集権的な一元支配に対する有効な防波堤となるべき社会の多元性をいかにして確保すべきなのかという問題に決して一義的で単純明快な解答が存在しているわけではない，ということだと思われるからである。

　われわれは経済的自由によってこそ社会の多元性を守るべきなのであり，その際に民主政治における"多数の暴政"を防ぐためには，ハイエクのように，多数者の政治的自由を大幅に抑制し，あえて一種のプラトン的な賢人政治に訴えなければならないのだろうか？　あるいはわれわれはトクヴィルの言う"民主的専制"をこそ警戒して，むしろ政治的自由によってこそ社会の多元性を追求すべきなのだろうか？　それとも，ハイエクの辿った軌跡にもかかわらず，ハイエクとトクヴィルとを融合させ，経済的自由と政治的自由の幸福な結合を達成することが本当は可能なのだろうか？あるいは，"液状化"（ジークムント・バウマン）や"フラット化"（トーマス・フリードマン）という現象の生起によって垂直的な統合原理がますます弱まり，世界規模で水平化＝"平等化"が急速に進展しつつある現代にあって72，自由民主主義は，個人の利益と全体の利益との間での調和点を模索しつつ，経済的自由と政治的自由，市場経済と民主主義との間の緊張関係に依然として悩まされ続けることになるのだろうか？　そこにこそ現

代の国家－社会関係における重要な問題の一端が潜んでいるように思われるのである。

（ 1 ） Hayek, *Individualism and Economic Order* (Routledge & Kegan Paul, 1949) p. 4. 田中真晴・田中秀夫編訳『市場・知識・自由――自由主義の経済思想』（ミネルヴァ書房，1986年） 6 頁。
（ 2 ） *Ibid*., p. 16, n. 17. 同前48頁，注17。
（ 3 ） Hayek, *Studies in Philosophy, Politics and Economics* (Routledge & Kegan Paul, 1967) p. 158.
（ 4 ） Hayek, *Individualism*, p. 29. 邦訳36－37頁。ただし，トクヴィルはハイエクと異なって「個人主義」の語に否定的な意味を込めており，ハイエクもそれは承知していた。両者の個人主義論の相違については本稿第 2 節で取り上げる。
（ 5 ） トクヴィル『アメリカのデモクラシー』松本礼二訳（岩波文庫，2005年）第 1 巻（上） 9 頁。この岩波文庫の松本訳は，本稿執筆時点で，第 1 巻（上）（下）が刊行されている。
（ 6 ） トクヴィル『デモクラシー』第 1 巻（上）14－15頁。
（ 7 ） Hayek, *The Road to Serfdom* [50th Anniversary Edition] (The University of Chicago Press, 1994) pp. 18-19. 一谷藤一郎・一谷映理子訳『隷従への道――全体主義と自由』〔改版〕（東京創元社，1992年）22頁。なお，この邦訳書としては西山千明訳『隷属への道』（春秋社，1992年）もあるが，後者の西山訳には1956年アメリカ版への序文が収められていない。ところが，この書におけるハイエクとトクヴィルの関係を考える場合には，このアメリカ版序文への言及が不可欠である。したがって，本稿では前者の一谷訳を用いることにする。
（ 8 ） トクヴィル『デモクラシー』第 1 巻（上）15頁。
（ 9 ） Hayek, *Serfdom*, p. 24. 邦訳27頁。
（10） 宇野重規『トクヴィル――平等と不平等の理論家』（講談社，2007年）59－67頁。
（11） トクヴィル『デモクラシー』第 1 巻（下）94頁。
（12） Hayek, *Serfdom*, p. 23. 邦訳26頁（ただし訳は改めた）。
（13） Hayek, *Serfdom*, p. 222. 邦訳257頁。
（14） Hayek, *Serfdom*, p. 136. 邦訳158頁。
（15） 岩永健吉郎・松本礼二訳『アメリカにおけるデモクラシー』（研究社，1972年）128頁。この岩永・松本訳は，トクヴィルの原著第 2 巻の抄訳である。以下，本稿でこの第 2 巻に言及する際にはこの抄訳を用い，トクヴ

ィル『デモクラシー』第 2 巻 (抄訳) と表記する。なお，この第 2 巻の全訳としては，井伊玄太郎訳『アメリカの民主政治』(下)（講談社学術文庫，1987年）がある。
(16) トクヴィル『デモクラシー』第 2 巻（抄訳）129頁。
(17) トクヴィル『デモクラシー』第 2 巻（抄訳）130頁。
(18) トクヴィル『デモクラシー』第 2 巻（抄訳）133頁。
(19) 同前。
(20) 同前。
(21) トクヴィル『デモクラシー』第 2 巻（抄訳）134頁。
(22) Hayek, *Serfdom*, p. xli, n. 10. 邦訳 xxi 頁，注10（ただし訳は若干改めた）。
(23) *Ibid*. 同前。
(24) Hayek, *Serfdom*, p. 16. 邦訳19頁。
(25) トクヴィル『デモクラシー』第 2 巻（抄訳）96頁。
(26) トクヴィル『デモクラシー』第 2 巻（抄訳）97頁。
(27) トクヴィル『デモクラシー』第 2 巻（抄訳）97－98頁。
(28) トクヴィル『デモクラシー』第 2 巻（抄訳）207頁。
(29) トクヴィル『デモクラシー』第 2 巻（抄訳）99頁。
(30) 同前。
(31) トクヴィル『デモクラシー』第 2 巻（抄訳）104頁。
(32) トクヴィル『デモクラシー』第 2 巻（抄訳）99頁。
(33) トクヴィル『デモクラシー』第 2 巻（抄訳）101頁。
(34) トクヴィル『デモクラシー』第 2 巻（抄訳）102頁。
(35) Hayek, *Serfdom*, p. 17. 邦訳20頁。
(36) *Ibid*. 邦訳20－21頁。
(37) Ｓ・Ｍ・ルークス『個人主義』間宏監訳（御茶の水書房，1981年）。
(38) Hayek, *Individualism*, p. 27. 邦訳34頁。
(39) Hayek, *Serfdom*, p. 233. 邦訳268頁。
(40) Hayek, *Individualism*, p. 23. 邦訳28頁。
(41) *Ibid*. 同前（ただし訳は若干改めた）。
(42) トクヴィル『デモクラシー』第 2 巻（抄訳）第 2 部第 7 章。
(43) 小山勉『トクヴィル――民主主義の三つの学校』（ちくま学芸文庫，2006年）第 5 章。
(44) Hayek, *Law, Legislation and Liberty, vol. 3: The Political Order of a Free People* (Routledge & Kegan Paul, 1979). 渡部茂訳『法と立法と自由 Ⅲ 自由人の政治的秩序』〔新版ハイエク全集第Ⅰ期第10巻〕（春秋社，2008年）。
(45) Hayek, *Serfdom*, ch. 7. 邦訳第 7 章。
(46) Hayek, *The Constitution of Liberty* (Routledge & Kegan Paul, 1960) pp.

107-109. 気賀健三・古賀勝次郎訳『自由の条件Ⅰ 自由の価値』〔新版ハイエク全集第Ⅰ期第5巻〕（春秋社，2007年）151－153頁。
(47)　Hayek, *Constitution*, p. 108. 邦訳153頁。
(48)　*Ibid*. 同前。
(49)　Hayek, *Constitution*, p. 109. 邦訳154頁。
(50)　Hayek, *Constitution*, pp. 109-110. 邦訳154－155頁。
(51)　トクヴィル『デモクラシー』第1巻（下）100－101頁。
(52)　トクヴィル『デモクラシー』第2巻（抄訳）113頁。
(53)　宇野重規『デモクラシーを生きる──トクヴィルにおける政治の再発見』（創文社，1998年）91－92頁。
(54)　小山勉，前掲書326頁。
(55)　松本礼二『トクヴィル研究──家族・宗教・国家とデモクラシー』（東京大学出版会，1991年）47－49頁。
(56)　松本礼二，前掲書54頁。
(57)　宇野重規『デモクラシーを生きる』45－46頁。
(58)　本稿前掲注4を参照。
(59)　Hayek, *Individualism*, p. 29. 邦訳37頁。
(60)　Hayek, *Law, Legislation and Liberty*, vol. 3, p. 180, n. 14. 邦訳248頁，注14。
(61)　Hayek, *Constitution*, p. 114. 邦訳161頁。
(62)　Hayek, *Constitution*, p. 115. 邦訳162頁。
(63)　「警告者としてのプラトン」については，佐々木毅『プラトンの呪縛』（講談社学術文庫，2000年）350－357頁，および361－372頁を参照。
(64)　Hayek, *Constitution*, p. 110. 邦訳155－156頁。
(65)　「僭主独裁制が成立するのは，民主制以外の他のどのような国制からでもないということだ。すなわち，思うに，最高度の自由からは，最も野蛮な最高度の隷属が生まれてくるのだ」（プラトン『国家』藤沢令夫訳，岩波文庫，下巻222頁）。
(66)　Hayek, *Individualism*, p. 5. 邦訳7頁（ただし強調は引用者が加えた）。
(67)　トクヴィル『デモクラシー』第1巻（上）20頁。
(68)　トクヴィル『デモクラシー』第1巻（下）118－120頁。
(69)　トクヴィル『デモクラシー』第2巻（抄訳）119－123頁。
(70)　このようなハイエクの自由論の特徴については，山中優『ハイエクの政治思想──市場秩序にひそむ人間の苦境』（勁草書房，2007）第2章を参照。
(71)　ハイエクのプラトン的相貌について，さらに詳しくは，山中優『ハイエクの政治思想』150－154頁を参照。
(72)　宇野重規『トクヴィル』（本稿前掲注10）182－185頁。たとえば宇野

は次のように述べている。「トクヴィルの平等化の予言は，国家をはじめとするヒエラルヒー的組織の垂直的な統合力に限界が見え始め，むしろ水平的に世界各地の人間や集団が競合・衝突しつつ互いに結びつき協力しあっていく時代において，固有の説得力を持っている。〔中略〕世界に暮らす人々は，もはや想像力の壁にさえぎられることなく，現実に接触し交流を持つようになる。そのことを通じて，世界の他の地域に暮らす人々が自分と同じ人間であることを，リアリティを持って感じるようになるだろう。他方で，直接の接触が増えるということは互いの間の不平等をさらに浮き彫りにし，対立感情も高めていく。平等と不平等の織り成すダイナミズムは，世界のありとあらゆる既成の組織を直撃し，長期的にはそれを揺さぶり，あるいは解体・変容させていくばかりでなく，新しい摩擦や衝突を生み出していくのである」(同書182－183頁)。

結社と民主政治

――アソシエーションから政治は生まれるのか――

早川　誠＊

1　政治における結社

　結社に関わる政治理論は，近年大きな注目を集めてきた。代表的なものとしては，市民社会論，討議民主主義論，社会関係資本論などを挙げることができる。

　市民社会論は，1989年の東ヨーロッパにおける革命以後，政治理論の分野でも多角的に論じられてきた。そこでは，権力を中心に構成される国家や経済領域である市場とは区別される独自の領域としての市民社会が想定され，その中心に様々な結社の活動が置かれることになる[1]。

　市民社会論の興隆とほぼ時を同じくして，民主主義論にも新たな潮流が生まれてくる。それ以前の選挙や代議制を中心としたいわば「シュンペーター型民主主義」「利益集積型民主主義」(aggregative democracy) に対して，代議制の仕組みの中に取り込まれることのない様々な利益や選好を政治に反映させるため，民主主義論の強調点を変更する試みがなされるようになる。大きくまとめるならばラディカル・デモクラシーと呼ぶことができる潮流だが，中でも討議民主主義論 (deliberative democracy) においては，代議制など国家機構と結びついた政治の仕組みとは区別される市民の自発的な活動に焦点が置かれ，小規模な集団や結社での討議のあり方が検討されてきている[2]。

　民主主義論の革新が生じた背景には，東欧の革命に加えて，西欧やアメリカ合衆国においても，市場の力に対抗する何らかの場の必要が認識されていたという事情がある。個々の消費者が私益を中心に行動する市場では，

　＊　立正大学法学部教員　政治理論

社会全体を支える共同性や公益の実現という観点が欠落する可能性を排除できない。1980年代にはリベラル・コミュニタリアン論争の中でも扱われたこのような問題意識は，1990年代以降になると社会関係資本（social capital）論の文脈で議論されるようになった。R．パットナムの諸論考を中心として，アメリカにおける社会的ネットワークの衰退が，危機感を持って語られている。『孤独なボウリング』第三章「市民参加」の冒頭でトクヴィルからの引用と自発的結社（voluntary associations）への言及が見られるように，ここでも議論の一つの焦点は結社の役割である[3]。

もちろん，政治において結社の果たす役割に何かしら言及する議論は，過去においても稀であったわけではない。20世紀半ばに隆盛を極めたアメリカ政治科学では集団理論や多元的民主主義論が唱えられたが，20世紀初頭のヨーロッパにおいても英国で多元的国家論が議論され，フランスではフランス革命以来の紆余曲折を経た後に1901年アソシアシオン法が成立している[4]。19世紀中葉にトクヴィルが描いたアメリカにおける結社の意義は現在でもしばしば結社論の一つのパラダイムとされ，また社会契約論的な政治思想においては国家そのものが結社として理解されるという系譜もあった[5]。さらに，結社は欧米の政治においてのみ意義を有したのではなく，アジアでも一定の役割を果たしている[6]。

これらの議論は，今日の水準から見直しても，決して時代遅れの遺物というわけでも，一般性を欠いた特殊事例の集積というわけでもない。例えば，アメリカ政治科学の集団理論は，利益集団・圧力団体・企業などを重視する点で，市場との区別を特徴とする市民社会論とは，確かに性格を異にしている。とはいえ，利益集団もまた自発的結社としての性格を有することに間違いはなく[7]，市民社会論や社会関係資本論で範とされるような市民団体が担う民主的機能を果たす可能性があるということもまた事実である。

こうした歴史的蓄積がある中で，20世紀末以降にあらためて結社に注目が集まったことについては，それを必要とした固有の社会的背景に特に留意しておく必要があるだろう。M．ウォーレンは現代の結社論の背景として，グローバリゼーションの進展，現代社会の機能分化（specialization）・多様化（differentiation），集合的行為実現の際の複雑さの増大とリスク社会論に見られるような予期せざる結果の発生，人々のアイデンティティの多

元化によるアイデンティティ・ポリティクスの登場などを挙げている[8]。他の論者も，多少の違いこそあれ，こうしたリストにさほどの異論はないと考えてよい。結社論に即してしばしば語られる，社会の解体に対する危機意識や，政治・行政のアカウンタビリティを回復・創設しようという主張も，これら背景への反応として把握できる。また，上記の背景を原因として，国家を中心とする政治理解や政治運営が有効ではなくなってきたという認識も，現代結社論の顕著な特徴である[9]。

しかしながら，結社を必要とする背景は十分に理解できるとしても，結社がどのように活用されるべきなのか，あるいは現在活用されているかについては，必ずしも明確な見通しが存在しているとは言えない[10]。この点は，従来の政治思想においても，その時代に固有の特殊な社会状況に対する直接的な応答として以外は，十分に考察されてこなかったという問題がある。つまり，ある社会状況の下で発生した問題に対し，その問題解決に有利な結社の性質のみが強調され，その結果，結社の持つ他の側面や機能が軽視されることになったのではないか，という疑問があるのである[11]。

2　トクヴィル再訪

既に言及したように，『アメリカのデモクラシー』でトクヴィルが描いた結社像は，結社を論ずる政治理論にとって強力なパラダイムとなっている。市民社会論や社会関係資本論の論者は，しばしばトクヴィルを引証することから「ネオ・トクヴィリアン」と称され，結社を通じた民主主義の実現を企図していると理解されることが多い[12]。しかし当然のことながら，トクヴィルの結社論も，単に結社が望ましいというような単純なものではない。したがって，トクヴィルの議論のどの部分をいかに利用したかが明らかになれば，現代の結社論の特徴も浮き彫りになる。そこで以下では，結社理解の前提として，まずはトクヴィルが何を論じていたのかをあらためて確認しておきたい。

トクヴィルはアメリカにおける結社を，政治的結社と市民的結社に分けて論じている。第一巻で扱われる政治的結社では，地方公共団体に加えて「諸個人の意思次第である結社が無数にある」ことが指摘され，意見の表出や，集会の開催，選挙母体としての政党の活動などが行われると論じられる。他方で，「結社の無制限の自由」が大きな危険を伴うことも論じられる

が，少なくともアメリカでは結果的に破滅的な事態には至っていないともされる。貴族制のように「自然の結社」が存在しない国，猟官を中心としたアメリカのような政治運営においては，仮に結社それ自体が無政府状態をもたらす危険性を持つとしても，「多数の暴政」「多数の全能」を制限する効果の方が重視されるのである13。

さらにトクヴィルは，アメリカで政治的結社が大きな問題を生み出さない理由を，ヨーロッパとの比較の中で論じていく。それによれば，ヨーロッパでは多数派とかけ離れた意見を持った党派が，「自分では多数派と戦うに十分な力があると信じている」ため，戦闘的な行動を起こしてしまう。対してアメリカでは，意見がかけ離れている人は多数派の強大さの前に屈するしかなく，また多数派になる可能性を持つ人々は，多数派の人々を説得していずれ権力を掌握することを目指すため，穏健な活動が主流となる。そもそもアメリカでは普通選挙が実施されているのであるから，多数派から出る代表の正当性に対して，戦闘的に挑戦する余地はない。やや逆説的だが，アメリカで結社が重要かつ適切な役割を果たすのは，「アメリカでは，結社は誰の目から見ても国民の少数派しか代表していないから，演説し，請願するだけである」という理由にもよるのである。また結社内部の運営についても，ヨーロッパでは結社が軍隊のような性質を持つがゆえに中央集権的指導がなされるため，自由への抑圧に対する抵抗拠点としての威信を損ねてしまうのに対し，アメリカでは個人の独立が重視され，結社内でも「市民的な政府」が成立しているとされる14。

次に，同書第二巻における市民的結社の議論についても見ておこう。それによれば，先に検討した政治的結社は，市民生活で見られるものまで含めた大量の結社のうちのわずか一部に過ぎない。貴族的社会では少数の有力者を中心に集団での行動がなされるが，民主的な人民においてはあらゆる市民が孤立しているがために脆弱でもある。よって市民は相互に協力せざるをえない。仮に日常生活のあらゆる部分に普及した結社を政府が代替しようとしても，かえって公行政による産業統制と専制が生じるばかりで，市民の孤立は深まってしまう。結社による人間相互の交流によってはじめて，民主的な社会に住む人々は，政府による専制を免れ，互いに考えや気持ちを伝え合いながら人間性を陶冶することが可能となる。その意味では，政治的結社や産業上の結社よりも，知的な結社，道徳的な意味を持つ結社

の重要性が注目される。市民生活における結社はあらゆる結社の母体であり、「民主的国家では、結社の学問は母なる学問であり、他のすべての学問が進歩するかどうかもその進歩次第なのである」と述べられるのである[15]。

政治的結社と市民的結社の関係については、両者の深い結びつきが指摘される。市民的結社は、集団の枠組みの中で行動するための能力を市民に身につけさせる。他方で政治的結社は、個別の市民的結社に分かたれたままの人々を、一般的な利益に向かわせ、公的な生活を想起させる役割を有する。「人々はそこで、自分の意志を他のすべての人々の意志に従属させること、自分個人の努力を共同での行動に従属させること、そして政治的結社においてのみならず市民的結社においても知っておく必要のあるあらゆる事柄を学ぶ」。したがって、「政治的結社は、市民が結社の一般理論を学びに訪れる、無料の偉大な学校であると考えられるのである」[16]。

以上のトクヴィルの結社論の背後に、デモクラシーの進展から生じる専制に対しての抵抗という問題が大きく浮かび上がっていることは、明らかである。特に、『旧体制と大革命』で詳しく述べられるフランスでの個人主義と専制の問題を視野に入れて考えるならば、それがトクヴィルにとってどれほど大きな課題であったかは想像するに余りある。史実としての正確さは別途検討を要する問題であるとしても、同書の中でフランスの農村小教区にニュー・イングランドのタウンシップと同一の起源を見出したり、中央集権に対して権力の分断の必要性を説いたり、アメリカとは異なりフランスの小集団がさらなる細分化と「集団的個人主義」に向かってしまったことを指摘したりする時、トクヴィルはアメリカとフランス双方の現状を考慮しつつ、この問題の実現可能な解決方法を真摯に模索していたのである[17]。

しかし問題は、この最大の課題を踏まえた上で、これと両立可能でありながらそこに還元することができない別の諸要素もまた、トクヴィルの議論の中に見出すことができるという点にある。例えば、『アメリカのデモクラシー』第一巻と第二巻の結社論の間には微妙な変化が見られ、結社が社会的紐帯を生み出すという論点が強調されるようになる。これは楽観論というより、トクヴィルの危機感ゆえの変化と解釈すべきであろう[18]。留意すべきは、専制的な権力への抵抗といっても、あらかじめそのような抵抗を行うことが可能な結社が既に存在するという状況と、そもそもそのよ

うな性質を持つ結社自体を作り出すなり見出すなりしなければならないという状況は、大きく異なっているということである。実際、結社と社会的紐帯の連動というアメリカ的な文脈を離れ、フランスにおける結社が専制に抵抗するどころかむしろ専制に飲み込まれていった歴史的・政治的プロセスに言及する時、トクヴィルははるかに慎重であり、結社に対する懐疑的な視点を維持しようと微妙な姿勢を見せている[19]。コンテクストから切り離して理論的に見るならば、こうした揺れは混乱や曖昧さとして現れるかもしれない。しかし、具体的なコンテクストの中で結社の働きの複雑さを把握することができたからこそ、揺れが生じたということも事実であろう[20]。

また、トクヴィルの描く結社は、確かに専制への抵抗という意味で大きな役割を果たすが、他方で国家や統治機構と完全に分離されているわけではない。本節前半で述べたようにトクヴィルの結社論の範疇にはもともと政治的結社が入っており、しかもその政治的結社には政党も含まれる。トクヴィルにとって、「国家」と「政治社会」と「市民社会」はそれぞれ異なっているものの、相互に影響を与え合う複雑な関係を形成しており、単に対立と抵抗の関係にあるわけではない[21]。現代の市民社会論では国家と市民社会の対立が強調されるが、そうした議論とトクヴィルの議論がどの程度噛み合うのかについては、慎重な検討が必要となろう。

もちろん、このように述べたからといって、トクヴィルの議論から現代結社論にとって重要な知見を抽出できないというわけではない。ただ、トクヴィルの議論の内部に複雑さと多様性が見られる以上、トクヴィルの議論を部分的に引証しただけでは結社の働きについていくつかの断片的なアイデアを得られるに過ぎず、結社と民主政治が一般的にどのように結びつくのかという問題が解決されるわけではないのである。

3　結社論のパラダイム

以上のようなトクヴィル理解を背景に、現在の結社論の特徴を見ていきたい。この点では、ウォーレンによるアメリカ結社論の簡潔な整理が助けとなる。ウォーレンによれば、民主主義論に対するトクヴィルの貢献は、単に国家の専制に対する民主主義的な対抗の重要性を説いたことにあるのではなく、そのための自由民主主義的な政治構造が結社に依拠している

(貴族社会が封建的諸団体に依拠しているように)と指摘したことにある。したがって,重視されたのは,「自発的な」(voluntary)性格を有する「第二次」(secondary)結社であった[22]。

 この自発的な第二次結社論は,アメリカの民主主義論の中で二つの主要な潮流を生み出してきた。一つは利益集団を軸とした利益集団多元主義の系譜である。そこでは,議会と政党を重視する民主主義論に対して,社会に多数存在する種々の利益を表出する「結社の代表機能」(representational effects of association)の重要性が指摘される。第二の潮流は,結社の紐帯から生じる「公民的徳の涵養」(the cultivation of civic virtues)に重点を置くものである。結社は単に代表と媒介の機能を果たすだけではなく,それを通じて家族などの第一次集団から個人を解放し,互酬性と信頼を身につけさせ,社会統合を可能にする。近年のパットナムらによる社会関係資本論はこの系譜に位置づけられている[23]。

 ウォーレンによれば,「トクヴィリアン・パラダイム」の影響を受けた上記のような議論には,いくつかの顕著な見落としと過度の一般化が見られる。まず,国家と社会の関係が二元的に把握されているため,非国家的な領域に生じる権力関係が見逃されやすい。あるいは政府の政策によって民間結社の活動が促される「クラウド・イン」効果が生じるなど両領域の混合状況があった場合などにも,把握が難しくなる。第二に,市場とそれ以外の社会領域の区別が不鮮明なため,J．ハーバーマスの述べるような「公的領域」の理解が十分ではない。第三に,公民的徳の実現が強調されるがために,かえって結社内部での不正が隠蔽されやすくなってしまう可能性がある。第四に,徳と互酬性の涵養といっても,必ずしも広く参加と連帯を促進する方向に作用するとは限らず,逆に他集団を敵視することによって集団内の連帯を強めるような方策が採用されるかもしれない。第五に,政策主張集団(advocacy groups)が民主政治の中で効果的な議論を行うためには,内部での一体性を高めるために反対者の退出を求めるかもしれない。つまり,集団内部での非民主的な実践が,政治過程全体としては民主的な効果を生む場合も考えられる[24]。

 ウォーレンのこれらの批判に対しては,いくつかの点で反論が可能なことも確かである。国家と社会の二元的把握に関しては,国家のみならず市場と市民社会を区別する考え方が普及している。市民社会や結社が新たな

「公的領域」を形成するという問題意識も民主主義理論の中で十分に意識されていると言える[25]。自発的集団の性質の変化についてはＴ．スコッチポルの研究などもあるが[26]，パットナムの著書の中でも既に，政策主張集団の特異性や「橋渡し型」（bridging）社会関係資本と「結束型」（bonding）社会関係資本の区別など，集団の働きの差へ注意が向けられている。

しかしながら，具体的な問題と関連させた際に，従来特殊国家的とされてきたような政治の要素，権力的な要素との関わりや，自発的な第二次結社自体に内在する非民主的要素の扱いなどについては，問題が残っていることも否めない。前節のトクヴィル論との関連で述べるならば，例えばトクヴィルはアメリカと異なりフランスで結社が民主的専制を防ぐ役割を果たさなかったことに常に注意を払い，アメリカ的な結社の活動が可能となる社会的・政治的条件を探っているが，そうした問題意識は現代の結社論の中でどれだけ検討されてきているだろうか[27]。また，フランスの戦闘的な結社に対する批判に見られたような，自発的であるにもかかわらず，あるいは自発的だからこそ生じる結社内部の組織構造の問題は，どのように議論に反映されているのか。また，個々の結社が政治過程全体に及ぼす影響は，政治的か市民的かといった結社の性質や内部構造によって異なるのだろうか。こうした課題を視野に入れない限り，結社論はあくまでも結社の果たす役割の部分的な分析の段階に留まらざるをえない。

4　イギリス結社論の再評価

ここでイギリスでの議論に目を向けると，こうした問題に対して興味深い動向が現れてきていることがわかる。結社をめぐる議論に関しては，従来，20世紀後半におけるアメリカ政治学と集団理論の隆盛が，議論の方向性を強く規定する傾向があった。前節の「トクヴィリアン・パラダイム」にしても，トクヴィルのアメリカ的な解釈が現代結社論のあり方を特徴づけてきたという経緯を彷彿とさせる。それに対して，イギリス特有の結社論の性質を，イギリス多元的国家論やバーリンの価値多元論などの知的資源に求めようとする試みが出てきているのである[28]。

アメリカの議論にしてもイギリスの議論にしても，現在の結社論は，より広い集団論の文脈でアイデンティティ集団とりわけ民族の問題とのつながりを意識するようになっており，多文化主義との関連性を有している。

その中で特にイギリスの場合，最も大きな論点は多元化した社会をどのように統合していくのか，というものである。例えばP．ケリーは，open Democracy（http://www.opendemocracy.net/）上で展開された2005年7月7日ロンドン・テロ事件をめぐる論争の中で，アイデンティティの複数の源泉を認める多文化主義者を，統一されたアイデンティティを求める「連帯主義者」（solidarists）とともに批判している。つまり，両者は方向性こそ異なるものの，「アイデンティティ政治の行き詰まり」（a dead-end of identity politics）にはまり込んでいることに変わりはない。多文化主義が複数のアイデンティティを公的な場で承認したとしても，それだけでは意見表明と代表の問題をすりかえただけに過ぎないとも言える。なぜなら，あるアイデンティティを代表して発言すべき者は誰か，アイデンティティ間の平等をどのような方法で実現していくべきか，といった問題についての解答が得られないからである。他方で，連帯主義者のように唯一のアイデンティティを基礎とするのでは，他のアイデンティティへの寛容を放棄してしまうことになる。ケリーは最終的に，「政治的領域」が「より広い公的領域」と質的に異なっており，そこでは多様な宗教がそれぞれ「節度と明快な思考」（civility and clear thinking）を要求されるべきだとして，アイデンティティへの固執を回避する「真に包括的でリベラルな政治」（a genuinely inclusive and liberal politics）への回帰を主張する[29]。

　こうしたリベラルな政治への回帰を，文化の多様性を否定し，リベラルの価値を本質論的に探求する試みと単純に同一視してはならないだろう。実際，ケリーの批判にもかかわらず，多文化主義とケリーの述べるようなリベラリズムとの距離はさほど遠いわけではない。例えばケリーによる批判の標的の一人であるB．パレクは，一方で憲法や法制度に埋め込まれ人々の実際の公的生活の中で適用されている「有効な公的諸価値」（operative public values）に社会が依拠することを認めながら，それを交渉不可能な基準ではなく，多数派と少数派の対話の出発点・焦点として活用することを主張している[30]。つまり，ある社会の基本となる一連の価値を認めながら，その価値に対する挑戦や異論を受け入れ，その中でまた新たな基本的価値を再形成していく，というプロセスについては両者に相違はない。ケリーが普遍的価値を持ち出すとしても，その普遍的価値の解釈において異なる文化との交流が拒絶されない限り，パレクのような多文化主義との接点は

多元的な集団や価値へのこうした態度は、おそらく、リベラリズムの主要な価値をめぐる対立として受け取るよりも、イギリス多元的国家論に見られた集団間の調整と権限配分の問題と受け取った方が理解しやすい。フィギスやラスキ、コールなどに代表される20世紀初頭の多元的国家論は、国家のあり方を「諸社会の社会」「諸社会からなる社会」(communitas communitatum; community of communities; society of societies) として捉え、その役割如何について議論を展開した。現在の議論との関連ということになると、言葉だけの問題であれば、パレクが委員長を務めた調査委員会 (Commission on the Future of Multi-Ethnic Britain) によって2000年に提出された「パレク報告書」が、移民や亡命者によって多元化したイギリスを "community of communities," "community of communities and individuals," "community of citizens and communities" などと特徴づけていることが挙げられるが、実際にどれだけかつての多元的国家論の問題関心が継承されているかは明らかではない[32]。ただし、直接的な継承関係は別としても、多元的国家論の想定していた宗教団体や労働組合などの集団にせよ、現在のイギリスで顕著な移民の問題にせよ、そうした集団間の調整を行う特殊政治的とも呼べるような機能が一つの大きな共通論点として存在しているということは指摘できる。例えば、パレクの委員会でアドヴァイザーを務めたT. モドゥードゥは、イギリスにおける多文化主義が直面する問題を、個人の選択の文脈をなす集団に対する権利付与の可否という自由主義的な問題構成から区別し、統合 (integration) と市民権 (citizenship) の問題として提起する。アイデンティティや文化の承認は、それを持つ人々が同じ社会の構成員であり、平等な市民であり、政治社会に等しく参加を認められるべきであるがゆえに重要なのであって、だからこそ各アイデンティティの内向的で偏狭なイデオロギーに対する抵抗力となるようなナショナル・アイデンティティも必要になると論じられる[33]。集産主義への抵抗を目論んだ多元的国家論にしても、特定の文化やアイデンティティを優先する現代国家への異議申し立てを行う多文化主義論にしても、統合の問題が自動的に解決されるわけではないということはあらかじめ了解済みなのであり、この点で、ある種のイギリス的な特徴が過去から継承されていると見ることは不可能ではない[34]。

もっとも，歴史的に見るならば，かつてのイギリス多元的国家論は，1920年代を過ぎると急速に衰退していった。全体主義を生み出した時代の流れという歴史的事情に翻弄された面もあるが，それ自体の理論的脆弱性があったことも否定できない。というのも，「諸社会の社会」が結局どのようなものになるのか，その具体的な構想とは何なのかという問題について，明確な答えが与えられることはなかったからである。現在のイギリスの結社をめぐる議論においても，この点について革新的な理論上の進展があったとは言いがたい。よって，多元的国家論にしても，その後続の議論にしても，もはや有効性を失ったとして捨て置くことができないわけではなかろう。ただ注意しておかなければならないのは，たとえ有効性が疑われるとしても，アメリカの「トクヴィリアン・パラダイム」において重視されなかった問題構成，しかもウォーレンによる結社論批判とも関連する問題構成が，イギリスの知的資源の中で継続的に意識されてきたことと，それにもかかわらずその問題がいまだに解決を見ることができずにいるという現代までの経緯である。つまり，イギリスの議論を参照することで現在の我々に見えてくるのは二重の課題であるということになる。第一に，現代結社論で十分に扱われてこなかった問題があり，それに対する応答が必要であるということ。しかしながら第二に，その問題への応答は歴史的に検討されてきているにもかかわらず容易ではないこと。現代の民主主義論において結社の役割を論じるならば，この両者を扱わない限り，十分な検討がなされたと言うことはできないのである[35]。

5　結社論の課題

　イギリス多元的国家論から受け継がれている課題が決して現代の結社論にも無縁ではないということを，具体的に見ておこう。まずは，パットナムの社会関係資本論で特徴的な，「橋渡し型」「包含型」と「結束型」「排他型」の区別について検討したい。前者が公民権運動や青年組織を例とし，社会的亀裂をまたいで人々を包含するのに対し，後者は民族ごとの友愛組織や教会を基盤にした女性読書会などが例として挙げられ，内向きに排他的なアイデンティティを強化するものとされる。両者はそれぞれに意義を有するが，パットナムの現代社会に対する全体的な処方箋を見る限り，「橋渡し型」社会関係資本への期待が大きいように思われる[36]。問題は，より

形成が容易であると考えられる「結束型」社会関係資本に対して，どのように「橋渡し型」社会関係資本を促進するかである。パットナムの回答においても，実際にはどのような地方分権政策を取るか（また分権後に地方の政治的領域と市民領域でどのような協働を実現するか），労働政策や企業の規制をどのようにするか，教育のあり方をどうするかなど，いわゆる市民社会の外部からも政策的対応が求められる課題が列挙されている[37]。

また多文化主義においても，例えば対外的防御と対内的制約を区別して前者のみを認めようとするW．キムリッカに代表されるようなリベラルな多文化主義は[38]，必ずしも問題を全面的に解決するものではない。民族紛争，特に言語問題については，少数派言語維持のため（多数派言語に対する対外的防御のため）に，少数派民族内部での言語利用の制限（対内的制約）が行われることもありうる[39]。実際，こうした少数派内の少数派に関わる問題について多文化主義論内でそれほど理論的な整理がなされているというわけではなく，むしろ平和重視の現実的解決をどのように模索するか，あるいは討議（deliberation）を組み入れることで現実的な合意の到達可能性を探ることができないか，というような検討もなされている[40]。この場合も問われているのは，個々の集団の性質や選好がどのようなものかという個別事項を超えた，全体的な政策論，政治制度の構想の問題に他ならない。

こうした問題が付随的にしか扱われてこなかった原因は，おそらく自発的結社に対する高度の信頼感にある。ウォーレンの「トクヴィリアン・パラダイム」批判において重要な論点の一つは，結社と民主主義の関連は複雑であり，場合によっては自発的結社が民主的な効果を持たない場合もありうる，ということである。例えば，民主主義的な議論を行うための批判的な精神は，自由な討論を許容する自発的結社において育まれるように思われる。だが実際には，自発的参加者は退出が可能であるために，内部での紛争が生じた時点で討論をせずに退出してしまうかもしれない。もっとも，退出後の結社の内部は同じような見解を持つ者の集合となるため，政治過程で意見表出を行いつつ広く討議を促進していくためには都合が良く，この点では自発的結社が民主主義を支える役割を果たしているということはできる。だが，異なる見解を持つ者同士の批判的な討論が内部で行われないという意味では，自発的結社は民主主義に貢献していない。自発的結

社が「民主主義の学校」であるとしても、その学校で教えられることは限定されているのである。逆に、退出が容易でないという点で民主的とは言いがたい非自発的結社であっても、まさに退出が不可能であるがゆえに、メンバーは異なる意見を有する者と議論や妥協を行い、民主的な政治に必要な政治的手腕を磨くことができる[41]。したがって重要なのは、単に結社の活動が盛んであるということそれ自体ではなく、様々な性質を持った結社が全体的なバランスの中でどのように民主主義を支えていくかということであり、裏を返せば民主的な効果を持つ結社の活動を擁護し、結社の非民主的な効果を抑制するような国家の活動が要請されるということになる。つまり、「結社から生まれる活動は、権利や安全、社会・経済権力の調整、そして政治過程によって左右されるのであり、そうした条件を整えることができるのは強い国家だけである」[42]。

　もちろん、現代の政治理論がこれらの問題に全く応答を試みてこなかったわけではない。先に討議に言及したが、討議デモクラシー論に、公式の代議制と比較的インフォーマルな市民の討議とを結びつけていくような、詳細な制度設計の試みがあることも知られている[43]。より結社論に近い文脈では、アソシエーティブ・デモクラシーも、具体的な政策論・制度論について提言を行ってきている。

　P.ハーストによるこの分野の代表的研究では、単に自発的結社の導入が唱えられているのではなく、結社は一般的なルールに則った公正な競争の下で公的資金の導入を受けながら活動するとされる。ハーストにとっては、結社の活動と並んで市民社会の「公共化(publicizing)」も重要であり、したがって結社は公的監査と結社間の競合によってコントロールされ、従来型の代議制を補完するものと位置づけられる[44]。こうした構想はユートピア的なものではないとされ、論者たちの間では、デンマークにおける競合型のフリー・スクールの制度やスポーツ振興団体の助成を通じた民主主義の運営、オランダにおける自然保護諸団体の調整や1991年のエチオピア憲法、カナダのジェームズ湾協定に見られる民族集団間の対話の試みなどが、アソシエーティブ・デモクラシーに関連した現実の試みとして検討されている[45]。

　こうした事例を視野に入れながら、V.ベイダーは、従来の民主主義論や市民社会論が道徳原理、法的原理に焦点を合わせていたのに対して、ア

ソシエーティブ・デモクラシーは経済・社会・政治・法制度に重点を置いていると主張する[46]。それによれば，アソシエーティブ・デモクラシーの構想は，これらの制度論を展開することによって，少数民族を民主主義の中に受容していく可能性まで有しているという。アソシエーティブ・デモクラシーは社会を種々の集団によって多元化するという明確なメッセージを送るとともに，先に見たような公的資金導入による集団の活性化や，諮問委員会，監査委員会などの制度を活用することによって，民族集団をも含めた柔軟で開かれた政治を実現する試みとされる[47]。

しかしながら問題は，たとえ制度論を展開していたとしても，それによって本当に解決が導かれているのか，という点である。P.ペルチンスキーによれば，アソシエーティブ・デモクラシーは代議制が現代社会の諸課題に対応できなくなったことに端を発し，代議制を補完する「システム」として論じられてきた。そのため，代議制を補う各集団内の運営が民主的かどうかは曖昧なままであるとされる。他方で討議デモクラシーは，自由な討議から合意が生じるまでの過程に注目し，討議が行われる場の指定まではしていないという点で，システムであるよりも「メカニズム」に過ぎない。そこで，民主的な討議というメカニズムを各集団内や集団間の調整に結びつける「結社型討議デモクラシー」（associo-deliberative democracy）が提唱される[48]。またJ.コーエンも，民主主義と参加における第二次結社の重要性を認め，「結社の赤字」（associative deficit）を補填して討議の場への少数派の参加を促すアソシエーティブ・デモクラシーのメリットを論じながら，そこから同時にバーゲニングに執着する派閥政治が生じる危険を指摘する。それに対しては，個々の集団の個別的関心を超えて共通の関心事が議論される討議民主主義のアリーナが必要であるという[49]。

両者の議論の焦点は必ずしも一致しているわけではないが，結局ここに見られるのは，アソシエーティブ・デモクラシーの制度設計においても，結社の民主的機能の最適化という問題について，安定的な解決が提示されていないという状況である。すなわち，結社の自発的な活動を認めることが非民主的な効果を助長することになる可能性を持つ一方で，逆に結社の活動を民主主義にとって適切な性質のものに導いていこうとするならば，自生的なプロセスに期待するわけにはいかず，よって現代の結社論の特徴である市民社会の強調と権力領域たる国家との区別を曖昧なものにしてし

まいかねない。だからこそ,結社の問題を,討議や結社内の何らかの民主化によって乗り切ろうとする循環が生じてくることになる。

6　結語

　前節までの議論を前提にするならば,結社論をめぐる状況は明快な解決方法の提示を許すほど単純ではない。本稿でも全体的な結論を導くまでには至っておらず,また全体的な結論を結社論の枠組みの中で提示することが望ましいとも思われない。したがって,いくつか注意すべき論点を挙げて結語としたい。

　第一に,結社がどのように機能するか,機能することができるかは,周囲の条件に左右される部分が大きい。そのため,結社や市民社会がどのように機能するかは,代表制の仕組みをどのように作り上げるかという課題と密接な関連を有している[50]。地方分権の場合にも同様の問題があり,分権化された各単位でどのような代議制と市民との協働の形を作り上げるかが問われる。

　ただし,これは結社論や市民社会論が無用である,あるいは有効性を持たないということを意味しない。結社は民主主義を支える不可欠の要素である。重要なのは,代表制のシステム内部に何らかの改鋳が加えられない限り,結社の民主的機能が十分に発揮されることはないという点である。例えば,議会の本会議・委員会や審議会にせよインフォーマルなミーティングにせよ,結社から政治過程への意見表出が何らかの形で認められる回路が成立したとしても,その回路がどれほどアクセスしやすく,また議論の幅の広さや質を確保できるかが考慮されていなければ,十分な効果は得られないだろう。

　第二に,主権国家の弱体化や市民社会の活性化という状況が結社論の再度の流行を呼んだとしても,それがどれほど新しく画期的な現象かということについては,慎重な議論を要する。確かに,近代以降の(西欧を中心とした)歴史の中で,これほど政治の現実と現状の国家・代議制の対応能力との乖離が見られたケースはなかったかもしれない。しかし,外部の環境が変化したというだけでは,結社論の歴史の中で提起されてきた困難な諸問題が自動的に解決されたということにはならない。結社論が新しいデモクラシー論を形作るものなのか,それとも代議制の補完に過ぎないのか

については，現状では判断を留保するのが妥当であろう。というのも，民主政治全体の構想に際して，結社がまさに結社であるがゆえに政治的なアカウンタビリティを問われる必然性がないという特徴を軽視するわけにはいかないからである。

　第三に，パットナムの著作などに顕著に見られるように，結社や社会的紐帯の性格は，歴史的な文脈に大きく左右されるという主張もありうる[51]。もしそうであるならば，現段階において社会的紐帯の効果に関する知見が必ずしも定まっていない社会では，いっそう制度設計に慎重である必要が生じる。

　例えば，日本では従来集団主義に対する批判も根強く，個人に対する集団内での抑圧という問題が指摘されてきた[52]。もっとも，グローバル化した市場経済に対応して個人の創意を重視する1990年代以降の日本社会では，集団主義の伝統は解消したと言えるかもしれない。とはいえ，まさにその集団主義の呪縛を逃れたかに見える現在の日本社会で，格差問題に顕著なように，個人が必ずしも自由な生を謳歌しているとも言えないという状況を座視するわけにはいかない。まして，集団主義の象徴であった1990年代以前の企業や家族が当時の代表的な「中間集団」として生活の安定を支えていたという事実を前にするならば，事態はより深刻である[53]。その上，集団から分離された個人にとって集権的な国家が最も近しい拠り所となるということはトクヴィルの指摘したところであり，しかも租税を基礎とする国家を再分配の主たるアクターという役割から外すことも難しい[54]。

　これらの問題に対する解を提出することは，やはり容易ではない。だがこのように困難な歴史的文脈を有するからこそ，日本における結社論が民主主義論における結社の位置づけの複雑さを典型的に示すものでもありうるということだけは，最後に指摘しておくこととしたい。

　〔付記〕　本稿は，2007年度日本政治学会研究会（於明治学院大学）の分科会「社会的紐帯とデモクラシー」（10月6日）で行った報告の原稿に加筆と修正を施したものである。宇野重規氏，中田晋自氏，鹿毛利枝子氏，辻康夫氏，および質問者の方々から，様々な形で有益な示唆をいただいた。記して感謝を申し述べたい。

（1）　Michael Walzer, "The Civil Society Argument," in Chantal Mouffe (ed.),

Dimensions of Radical Democracy: Pluralism, Citizenship, Community, Verso, 1992, pp. 89-107; Id., "Equality and Civil Society," in Simone Chambers and Will Kymlicka (eds.), *Alternative Conceptions of Civil Society*, Princeton University Press, 1992, pp. 34-49.

(2) Joshua Cohen, "Procedure and Substance in Deliberative Democracy," in James Bohman and William Rehg (eds.), *Deliberative Democracy: Essays on Reason and Politics*, The MIT Press, 1997, pp. 407-437. 篠原一『市民の政治学——討議デモクラシーとは何か——』岩波書店，2004年。

(3) Robert D. Putnam, *Bowling Alone: The Collapse and Revival of American Community*, Simon & Schuster, 2000（柴内康文訳『孤独なボウリング——米国コミュニティの崩壊と再生——』柏書房，2006年）．

(4) 英国については拙著『政治の隘路』創文社，2001年，第1章，フランスについては高村学人『アソシアシオンへの自由——〈共和国〉の論理——』勁草書房，2007年を参照。

(5) 高村，前掲書，32頁。

(6) 各国結社の多様性については，日本，中国，フランス，イギリス，アメリカの結社の歴史を記した綾部恒雄監修『結社の世界史』全5巻，山川出版社，2005-2006年を参照。

(7) もし結社を「生計や営利を目的としない」という観点から定義するのであれば，企業の強い影響力を現実的な背景としていた集団理論を結社論と見ることはできないかもしれない。他方で，状況の変化によって表出される利益も変化すると考える潜在的集団（latent group）といった概念が理論に組み込まれていたことは，自発性を主軸としたより広い結社観をうかがわせるものでもある。いずれにしても，結社をどのような種類の集団と考えるのかということ自体が結社論の大きな問題の一つであり，言葉の定義や議論の目的は結社論のあり方を大きく左右する。この側面を共同体一般の観点から，自由民主主義の理論枠組みとの関連性を踏まえつつ明らかにするものとして，次を参照。辻康夫「共同体」福田有広・谷口将紀編『デモクラシーの政治学』東京大学出版会，2002年，144-161頁。また，特に利益集団の結社的側面が強調されている研究としては，例えば次を参照。Grant Jordan and William A. Maloney, *Democracy and Interest Groups: Enhancing Participation?*, Palgrave Macmillan, 2007, Chap. 1.

(8) Mark E. Warren, *Democracy and Association*, Princeton University Press, 2001, pp. 5-8.

(9) *Ibid.*, pp. 8-9.

(10) 結社論の中でも影響力の大きいパットナムの社会関係資本論，特に『孤独なボウリング』に関して，その社会関係資本の有用性に関する立論の

説得力がトピックによって異なるという指摘が辻康夫「市民社会と小集団——パットナムのソーシャル・キャピタル論をめぐる政治理論的考察——（1）（2）（3）」『北大法学論集』第55巻第1号, 2004年, 394-430頁, 第55巻第3号, 2004年, 381-408頁, 第55巻第6号, 2005年, 475-500頁に見られる。

(11)　結社の働きが，それ自体として無条件に政治的に望ましいわけではないという指摘については，以下を参照。Jordan and Maloney, *op. cit*., Chap. 1; Warren, *op. cit*., Chap. 7.

(12)　Simone Chambers and Will Kymlicka, "Alternative Conceptions of Civil Society," in Chambers and Kymlicka (eds.), *op. cit*., p. 2. なお, 社会関係資本論や新しい民主主義論との関連では英米圏の議論の影響力が強く, その文脈の中でトクヴィルの議論が咀嚼されているが, フランスにおける「ネオ・トクヴィリアン」の意義はそれとはやや異なると思われる。この点は, 結社を見る際の視角の多様性を重視する本稿にとっても, 無縁ではない。次を参照。宇野重規『政治哲学へ——現代フランスとの対話——』東京大学出版会, 2004年, 174-199頁。

(13)　トクヴィル『アメリカのデモクラシー　第一巻（下）』（松本礼二訳）岩波文庫, 2005年, 38-45頁。

(14)　前掲書, 45-50頁。

(15)　Alexis De Tocqueville, *De La Démocratie en Amerique* (Œevres Complètes Tome 1, Vol. 2), Gallimard, 1961, p. 117.

(16)　*Ibid*., p. 123.

(17)　トクヴィル『旧体制と大革命』（小山勉訳）ちくま学芸文庫, 1998年, 171頁, 188頁, 242頁。

(18)　宇野重規『トクヴィル——平等と不平等の理論家——』講談社, 2007年, 131-133頁。小山勉『トクヴィル——民主主義の三つの学校——』ちくま学芸文庫, 2006年, 305頁。

(19)　宇野『トクヴィル』前掲, 133-137頁。小山, 前掲書, 348頁。

(20)　同じような揺れは, 結社の「貴族的人格」をめぐる議論にも見られるが, この場合もトクヴィルの鋭敏な問題把握ゆえと理解すべきであろう。「貴族的人格」をどのように理解するかについては, 以下が参考になる。宇野『トクヴィル』前掲, 139頁-141頁。小山, 前掲書, 376-378頁。松本礼二「トクヴィル——デモクラシーと革命の考察——」藤原保信・飯島昇藏編『西洋政治思想史Ⅱ』新評論, 1995年, 72-73頁。

(21)　宇野重規『デモクラシーを生きる——トクヴィルにおける政治の再発見——』創文社, 1998年, 115-124頁。

(22)　Warren, *op. cit*., p. 29.

(23) *Ibid.*, pp. 29-31. ウォーレンは加えて，信頼と互酬性や社会関係資本が形成かつ維持されるためには結社の内部構造も重要だと考えられている，と述べている。結社内部における民主性の確保は，後に述べるように現代政治理論の扱うべき困難な問題点の一つであり，単純な解決を望むことはできない。

(24) *Ibid.*, pp. 32-37.

(25) Jean L. Cohen and Andrew Arato, *Civil Society and Political Theory*, The MIT Press, 1992.

(26) シーダ・スコッチポル『失われた民主主義――メンバーシップからマネージメントへ――』(河田潤一訳) 慶応義塾大学出版会，2007年。

(27) トクヴィルの時代のフランスに限らず，コムスン・ショックに見られるように，国家政策と民間の集団は深く結びついている。それは現代の非営利的結社にも無縁の問題ではない。NPOにどこまで営利追求を認めるかという論点をめぐる対立も，自発性と非営利性がどこまで貫徹可能であり，また望ましいかを考える際の一つの指標となる。以下における藪野祐三氏と長谷川公一氏の議論が参考になる。佐々木毅・金泰昌編『公共哲学7 中間集団が開く公共性』東京大学出版会，2002年，17－20頁。

(28) 森達也「多元主義」日本イギリス哲学会編『イギリス哲学・思想事典』研究社，2007年，354－355頁，もこの点を指摘している。

(29) Paul Kelly, "Multiculturalism and 7/7: neither problem nor solution," posted at http://www.opendemocracy.net/conflict-terrorism/problem_solution_2946.jsp, accessed on Sep/11/2007.

(30) Bhikhu Parekh, *Rethinking Multiculturalism: Cultural Diversity and Political Theory*, Palgrave, 2006 (Second ed.), pp. 268-273.

(31) *Ibid.*, pp. 364-365.

(32) *The Future of Multi-Ethnic Britain: The Parekh Report*, Profile Books Ltd, 2000, passim. なお，委員会と報告書の概要はホームページ上で参照可能である。次を参照。http://www.runnymedetrust.org/projects/past-projects/meb.html

(33) Tariq Modood, *Multiculturalism*, Polity Press, 2007, p. 66, pp. 148-149.

(34) 『政治の隘路』前掲，第1章。また，2006年7月福岡での第20回世界政治学会 (IPSA) における以下の報告は，この問題意識を歴史的にも理論的にも詳細に検討するものであった。Paul Kelly, "Multiculturalism Reconsidered"; Rodney Barker, "The Plural Paths of British Pluralism."

(35) 実際，イギリス多元的国家論の退潮は，多元的国家論が提起した様々な問題が集産主義的国家による福祉政策に受容されえたからという側面もある。とするならば，市民社会と国家の実践的・概念的区別から直線的に

現代結社論の有効性を導き出すという立論は，慎重な留保を要するということになる。Rodney Barker, *Political Ideas in Modern Britain: In and After the 20th Century*, Routledge, 1997(2nd ed.), pp. 109-110.

(36) パットナム，前掲書，第1章。

(37) パットナム，前掲書，第24章。また，結社を重視する政治において，これに類したいかなる問題が生じ，どのような解決が必要とされているかといった全体像については，次を参照。Veit Bader, "Problems and Prospects of Associative Democracy: Cohen and Rogers Revisited," in Paul Hirst and Veit Bader (eds.), *Associative Democracy: The Real Third Way*, Frank Cass, 2001, pp. 31-70.

(38) ウィル・キムリッカ『多文化時代の市民権——マイノリティの権利と自由主義——』(角田猛之，石山文彦，山崎康仕監訳) 晃洋書房，1998年，第3章。

(39) こうした状況を重視するのであれば，キムリッカ的な対内的制約の禁止については，様々な条件が課されることになる。例えば，A．パッテンは，少数派言語の脆弱性や少数派内少数派の影響力の大小，少数派に対する歴史的不正あるいは市場の不公正さなどを考慮すべき条件として挙げている。Alan Patten, "The rights of internal linguistic minorities," in Avigail Eisenberg and Jeff Spinner-Halev (eds.), *Minorities within Minorities: Equality, Rights and Diversity*, Cambridge University Press, 2005. pp. 135-154.

(40) Melissa S. Williams, "Tolerable liberalism," in Eisenberg and Spinner-Halev (eds.), *op. cit.*, pp. 19-40; Gurpreet Mahajan, "Can intra-group equality co-exist with cultural diversity? Re-examining multicultural frameworks of accommodation," in Eisenberg and Spinner-Halev (ed.), *op. cit.*, pp. 90-112.

(41) Warren, *op. cit.*, pp. 75-77, pp. 96-97.

(42) *Ibid*., p. 217. また，ややニュアンスが異なるが，退出の自由が認められている限り自発的結社の内部では非民主的な運営が行われうる，という見解も見られる。もし自発性が退出の自由という基準のみで判断されるのであれば，従来論じられてきた非自発的結社と自発的結社の相違は見かけほど大きくはないということになるだろう。Amy Gutmann, *Identity in Democracy*, Princeton University Press, 2003, pp. 91-92.

(43) Bruce Ackerman and James S. Fishkin, *Deliberation Day*, Yale University Press, 2004.

(44) Paul Hirst, *Associative Democracy*, Polity Press, 1994. 拙稿「代表制を補完する——P．ハーストの結社民主主義論」東京大学社会科学研究所『社会科学研究』第52巻第3号，2001年，59–83頁。日本における議論としては例えば，佐藤慶幸『アソシエーティブ・デモクラシー——自立と連帯の統

合へ──』有斐閣, 2007年, を参照。
(45) Lars Bo Kaspersen and Laila Ottesen, "Associationalism for 150 Years and Still Alive and Kicking: Some Reflections on Danish Civil Society," in Hirst and Bader (eds.), *op. cit.*, pp. 105-130; André J. Hoekema, "Reflexive Governance and Indigenous Self-Rule: Lessons in Associative Democracy," in Hirst and Bader (eds.), *op. cit.*, pp. 157-186.
(46) Veit Bader, "Introduction," in Hirst and Bader (eds.), *op. cit.*, p.6.
(47) Veit Bader, "Associative democracy and minorities within minorities," in Eisenberg and Spinner-Halev (eds.), *op. cit.*, pp. 319-339.
(48) Piotr Perczynski, "Associo-Deliberative Democracy and Qualitative Participation," in Hirst and Bader (eds.), *op. cit.*, pp.71-84. またグローバルな環境問題に関連して同様の見解を示したものとして次を参照。Wouter Achterberg, "Association and Deliberation in Risk Society: Two Faces of Ecological Democracy," in Hirst and Bader (eds.), *op. cit.*, pp. 85-104.
(49) Cohen, *op. cit.*, p. 427, p. 430.
(50) 現代政治理論において多文化主義論が注目される理由は, 単に民族集団という新しい性質を持った集団が議論の場に登場したからというだけではなく, それが集団代表などの新しい (と考えられる) 代議制の工夫を導き出しているからでもあると考えられる。
(51) ロバート・パットナム『哲学する民主主義──伝統と改革の市民的構造──』(河田純一訳) NTT出版, 2001年。それと対になるのが, コンテクスト重視の解決を論じるベイダーの見解である。Bader, "Associative democracy and minorities within minorities," *op. cit.*
(52) 典型としては, 加藤周一「自由と・または・平等」井上ひさし・樋口陽一編『『世界』憲法論文選1946−2005』岩波書店, 2006年, 181−188頁 (初出は『世界』1985年1月号)。
(53) 山田昌弘『希望格差社会──「負け組」の絶望感が日本を引き裂く──』筑摩書房, 2004年, 41−44頁, 93−94頁。念のため付け加えるが, 山田氏自身は, かつての中間集団のあり方に依拠した改革案を提示しているわけではない。
(54) 市野川容孝『社会』岩波書店, 2006年, 205−206頁。

ポスト植民地主義期における社会と国家
――現代フランス政治における移民問題を手がかりに――

大中一彌＊

1　社会－国家関係の空間的変容

　冷戦終結後の今日，社会－国家という伝統的な二項関係は，どのような空間的広がりとともに捉えられるべきであろうか[1]。行論の便宜上単純化を図るならば，つぎの三つの類型（もしくは水準）が想定されうる。すなわち，第一に，もし論者が「社会的なもの」＝福祉と捉え，この領域での両項の関係を問うならば，その場合にはエスピン・アンデルセンに代表されるような国民国家大の広がりを単位とする福祉レジーム間の比較が，支配的なトポスになりうる。また第二に，もし論者が国家＝政府と捉え，さまざまな利益・圧力団体やNGO，アソシエーションが政治過程において果たす役割に注目するならば，そのとき社会－政府関係の分析は，ロバート・ダールの『統治するのは誰か』を敷衍しつつ，コミュニティ・レベルの決定関係をその主な空間的範型とするかもしれない。そして第三に，もし論者がネグリ＆ハートの著作に見られるような＜マルチテュード－帝国＞の図式を21世紀前半における社会－国家関係のモデルであるとするならば，この両項の構成的媒介たる社会的コンフリクトは，かつてのプロレタリア国際主義のヴィジョンからは差異化されながらも，やはり何らかの意味においてグローバルな空間を編成する原理として表象されるものと思われる。

　コミュニティ，国民国家，＜帝国＞という三つの水準は，それぞれの水準のあいだの相互浸透を許さないほど互いに孤立したものでもなければ，排他的でもない。しかしまた，三つの水準間の影響関係を適切に記述することは，グローバル化が現在進行中の事象であることもあり，多大な困難

＊　法政大学国際文化学部教員　政治思想

をともなう。例えば、空間的に限定された特定のコミュニティのなかで生起する政治現象を、すべてナショナルな水準における、あるいはグローバルな水準における問題図式に還元して説明したのでは、ローカルな諸条件に対する理解を欠いた、いわゆる「表出型因果律」による説明の誤りに陥ることになる。つまり、個別的でローカルな現象を、一切合財、全体の動向の「徴候」として位置づける、目的論的な全体化の誤りに陥ることになる[2]。だがその一方で、社会－国家関係——とりわけ前述の三つの水準の連接——の効果が、近代のごく限られた期間においてではあれ、人びとの経験にとってある現実性を備えていたことも確かである。小論では、そうした社会－国家関係の効果としての現実性が、三つの水準間の交通を前提とした、人びとの移動の契機のなかに読み取られると示唆したい。例えば、戦後日本の場合でいうなら、地方から大都市への労働人口の空間的な移動、また農山漁村型の第一次産業から都市型の第二次・第三次産業への教育をつうじた階層間の移動がそれにあたる。このとき移動の契機は、それが人びとの個人的な経験をある集合的な力学や物語につなぎあわせるという点で、社会－国家関係の現実性を構成する要素となる。すなわちこの契機は、国民国家（戦前型の「多民族帝国」から戦後型の「単一民族国家」に切り縮められた）を中心に編成された空間によって強く枠づけられる一方で、ローカル・コミュニティ、そしてグローバルな広がりを含めた三つの水準の空間を連接する媒介として、機能するのである[3]。付言するならば、このような連接のあり方は、単に水準が異なれば、生きられうる経験の幅も異なるということのみを意味しているのではない。それだけにとどまらず、横断の経験は、諸水準間の連接を、連接のあり方の矛盾とともに反映しうるということをも意味しているのである。例えば、戦後日本をめぐる移動の諸契機の記述が、それ自体として、矛盾をはらんだ歴史をめぐるひとつの記述でありうるということ。そして戦争直後から1970年代前半までの社会的コンフリクトの刻印を深く受けながら、しかし基本的には自民党政府が体現する意味における国家主導の姿を変えなかった、そのような社会－国家関係の歴史として、人びとの移動の経験は記述されうるということ。あるいはこうした記述の可能性は、論文よりもむしろすぐれたルポルタージュ作品などに触れるなかで、より直截なかたちで感じ取られる種類のことがらであるかもしれない[4]。

戦後日本の事例を離れて一般的なかたちで論点をまとめるならば，社会－国家関係に対して空間的・階層的な移動の契機の側からする接近は，この関係に内在する諸水準の複合性を浮かび上がらせるものといえる[5]。そしてこうした複合性は，小論の冒頭に掲げたモチーフ——今日の社会－国家関係はどのような空間的広がりとともに捉えられるべきか——とのかかわりにおいて，二つの問いを提起するように思われる。まず第一に，諸水準の複合性は，近代における国民国家がその支配的な役割にもかかわらず社会－国家関係を画一的に覆い尽くすことはできなかったという見方を内包しているように思われるが，それならば，ナショナルなものに還元できない社会－国家関係はどのように概念把握されるべきか。つづいて第二に，今日の社会－国家関係をめぐってはローカル・コミュニティとグローバルな＜帝国＞が無媒介に直結するという型のヴィジョンも想定されうるが[6]，もし国民国家をこのようなヴィジョンによって消去することが不適切であるとすれば，ナショナルなものはいかなるかたちでこの諸水準の複合において分節化されるべきか。

2　現代フランスにおける社会－国家関係とポストコロニアル性

以下では，前記の問いを軸に据えながら社会－国家関係に向かって接近する方法を，ジョン・アーリの表現を用いてこの関係の研究における「移動論的転回」と称したい[7]。そして2節では，筆者（大中）のここ数年の研究対象である現代フランスの場合に即して議論をすすめる。

(α)　移民社会フランスをめぐる諸事実と解釈枠組——G・ノワリエル

現代フランスについて，社会－国家関係における移動論的転回を語るのにもっとも手近な——しかし適切な焦点距離をさだめるのがじつは難しい——主題は，移民社会フランスというものであろう。非フランス語圏出身の外国人観察者の視点からこの主題を見るとき，最初に目につくのはつぎの二点であると思われる。すなわち，第一に失業の問題がある。一部郊外の団地を中心に低所得者層が集住し，移民出自の人びと（国籍をもつか否かに拘わらず「移民」と一括されることの多い）がなかでも多くを占めている。他の先進国に比べ失業率の高いフランス社会にあって，これらの団地には全国平均の倍以上の比率で失業者が見られ，またしばしばその住民

は不安定な職にしか就けないとされる。第二の問題は，宗教である。憲法第1条で「フランスは単一不可分，非宗教的，民主的で社会的な共和国である。フランスは出自，人種，宗教の区別に拘わらずあらゆる市民に法の下の平等を保証する。フランスはあらゆる信仰を尊重する」と謳う第五共和国は，1905年法により明確化された公的領域のライシテ（非宗教性）を継承しているが，第三共和政の当時においてライシテの成立をうながしたおもな争点は，カトリック王党派と反教権的共和派の対立であった。ところが，1980年代末以降，極右勢力の伸長と時を同じくして，公立学校におけるイスラム教徒女生徒によるスカーフ着用の問題とこの原則との「衝突」がメディアで喧伝されるようになる。定期的に発生するこの種の「スカーフ問題」に対処するために，2004年3月には，宗教的帰属を誇示的にあらわすシンボルを生徒が公立学校において着用することが法律によって禁止された。この法律に対しては，マグレブ出自のフランス住民の多数派を占めるイスラム教徒を狙い撃ちにするものだとの批判が国内外から起きている。

　前節で素描した方法的観点からすれば，第一の問題にせよ，第二の問題にせよ，それが「失業」や「宗教」という一般性において捉えられる限りでは，今日どこの社会でも発生しうるグローバルな問題である。じっさい，「失業」の問題は現在の日本に引きつけるならばいわゆる格差問題に，「宗教」の問題はハンチントン流の文明の衝突論に，ジャーナリズムの論調のなかでは回収されがちである。しかし他面，あるひとつのグローバルな問題図式を設定し，この図式を構成する対立のうちに当該社会で生起している政治現象をすべて還元してしまうならば，異なる歴史的社会間の差異や当該社会に特有の事情を論じることは困難になる。記述上，こうした困難の解決を図るには，ナショナルな水準ならば「フランス」，コミュニティの水準ならば特定の「郊外の団地」といった種差性に関する問題図式（あるいは概念規定）を一般的な説明のなかに導入する必要がある。

　さて，このような接近方法が妥当であるとした場合，移民社会フランスの主題についてどのような種差性に関する問題図式を導入すべきであろうか。私見では，つぎの三種類の問題図式の導入が有益である。

　第一は，植民地主義と共和国の関係をめぐる問題図式である。2005年秋のフランス大都市郊外での暴動は，社会国家（いわゆる福祉国家）の辺縁

部で起きた出来事であるが，その担い手の多くが「移民」であるとされた点で，同時期の他の大規模な社会運動から区別される8。こうしたエスニックなスティグマ化の存在は，格差社会の意味における分配問題としてのみ移民社会フランスの主題を捉えようとする見方の一面性を暗示している。この暴動をめぐってはまた，政府側の法制面での対応が興味深い。2005年10月末の暴動の勃発を受け，同年11月7日の政令によって宣言された「緊急事態 état d'urgence」は，FLN（民族解放戦線）の結成によるアルジェリアの叛乱を受けてじつに1955年に制定された法律を適用するものであった。これは，いわば独立戦争を戦ったマグレブ（北アフリカ）出自の祖父母の世代と，その後フランスに定着した第三世代以降の青少年とに対して，半世紀の時を隔てて同一の抑圧的な法律を適用するものである。戦後のフランス政治史，とりわけ現在の第五共和政が，アルジェリア戦争を背景とするクーデター前夜ともいうべき状況で成立した体制であることを考えるとき，同法の適用の宣言は植民地立法との連続性をあえてきわだたせる強権的な色彩を帯びていた。しかしながら他方で，1950年代末とははっきりと異なる側面も見られる。すなわち，2005年の暴動は相互に連絡を欠いた，明確な政治要求が読み取りがたい運動であったこと，また大規模な暴動であったとはいえフランスがこれによって内戦の危機に直面していたとはいえないことがそれにあたる9。さらに，シルヴィ・テノーの指摘によれば，今回の「緊急事態」は特定地域における夜間外出禁止令を実質的には意味していたが，地方自治体の首長はこの宣言以前にすでに夜間の外出を禁止できる権限を有していたという。つまり，暴動の鎮圧にあたっての物理的な効用よりも，治安の悪化を不安に感じる多数派にアピールするという選挙上の効用のほうが，2005年の緊急事態宣言においてはむしろ勝っていたのである10。この意味では，2005年秋の暴動は，植民地主義の遺制が生みだした出来事であるとはいえ，50年前の状況とは違いが見られることをも示している。現代フランスにおける社会－国家関係が，ポストコロニアル期と呼ばれるべき状況にあると考えられるゆえんである。

　第二は，階級と移民の関係をめぐる問題図式である。移民社会フランスという主題を論じる際注意が必要なのは，フランス本国における移民の歴史がポストコロニアル期にはじまるものではないということである。フランス本国における移民の歴史の起点をどこに求めるかというのは解答が困

難な問いであるが，仮にここで移民を近代的な意味において，すなわち国籍による人口移動の管理が一般化したのちのことであると理解するならば，それは基本的には19世紀以降の現象である。さて，このように捉えたとき，フランス社会における移民は，ポストコロニアル期以前までは本質的にヨーロッパ内の現象である[11]。フランスにおける現代の移民研究において指導的な立場を占めるジェラール・ノワリエルの整理によれば，移民流入のプロセスには三つの画期がある。すなわち，まず19世紀半ばの第二帝政の時期，つづいて1920年代，最後に1960～70年代，である[12]。統計によれば，第一の画期である第二帝政期には約50万人ほどの外国人がフランスに在留しているが，この時期には隣接国からの移住者が多い。具体的には，1901年まではベルギー国籍，その後1968年まではイタリア国籍が在仏外国人中最大勢力になっている。第二の画期である1920年代においては，特定の産業部門（フランス北部の炭坑，パリ盆地の大規模農業など）の労働力不足を補う狙いで，公的機関が大量の移民をおもに東ヨーロッパから導入した。この時期，統計上約300万の外国人がフランスに滞在している。第三の画期である戦後の時期には，国家および経営者側はかつての植民地帝国の領域，とりわけマグレブから多くの移民を導入したが，その一方で1960年代以降イベリア半島出自の人びとがフランス在住外国人中最大の集団となっている。すなわち，1968年以降はスペイン国籍，1975年以降はポルトガル国籍が外国人中最大の集団となっており，1982年になってはじめてアルジェリア国籍が最大の外国人集団となる。以上がフランスへの移民流入の三つの画期の概要であるが，ノワリエルに従うならば，移民流入の変動は基本的には景気循環に依存している。つまり上記の三つの画期はいずれも経済が拡大基調だった時期に相当し，それぞれの時期のあとには外国人の数が横ばいもしくは減少する経済の縮小期（1880年代，1930年代，1980年代）がつづく。とくに，黄金の30年間といわれた第二次大戦後の高度成長期が終焉したのちは，それまでの積極的な移民導入政策から抑制的な政策へと転換がなされた。この時期以降現在に至るまで，在留外国人の数は約350～400万人の水準で推移している。しかしそのなかでも，なお毎年8～10万人の外国人が亡命もしくは家族呼び寄せ手続の枠内でフランスに入国を続けている。

　このように，フランスにおける移民流入の歴史というパースペクティヴ

からすると,マグレブ出自の人びとを主とするポストコロニアル期の移民も,今日突然に出現したものではないことがわかる。フランスの場合,移民の流入プロセスの動向は,好景気のもとで労働力不足を補う必要性から国家や経営者層が採用した政策に依存している。このことは,換言するならば,既存の階級構造の下層部分に多くの外国人労働者を参入させたということであり,この角度からすれば移民のプレゼンスに関する記述は,まずはナショナルな水準に焦点をあわせた19世紀以降をカバーする社会史や労働史によって実現されるべき性質のもののように思われる。しかしながら,現実の移民研究がそのような方向に進展するのは1960年代以降と比較的遅い。というのも,ふたたびノワリエルに拠るならば,現代的な移民研究はまず「共和主義的な歴史における思考されざるもの(アンパンセ)」を克服しなければならなかったからである[13]。この「共和主義的な歴史における思考されざるもの」は歴史記述をめぐって社会科学が有する共和国(あるいは単に国家)の正統化の機能に関わるが,それはつぎの二つの対立する潮流によって構成されていた問題構成(プロブレマチック)に起因するとされる。すなわち,一方には,自然人類学,人口統計学,地理学を中心としてフランス国民の起源 origines を重視する潮流がある。この潮流は第三共和政下におけるルナンの有名な定義「国民とは日々の人民投票である」に端を発し,モーリス・バレスにおける「人種」や「遺伝」といった語の強調された使用に至る系譜からなるとされる。重要なことは,19世紀末以降とくに1920年代の移民の劇的な増加のなかで,この潮流こそが移民問題への関心を——「フランス人の血統」に対する各人種の同化可能性といった主題をつうじて——一般世論のなかで喚起してきたということである。そしてこの潮流に対立するかたちで,第二の潮流,すなわち社会学や法学を中心とした契約 contrat を重視する潮流がある。この潮流は,社会学におけるタルドのような傍流的な存在を除いて,前述のような起源の潮流を拒もうとするがゆえに,移民研究についての種差的な概念をもちえなかったとされる。この潮流においては,市民(シトワイヤン)が個別に有している特殊な属性(「起源」)を捨象することによって成り立つ公共空間として共和政が構想される。そのために,移民社会フランスの現実を認識するにさいしても,不可避的に一定のバイアスが働く。例えば,「起源」の問題は私的な領域の問題であり社会契約との関連ではカッコに括られるべきものと考えるとき,マイノリティとしての移民の文化

の擁護といった視点よりも，都市政策（"郊外"），経済政策（"失業"），非宗教性（"ライシテ"）といった視点が，公的議論の場においてクローズアップされがちである。以上が「思考されざるもの(アンパンセ)」を招来するとされる問題構成の概略である。

　第三は，移民研究における立場性の把握の変化をめぐる問題図式である。前項でとりあげたノワリエルの研究（とくに『フランス式メルティング・ポット Creuset français』1988年）は，エポック・メイキングな研究であったがゆえに，それ以前と以後の研究動向のあいだでいわば橋渡し的，媒介者的な性格を帯びている。ノワリエルの立場のこうした性格は，おそらく次の二点——立場性の把握をめぐる——によってよく特徴づけられるであろう。第一の特徴は，労働史・社会史としてのその移民研究の性格である。起源の潮流と契約の潮流の双方からなる「共和主義的な歴史における思考されざるもの(アンパンセ)」の克服は，ノワリエルに限らず1960年代以降の研究においては，マルクス主義の影響のもとに企てられた。すなわち，研究が奉仕すべき対象はもはや国家やフランス国民ではなく，被抑圧者，「地に呪われたる者」の大義である。アルジェリア戦争以降の世代によって，マルクス主義と反植民地主義が密接に結びつけられるにいたり，それまであまり用いられなかった呼称である「移民労働者 travailleur immigré」が頻繁に用いられるようになった。この種の研究にあっては，資本制国家の支配，これを正当化する研究者の役割，労働と日常生活における移民に対する搾取が批判され，フランス人労働者と移民労働者の階級的統一が通例称揚されていた。フランス北部の都市ロンウィにおける鉄鋼労働者を主題とする『ロンウィ　移民とプロレタリア』（1984年）を処女作とするノワリエル自身，この時代の知的環境から出発したといえよう。第二の特徴は，このような歴史的パースペクティヴがもつ，ナショナルな枠組（もしくは水準）による拘束である。すでに述べたように，ノワリエルの研究は，人種偏見におちいることなく，ひとつのメルティング・ポットとしてフランス社会を描きだした点で，画期的な研究であった。しかし他面，このような描写の新しさは，前出の起源のイデオロギーがフランスにおいて一種の通奏底音として存在しているという事情を考慮にいれなければ，そもそも何が新しいのか理解しがたい性質のものである。換言するならば，そこで志向されていたのはナショナルな広がりにおいて捉えられたフランス社会の自己

イメージの転換であった。ノワリエルの移民研究は，あるディスコミュニケーションと権力関係を摘出してみせることで，この転換を要請する。すなわちそこでは，研究者と語る主体（移民）は，「単に社会的地位の相違によってだけではなく［…］ナショナルな帰属の相違」によって隔てられている。「支配的な言語を用いるナショナルな集団の成員である研究者」にとって，「＜他者＞を描くことは，すでにして＜他者＞を併合すること，みずからのものではなく，それによって再三苦しめられてきた言い回しや語彙という牢獄のなかに＜他者＞を閉じ込めること」を意味する14。ここから読み取られるのは，研究者／知識人としての社会的役割をめぐっての，また「支配的な言語」の使い手であるフランス人としての，自己反省にほかならない。『国民的なものの暴政』（1991年）の著者に対する評言としてはやや不当なものと解釈されるかもしれないにせよ，このような彼の姿勢のなかには，一定の階級的アンガジュマンと組み合わせられた，反省された意味におけるナショナルな枠組による拘束（そこでひとは支配的な「国民史」を批判するのであるが，それは彼がすぐれて「フランス人」の「研究者」であることの意味に自覚的だからなのである…）が働いているとみるべきであろう。

(β)　冷戦以降における環境変化と解釈枠組——F・ヴェルジェス

このような現代の移民社会論の，国民国家に対する，いわば批判的に折り返された自己同一性にもとづく態度は，1990年代後半から2000年代に入って，比較的大きな環境の変化に見舞われることになる。この環境の変化は，つぎの二つの相対立する要因によって条件づけられている。まず第一の要因は，極右に限らず保守，中道の議会政治家たちが，公然とかつての植民地主義的な言説をふたたび唱えるようになったことにある。以下，関連するいくつかの発言，法案等を抜粋してみよう。

> 「平和の確立，領土の整備，教育の普及，近代医学の基礎づけ，行政司法制度の創設，フランスの統治（プレザンス）が貢献した異論の余地のないこれだけの事業の遺産がある［…］したがって，本土へのフランス人の帰還から30年以上たった今，フランスがかの地［アルジェリア］で作り出し，またそれについて誇りを抱いているところの事績の重要性と豊か

さについて，想起しておくのは適切なことである」(シラク大統領［当時］，1996年11月11日)

「アルジェリアにおけるフランスの統治の歴史は，二つの紛争のあいだに位置している。すなわち，1840年から1847年までの植民地征服と，1962年のエヴィアン合意によって終結した独立戦争とである。この期間中，しかしながら共和国は，その科学的，技術的，行政的ノウハウ，その文化と言語，そして多くの，しばしばつつましい生活手段しかもたない男女をアルジェリアの地にもたらし［…］彼らは当時フランスの一県であったこの土地で家族を築いたのである。この国の発展は，その大きな部分を彼らの勇気とその進取の志向によっている。それゆえ国民の代議機関がこれら男女の事業に感謝することが，望ましく正当なこととわれわれには思われた」(2003年3月5日の法案の提案主旨)

「フランス統治時代のアルジェリアにおけるわが同胞市民の建設的な事業に，公の感謝をささげる」(同法案の条文。右派数十名の代議士が賛成)

「学校の教科は，海外，特に北アフリカにおけるフランスの統治の建設的役割を特に認め，これらの領土出身のフランス軍兵士の歴史及び犠牲に対し，当然与えられるべき際立った位置づけを与える」15 (2005年2月23日のいわゆる「引揚者法」第4条第2項。歴史家の署名活動，その後の暴動，およびアンティル諸島やアフリカ諸国の反発を受け，2006年2月15日のデクレにより廃止16)。

かつての植民地党もかくやというこうした言説が今日の政界で少なからぬ支持を受ける点，外交的配慮から政府がこうした文言を事後的に撤回しようとする点，旧宗主国の一般世論における「国民の歴史」の視野に，なかなか「植民地支配」が入ってこないといった点で，パスカル・ブランシャールらが指摘するように，日本の歴史認識問題と，植民地支配の過去をめぐるフランスの「肯定的」な言説には相通じるところがある。ブランシャールらはまた，こうした否認が「ポストコロニアル期の移民の子孫であるフランス人の一部に，みずからの歴史が否定されているとの感情」をもたらしていると述べている17。

環境変化の第二の要因は，冷戦後盛んになってきた奴隷制や植民地支配に対する新たなタイプの批判である。このタイプの議論は，フランス側に視点を置いた移民研究を中軸として社会の「メルティング・ポット」性を描きだす接近方法を超えて，より根本的な歴史の脱構築を図ろうとする。すなわちそれは，19世紀以降の植民地化だけでなく，近世初頭以降の三角貿易を代表とする奴隷取引までをも射程に入れようとするのであり，今日のグローバルな社会構造の形成過程に対する批判としてより包括的なものである。第一の要因として挙げた植民地支配に関する「肯定的」言説も，このタイプの言説に対抗する必要から唱えられている側面があるかもしれない[18]。なお，近年のこの種の批判の登場は，フランスにおけるポストコロニアル理論の英語圏に対する遅れについての自覚が高まってきたことによるとともに，エスニシティをふくめた自己の出自の他性をひきうけつつ公的に発言する人びとの存在感が増してきたことにもよる。その代表的な論者のひとりとして，ここではレユニオン島出身でロンドン大学ゴールドスミス校の教員である政治学者フランソワーズ・ヴェルジェスを挙げておきたい。彼女は，トビラ法（注15参照）により設置された「奴隷制の記憶」審議会委員であるとともに，上記のブランシャールらとともに『植民地共和国　あるユートピアに関する試論』（2003年）を著している[19]。

　彼女らの立場は，毎年出版される多量の文献とともに今まさに展開されつつあり，したがって要約には慎重を期さなければならないが，小論との関係では当面つぎの三点を念頭に置くべき論点として挙げておきたい。

　第一の論点は，マルクス主義的な階級論など在来のアプローチとの差異である。少なくとも，移民労働者とフランス人労働者の階級的統一といった公準 postulat を，ヴェルジェスらの議論は前提していない。このことは，彼女らの議論が，冷戦以降に台頭したものであることを考えれば当然ともいえる。またすでに指摘したように，フランスにおける共和主義（契約の潮流）は，ポストコロニアル期以降の移民問題についても，問題を脱エスニック化する傾き，すなわち都市政策，経済政策，非宗教性（ライシテ）といったアプローチを優先させる傾きを帯びている。こうした傾向に対して，かつマルクス主義的な公準から切れたかたちで，ポストコロニアル期の移民が「自分たちの」歴史を奴隷制の記憶を含めて主張するのは意義深いことである。なぜならばそうした主張は，移民出自の人びとに対するエスニックなステ

ィグマ化に抗して，これらの人びとの尊厳を回復させるからであり，また
こうしたスティグマ化は階級の問題（狭義には経済的な平等の要求）には
縮減不可能だからである。しかしながら他面，私たち観察者としては，こ
うした流れをあまりナイーヴに理想化することにも慎重であるべきであろ
う。なぜならば，フランスの近代史における「思考されざるもの」には，
すでにみたように起源の潮流もまた含まれていたからである。このもうひ
とつ別の角度からすれば，植民地におけるフランスの政策は，しばしばエ
スニシティ（宗教を含めた）による差別的な分割を固定化するという意味
での多文化主義的な傾きを実際に帯びていた[20]。ジャン゠ルー・アムゼル
が指摘するように，ナポレオン三世の「アラブ王国」政策などは，その典
型であろう[21]。こうした差別的な分割の固定化に関しては，ヴェルジェス
らもまた「植民地化された人びとは，解放のプロジェクトを発展させるた
めに，植民地共和国の言説に対して共和主義の言説を逆用するということ
を思いだそう」と述べている[22]。

　第二の論点は，ヴェルジェスらの議論が，ポストコロニアル期の移民，
なかでも非ヨーロッパ系移民をおもな対象にしているということである。
19世紀以降のフランスの共和主義が，自国の植民地主義と対立するどころ
か，イデオロギー上では「文明化の使命」を説き，議会政治上も立場の弱
い共和派こそ海外征服戦争によるナショナリズムの動員や軍部の支持を必
要としていたとする議論は，フランスおよびヨーロッパ内の移民史にもっ
ぱら注目していては発想することがむずかしい議論である。共和主義の
「逆用」を説く点では，究極的な政治目標としての啓蒙的諸価値を否定す
るものではないとはいえ，ヴェルジェスらの議論における非ヨーロッパの視
点は，戦後のフランスの知的政治的なコンセンサスとしての「国民－社会
国家 État natinal-social」（バリバール）を根源的に相対化する可能性を秘め
ている。脱植民地化の時代以降，アルジェリア等アフリカの諸植民地は独
立し，カリブ海，インド洋，太平洋，南米の諸植民地は海外県・海外領土
（D.O.M.-T.O.M.）としてフランスの領域に係属されて残った。国民－社会
国家は，これらの海外県・海外領土をも包摂するかたちで存続してきたが，
この社会国家 État social がつねにどこでも国民的 national でありえたか，ナ
シオンの観念が要請する統治の平準化や均一性に達しえたかといえば，答
えは良くも悪くも否であろう[23]。このような文脈にあって，植民地共和国

という言葉は，国民－社会国家を構成する国民／社会／国家という三項の結びつきをいわば脱臼させる方向にはたらく。すなわち，この言葉は，単に今日ナショナルなものにとっての外部とされる領域との関連においてだけでなく，固有にナショナルであるとされる領域の内部における非ヨーロッパ性との関連で，これら三項をどのように結びつけることができるのか（あるいはできないのか）という問いを導くのである。

　第三の論点は，植民地共和国という言葉がもつ，説明の射程の問題である。1節で，私たちはローカルなコミュニティ，国民国家，グローバルな〈帝国〉という三つの水準を説明の便宜のために設定したが，その際設定した仮説をコロニアリズムについても適用することができるように思われる。すなわち，コロニアリズムとその移動の諸契機はこれら三層を横断しうる動きを構成していた，とする見方である。しかし他面において，今日の政治の問題としてポストコロニアリズムを論ずることは，過去の歴史におけるコロニアリズムをどう認識するかという問題からは，一定程度独立した問題である。とりわけ，コロニアリズムという観念——基本的にはナショナルな領域の外部として考えられている空間との関係で用いられてきた——を，2005年秋の暴動のようなポストコロニアル期における社会－国家関係の矛盾——固有の意味でナショナルな領域と捉えられている空間の内部で噴出した——と結びつけるにあたっては，何らかの種差的な問題図式を導入することが不可欠である。言い換えるならば，小稿でも用いてきたような植民地「遺制」という言葉や「ポスト」コロニアリズムという接頭辞の意味するところを，より深く彫琢することが求められている。この点を，次節での検討課題としてみたい。

3　コロニアリズムの反作用としての国民の「人種」化とポストコロニアル性
　　——社会－国家関係の空間的変容をめぐる理論的諸要素——

　1節では，グローバル化のもとで，社会－国家関係が必ずしもナショナルな水準においてのみ把握されうるものではないこと，しかしナショナルな水準を単純に消去すればこの関係の適切な認識に達するともいえないことを指摘し，ローカル／ナショナル／グローバルという三層を横断する人びとの移動の契機においてこの関係を捉えなおすことを提案した。つづく2節では，その一例として移民社会フランスの主題をとりあげ，コロニア

リズムとポストコロニアリズムの接合にかんするいくつかの解釈枠組を素描した。すなわち，ジェラール・ノワリエルの移民社会論は，暴動のような現象面にのみ目を奪われるのではなく，移民史・労働史の連続性において問題を理解することを求めていた。またフランソワーズ・ヴェルジェスらの植民地共和国論は，今日の移民社会の非ヨーロッパ的な性格が，かえってナショナルな領域における社会国家をその矛盾を含めてよく対象化するものであることを示唆していた。この3節では，2節における議論を受け，ポストコロニアリティを，固有にナショナルとされる空間の内部における他性の出現としてとらえる。そして1節で論じた移動の契機および諸水準の複合性の観点に立ちかえりながら，ナショナルな社会国家の構成史にかんして，新たな理論的要素を導入することを試みたい。そのために，3節では，ヴェルジェスらが重要性を強調する二人の政治思想家，ミシェル・フーコーとハンナ・アレントをめぐる議論を検討する。

(α) M・フーコー『社会は防衛しなければならない』

ヴェルジェスらの議論で取り上げられるフーコーの著作は，最近邦訳も出版された『社会は防衛しなければならない（1975年度のコレージュ・ド・フランス講義）』である。この講義録は，『性の歴史』第一巻第五章で論じられる生権力の概念が登場する初期のテクストであるという点だけでなく，20世紀における全体主義とスターリン型社会主義という二つの権力のなかにそれぞれ国家人種主義と社会人種主義とをみているという点でも重要である[24]。ところで，『社会は防衛しなければならない』の記述の導きの糸になっているのは，人種の争いguerre des racesである。この点で具体的に扱われている素材は，おもにピューリタン革命期のイギリスにおけるノルマン人対サクソン人の図式，およびフランス革命にいたる時期におけるゲルマン人対ガリア人の図式であるが，フーコー自身認めるように，これらの歴史的文脈ではいまだ用語そのものの意味が未確定なままにとどまっている。すなわち，人種という観念自体，のちのダーウィン主義的な意味に限定されて用いられてはおらず，ローカルな出自，言語，宗教，習俗を共有しない人間集団というほどの意味で用いられている。『社会は防衛しなければならない』における人種の争いにかんする議論は，このような曖昧さから出発するために，人種の語義をめぐる系譜学であるかのような様

相を呈するが、しかし問題となっているのは必ずしも系譜の実証そのものではない。じっさい、『社会は防衛しなければならない』の著者は、「系譜学とは厳密な意味で反科学である」というのであり、彼にとって人種の観念が重要なのはあくまでも「西欧において最初に政治権力を戦争として分析する可能性がみとめられた」のが人種間闘争という形式においてであるからに過ぎない[25]。つまり闘争、力関係のコード化形式の系譜学という観点がフーコーにとっては重要なのである。

『社会は防衛しなければならない』においてどのような役割が人種の争いに割り当てられているかを理解するには、16～17世紀イギリスにおける政治言説の闘争にかんするその分析を見るに如くはない。そこにあるのは二元論的な対立図式である。すなわち、一方には「政治的歴史主義」とフーコーが特徴づける人種の争いに立脚する水平派の言説があり、他方にはホッブズが代表するリヴァイアサンのモデルがある。前者の人種の争いは、ノルマン人によるイングランド征服の事実のなかに後代の専制的な法の起源を見るタイプの言説であり、そこからサクソン人の自由の回復、さらにリルバーンや真正水平派にあっては法支配そのものの廃絶というユートピア的な立場にいたるものである。後者のホッブズの言説は、人種の争いの言説が背景としている内乱状況を踏まえながら、しかしあらゆる手段を用いて、法秩序および主権を論難する根拠としての征服の歴史的現実性を無効化しようとする言説として描きだされている。

『社会は防衛しなければならない』における英仏を中心とする人種観念の系譜学、そしてその政治史とのかかわりの詳細な分析を小稿ですべてカバーすることは不可能である。しかしここで最低限押さえておくべき論点は、このような二元論的図式を置くにあたってのフーコーの公準は、社会関係を恒常的な力関係、ないしは戦争状態として見るとの公準だということである。じっさい、『社会は防衛しなければならない』のなかには、自分は政治的歴史主義、すなわち人種の争いの言説に「礼賛(エロージュ)」をささげたいから講義をするのだというくだりが出てくる[26]。また政治的歴史主義に対立する法－哲学的言説としてのホッブズの著作をめぐる分析は、それが表面的な印象とは裏腹に戦争の言説ではなく戦争を抑圧する言説だという点に集中している。すなわち、ホッブズにおける自然状態は戦争状態として提示されるものの、よく読むならばこの状態のなかには「戦闘も血も死体もない」

ことに気づく[27]。つまりこの戦争において問題なのは，物理力が直接ぶつかり合う剥き出しの身体的次元ではなく，そうした次元の戦争が展開されるかもしれないという予期に発する恐怖，意志の言明，虚偽といった「表象のゲーム」なのである[28]。ある人種の他の人種による軍事的征服のなかに法秩序の起源を見る政治的歴史主義にとって，リヴァイアサンの主権論がこのような表象のゲームに立脚するのは偶然ではない。なぜならば，ホッブズの理論が排除しようとしたのはまさしく征服およびその不当性の観念だからであり，水平派が行ったような「歴史の言説および政治の実践における，この征服の問題の使用」を抑圧することこそが，法－哲学的言説の機能だからである[29]。

行論との関係で重要なのは，このような政治的歴史主義の観点から，フーコーがつぎの二点について示している見解である。

第一は社会主義との関係である。まず，弁証法的唯物論すなわちマルクス主義について，フーコーは，ホッブズの言説が16～17世紀に果たしたのとほぼ同じ機能を19世紀後半以降の時期においてマルクス主義が果たしたという。すなわち，社会関係を恒常的な戦争状態として把握しているような理論構成にみえながら，じっさいには現実の運動を矛盾の論理形式によってコード化し無効化してしまうというのである。『社会は防衛しなければならない』で用いられている表現に従うなら，弁証法は政治的歴史主義を，哲学的政治的秩序のなかで「平定」し「植民地化」したのである[30]。このように言うとき，フーコーがみずからの立場を政治的歴史主義に擬していることはいうまでもない。つづいて，非弁証法的なタイプの社会主義にかんして，フーコーは，フーリエ，ブランキ主義，無政府（主義）について，マルクス主義よりもはるかに「人種主義的」であったという[31]。少なくともドレフュス事件以前にあっては「圧倒的多数の社会主義者が根っからの人種主義者であった」のであり，その後19世紀末のドイツにおける社会民主主義の成立やフランスにおけるドレフュス事件を受けて，社会主義的人種主義はようやく捨て去られたとされる。フーコーの分析では，このことは人種観念が19世紀にあっても社会戦争 guerre sociale の言説の一部をなしていたことを証明するものであるとともに，社会主義者たちがフーコーのいう生権力のメカニズムに盲目だったことを露呈させるものである。さらに，ソヴィエト連邦における進化論タイプの生物学的人種主義

（ナチス・ドイツ流の民族的な人種主義とは区別される）の実践は，資本主義国家におけるのと根本的には同質の生権力のメカニズムがソ連型社会主義においても作動していることを示しているという。この主張は，マルクス自身が，イギリスやフランスの歴史を人種の争いとして描いたオーギュスタン・ティエリのうちに「フランス歴史学における階級闘争の父」を認めている，有名な書簡の一節への参照とならんで，コンフリクトの表現における階級と人種の分節化，そしてその生権力とのつながりという面で，興味深い論点であると考えられる[32]。

　第二は，植民地化，植民地主義との関係である。この点にかんする『社会は防衛しなければならない』における言及は多くはないが，ヴェルジェスらが注目しているだけでなく，日本でもある論者が述べるように「刺激的」な言及が存在している[33]。問題の箇所は，ジェームズ一世を王権神授説の立場から擁護するなかで，A・ブラックウッドが1581年に残した主張の引用から始まる箇所である。やや長い引用になるが寛恕されたい。

　　「『本当は，ノルマン人の侵入の時代のイングランドの状況を，まだ植民地列強とは呼ばれていなかった強国を前にしたアメリカの状況と同じように理解しなければならない。イングランドにおけるノルマン人は，現在のアメリカにおけるヨーロッパ人のようなものだったのである』。ブラックウッドは，ウィリアム征服王とカール五世のあいだに平行関係を見ていました。カール五世について，彼は次のように述べています。『彼は武力で西インドの一部を従えた，彼は敗者に，虚有権nue-propriétéではなくまさに用益権usufruitとして，かれらの財を供与のかたちで残した。ところで，カール五世がアメリカに関して行ったことを，われわれも全く同じことをしていたのだから，まったく正当とみなすのだが，それと同じことをノルマン人はイギリスで行ったのだ。この点われわれ自身が思い違いをしてはならない。ノルマン人はイギリスで，アメリカでわれわれが依拠する権利と同じ権利，すなわち植民地化の権利に基づいているのである』。

　　そしてこの16世紀末に，[…] 植民地での実践が，西欧の法的・政治的構造にはね返ってくる効果を私たちは目の当たりにするのです。植民地化は，もちろん，その政治的および法的な技術と武器によってヨ

ーロッパ的モデルを他の大陸へ持ち込みました。しかし，植民地化はまた，西欧の権力メカニズム，権力の装置，制度，技術にはね返ってくる数多くの効果を持ったことを忘れてはなりません。西欧に持ち帰られた一連の植民地モデルがあるのです。そして，それによって，西欧は自分自身に対しても，植民地化，内なる植民地主義のようなものを実行することになったのです」34。

ヴェルジェスらの議論は，この植民地主義の（旧）宗主国たる西欧への反作用（＝跳ねかえり効果 effet de retour）という『社会は防衛しなければならない』におけるフーコーの主張を明示的に参照している35。また，植民地化の過程で国籍を超越したかたちで出現する「ヨーロッパ人種」による非ヨーロッパ性に対する戦争という意味で植民地戦争を特徴づけるさいに，人種の争いという表現を用いている。しかし他方で，フーコーが人種の争いの系譜のうちにみていた，政治的歴史主義に対する称揚は見あたらない。このことは，すでに触れたように，ヴェルジェスらの議論が冷戦後に登場した議論でありマルクス主義への対抗という軸が重要ではなくなったこと，そしてポストコロニアル期特有の諸問題，とりわけ移民社会をめぐる緊張がフランスで現に高まっている状況下で，単にレトリカルな意味で「人種戦争」を煽る立場とは一線を画す必要によって説明されるであろう。

(β) H・アレント『全体主義の起原』

この非西欧の植民地化の西欧に対する反作用という論点にかんして，ヴェルジェスらがおもに依拠するのは，ハンナ・アレントの『全体主義の起原』である。ヴェルジェスらがアレントのこの著作（とりわけ第二部「帝国主義」）から取り出す中心命題は，「人種による国民の植民地化」である。

「ヨーロッパの内部で，人種観念が，内部における分裂を超越する共通のきずなとして確立される。人種観念が国民を植民地化し，国民的アイデンティティは人種化されたアイデンティティになる。このアイデンティティは人種的な区別に立脚し，ひとつの人種と混同されるのである。哲学者ハンナ・アレントは，ヨーロッパにおいて起きた，政治

体としての国民観念から人種化された国民観念への変質の諸帰結を分析した。もっとも，その際この変化のなかで植民地問題の重要性をじゅうぶんに強調しているとはいえないが」[36]。

フーコー『社会は防衛しなければならない』の場合と異なり，アレント『全体主義の起原』における植民地主義の宗主国に対する反作用（「ブーメラン効果」）については，日本の政治学界においてもこれを主題とする先行研究が存在しており，比較的よく知られたテーマであるといえる[37]。こうした文脈のなかでもなおヴェルジェスらによる読解を敷衍する意義は，少なくとも以下の二点にあると思われる。

第一は，ヴェルジェスらのポストコロニアル的読解が，不可避的なかたちでフランス植民地主義の文脈を背景としながら，その「遺制」の学問的な規定のためにブーメラン効果論を活用しようとしている点である。アレントが設定する，イギリスを典型とする海外帝国主義，ドイツ，オーストリアを典型とする大陸帝国主義という見取り図にあって，フランス帝国主義は海外帝国主義に分類されるものの，多くの点で中間的地位を占めている。その典型がブーメラン効果論における位置づけである。『全体主義の起原』にしたがうならば，イギリスは本国の政治構造とその植民地統治とを属領の独立の時点にいたるまで分離しておくことに成功し，そのためブーメラン効果によって「本国の政治構造が実際に破壊されるには至らなかった」。しかし，大陸帝国主義諸国や「植民地軍をもっていた」フランスは「それほどうまく切り抜けられなかった」[38]。アレントが指摘するように，「第二帝政の遺産」としての軍隊は，第三共和政下でも反共和主義的，貴族的な勢力であり，その性格はドレフュス事件をめぐる『全体主義の起原』の分析において活写されているとおりである。また，第四共和政の末期（1950年代）にいたってもなお植民地派遣部隊の動向に国内政治が左右されていたことは，すでに触れたところである。そして今日，2000年代の立法府においても公然と植民地主義的な言説が唱えられるなかで，ヴェルジェスらは，植民地化された側に立って「記憶の社会化」を訴えている。その彼女らからするならば，アレントのブーメラン効果論は，単に1930〜40年代の全体主義の形成過程を歴史的に追うための仮説にとどまるものではない。それは，現代フランスにあっても社会－国家関係をいまだに構造化し

つづけている，ある忘却を目に見えるものにするのに役立つ，ひとつの概念用具なのである。

　第二は，「典型的な国民 nation par excellence」としてのフランス国民理解をめぐる力点の置き方のズレという点である。先に掲げた引用文からも知られるとおり，共和主義的なナシオンの観念が，元来人種的な帰属とは無縁の，政治的な内容において規定されるものだったという理解については，ヴェルジェスらのアレント解釈においても共有されている。しかし『全体主義の起原』の記述において，この典型的な国民としてのフランス国民をめぐる理解は，まず(a)1880年代におけるアフリカ争奪戦のような激しい植民地獲得競争にあっても，国内的な利害を対外政策における帝国主義的利害に優越させたこと[39]，そして(b)ドレフュス事件においては「その時代の他のすべての政治問題の結晶核」としての反ユダヤ主義を他のヨーロッパ諸国に先んじて表出させながら，この事件の衝撃ゆえにその19世紀的な形態のなかで反ユダヤ主義が硬直したために，ヴィシー政権の時期にはフランス流の反ユダヤ主義がまったく時代遅れのものになったこと[40]，の二点と関連している。この二点に関して，ヴェルジェスらの解釈のなかに必ずしも明示的なコメントが見いだせるわけではないが，まず(a)にかんしては，共和主義的言説と植民地主義的実践の両立可能性を強調するヴェルジェスらの切り口からすれば，19世紀秩序解体論的な意味での「国民国家性」をフランスの帝国主義政策のなかに積極的に認めることは考えにくい。また(b)については，そもそも『植民地共和国』におけるアレント読解は，反ユダヤ主義についての言及がほぼなされないなかで，大衆（モッブ）と市民（シトワイヤン）の対立を前面にだしているという特徴をもっている。そこで問題となっているのは一種の二重の読解戦略であって，この戦略はおそらく現在の第五共和政にたいするヴェルジェスらの政治的主張内容と重なっている。すなわち，一方で『植民地共和国』は，シトワイヤンによって構成された公共空間を謳う多数派の共和主義に依拠して，ナシオン観念の人種化への抵抗を訴えている。この意味では，第三共和政による「文明化の使命」の理念化は，あくまでも共和主義からの逸脱（国益の見地からする帝国主義の実践）と捉えられるにとどまる。しかし他方で，多数派の共和主義（多くは保守的なインスピレーションをともなった）に対する抵抗をも，ヴェルジェスらは行っている。例えば，ジュリア・クリステヴァの

著作『外国人』における「フランス的国民観念を豊かにするものとしての外国人」という把握に対しては，結局のところ「啓蒙主義のフランス」を無条件に賛美し共和国をいかなる場合にも擁護する結果にしかならないと批判している[41]。ヴェルジェスらの立場は，この著作におけるクリステヴァのような見方のなかに，同化主義への傾向を見出すものであり，そのような傾向にたいして，植民地出自の人びとの独自性 spécificité の承認の重要性を対置するのである。

4　結論

小稿では，冒頭においてジョン・アーリの議論を念頭におきながら，冷戦終結後の今日にあっては社会－国家関係がナショナルな空間で完結しうるものではないことを指摘し，そのような状況下でローカル／ナショナル／グローバルの三層がいかに連接されているのかを問うた。

この問いにたいし，2節では，移民社会フランスの主題を事例としてとりあげながら，(α)今日の移民社会の諸問題を論ずる前に，ヨーロッパ域内からの移民史がナショナルな水準において存在してきたこと，そしてこの歴史にかんする一定の解釈枠組もまた構築されてきたことを指摘し，そのうえで(β)1980年代以降における非ヨーロッパ系移民の増大，マルクス主義の影響力の低下，等によって，社会的現実のみならず解釈枠組の領域でも固有の意味でポストコロニアルと形容されるべき状況が生じたことを述べた。

3節では，ポストコロニアル期のフランスにおける社会－国家関係に，「植民地共和国」の分析視角から接近するF・ヴェルジェスらの分析を敷衍しつつ，ミシェル・フーコーとハンナ・アレントの議論を検討した。すなわち，(α)フーコー『社会は防衛しなければならない』においては，社会的コンフリクトをコード化する鍵概念として，人種と階級が取り上げられていた。この講義で展開される「人種の争い」の系譜学においては，階級概念自体がこの系譜から派生した一要素として理解されていた。当然ではあるが，この講義でのフーコーの立場は，人種主義的なものではない。じっさい，この講義において問題とされていたのは，国家を正統化する法－哲学的な言説に抗して，「ある集団の他の集団に対する支配」を言語化する手段の歴史をたどることであった。「人種の争い」は，この歴史の比較的初期

に出現する形態であり，それゆえ時代や場所により変化してきたその意味・役割が詳細に分析されているのである。つづいて，(β)アレント『全体主義の起原』における国民の人種化という主題は，ヨーロッパにおける一国内の社会闘争から，植民地獲得における非ヨーロッパ性との戦いに，「人種の争い」が拡大して適用された時代を背景としている。この時代における人種観念は，ヨーロッパ性と非ヨーロッパ性の区分を本質的なものとしながら，非ヨーロッパ「人種」にたいする植民地支配を正当化するものであった。しかしながら，この点にかんするアレントの分析の焦点をなしていたのは，ヨーロッパ外における植民地支配に対する糾弾というよりは，むしろ植民地官僚制の影響力の増大によって，本国内ならば正当化しがたい植民地における残虐かつ権威主義的な支配が，ヨーロッパの内政にむかって回帰してくるという事実（ブーメラン効果）であった。フランスの場合に即して要約するならば，第三共和政を典型とする議会政治の腐敗は，シトワイヤンの政治体としてのナシオン観念にたいする信頼を失墜させ，この正統性の空白に人種化された国民観念が――アレントのいう階級脱落者（デクラッセ）たちとともに――入り込んでくるとされるのである。なお，付言するならば，人種化された国民という観念を今日もっともよく体現していると思われる国民戦線の党首ジャン＝マリー・ルペンが，インドシナおよびアルジェリア戦争にさいして，植民地の放棄に反対する立場から，外征軍の典型たる落下傘部隊に志願して参加したことが知られている[42]。

　冷戦以降に目立つようになった，植民地支配を美化する法案や政治家の発言と戦うヴェルジェスらにとって，フーコーやアレントの著作のこうした解釈は，けっして文献研究の域にとどまるものではない。政治的実践の観点からするならば，彼女らにとっての問題は，ひとつには植民地支配を美化する政治家たちの背後には，こうした美化を支持する一般有権者がいるという点にある。そして，『植民地共和国』の分析によって，こうした支持の背景にある，植民地支配の文化と一体化したナショナルな文化――しばしば帝国支配の内部における移動の経験に裏打ちされた――が目に見えるものとなる。ヴェルジェスのように，ポストコロニアル状況を引き受ける政治学者にとっては，領土上・国際法上で実現された脱植民地化のあとには，人びとのメンタリティを脱植民地化するという課題が生じることになる。そしてヴェルジェスらの主張によるならば，まさしく「政治的ヨー

ロッパ」こそが，このような内なる脱植民地化という課題に一致して取り組むべきであるとされるのである[43]。

（1）マンフレート・リーデル『市民社会の概念史』（河上倫逸，常俊宗三郎編訳，以文社，1990年）によれば，自然法論は国家 civitas と市民社会 societas civilis の伝統的同一性を内に含み，この同一性が17世紀以降主権論によって解体されていく（35頁他）。リーデルのこの著作は社会−国家関係をめぐる広範な内容を含んでいるが，小稿との関連では以下の二点に注目しておきたい。第一点は，自然法的契約説において「市民社会への契約の当事者は［…］個人そのものではなく，つねに自立することができ自己の権利によって生活する自由人（自権者スイ・ユリス）」であり，「その結果《従属者》（他権者 alieni iuris）を契約から排除することになるということは17世紀の自然法論においては問題とはならない」という点である（38頁）。第二点は，アリストテレス的伝統と並んで重要なローマ法の伝統における「身分 status」論である。市野川容孝が指摘するように，「中世以降のヨーロッパでは宮廷社会と身分制の別名ともなった"civilis""civil"は，何よりも不平等の装置を意味した」（『社会』岩波書店，2006年，95頁）。すなわち市民社会の内部には，自由人か隷従者か，市民か外人・居留民か，家長か家子か，等々の〈人間の身分 status hominum〉の階梯があり，この階梯上の地位に見合った権利を人は享受するものとされた（リーデル前掲書，44頁）。フランス革命に代表される近代市民革命は，このような「〈人の身分 status personarum〉への法的地位の従属性」（同書45頁）を原則として揚棄しようとする立場に立ったのであるが，知られているように，じっさいにはこうした原則は，社会経済的な現実においてはもとより，法制度上においてすら貫徹されえなかった。とりわけアルジェリア支配を典型とする「共和制植民地主義」において，前述の〈人の身分〉論は，「文明化の使命」論をコード化する法的言説として機能することになる。

（2）Cf. フレドリック・ジェイムソン『政治的無意識　社会的象徴行為としての物語』大橋洋一・木村茂雄・太田耕人訳，平凡社，1989年。

（3）Cf. 山田潤「『仕事（職務）』をめぐるこの30年 ──個人的な回想をまじえて──」『立命館言語文化研究』19巻2号，2007年11月，99頁。

（4）例えば，鎌田慧『死に絶えた風景　日本資本主義の深層から』ダイヤモンド社，1971年。なお，日本の戦後政治史は小稿の主題ではないが，行論との関係上，ここでいう「矛盾をはらんだ歴史」をつぎのように図式化しておきたい。すなわち，政治的イデオロギー的な面において，民主主義は，戦後の日本社会の複数世代によって実践された結果，単に法的形式的

な平面においてだけでなく，生活習慣や感性の様式のなかにある程度定着したといえる。しかし他面，市野川容孝が指摘するように「日本が共和国であるという証拠」はまだどこにもない（市野川，前掲書，61頁）。この意味では，天皇制を中心とするパターナリスティックな国民統合は姿を変えて続いている。また，経済社会の面において，公共セクターや民間大企業の正規雇用者を中心として組織された労働組合は，組織的な統一を背景とする凝集力を社会－国家関係にもたらした。しかし他面，主要セクターの正規雇用者以外の労働人口を周縁化する不平等な雇用・社会保障制度をもそれは産み出した。そして周知のとおり，1980年代以降に台頭した新自由主義は，公務員など「固い職場」に勤める労働者層への攻撃というかたちで，こうした戦後体制の矛盾を政治的に利用した。その結果として現在，つぎの二つの方向性が有力であるように思われる。すなわち，一方における，サッチャー元首相の命題「社会は存在しない」に事実上依拠して公的規制の最大限の撤廃を正統化する方向性，そして他方における，こうした新自由主義的な政策を批判する意図で国家の抑圧（暴力）装置としての側面を一面的に強調するプロト・アナーキズム的な方向性，がそれである。ところで，小稿が主張する移動の契機は，この二種類の方向性の対立自体を相対化しようとするものである。じっさい，これらの一見相対立する方向性は，社会－国家関係のなかで獲得された諸制度（端的な例として，さまざまな再分配政策や労働法制等が挙げられる）の歴史的意義を軽視したり否定したりすることを共通項としている。しかし私見では，このような獲得物に関する否定的な認識ないし自明視そのものが，19世紀後半から20世紀にかけて形成されてきた社会－国家関係をめぐる認識——すなわちそのナショナルな広がりを前提とした——によって規定されている。

(5) この段落でいう「水準」の概念は，その「空間的広がり」と等置されているとともに，移動する個人の階層的その他の規定（村や家族といったコミュニティ内での位置，あるいは特定の先進国や途上国の国籍，市民権の保持の有無，等々）をも含んでいる。

(6) グローバル・ヴィレッジのような牧歌的なヴィジョンであれ，あるいは北の南に対する構造的暴力のような支配のヴィジョンであれ（一例を挙げるならば「社会国家」の盾がないなかで，グローバル資本の統制に曝される南のローカル・コミュニティ…）。

(7) ジョン・アーリ『社会を越える社会学 移動・環境・シチズンシップ』法政大学出版局，2006年，xi 頁。

(8) 例えば，2006年春のいわゆるCPE（Contrat première embauche 初期雇用契約）反対の運動は，やはり全国規模での動きに発展したが，負の意味でのエスニックな特徴づけ，いわゆる「スティグマ化」が運動参加者にた

いしてなされなかった点で対照的である。なお，このように述べることは，反CPEの運動がいかなる階級上，エスニック上の背景ももたないということを意味しない。この点に関しては，反CPEデモ参加者（白人の高校生が多いとされる）に対する郊外からの青少年グループ（黒人，マグレブ系アラブ人が多いとされる）の強盗・襲撃行為が当時ルモンド紙上で議論になったことを記しておきたい。*Cf.* Luc Bronner, «Au cœur d'une bande du «9-3», le plaisir de la violence», *Le Monde* du 25 mars 2006 ; Robert Solé, «Au milieu des casseurs», *Le Monde* du 2 avril 2006.

（9） 少なくとも，2005年のフランスには，アルジェリア戦争末期のOAS（秘密軍事組織）に代表されるような過激分子による公然たる軍事反乱や体制転覆の危険に比べられるような切迫した状況は存在していなかった。換言するならば，1950年代末における「緊急事態」の適用対象は，民族独立派のアルジェリア人だけでなく，「フランスのアルジェリア」を説く植民地死守派の勢力も含んでいたのである。シルヴィ・テノーによるならば，1849年8月9日の法律によってすでに存在していた「戒厳令état de siège」とは別に，1950年代末に「緊急事態」法が定められた理由も実はここにある。すなわち，戒厳令下では，民間人に対する逮捕権を含む警察権，徴発権，裁判権，出版・集会の禁止権限等，広範な権限が軍部に与えられるが，新たに定められた緊急事態下では，これらの権限は従前どおり文民政府およびその指揮下にある警察がこれを管掌する。アルジェリアで頻発する入植者による反抗を黙認するばかりか，コルシカやパリ（ルビ：ロン）への侵攻さえ危惧されていた植民地派遣部隊を中心とする軍部に，1849年8月9日の法律が定める広範な権限を合法的に与えることはドゴール大統領にとって避けるべき選択肢であった。*Cf.* Sylvie Thénault, «L'état d'urgence (1955-2005). De l'Algérie coloniale à la France contemporaine : destin d'une loi», *Le Mouvement social*, Les éditions de l'Atelier, 2007/1, n° 218, pp. 63-78.

（10） Sylvie Thénault, *art.cit*.

（11） フランスの各地方からパリへの国内移民の存在は重要であるが，ここではふれない。また，本文中で依拠しているような国籍毎の外国人統計によっては，いわゆる海外県（DOM-TOM）からの人口移動が抜け落ちるという盲点がある。

（12） Gérard Noiriel, *Atlas de l'immigration en France*, Éditions Autrement, 2002, pp. 12-13.

（13） Gérard Noiriel, *Le creuset français. Histoire de l'immigration XIXe-XXe siè*cle (1988), Seuil, édition mise à jour en 2006, p. 11.

（14） Gérard Noiriel, *Le creuset français*, pp. 136-137.

（15） なおフランスには教科内容に関連する法律として，ショアーに関する

修正主義を禁止するゲソー法（1990年），奴隷貿易および奴隷制を「人道に反する罪」と規定したトビラ法（2001年）がある。

(16)　この条項の廃止の経緯については，高山直也「フランスの植民地支配を肯定する法律とその第4条第2項の廃止について」，『外国の立法』229号，92－113頁，2006年8月，を参照されたい。

(17)　Pascal Blanchard, Nicolas Bancel et Sandrine Lemaire (sous la direction de), *La fracture coloniale. La société française au prisme de l'héritage colonial*, La Découverte, 2005, p. 14. 正確には編者三名の連名の文章である。なお本書の編者たちはまた，海外植民地を持った他の欧州諸国，とくにイギリスやベルギーにおける文教政策におけるように，フランスにおいてもナショナルな歴史のなかに植民地の歴史も含めるよう示唆している。

(18)　日本における歴史修正主義（「新自由主義史観」）が"自虐史観"を批判するように，今日のフランスの保守派は自国の歴史にかんする"悔悛"（répentance）を拒否する。筆者のように研究上双方の社会に接する立場にある者としては，こうした相似性にときとして強い印象を与えられることがある。なお，ポストコロニアル期におけるかつての植民地主義に対する批判は，ヨーロッパにおいてもフランスとその旧植民地の関係に限られたものではない。大英帝国については当然のことながら，ドイツについても類似の問題が提起されている。例えばドイツによるナミビア（旧ドイツ領西南アフリカ）との和解の試みについて，永原陽子の諸論考が参考になる。*Cf.* 永原陽子「『植民地責任論』試論──ヘレロ補償問題を手がかりに──」『歴史評論』677号，2006年，2－18頁。

(19)　Nicolas Bancel, Pascal Blanchard, Françoise Vergès, *La république coloniale. Essai sur une utopie*, Albin Michel, 2003.

(20)　この角度からすれば，奴隷制の問題はブラック・アフリカおよびその付近の島嶼出身の人びとと，「奴隷商人」たるアラブ出自の人びととを対立させさえしうる性質の問題である。

(21)　Jean-Loup Amselle, *Vers un multiculturalisme français. L'empire de la coutume*, Flammarion, 2001.

(22)　Nicolas Bancel, Pascal Blanchard, Françoise Vergès, La république coloniale. *Essai sur une utopie, op. cit.*, p. 14.

(23)　フランス本土とD.O.M.-T.O.M.の経済格差（この点では「社会国家」の政策的努力が存在する）だけでなく，ライシテの適用除外といった点でもそうである。

(24)　Michel Foucault, *Il faut défendre la société. Cours au Collège de France* (1976), Seuil/Gallimard, 1997, pp. 72-73. 石田英敬・小野正嗣訳『社会は防衛しなければならない』筑摩書房，2007年，84頁。

(25) *Ibid*., p. 10, p. 19. 同書12, 22頁。
(26) *Ibid*., p. 96. 同書111頁。
(27) *Ibid*., p. 79. 同書92頁。
(28) *Ibid*., p. 80. 同書93頁。
(29) *Ibid*., pp. 84-85. 同書98頁。
(30) *Ibid*., p. 50. 同書61頁。
(31) *Ibid*., p. 232, p. 234. 同書259, 261頁。
(32) *Ibid*., pp. 69-70, p. 74. 同書81, 86頁。
(33) *Cf*. 水島和則「フーコーの講義録（1975・1976年）を読み解く──『異常者たち』と『「社会を防衛しなければならない」』をめぐって──政治闘争の道具としての歴史的知：歴史記述と人種，階級，ネーション」教育思想史学会第12回大会における報告，2002年。
(34) Michel Foucault, *Il faut défendre la société, op. cit*., pp. 88-89. 前掲邦訳，102－103頁。
(35) Nicolas Bancel, Pascal Blanchard, Françoise Vergès, *La république coloniale. Essai sur une utopie, op. cit*., p. 34.
(36) *Ibid*., p. 91.
(37) *Cf*. 亀嶋庸一『20世紀政治思想の内部と外部』岩波書店，2003年。
(38) ハナ・アレント『全体主義の起原　2　帝国主義』みすず書房，2006年（初版1972年），54頁。
(39) *Cf*. Hannah Arendt, *The Origins of Totalitarianism*, new edition with added prefaces, Harcourt, 1968, p. 50. ハナ・アレント『全体主義の起原　1　反ユダヤ主義』みすず書房，2006年（初版1972年），93頁。
(40) 同書179頁。
(41) Nicolas Bancel, Pascal Blanchard, Françoise Vergès, *La république coloniale. Essai sur une utopie, op. cit*., p. 95.
(42) *Cf*. http://www.assemblee-nationale.fr/histoire/biographies/IVRepublique/le-pen-jean-marie-20061928.asp
(43) Nicolas Bancel, Pascal Blanchard, Françoise Vergès, *La république coloniale. Essai sur une utopie, op. cit*., p. 161.

社会党はなぜ，構造改革を採用できなかったのか？
―― 歴史的・政治的意味の再考 ――

木下真志*

はじめに

　日本社会党は，戦後政治の一翼を担い，長らく野党第一党の位置を占めていた。にもかかわらず，研究書はわずかなものにとどまっていた。しかしながら，ここ10年程漸く研究者，研究成果ともに充実してきている。本稿では，かつて社会党が掲げた，構造改革という「政策」提起について，主としてそれを提起した社会党内の動向に眼を向けて，社会党・構造改革論がもっていた歴史的意味，政治的意味にも迫り，近年の研究の進展に貢献したい。

　本稿が対象とするのは，主に1955年に自民党が結党され，鳩山一郎(1883～1959)，石橋湛山(1884～1973)，岸信介(1896～1987)，池田勇人(1899～1965)といった首相が政権を担当していた時期である。社会党が構造改革を提示した時期は，自民党（岸・）池田内閣が所得倍増論を声高に提唱し，高度経済成長政策を掲げていた時期と重なっている。国民の生活や意識は，大きな変革期を迎えていた。両党の経済政策の相違をみることは，戦後政治の方向性・枠組を決定づけた基本政策の再検討として，大きな意味をもつものと信じる。

　自社両党は，もうひとつの基本政策，すなわち，防衛政策においても，1994年の村山内閣までは相容れなかった[1]が，防衛問題については，本稿で深く掘り下げる余裕はない。

　選挙制度に潜む問題点や，定数の不均衡等をいま捨象すれば，本稿でみる時期の総選挙，参院選の結果は，有権者の多数が自民党に勝利をおさめ

---

　*　法政大学現代法研究所客員研究員　政治学・現代日本政治論

させることを選択してきたといえる。それは，社会党が「有権者の方を見ていなかった」から，「非現実的」政策を掲げることになり，選挙に勝てず，政権獲得に至らなかったのだというあまりにも常識的議論に陥りがちである。それから脱却することが本稿の目的である。加えて，本稿は，当時の社会党の政策に関し，現在の視角からの評価を意図するものでもない。批判や賞賛に終始することは建設的ではないとの判断からである。

1　構造改革論

> 「社会党内の構造改革派をふくめて，ひろく日本の構造改革派はイタリア直輸入の系譜だけでなく，多様な発生源ないし理論系譜をもち，しかも相互に顔もほとんど知らない，ゆるやかな少数の理論家たちの，それこそ思考スタイルとしての総称でした。しかし，当時はまだ層として存在していた知識人層の間では，広く理論的影響をもっていました。誰が中心ということもなく，全国各地でそれぞれ構造改革派を自称していた人々がいて，種々の研究会や同人雑誌，単行本，また『朝日ジャーナル』『エコノミスト』『世界』『中央公論』などのオピニオン雑誌で，個々に発言しています。全国でみても数百人どまりだったでしょう。／オールド・レフトの共産党，また社会党系の社会主義協会はそれぞれ固い組織で動いていたのに対して，構造改革派は各人独自の新思考での模索スタイルでした。このため，構造改革派についての歴史は書けません。どこをモデルとするかによって，構造改革派についての位置づけ・意義が変ってしまうからです。」[2]

既に大衆社会論争で著名となり，社会党の構造改革派のブレーンであった松下圭一は，以上のような回想をしている。確かに，社会党研究に不可欠の「構造改革」論である割には，まとまった研究は少ない。当事者が多数現存していることに加え，「構造改革派」が決して一枚岩ではなく，何か言及すれば，「派」内の別のグループからの批判が予想されてしまうため，執筆を躊躇してしまうのであろう。しかしながら，漠然とではあっても，何らかの共通項があるからこそ「構造改革派」と称されていたのであり，その「像」を描くことは可能であろう。そこから，さまざまな意味を見出すことも可能であろう。

本稿では，社会党の構造改革論のシンボル的存在であった江田三郎（1907～77）に関わる動向を中心に検討を加える。

まず，構造改革論が発表された経緯から繙いていきたい。

1960年10月13日，前日に浅沼稲次郎委員長（1898～1960）が刺殺される事件（テロ）があったため，社会党党大会は予定通り開催はされたものの，議論がほとんどなされないまま，江田三郎を委員長代行に選出し，「総選挙と党の勝利と前進のために」という方針を採択した。その中に，「生活向上，反独占，中立の柱はきりはなすことのできない構造改革の体系となる」[3]と唱える構造改革論（以下，構革）があったのである。この大会で丁寧な議論がなされなかったことが，「不幸」の始まりでもあった。

当時江田の周辺には，加藤宣幸（1924～），貴島正道（1918～），森永栄悦（1925～）（いわゆる構革三羽烏）や西風勲（1926～），仲井富（1933～），荒木傳（1933～）という若い気鋭の党職員が集い，松下圭一（1929～），佐藤昇（1916～），長洲一二（1919～99），井汲卓一（1901～95），力石定一（1926～，ペンネーム杉田正夫），安東仁兵衛（1927～98），正村公宏（1931～）といった社共の枠にとらわれない学者グループとともに，約2年間，毎月研究会（「現代社会主義研究会」）を開催していた。初岡昌一郎（1935～）等，社会主義青年同盟（＝社青同）の面々も党職員と緊密な関係にあった。この時期は，呉越同舟，大きな枠組での構造改革派が成立していたわけである。

イタリア共産党の理論家A．グラムシ（1891～1937），P．トリアッティ（1893～1964）の議論をもとに，もともと日本共産党内であった構造改革論が，佐藤昇の論文「現段階における民主主義」（『思想』1957年8月号）を高く評価した初岡らを通じて，次第に先の研究会や社会党内でも読まれるようになり，左社綱領に不満を持っていた党職員の間に広まっていった。

前述の党大会で採択された決議に続いて，先の研究会等における議論の成果として，翌1961年，『社会新報』元日号に掲載されたのが，共同討議「構造改革のたたかい」である。この討議に参加したのは，先述の3羽烏に加え，藤牧新平，高沢寅男，伊藤茂他であり，彼らには，左右のイデオロギーを越えて一緒にやっていくことが可能な路線を提示したとの認識があった[4]。そこには，「独占の利益本位政策を国民の利益の方向にかえること」や「資本主義の土台である資本主義の構造（生産関係）の中に労働者

が介入して部分的に改革をかちとること」などが説かれていた。これは，「社会主義の実現をめざす社会党の日常活動は，勤労国民の日常的な要求や利益を守って闘うことであり，それを通じて具体的な社会的改革をただそれだけに終わらせるのではなく，社会主義への道程として位置づけ，現在の独占の支配を具体的につき崩し，権力の獲得に接近するために勤労国民大衆を結集する」(同聴き取り)という認識に基づくものであった。これ以上詳しい歴史的経緯は，先行研究に譲る5。

江田らが構造改革を提起した時代は，左右統一後の社会党の議席が右肩上がりに大きく増大していた時期である。それに照応して，社会党への国民の期待は高まるばかりであった。しかしながら，戦後最大の反政府運動となった60年安保闘争，加えて同年，戦後最大の労働争議・三池争議，という二つの「戦後最大」が，ともに社会党の支援した側の「事実上の」敗北をもって終結した時期と重なる。他方，まだ，池田内閣の所得倍増政策，高度経済成長政策の成果を国民が実感するには，時間を要する時期でもあった。これからの国民生活の方向性を決めるための選択肢は複数用意されていた。そのうちの一つが，江田らの構造改革論であった。

政治改革，行財政改革，選挙制度改革等を想起しても，「改革」というからには，当時の状況に何か問題があり，改める必要があるという認識があったことを示している。いわば，病理を診断するという側面を含有するものである。江田らは，当時をどのように診断し，どのような処方箋を書いたのだろうか。次にみるのは，「今年のわれわれの課題」と題し，書記長として『月刊社会党』に発表した論文の要旨である。

> 「①これまで社会党の政策は，政権獲得後のあり方に重点がおかれており，政権を獲得するまでの過程が明らかでなかった。その結果，戦争や恐慌を客観的条件とすることによって革命が可能であるとするいわゆる＜窮乏革命論＞や，あるいは改良の積み重ねによって革命が達成されるという＜なしくずし革命論＞が生れる余地があったが，構造改革路線は政権獲得にいたる過程を明らかにするものである。
> ②構造改革路線は，一口にいえば，独占資本をバックとする政府およびそれとつながる権力が独占資本の利益のための経済構造を維持強化させようとするのにたいし，独占資本の被害を受ける勢力を統合して，

その政策転換をはかっていく路線である。つまり，独占資本から出された政策に反対するにとどまらず，これをよりどころにして積極的に権力支配を制限し，政策転換要求闘争を行っていくものである。その具体例として労働運動では，三池の首切り反対闘争はとうぜんだが，それに広く石炭政策の転換闘争を結びつけていく必要がある。」6

さらに単純化すれば，国民諸階層の生活向上，独占支配構造の変革，貿易構造の変革の3点の改革を意図したものであった。また，「地方自治体改良」や「議会政治の確立」も必要との認識であった。それによって，党が掲げる「護憲・民主・中立の政府」を樹立することが目標であった。江田自身は，構造改革論を新しい社会主義論と認識していたが，それは，社会党が経済政策において，しばしば「教条化した」と形容された左派（綱領）路線から，「現実政党」に脱皮する契機となる可能性を秘めたものであり，構造改革を経由して，（江田の認識とはやや異なるが，結果的には）日本に「社会民主主義」的なものを定着させるための試みともなっていくものでもあった。

但し，江田の主張は，日本において，一気呵成に社会主義社会を実現させるのではなく，「反独占・構造改革の国民連合」によって資本主義を改良し，社会主義実現に至る条件整備を図る，というのが江田の思考枠組であり，しばしば誤解されているような，「人間の顔をした資本主義」(capitalism with a human face) をめざしたものではない。

構革派の主張は，「左派連合」の重鎮・向坂逸郎（1897～1985）を念頭においた「教条主義への批判」が眼目であり，当然のことながら，向坂や太田薫（1912～98）の逆鱗に触れることとなった。向坂や太田は，『社会主義』，『新情報』，『月刊総評』等の誌上において，構革論を「改良主義」，「日和見」として受け入れず，佐々木派（佐々木更三（1900～85）が率いた左派集団）との提携を強めた。

また，党内的には，構革を機に，政策集団としての江田派が形成されたことは，後の佐々木派との熾烈な派閥抗争を慮ると大きな政治的意味を持つものであったといえよう7。

2　提起の経緯

2-1

本章では，なぜ，構造改革路線が提起されたのか，また，なぜ，葬られたのかに焦点をあてることで，構造改革論の意味を問い直すことに重点をおいて検討したい。状況確認のため，引用が多くなることをあらかじめ断っておく。

「『社会新報』共同討議」においては，その経緯について次のように述べられている。

> 「中央での闘いではかなりの成果をあげたにもかかわらず，地方や職場において十分な大衆闘争を組織し，独占の企図を粉砕する闘いを成功させることができなかった。この反面，三池においてあれほど偉大な闘いが行なわれたにもかかわらず，中央における安保闘争と十分に結合させ，独占と真に対決する闘いに発展させることができないという欠陥をもたらした。/これらの成果と欠陥の中から，独占の支配のもとでもその政策を規制し変更させて，国民の利益を守ることが現実的に可能であり，闘いの指導的立場にたつべき社会党が，明確な将来の展望をもって議会における闘いを強化し，さらに地方や職場の大衆闘争を組織し指導し，これを正しく結合することができれば，より大きな成果をかちとることができるという確信をもつことができた。
>
> 第二の理由は，安保闘争のあと，特に池田内閣の手によって特徴的に進められてきている独占のための「構造政策」に対決して「真に国民の要求を実現し，その利益を守るためには，われわれの側で国民大衆のための構造改革のプランを対置して闘うことがどうしても必要である」，ということである。このためには独占の出す政策に「反対」をさけぶ従来のような闘争方式から，積極的な提案をもって先制攻撃をかける闘争方式への転換が必要であり，これなしには，これまでの日本の革新運動の最大の欠陥とされてきた資本の側からの政策や攻撃の結果に反対し，これをはねのける闘いは組織しえても，自から積極的な政策を提案しそれを実現させる闘いを十分に組みえなかったという，われわれの弱さを克服することはできないことを教えている。」[8]

これが,「構造改革のたたかい」で示された構造改革論提唱の当事者による説明である。キーワードは「独占」で,この支配から脱却するために,「地方や職場の大衆闘争」の必要性が説かれる。加えて,労働運動についての見解を確認しておこう。

> 「第三の理由は,三池闘争をはじめとした最近の労働運動で経験したように,われわれの前にたちはだかっている厚いカベは,いずれも雇用の二重構造といわれる経済の二重性に根ざしたものであり,これを打ち破ることなしには労働運動にとって重要な課題である最賃制の実現も,企業意識の打破も,また組合の分裂を根本的に阻止することも,とうてい実現することはできない。さらにまた,当面の他の多くの労働者の要求を獲得するためにも,労働者の闘いを構造改革にもとづいた政策転換の闘いに発展させなければならないという,労働運動の内部の事情によるものである。」[9]

第四の党内問題に関しては,次のように述べている。

> 「率直にいって,これまで党内には社会主義の実現をめぐってさまざまな考え方があったことは事実である。その一つは,特殊な革命的な情勢——例えば恐慌や戦争など——を前提にした,いわゆる"恐慌待望論"的な革命路線である。この考え方は,一時とくに一部の党員をとらえていたことはいうまでもない。他の一つは院内を中心にした,改良さえつみかさねていけばひとりでに社会主義は実現できるのだという,権力の獲得をぬきにした,いわゆる"なしくずし革命論"——改良主義である。／しかし,この二つの間違った"革命論"は警職法や安保闘争などの経験によって,その非現実性が極めて明確になった。好況のときでも院内外の闘いを正しく結んで,憲法に保障された民主主義的な手段によって政府を一応の危機に追いこむことができたという経験は,"恐慌待望論"的な考えを改めさせたし,警官と右翼とに対立した激烈な闘いの教訓は,"なしくずし革命論"を空論化させた。そして社会党がこれまでとってきた階級的大衆政党としての闘いの原則

が正しかったことを，再認識させたものである。社会党の構造改革路線は，以上のような結論から提案されたものである。」10とされる。

2－2

構革論を最初に積極的に推進したのは，先にみたように，党内左派の鈴木茂三郎派に属していた加藤，森永，貴島らの党専従若手職員であった。彼らが「鈴木派からの離脱を決意し，研究会や，学者たちとのヒヤリングをも重ねた結論として」11提出したのが構革論であった。加藤は，その前段階とも言える，党員拡大を意図した機構改革を組織部副部長として企画・推進し，答申案なども執筆していた気鋭の職員であった。その加藤らの案に賛同し，「組織改革について理論的・実践的に理解し行動したのが」，当時，組織委員長をしていた江田三郎であった。加藤らが，江田の「政治的資質を見込んで彼を担」ぎ12，江田派の形成となっていったのである。

筆者は，近年，加藤宣幸主宰の研究会（戦後期社会党史研究会：2003年7月発足，東京・神保町で開催）に可能な限り出席し，当時の状況を知る機会を得てきた。以下も，加藤の弁である。

加藤らが構革を推進しようとしていたとき，担ぐ政治家としては，江田以外の選択肢はなかったのか，等の筆者の問いに加藤は次のように応じている。

「社会党内部では〈構造改革〉路線提起の前段ともいうべき党内改革の動きとして〈機構改革〉という組織問題の取り組みがあったのです。それを私は組織部副部長として企画推進し，答申案なども執筆したのですが，これについての執行部側責任者は当時組織委員長だった江田三郎氏で，この組織改革について理論的・実践的に理解し行動したのが江田三郎氏でした。」「新しい党組織と党理論を建設するためには既成の派閥を超えていかなければできませんから鈴木派内部における彼の政治的立場，また国民に対する説得力からも彼以外に適任者はいませんでした。したがって他の選択肢はまったくありえませんでした」（同聴き取り）。

さらに加藤は，

「本来はイタリア共産党におけるグラムシ・トリアッチ理論からきたものですから〈構造的改良〉とでも訳すのが正しいのでしょうが,〈改良〉という用語だけで社会党内部の協会派などのいわゆる党内左派から猛烈に攻撃を受けて潰されてしまうというので〈改良主義〉とは違うという意味をこめて〈構造改革〉という表現にしたのです」と述べている。さらに,「社会党における私たちの提起が派手な論争を呼び起こし有名になり,次第に〈構造改革〉というのが普遍化した」(同聴き取り)という。「改革」とした一因は,「改良主義」との批判を意識したのであろう。

「60年安保闘争の国民的盛り上がりを背景にして,社会党が日本の変革を主導する義務があり,その政治的立場にあると確信していた」[13]とも加藤は回顧している。

では,何の「構造」を改革しようとしたのか,という筆者の問いには,「日本社会の構造である」[14]と回答している。日本社会の構造を変えることで,社会党支持層の拡大をはかり,結果として,社会党を日本の変革を担う政権政党に成長させ,日本に社会民主主義を定着させようという意図であったのである。

他方で,加藤らの提起(「構造改革のたたかい」)は次のような認識も示している。構革は,「独占の利益本位の政策を国民の利益」に転換し,「資本主義の構造(生産関係)の中に労働者が介入して部分的に改革をかちとること」をめざしてもいた[15]。あくまでも,「社会主義」の枠内での思考にこだわりを表明していた江田とは,微妙な認識のずれを見出すことができる。江田にとっての「社会主義」は,論理的なものではなく,「心情」[16]なのだという。

加藤も,初岡も合意している点は,構造改革論としては,表だって言ってはいないが,日本に社民主義を根付かせるという意図を含むものの総体が「構造改革」であったという認識である[17]。

後,江田が社会主義を支持しない政党との連携,すなわち,社公民路線を積極的に推進し,その路線に同調できない松下,加藤らが江田のもとを離れていったことも,一種のねじれ(ずれ)である。このねじれ(ずれ)がなぜ生じたのか。多数派形成のために,同一行動をとるべき構造改革推進派のこのねじれ(足並みの乱れ)は重要な問題である。出発の時点で基本的な認識に齟齬があった可能性を示唆している。

防衛政策においては，当時，非武装中立で一致しており，この政策に異論はなかったという[18]。「護憲・民主・中立」の政府を指向する方向性の大枠では相違点はない。江田の別の側面を観察することで，このねじれを解明する視点を得たい。

3　江田ビジョン

3－1

> 「社会主義は，大衆にわかりやすく，ほがらかなのびのびしたものでなければならない。私は，社会主義の目的は人類の可能性を最大限に花ひらかせることだと思う。人類がこれまで［に］到達した主な成果は，アメリカの平均した生活水準の高さ，ソ連の徹底した社会保障，イギリスの議会制民主主義，日本の平和憲法の四つである。これらを総合調整して進むときに，大衆と結んだ新しい社会主義が生まれると思う」1962年7月27日日光全国オルグ会議[19]

これがいわゆる江田ビジョンの核心部分である。江田のブレーンであった竹中一雄（1929～）・長洲一二らのアイディアを取り入れて提起したものであり，「ソ連，中国型の社会主義は後進国型の時代遅れ」なものとの含意であった[20]。この提言を『エコノミスト』（1962年10月9日号）に「社会主義の新しいビジョン」として発表した。

江田ビジョンは，江田の提起した構造改革論を実現するための具体策を提示したものでもなければ，構造改革論を補強するためのものでもない。江田ビジョンは，江田の社会主義観を盛り込んだものであり，往々にして誤解されているように，構造改革論と直接の結びつきをもつものではない。「何でも反対」という社会党のイメージを払拭するべく，「革命ではなく，構造的に変えていく」という路線に，「変わろうとしている」社会党[21]を広範に知ってもらうためのいわば，キャッチフレーズであり，社会党政権獲得に向けた青写真であった。

江田は，日光における発言について，次のように述べている。

> 「私の発言が「党が綱領にもとづいて実現しようとする社会主義制度とどう異る（ママ）か」という質問にたいしてはまったく答えようがない。な

ぜなら,私はほかならぬわれわれが綱領にもとづいて実現しようとしている社会主義の未来像について述べたのだからである。いうまでもなく党の綱領は「大衆の生活を物質的,文化的に保障すること」,「人間性を完全に解放する社会を実現すること」,「言論,集会,結社,信仰,良心の自由,自由な選挙」,「平和な新しい国際秩序の創設」を実現することを規定しているではないか。私の発言はこれらの規定をつらぬいている精神をいくつかの具体例をあげて説いたものにすぎない。」[22]

　ここでも注目すべきは,江田の「社会主義」へのこだわりである。『エコノミスト』論文のタイトルにも,それは象徴される。江田が戦前,「岡山で農民運動の先頭に立」ち,弾圧・獄中生活を経て,「神戸で葬儀屋を営んで生計を立てて」いたという生い立ちから,終生,農民運動や市民運動に親近感をよせ,ハンセン病療養所・長島愛生園(瀬戸内海の孤島にある)を訪ねていたこと[23]は,彼の「社会主義」観に影響を与えずにはおかなかった。江田ビジョンにおいて,国民にわかりやすい表現であり,受け入れられるだろうという直感が契機となって,「人類が到達した大きな成果」を四つ例示したのも,江田の政治姿勢の現れであろう。「江田は農民運動出身ですから,大衆運動主義なんです。」[24]という類の証言は少なくない。江田が「社会主義」に信条的・心情的に拘泥しつつも,政権の獲得に執念を燃やしたのは,佐々木らが主張する理論的整合性よりも,政治家としての江田を精神的に支えてきた支援者への「心情」であり,何が社会党支持者にとって必要なのかを尊重した判断の結果であったのである。

3－2
　江田ビジョンに対し,佐々木更三は,「〈江田未来像〉は米国の平均した生活水準の高さ,ソ連の徹底した社会保障,英国の議会制民主主義,日本の平和憲法の四つを総合調整してつくるものだと言っているが,これは現資本主義体制の是認につながる現状保守主義でしかない」[25]と批判,11月27日からの第22回定期党大会においても,批判の声が上がった。静岡の代議員からは,「江田の四つの柱は社会主義の思想としてとらえることはできぬものである。もともと江田の構造改革論は経済合理主義的なもので革

命思想ではなく民社の思想と同じである」と，宮城の代議員からは，「江田は日本の革新運動は反逆者の運動であったというが，われわれは独占にたいする反逆者である。独占に奉仕する活動家を育てるようなことをいうからマスコミに歓迎されるのだ」等々26，罵倒の連続となった。理論的な整合性を最重要視する佐々木派が党内影響力を最大限に発揮したわけである。時期的には，自民党の高度経済成長路線が広く支持され，国民生活が空前の変容を遂げている時期と重なる。しかし，社会党左派が従前の路線に変更を加えることはなかったのである。

　両者の対立の経過を簡単に追うと，1962年11月の党大会において，「江田ビジョン」反対の決議が可決され，江田は書記長を辞任し組織局長となり，64年には，社青同構革派が執行部を総辞職，64年には左派寄りの社会主義理論委員会報告が承認され，65年に佐々木が委員長に就任，最終的には，1966年1月の党大会で，向坂路線といえる「日本における社会主義への道」（社会主義理論委員会報告）が採択されたことで終焉をみた。しかし，67年6月には，「道」を事実上作成した社会主義協会が，総会において，新しい規約をめぐり，向坂派と太田派との対立が表面化したことで，分裂した。党内派閥抗争だけでなく，影響力のある社会主義協会が分裂した絡みで，社会党の経済政策，政権獲得方針は混迷を極めていたのである。

　こうして，国政選挙が近づくと「護憲」を唱え，「憲法9条」問題に有権者の関心を集中させるという社会党の手法が醸成されていった。それは，経済政策においては，意図した通りに路線の統一を実現することがなかなか困難であったことの裏面でもある。また，「護憲」さえ唱えていれば，総評や平和志向の有権者は全国各地に一定数おり，各選挙区（130区）で1名程度（最下位当選なら7〜8％の支持でも）は当選するため，それに「安住」することも可能であった。政権政党ならば可能な支援団体への予算措置，選挙区への公共投資や情報提供等，これらを獲得するための選挙戦において，「護憲」が党の結束を保持する最も無難な選択肢であった。

3－3

　論争の争点となった点に関し，構造改革派と称された経済学者で，前掲の元神奈川県知事長洲一二は，国家独占資本主義との相違点，「改良主義」への可能性を次のように述べている。構造改革派の多様性を示す一例とし

てみておこう。

　「国家独占資本主義にひそんでいる資本にとっての内在的矛盾の契機を，変革への有利な拠点として拡大し利用する可能性に注目するのが，構造改革論だといってよいであろう。すなわち生産力の発展と社会化が要求する生産諸関係の国家的社会的形態の発展に積極的に介入し，それを労働者階級に有利な方向におし進めることによって，社会主義への接近と準備をはかっていこうとする。したがって，ここから出てくる変革のコースとイメージは，単純な反対や打倒とちがって，独占の論理の制限と生産関係の部分的変革すなわち「改良」の意義の重視であり，それの累積をとおしての「平和移行」である。

　それゆえまたもちろん，構造改革は資本主義の根本的変革ではない。それどころか，資本主義のわく内で社会的生産力の発展に照応する生産関係の社会的形態を追求するという意味では，構造改革は国家独占資本主義と同じ次元と地盤に立っている。それが促進しようとするものは，再生産構造の社会的，国家的形態としての国家的な規制や管理，国有化などである。だから経済の構造と形態では，構造改革と国家独占資本主義は基本的に共通であり，類似している。ただ，その内容と方向は逆である。国家独占資本主義は，資本のイニシァティヴによる生産関係の国家的総括であるが，構造改革は労働のイニシァティヴによるそれである。前者は社会的搾取の強化であるが，後者はその制限である。

　このことは，国家独占資本主義が資本の収奪と支配の強化という面と社会主義への物質的準備という面との「二面性」をもっていることが，構造改革の「二面性」として反映しているのだともいえるであろう。事実，たとえば国有化や公信用（ママ）も，労働立法や社会保障も，独占への敵対物にもなりうるし，逆に独占補強の支柱にもなりうる。構造改革によって社会主義に接近する可能性とならんで，構造改革が改良主義に転落する可能性も生じる。したがって構造改革は，たえず社会主義の目標に向かって前進しないかぎり，いつも国家独占資本主義体制の補充強化に逆転する危険性をはらんでいる。国家独占資本主義的方向と構造改革は相互に浸透しあい，転換しあう。」[27]。

「身内」からもこのような声が挙がっていたことは，構造改革論争の意味を検討するうえで見落とすことはできない。

4 構造改革論・江田ビジョン再考

4−1

　社会党がもしあのとき構革路線をとっていれば，という議論には意味がない。歴史にそれは禁句である。また，江田の提起が時期尚早であったこともしばしば指摘されてきた。この論も，単純な比較はできないとしても，防衛問題，経済政策において「現実化」をめざして結党された民社党が，以後低迷したことと辻褄があわない。それよりも，後述のように，社会党はなぜ構革路線をとることができなかったのかの分析をする方が有用である。

　『社会新報』11月21・28合併号は，1969年12月末の総選挙に向けた「総選挙スローガン」として，以下の8点を挙げた。

　1．平和憲法を世界の憲法へ　非武装中立でアジアの共存と繁栄を
　2．米軍の肩代り軍事国家反対　核も，基地も，B52もない沖縄を
　3．誰が死ぬのか，誰がとくするのか　戦争はいやだ，安保をなくそう
　4．大資本擁護と軍備増強やめて　老後に年金，子供に児童手当，社会保障を3倍に
　5．値上げ，重税，交通戦争と公害追放　人間を大切にする政治を
　6．働く者に権利と生きがいを　進歩と平等の社会をきずこう（ママ）
　7．輸入食料で農業こわす自民党　食管堅持，農村を守る社会党
　8．60年代の自民党　70年代は社会党政権で[28]

この総選挙において，社会党は，スローガン負けし，141議席から90議席にまで転落するという歴史的大敗北を喫した。これが大きな画期となった。この選挙は60年代の社会党の動向を象徴するものであった[29]。

　しばしば指摘されてきたように，日常活動が不十分な議員中心の労組依存型の党（「成田三原則」）[30]であった社会党は，深刻なこの特徴を克服できなかったためである。高度成長が国民生活を大きく変容させただけでなく，国民の意識をも大きく変えたことは間違いない。この変化に対して，野党としてどう対応するのか迫られていたときに，問われたのは，政策の「現

実性」であった。「労組依存とは必ずしも労働組合,組織労働者の力に依拠して選挙戦をたたかうという意味ではなく,機関のしめつけによる票の割当に安住し,日常活動によって地域住民を組織する努力も,党の政策を訴えて新たな票田を開拓する努力も放棄し,労働組合をあたかも個人後援会のように見なす安易で保守的な活動方式」31からの脱却がいかに困難であったかを示している。

江田はこれまで社会党内からの改革に執念を持っていたが,次第に,公明党(1964年結成),民社党との連繋に傾斜し,いわゆる社公民路線をとることとなった(江田が主導したので,江公民路線と揶揄された)。政権獲得のための,野党との連合政権の模索であった。これは,江田と,西村栄一・佐々木良作や竹入義勝・矢野絢也との関係が良好であったからこそ可能な路線であった。江田は,前述のように強い社会主義への拘りをみせていた。構造改革論の歴史的意味は,日本において社民主義を国民にわかりやすい形でいち早く提唱したことにあった。にもかかわらず,江田のこの変容・転換は,いつ,またなぜ,訪れることになったのか。

「議員25年　政権とれず　恥かしや」

国会議員25年の永年勤続表彰を受けたときの色紙に江田はこう書いた。人生の末期を感じ,政権獲得を最優先すべきと判断した現れととれる。江田の頭の中で,社会主義から,社会民主主義へ移行したというよりも,彼が見てきた社会,世間から,かつての社会主義では,「国民諸階層の生活向上」は困難と認識せざるをえない状況に至ったのであろう。江田の認識は,「ソ連,中国型とは異なった近代社会における社会主義のイメージを明確にすることが必要になってくる」のであり,「日本における社会主義のビジョン,日本の体質にあった日本にふさわしい社会主義のビジョンをつくりあげてゆきたい」(前掲『エコノミスト』)というものであった。

4－2

69年総選挙を経て,江田は,いわゆる「新江田ビジョン」を発表した。「3月23日　江田書記長は,再建大会準備小委に「改革を進めて革命へ」と題した論文を提出,これを今年の運動方針案に取入れるよう要望。その内容は,①単一の価値感(ママ),単一の政党,集中的権力機構によって統制される社会主義は,われわれのめざす社会主義とは無縁である,②経済管理の方法

でも「生産手段の国有化」だけでは十分な答えにならない，③社会主義体制下でも複数政党は当然であり，プロレタリア独裁とははっきり決別すべきだ，がその骨子。」32。

この翌年，江田は，以下のように述べている。

「毎日体を張って働いている…（中略）…人たちが，生活の実感として好きになってくれるようにならなければ，理論としてどんなに形がととのおうとも，社会主義の運動に，国民の多数を魅きつけることはとてもできない相談である」「私たちは，自分たちの理論から割り出した社会主義の特定の鋳型を国民におしつけることからきっぱり抜け出して，…（中略）…庶民のひとりひとりが，この日本の社会でどうしたら生活は安楽に，仕事は愉快にやれるようになるか，そのくふうにあらゆる努力を尽くさなければならないのだ。その集大成がすなわち私たちのめざす日本の社会主義である。」33

江田は，この時期になると，かつての「社会主義」，「構造改革論」から離れたようにみえる。「江公民路線」に加藤ら党職員や，松下らのブレーンが違和感を抱き，江田から離反していく一因は江田とのこのずれにあったといえよう。とりわけ，党専従は，他党との連携には消極的であった。

自民党の所得倍増論が国民の支持を集める一方で，「生活向上」を掲げた構造改革論はなぜ，広い支持を獲得できなかったのか。その理由の一つは，構革論は所得倍増論や江田ビジョンのような明快さが欠如しているところだろう。2005年9月の総選挙における，郵政民営化の是非のような，一見単純な二者択一は多くの有権者にとってわかりやすい。

しかし，一方で，池田首相が「低姿勢」を貫き，日々の月給を2倍にという政策がとられ，佐藤首相時においても経済成長が持続しているとき，「国民諸階層の生活向上，独占支配構造の変革，貿易構造の変革」というスローガンは，あまりに抽象的な印象を与えずにおかない。日々の生活水準が向上し，「繁栄」すら感じるようになっていた国民に訴えるには，難解であった。

いい方をかえると，構造改革論は，漠然としていて，誰が，いつ，どのように，「日本社会の構造」を「改革」しようとするのか，改革の主体をどう組織するのか，また改革が何のためであるのかについてもわかりにくい。提唱者の間で，子細について確固たる合意が形成できていたのか，疑問も

残る。「所得倍増」のような単純なものでないだけに,議論を詰めれば,分裂の可能性が高まるので,合意を形成することも難問であったと思われる。政権をもっていないためにかえって,細かい相違点が浮き彫りになる。社会党は,野党に常につきまとう問題から自由になることはできない状況に置かれていたのである。

既に引用した,加藤宣幸への聴き取りで,構造改革派は,何の「構造」を改革しようとしたのか,という筆者の問いには,「日本社会の構造である」と答えたが,では,その「日本社会」とは何か,また,日本社会の何の構造なのか,さらに問いを繰り返す必要がある。成田知巳(1912～1979)は当初(1961年)以下のように述べている。「池田内閣が構造政策という場合の「構造」と,私たちが構造改革という場合の「構造」とは明らかに意味がちがいます。池田内閣がいう構造政策は,主として,第一次,第二次,第三次産業の関係のなかで第一次産業の比重を軽くして第二次,第三次産業をのばすとか,あるいは,製造工業のなかで重化学工業の比重を大きくするとかいうような,産業構造をどうかえてゆくか,という政策を意味しています。それに対し私どもの構造改革は,資本主義の生産諸関係,およびそれの上部構造たる政治,法律,文化,思想に関係する諸制度,諸政策をいかにして民主的に改革するかをめざしているものであります。つまり私どものいう構造とは,現代社会の階級的諸関係全体を包括する概念であります。この点において池田の「構造」と私たちの「構造」とは違うのであります。」[34]

基本的な争点は,「独占」を如何様に認識するかという経済問題であり,「日本社会の構造」というよりも,日本経済の構造を改革しようとした,という方が妥当ではないか(私の質問の選択肢には,「日本経済の構造」はあったのだが)。

結果として,構造改革論は,登場と同時に党内から激しい批判を浴び,以下にみる理由から党内多数派を形成することはなかった。

5 構革論の敗北

5－1

なぜ,構造改革論は社会党内で葬られたのか。
第一に挙げられるべきは,理論的正統性に疑問の声が出たことである。

左派,とりわけ向坂派,協会派からの攻撃は熾烈であった。マルクス・レーニン主義の正統派を任じる社会主義協会から,異端の烙印を押されたのである。党大会は,多数の「左派連合」代議員が占め,総評左派,社会主義協会派との連携は強力であった。構革論は結果的には江田派つぶしとなり,社会党の経済政策面における「現実化」を遅らせる要因となった。理論的正統性を問われても,「ベルンシュタインで何が悪いと開き直ればよかった」35という回顧はあるが,当時の党内の雰囲気ではそれを実行に移すことは困難であった。

　第二に,党大会の代議員の構成において,依然として反構革派の協会派が有力であった点である。佐々木らは,党務よりも,閥務を優先して,代議員多数派工作を展開することで,党大会を優位に進行させることに成功した。

　同時に深刻であったのは,江田派対佐々木派という,派閥抗争に発展したことである。鈴木派内において,もともとは,佐々木の方が先輩格であったために,江田の急成長・影響力の拡大は,佐々木にとっては複雑な心境であった。こうして,もともとは党外に,すなわち,広く国民に向けて発信された構革論は,提唱者たちの意図に反することとなった。結果として,党内抗争に終始することとなったためである。

　江田が「党外からの幅広い支持を得れば得るほど,新しい政治状況であるマス・デモクラシーの成立を理解できない,戦前体質をもつ党内のオールド・レフト系の諸派閥,とくに19世紀後進国ドイツのカウツキーをモデルとする理論的正統派であった「社会主義協会」からは批判されるという位置に立たされていきます。」36という指摘に端的に現れているように,江田対社会主義協会・佐々木派という構図が常に影を落としていた。

　江田対佐々木という個人的確執の側面37も強かったとはいえ,派閥抗争,政策論争,人事抗争に発展したことは,当時の社会党が直面した深刻な問題となった。佐々木の「江田氏に対する憎しみは異常である。この佐々木氏の考え方が常に党の役員人事を混乱させる」38とまでいわれた。

　派閥間で抗争が発生すると,党外に向けるべき目・エネルギーが必然的に党内に向いてしまう。防衛政策の面においては,西尾派(西尾末広(1891～1981)が率いた右派集団)が「60年安保」をめぐる対立から離党(1959年10月)して以後は,防衛問題をめぐる党内の対立は減少したが,そのた

めにかえって，経済政策，政権獲得をめぐる路線争いが熾烈となった。構革論の持つ意味が大きくなっていたのである。

さらには，総評との路線対立，主導権争いも頻発し，これらが，政権をもっておらず，利益の配分が不可能なために，かえって深刻な対立となった。

加えて，「「構革派コンビ」と言われた成田知巳さんが早々と佐々木派に取り込まれてしまったこと，盟友・横路節雄さんが早く亡くなられたこと，そして構造改革路線，江田ビジョンを提唱したころの江田さんを支えた魅力ある強力なブレーンの人たちが「社公民路線」で去ってしまったこと」[39]も見逃すわけにはいかない。政権を獲得するための構想＝構革論が，党内抗争によってかえって政権から遠退くこととなったのである。

江田と，加藤や初岡との認識の相違についても，これが一因と考えられる。社会主義へのこだわりを捨てた江田が社会市民連合を結成したことは，構革路線ないし，構造改革派の消滅をも意味することとなったのである。江田の口からは，「マルクス主義」という言葉はなく，「科学的社会主義の原則に立ち返って」といういい方であったという[40]。

加藤は近年，回顧した。「かつては活動家に支えられ活気に満ちていた構造改革派グループも，次第に議員集団（江田派議員団）に転化し，熾烈な党内抗争を闘います。派閥抗争の激化は党内のマルクス・レーニン主義を名乗る「社会主義協会」向坂派をますます跳梁させ，江田さんに対する個人攻撃も強まります。僕らも江田さんとともに激しい攻撃の対象になったのはいうまでもありません。攻撃されればされるほど自分たちの主張に確信が深まる反面，この党に献身することへの疑念が強まり，江田さんとともに党改革を闘ったエネルギーは次第に燃え尽きていきました」[41]と。

また，当時，次のような指摘も出ていた。「構造改革プランは，二重構造の底辺の貧困の優先的解消ということを出発点とし，二重構造の底辺の大衆的エネルギーの発揮を重視して，組織労働者を中心に構造改革を進めていくという観点が希薄なのではないか…（中略）…構造改革論には組織論が抜けている。これは単なるプラン，青写真で，これだけでは闘争にならない」[42]。このような指摘に対し，有意な反論が展開されたとはいいがたい。

5－2

　1969年総選挙の翌年，大阪千里で万博が華やかに開催された（約半年で6420万人入場）ことで，国民に支持された自民党と，社会党内部の抗争とのギャップがより鮮明となった。1969年の総選挙における社会党の敗北は，その象徴だろう。工業化，情報化，公害問題，都市部の住宅問題への対応が後手に回ったのである。社会党・総評は，1970年，再度，安保問題での国民的盛り上がりを図るが失敗し，総評・岩井章の退陣とともに，民同左派的な「体制的労働運動」[43]は，終焉し，社会党・総評の影響力も右肩下がりとなっていった。1969年総選挙で，多くの自派議員が議席を失い，相対的に党内影響力が低下していた佐々木は，1974年，江田と一旦は和解するが，76年2月，江田らが「新しい日本を考える会」を構想していることが一因となって，佐々木の「社公民路線」批判が再燃した[44]。76年総選挙で江田が（他候補の応援に熱を入れたためか）落選するという番狂わせがあり，「社公民路線」が社会党の方針となることはなかったのである。

　1977年3月，社会党を離党し，社会市民連合の結成を公表した人生末期の江田が，市民運動を実践していた若き菅直人との連携に踏み切り，国民連合政権や革新国民戦線等を構想するようになったのも，本稿でみてきた戦前の江田の経歴と無関係とはいえまい。戦前だけでなく，江田は，自ら進んで有権者の中に入り，市民・住民運動との提携，共同行動を模索した時期もある[45]。

　大嶽秀夫は近著で次のような指摘をしている。樺美智子の死や，議会制民主主義に対する認識が「60年安保闘争においては，市民運動と新左翼運動との誤解を含んだ共闘が成立して」おり，「新左翼と近代主義的知識人とを架橋していたグループとして構造改革派があった」という[46]。これらのグループとの連携に継続性があれば，社会党の政策に変化がみられたのかもしれない。しかしながら，60年安保闘争における総評や社会党と市民運動との提携は持続せず，社会党が政治的に多数派を形成することはできなかった。さらに，大嶽は，

　「構造改革論には，1950年代の「現実主義化」に乗り遅れた伊仏日の社会党・社会民主党系左翼の「遅れてきた現実主義」という側面が濃厚である。しかし，構造改革派にはラディカルな新左翼と（穏健な）市

民運動との二つのダイナミズムによって,現実主義化した西欧の社会民主主義を乗り越える「革新」的側面があったことも否定できない。この意味では,1990年代に登場するイギリスのトニー・ブレア首相などによる「第三の道」の先駆的存在であった。第三の道は,そしてまた構造改革派は,旧左翼を否定しつつラディカルな革命を排除した上での,彼らなりの日常世界の変革の一つの試みであったという解釈も可能かもしれない」[47]。

との見解を示している。市民運動,「現実主義」のこうした土壌があって後のベ平連運動(1965〜)の盛り上がりに繋がったというわけである。ベ平連にも深く関与した久野収は,社会党のこうした欠陥を公明党と対比して,次のようにいう。

「公明党の場合には,自分という存在が公明党のなかにいて,公明党が伸びるということは自分が伸びるということなんだ。社会党が議員党であるとか,組合幹部党であるとか,借金党であるとか,老化党であるとかいう批判を受ける根本の原因はその辺にある。社会党の場合,党の外側に自分がいて,自分がなにかをするときに社会党に乗っかってするという形式になる。これでは社会主義政党ではないですよ」[48]。

さいごに

冒頭に挙げた松下の指摘にもかかわらず,難問にあえて挑んできた。江田三郎やその周辺の動向に絞った結果,構造改革派のなかの一部の動向にしか言及できなかったことは否定できない。しかし,江田的なもの(「江田ブーム」「江田現象」ともいえようか)の考察を通して,1960年代初頭から70年代の社会党内における構造改革論にまつわる社会党関連の動向は把握できたように思う。また,なぜ構造改革論が採択されなかったのかも明らかとなった。江田を支えた加藤や初岡の証言は貴重である。以下,別の視角から検討を加えたい。

本稿ではこれまで捨象してきたが,協会派が多数を占める党大会代議員の構成からして,社会党内で多数派を形成することができなかった江田派ではあっても,有権者の側からの構造改革論への強い支持をもとに,選挙

の際に，勢力の拡大を図ることはできなかったのであろうか。佐々木派にとっての，社会主義協会や総評左派のような存在（確固たる支援団体）を構築できていれば，広範な勢力増に繋がる契機はあった。しかしながら，結果的には強力な支援団体は生まれず，広範な支持は得られなかった。なぜ選挙で国民の支持をも得られなかったのか，江田支持を表明した議員が多数当選すれば，党内外での江田の影響力も増大していたに相違ない。

　まだ江田との距離が近かった時期の成田は，次のような認識を示していた。「国会においてしめるわれわれの座席の数が増大して半分以上になれば，われわれは内閣をとることができるのであります。このように，国家そのものは支配階級に掌握された手段であるけれども，われわれの闘いの力によってその機関の一部へ勤労大衆の代表を送りこむこともできるし，その政策を部分的に動かすこともできます。反独占勢力の力が強まれば，この可能性が一そう拡大されることはもち論です。これが，私たちが構造的改革闘争を提唱する一つの根拠であります」[49]。しかし，成田には，他党との連携は気が進まなかったようで，「支配階級の抵抗をはねのけて構造改革をおし進めていくためには，広範な国民の反独占国民連合（統一戦線）を必要とします。それには…（中略）…諸階級，諸階層の共闘態勢（統一戦線）の面と，政党間のいわゆる（狭義の）統一戦線の面の二つがありますが，主要側面は前者であると思います」[50]とも述べている。

　思うように社会党の支持率が伸びなかった要因は，構造改革論と所得倍増とを比較しての，わかりにくさ，だけではないだろう。「構造改革派ではあるが，江田派ではない」という人々の存在があったという証言もある[51]。江田が担がれたことに不快感をもつ者もいたのであろうか。ここにも小異に不寛容な派閥抗争が見え隠れする。

　江田の路線（政策）が，定まっておらず，政権獲得を焦っていたことへの批判的見方も可能である。1975年頃からは，江田は，社公民路線に新自由クラブをも加えた革新・中道連合の模索を始めていた。もはや「社会主義」政権樹立に拘泥していたかつての江田とは別の江田がいた。いわば，「市民党」とも呼ぶことが可能な非自民政党の結集に向かっていた。国民主体，市民主導の「社会主義」，別の言い方をすれば，江田の中で「「市民」社会主義」的政権の樹立が目標となっていったのではないか。自身の体調の変調・病気を自覚することが，こうした方向への誘因となっていたか否

かは確証をえない。しかし，いくら政権のためとはいえ，想像の域を出ないが，自民党左派との連携（政界再編）はおそらく念頭にすら浮かばなかったことであろう。

江田の政権獲得構想が，以上のような変容を遂げていたとき実施された1976年末の総選挙における江田の落選は何を物語っていたのか。1977年3月，江田は社会党を離党，社会市民連合を立ち上げたが，5月に急死した。「政戦50年　余命いくばくぞ　革新政権ならずして　入るべき墓場なし」と，1972年，知人に宛てた色紙に残していた[52]。一方，成田は江田の離党を「遺憾」とし，次のように述べた。「われわれは江田氏に問いたい。「革新連合の時代」とあなた自身が強調される政局のなかで，戦後30年，苦難な歴史を共有してきた日本社会党の同志とさえ連帯しえずして，他党とどんな連帯が可能なのだろうか」と[53]。

国政レベルでの社会党の停滞や江田派の不調とは裏腹に，1967年の美濃部亮吉都知事の誕生等を経て，70年代前半の知事選挙においては，埼玉，滋賀，大阪，岡山，島根，香川，沖縄各県で「革新知事」が誕生した。公害や福祉を訴えての当選であり，1975年の神奈川県知事選挙においては，江田ブレーンの長洲が当選するなど，最盛時，10人の「革新知事」が並び立った。

江田逝去から12年後（1989年）の参院選において，社会党は「土井ブーム」で勝利し，一時的に存在をアピールすることができた。さらに4年後，宮沢喜一内閣不信任案が可決され，解散・総選挙となり，自民党が下野する事態となった。連立政権に参画した社会党は，翌年村山富市が首相に担がれると，防衛に関する従前の基本政策を転換し，護憲を支持してきた有権者の支持を大きく失うこととなった。

1996年には，社会民主党と改名したが，細川内閣期の選挙制度改正の影響を受け，泡沫政党化した。60年代後期から，90年代に至るまでの長期的な有権者（とりわけ，社会党支持層の）意識がどのように変容していったのかの解明は，残された大きな課題である。労働者，勤労者という，社会党支持者の自己規定が，「サラリーマン」に変わっていったことが大きな要因と思われる[54]。これを「階級意識の希薄化」といえよう。また，70年代に「革新知事」に票が集まったことの解明も待たれる。これは，地方選挙では，国防が争点となりにくいために，「福祉」重視，や「財政再建」に対

し，支持が集まったことが一因と思われる。

　これまでの考察から明らかなように，本稿が対象とした構造改革論は，「現代思想」の分野で使われる「構造」とは，基本的に意味が異なる。また，T・パーソンズらの社会学者がいう「構造」や構造人類学，構造主義等の分野における使われ方とも根本的に異なっている。さらに，近年喧伝された小泉流「構造改革」とはめざす方向が異なる。

　「改革」後，結果的に大きな変化のないことは珍しいことではない。しかし，「改革」がしばしば叫ばれるのは，現状への「不満」のあらわれで，決してなくなることのない現象であろう。およそ，すべての面で皆が満足している社会を実現することは不可能であろう。なかでも，経済的「格差」を「平等」にする「改革」は，理論的には可能かもしれないものの，現実問題としては，実現できるとは思われない。江田の当初の意図は「格差」のない経済的に「平等」な社会をつくることにあったが，政権あっての政策であり，政権獲得に傾斜していったこと自体を非難することは妥当ではない。

　また，日本に社民主義は根付かない，と巷間きかれるが，では，社会主義，共産主義は根付いているのか。民主主義，自由主義は根付いているのか，考えれば考えるほど，疑問はつきない。さらに，もし，国家，社会をより良くすることも政治学が担う役割であるということが許されるとすれば，われわれにできることは何なのか。しかし，直ちに，何が正義なのか，その正義はどのように実現されるのか，という疑問にぶつかる[55]。

　本年報における特集のテーマである「現代における国家と社会」[56]について，戦後日本において一定の影響力をもった日本社会党の構造改革論を再考してきた。国家と社会を結ぶひとつの重要な要素として，（実施された）政策があると思われるが，「実現しなかった政策」を軽視することには問題があると判断したからである。

　権力を持ち得なかった野党や野党を支持した「社会」，がいかなる関係であったのかを再検討してきた本稿が，今後のわが国の諸政策を議論する上でも格好の素材を提供できるであろうというのが，年報委員長からの依頼を引き受けた際の筆者の判断であった。予想を遙かに超える難題であったが，江湖の評価を待つこととしたい[57]。

（1） 木下2003，第4，5章参照。社会党は，結党以来，現憲法を支持し，とりわけ，第9条の戦争放棄・戦力不保持規定に共鳴し，護憲政党として有権者，とりわけ官公労の支持を集めてきた。自衛隊反対，日米安保反対，軍事基地提供反対，再軍備反対というスローガンは，支援組織・総評の全面的バックアップもあって，一定の影響力をもつものであった。一方，自民党は結党以来，自主憲法の制定を掲げ，自衛隊を発足させ，一歩一歩軍備増強を実施し，憲法第9条の解釈を拡大する方向で，事実上の再軍備化を成功させた。時期的には，岸，池田，佐藤栄作（1901～75），田中角栄（1918～93），三木武夫（1907～88），福田赳夫（1905～95），大平正芳（1910～80），鈴木善幸（1911～2004），中曽根康弘（1918～）内閣期となろう。財界の要請も手伝って結党された自民党が，財界の意向に沿った政策を展開することは，自民党を構成する議員の心情にも概ね合致するものであった。以下同様に，本稿では，生没年が明確な者のみ提示した。

（2） 北岡編2007，307－308頁。「構造改革派」内のグループ分類の一例として，大谷1962，134頁や「構造改革論をめぐる6つの潮流」『週刊読書人』1961年2月6日号を参照。松下は別著で，以下のように述べている。「構造改革派は，日本の中進国状況をふまえて，当時の用語法をつかえば，「資本家階級　対　労働者階級」に想定された…〈階級闘争〉という発想を基軸に，ブルジョア民主主義　対　プロレタリア民主主義という設定をもつ旧保守・旧革新双方にたいして二正面作戦をとる，いわばニュー・レフトでした。そこでは，〈普遍市民政治原理〉としての「一般民主主義」を共通理解としていたため，のちに市民派ともみなされます。そのとき，自民党にも護憲による経済成長をめざして，「構造政策」をかかげるニュー・ライトへの転進をはかっていく理論派も登場しはじめていました。このため，状況構造としては，ニュー・レフトとニュー・ライトとは暗黙の対応をしていたことになります。」（松下2006，74頁）。

（3） 日本社会党50年史編纂委員会1996，443頁。
1960年10月13日，社会党第19回臨時大会　江田書記長「総選挙と党の勝利と前進のために」

「われわれの〈構造改革〉……われわれの構造改革の中心目標は，〈国民諸階層の生活向上〉を達成することである。これがわれわれのめざす構造改革の軸である。この課題を実現するためには，現在の〈独占支配構造の変革〉を進め，独占の政策を制限し，統制することなしには果しえない。ここに第二の目標がおかれる。しかし，こうして，われわれが独占とたたかい，賃金上昇を前提として輸出を確保していくには，現在のゆがめられた〈貿易構造の変革〉をはからなければならない。これが第三の目標である。

そして，そのためには現在の政治的制約となっている安保体制を解消し，中立政策を再現することがその背景となる。こうして，生活向上，反独占，中立の柱はきりはなすことのできない構造改革の体系となる。

　われわれがさきに発表した長期計画は，この三つの柱に集約される。完全雇用，最賃制，社会保障，労働時間の短縮などの政策は第一の柱の具体的な内容である。これはまた同時に貧困の解消であり，低所得層の解放である。独占価格の制限，資金，投資規制，重要産業の社会化・計画化，中小企業・農漁業の近代化・協同化，国土総合開発と工業の再配置，税制改革など，民主主義革新の政策は第二の柱の主たる内容である。中国・ソ連などの共産圏，発展途上地域への貿易拡大，貿易の管理は第三の柱にふくまれる要求内容である。

　この三つの体系化された要求は，現在の資本主義経済のわく内で実施されうる変革であり，また日本の保守党が自らとりあげえない独占的経済構造にたいする国民による制限の問題である。したがってこれらの要求はわれわれが政権に参加する以前においても，保守政権にたいし，政策転換の要求として，強大な大衆運動を背景に迫らなければならない変革である。

　わが国では国民が生活と政治を自分の手で変えていく民主主義の伝統が弱いため，欧米では国民の常識化している独占の規制は放任されたままとなり，国家は独占の意のままに利用されてきた。そこに高い独占価格や資本優遇の租税構造が維持され，欧米にくらべて社会保障費や住宅投資率のいちじるしい低さをもたらしている。すでに独占資本主義の高度に発達したわが国においては，民主主義的要求は形式的民主主義の擁護にとどまりえない。さらに進んで反動の基礎である独占にたいし，生産関係にまでおよぶ譲歩を要求する積極的民主主義の要求とならなければならない。」同1996，442－443頁。

（4）　筆者の加藤宣幸，初岡昌一郎両氏への聴き取り調査（2007年10月5日，於横浜）による。また，「構造改革のたたかい」を執筆したのは，中原博次である（同聴き取りによる）。聴き取りからの引用に当たっては，両氏の了解を得ている。

　さらに，刊行会『成田知巳』第3巻，122頁で加藤は次のように述べている。（佐藤論文について）「…その当時，青年部に初岡昌一郎君がいて，彼は勉強家だから彼に，僕らはその論文をまわし読みさせられて，こういう視点がわれわれに欠けていたんじゃないかということで，この著者に会ってみようということになった。『思想』に出た民主主義論に電気にしびれたようにうたれたわけです。それで会いにいったのが契機なんです」。

　グラムシ研究者には，日本の構造改革との距離に警戒感を持つものが多い。一例として，「いわゆる「構造改革」路線をグラムシに直結させるこ

とは，危険で」，「一方では，グラムシを矮小化し，その創造的態度から学ぶことを妨げる危険がある。他方では，「構造改革」のもつすぐれて具体的・現実的な性格をグラムシの哲学的カテゴリー・原則に解消することによって，その真の創造性を見失わせる危険がある。」（本川1969，50頁）。

また，以下の見方もある。「階級社会の経済的対立＝階級分裂の構造と市民社会におけるイデオロギー的な統合と社会秩序の構造を，どのように統一して捉えなおすか。そして，それをいかに闘いの武器＝戦略として組み立て直すか。これがグラムシの新しさだと思う。／マルクス・レーニン主義と表現されている公式マルクス主義は，市民社会の文化的要素を階級闘争の重要な問題として組み立てることを欠落させ，階級対立における経済的・政治的対立の側面を全面化している。市民社会の再組織化は知的道徳的ヘゲモニーの問題であって，軍事的，政治的力関係だけでは決定できない要素が重要であることをグラムシは提起しているのである。」（寺岡2006, 210頁）。

（5）升味1985・下，516－563頁。木下2003，第3章等を参照。
（6）日本社会党50年史編纂委員会1996，448－449頁（『月刊社会党』1961年1月号）。
（7）論争史的整理の一例として，金容権による次のような整理を挙げておこう。「構改とは，スターリン批判を転換軸とする，ロシア型からの脱却としての先進国革命路線として登場した。革命以前の国民的多数派結集の可能性と不可避性の条件の発生，それを実現する権力獲得以前の諸民主的＝構造的改良，その改良は，権力獲得以前の連合政府による改良を，あるいは革新自治体形成も含むものである。今や，権力獲得まで人民に要求提出を延期させるわけにはいかないというトリアッティの判断があった。かかる多数派結集の組織路線としての統一戦線，そして平和移行の追求，さらに帝国主義的革命干渉を阻止し，国民的要求とさえなったと判断される中立外交政策，かくして，多数派結集による一般民主主義実現を通じる社会主義の展望が打ち出される。この認識の背景には世界人民の成長と，帝国主義戦争の可能性の減少という認識が横たわる。そしてさらに，多数派結集のために要求される組織論は，大衆的民主的前衛党論なのである。この路線の総体がかのイタリア共産党起点の構改論にほかならない。日本構改政治集団には，人民勢力の成長とそれを主力とした改革という姿勢が希薄であり，その不可避性の物的土壌を過信しすぎた弱点があった」（大村他1986，227頁「構造改革論争　小野義彦・他－上田耕一郎・他」の項）。
（8）『日本社会党20年の記録』253頁（[　]内引用者補）。
（9）同上。
（10）同，253－254頁。

(11) 筆者の加藤宣幸氏への問い合わせへの返信（2007年5月2日付）。
(12) 同上（2007年5月1日付）。
(13) 前掲加藤からの返信（2007年5月2日付）。
(14) 前掲加藤からの返信（2007年5月1日付）。
(15) 『日本社会党20年の記録』251頁（『社会新報』1961年1月1日号），日本社会党50年史編纂委員会1996，451頁。
(16) 北岡編2007，319頁（山口二郎「社会民主主義の再生へ向けて」）。石川真澄の回想を山口が紹介した部分であるが，「信条」の誤記とも受け取れる。江田1977の副題を参照。
(17) 前掲，筆者の加藤，初岡両氏への聴き取り調査による。成田知巳は以下のように述べていた時期がある。「私達の理解では構造改革というものは三つの段階があると思います。いちばん狭義の構造改革，それは西欧諸国などで一応いわれております構造改革の考え方だと思いますが，狭義の構造改革というのは下部構造，経済構造の改良改造，これがいちばん狭義の構造改革であります。さらに単なる下部構造の改造だけでなく，上部構造の政治的な，政治機構の改革，政治的革新が第二段階だと思います。さらに私達が構造改革，基本的な構造改革といっておるのは，この経済的な構造改造，あるいは政治的革新，それ以外に日本独自な改良，例えば独立の問題，中立の問題，こういう一般民主主義の問題，これも構造改革に入るのでありまして，これがいちばん広義の構造改革だと思います。この三者が結び合ってお互に革新を進めていく，これが私達の構造改革に対する理解であります。」（『成田知巳・活動の記録』第1巻，292頁）。
(18) 同上聴き取りによる。
(19) 飯塚他1985，226頁（［　］内引用者補），『朝日新聞』1962年8月4日付。
(20) 飯塚他1985，226頁，及び筆者の加藤，初岡両氏への聴き取り調査による。北岡編2007，249頁，「山田高　江田さん，悲願の政権交代間近です」を参照。なお，大谷1963（454頁）によれば，「ヴィジョン」という用語の初出は，『月刊労働問題』10月号（9月に市販）という。
(21) 筆者の加藤，初岡両氏への聴き取り調査，2007年10月5日。但し，江田には，次の認識もあった。「構造改革の党は，どうしても生々とした社会主義のビジョンをもっていなければならない」（刊行会編『江田三郎』647頁）。
(22) 『日本社会党20年の記録』323頁。
(23) 北岡編2007，366頁（石井昭男「長島愛生園で語り継がれていること」）。
(24) 江藤『資料集』15頁。
(25) 日本社会党50年史編纂委員会1996，494－495頁（『社会新報』1962年

10月21日号)。
(26) 日本社会党50年史編纂委員会1996, 495頁。
(27) 長洲一二1974, 286頁。
(28) この『社会新報』は,東京大学法学部附属近代日本法政史料センター原資料部所蔵の「貴島正道関係文書」による。
(29) 木下2006を参照されたい。
(30) 成田1964を参照。
(31) 同上。
(32) 「日誌 内外の動き」『月刊社会党』1970年5月号,232頁。
(33) 刊行会編『江田三郎』656頁(『月刊社会党』1970年10月号)。また,江田は,「社会主義の理想は人間を解放し,人間を幸福にすることにある」という(江田・佐藤1962, 57頁)。さらに,杉森康二によれば,江田が「社会民主主義者」を自認するのは,1973年である(刊行会編『江田三郎』1979「根っからの社会民主主義者」,386頁)。
(34) 刊行会『成田知己・活動の記録』第1巻, 260頁(『構造改革の理論』1961所収)。
(35) 前掲,加藤,初岡両氏への聴き取りによる。日本共産党との対立も深刻で,原水禁世界大会における論争にまで発展した。この背景には,中ソ対立もあるが,省く。
(36) 北岡編2007, 309頁(松下圭一「構造改革論争と<党近代化>」)。
(37) 木下2003を参照。
(38) 松井1972, 172頁。
(39) 北岡編2007, 252頁(山田高「江田さん,悲願の政権交代間近です」)。
(40) 筆者の加藤,初岡両氏への聴き取り調査,2007年10月5日。
(41) 北岡編2007, 213頁(加藤宣幸「石もて追った党は今なく」)。
(42) 石堂・佐藤編1961, 64-65頁(大橋周治「日本資本主義の構造と構造改革」,構造改革論への批判は大橋の主張ではない)。また,大橋は,「池田内閣が現在すすめている高度成長の経済政策は,これまでの独占資本中心の経済発展を継承すると同時に,昨年らい(ママ)貿易自由化の形であらわれている国際市場戦の新しい段階に対処して,国家独占資本主義の体制を固めようとするものであるが,その前途に横わる(ママ)諸問題をとり上げて,将来への展望を与えておくことは,労働者階級とその政党が持つべき構造改革プランを具体化する上に,必要なことと考える」(57-58頁)と述べている。
(43) 『朝日ジャーナル』1970年8月23日号, 97頁(座談会)。
(44) 升味1985下, 546-553頁。
(45) 江田1970を参照。
(46) 大嶽2007, 120-121頁。

(47)　同上，97頁。
(48)　久野・江田1968, 51頁。
(49)　刊行会『成田知巳』第1巻264頁（『構造改革の理論』より，注32参照）。また、「われわれはあるいは国会での立法により，あるいは行政措置により，院外大衆の圧力と与論を背景としながら，社会経済の反独占の改革，生産関係の部分的改革に着手します。日本の完全独立と中立を達成するための対外政策にも着手します。同時に，官僚機構が国会や内閣に対してかなり大きな相対的独自性をもつようになっているので，この民主化，とくに自衛隊，警察等の民主化に力を注ぎます。…」（同266－267頁）や、「構造改革理論，いま一般民主主義の闘争，あるいは政治的革新の闘争，経済上の闘争，これらのものを労働階級が中心となって推進する。その闘いの過程で広範な大衆を労働階級に結集さしていく（ママ）。反独占の舞台を作っていく。労働階級がそこへいくらかの権威と資格というものを拡げていく。そういう反独占の政治的舞台を結集していって，そして護憲，民主，中立の政権という，民主的多数派の勢力を反独占国民連合の上に大きく作る。これをさらに安定化し，民主的多数派を社会主義多数派に発展，転化していく。そして社会主義革命を達成しよう」（同293－294頁）という見解にも江田との距離は感じられない。
(50)　同上，274頁。
(51)　前掲，筆者の加藤，初岡両氏への聴き取り調査（2007年10月5日）による。
(52)　刊行会編『江田三郎』622頁（江田五月「父と子の対話」）。
(53)　『成田知巳』第2巻，486頁（「江田氏離党に関して— 1977年3月・院内談話」，『月刊社会党』1977年5月号）。
(54)　植木等の「スーダラ節」の流行は，1961年である。「サラリーマンは気楽な稼業ときたもんだ」というセリフが支持される土壌はできていたのである。
(55)　市野川2006, 特に第1章，第4章を参照。
(56)　A．ヴァーグナーらによる「国家社会主義」やL．シュタインから繙く必要は認めるが，本稿の対象外とした。
(57)　急速に活発化しているNPO, NGOの活動は，国家と社会を結ぶ成功例のひとつといえよう。

引用・主要参考文献
飯塚繁太郎他 1985　『結党40年・日本社会党』行政問題研究所
五十嵐仁 1998　『政党政治と労働組合運動』御茶の水書房
石川真澄 2004　『戦後政治史　新版』岩波書店・新書

石堂清倫・佐藤昇編 1961 『構造改革とはどういうものか』青木書店・新書
市野川容孝 2006 『社会』岩波書店
岩井　章 1976 「私の政権構想—人民による政権を」『中央公論』8月号
江田・佐藤昇 1962 「対談・社会主義の新しいヴィジョン」『月刊労働問題』10月号
江田三郎 1962a 「社会主義の新しいビジョン」『エコノミスト』10月号（『江田三郎—そのロマンと追想』1979（非売品）所収）
江田三郎 1962b 「日本の社会主義について」『社会新報』10月28日号
江田三郎 1964 「英国総選挙と日本社会党」『中央公論』12月号
江田三郎 1969 「「核ぬき・本土なみ」返還の本質とわれわれの闘い」『月刊社会党』11月号
江田三郎 1970 「70年代の革新運動」『月刊社会党』10月号（『江田三郎』1979所収）
江田三郎 1971 「革新連合政権の樹立をめざして」『月刊社会党』10月号
江田三郎 1976 「私の政権構想—開かれた政権こそ」『中央公論』8月号（江田1977に「開かれた政権こそ」として所収）
江田三郎 1977 『新しい政治をめざして—私の信条と心情』日本評論社
江藤正修 2006 『資料集—戦後左翼はなぜ解体したのか』同時代社
大竹啓介 1981 『幻の花—和田博雄の生涯』楽游書房
大嶽秀夫 1986 「日本社会党—悲劇の起源」『中央公論』10月号
大嶽秀夫 1996 『戦後日本のイデオロギー対立』三一書房
大嶽秀夫 2007 『新左翼の遺産—ニューレフトからポストモダンへ』東京大学出版会
大谷恵教 1962 「社会党の構造改革路線に関するノート（1）」『拓殖大学論集』第31号
大谷恵教 1963 「"ヴィジョン論争"と社会党の将来に関する一考察」『拓殖大学論集』第32・33合併号（「社会党の構造改革路線に関するノート（2）」）
大村信二他 1986 『論争の同時代史』新泉社
河上民雄 1968 「社会党の課題」『世界』12月号
神林章夫 1970 「現状認識を欠落した江田論文」『朝日ジャーナル』9月13日号
木下真志 2003 『転換期の戦後政治と政治学』敬文堂
木下真志 2004 「高度成長後の自主防衛論の展開—1970年代の自民党を中心に」県立高知短期大学『社会科学論集』第86号所収
木下真志 2006 「1969年総選挙と社会党の衰退—戦後政治の第二の転換期」同上『社会科学論集』第91号所収
貴島正道 1979 『構造改革派』現代の理論社

貴島正道 1970 「自分自身に問うてみたこと」『世界』3月号
北岡和義編 2007 『政治家の人間力―江田三郎への手紙』明石書店
木村準一 1969 「クレームのついた国民生活白書」『朝日ジャーナル』7月20日号
久野収・江田 1968 「対談　日本の社会主義と国民運動」『世界』12月号
小林良彰 1971 『戦後革命運動論争史』三一書房
小室直樹 1970 「浮動する社会党支持層」『朝日ジャーナル』1月18号
坂本　守 1981 『社会党・総評ブロック』日本評論社
向坂逸郎 1958 「正しい綱領・正しい機構」『社会主義』12月号
向坂逸郎 1964 「「構造改革論」と社会党の課題」『社会主義』2月号
清水慎三 1995 『戦後革新の半日陰』日本経済評論社
清水慎三 1961 『日本の社会民主主義』岩波書店・新書
新川敏光 1999 『戦後日本政治と社会民主主義』法律文化社（増補新版2007）
鈴木茂三郎 1969 「あやまちをおかさないために―創刊150号に思うこと」『月刊社会党』9月号
高島善哉編 1974 『現代の社会科学』春秋社
田村祐造 1984 『戦後社会党の担い手たち』日本評論社
寺岡　衛他 2006 『戦後左翼はなぜ解体したのか』同時代社
中北浩爾 1993 「戦後日本における社会民主主義政党の分裂と政策距離の拡大」『国家学会雑誌』第106巻，11・12号所収
長洲一二 1974 「現代資本主義と構造改革」（高島1974所収）
成田知巳 1963 「構造改革のたたかいを推進するために」『社会新報』1月1日号（『成田』第1巻所収）
成田知巳 1964 「党革新の前進のために」『社会新報』1月1日号（『成田』第1巻所収）
成田知巳 1969a 「情勢を具体的に認識し思想を固めて前進しよう」『月刊社会党』1月号
成田知巳 1969b 「佐藤内閣打倒・国会解散　総選挙勝利のたたかいへ前進しよう」『月刊社会党』6月号
成田知巳 1969c 「党建設と青年戦線」『月刊社会党』8月号
成田知巳 1970 「日本帝国主義に反対する国民のたたかいを総結集しよう」『月刊社会党』1月号
鳴海正泰 1994 『地方分権の思想―自治体改革の軌跡と展望』学陽書房
野坂浩賢 1996 『政権―変革への道』すずさわ書店
梁田浩祺 1970 「社会党再建のジレンマ―摩滅した〈左翼バネ〉」『朝日ジャーナル』4月26日号
福田　豊 1969 「現代論調の分析と批判―『新』左翼賛美の本質」『月刊社会

党』10月号
前田幸男 1995 「連合政権構想と知事選挙―革新自治体から総与党化へ」『国家学会雑誌』第108巻第11・12号
升味準之輔 1983 『戦後政治 1945〜55年』上・下 東京大学出版会
升味準之輔 1985 『現代政治 1955年以後』上・下 東京大学出版会
松井政吉 1972 『戦後日本社会党私記』自由社
松下圭一 1959 『市民政治理論の形成』岩波書店
松下圭一 2006 『現代政治＊発想と回想』法政大学出版局
松下信之・江口昌樹 2006 『社会党の崩壊 内側から見た社会党・社民党の15年』みなと工芸舎
三宅一郎他 1985 『日本政治の座標 戦後40年のあゆみ』有斐閣
宮田光雄 1971 『非武装国民抵抗の思想』岩波書店・新書
本川誠二 1969 「グラムシー『構造改革』路線の源流＝現代の偶像23」『朝日ジャーナル』1969年3月2日号
八木澤三夫 「イタリア共産党進出の背景―守り抜く自主独立」『朝日ジャーナル』1970年3月8日号
山口二郎・石川真澄編 『日本社会党―戦後革新の思想と行動』日本経済評論社

〈座談会〉
清水一・山田宏二他「岩井退陣と民同左派の瓦解」『朝日ジャーナル』1970年8月23日号
野間宏・日高六郎・勝間田清一・貴島正道「70年代をつらぬく思想」『月刊社会党』1970年2月臨時増刊号
間宮陽介・中島岳志・酒井哲哉「思想の100年をたどる（2）」『思想』2007年9月号

〈新聞・雑誌記事〉
「構造改革のたたかい」『社会新報』1961年1月1日
「総選挙スローガン」『社会新報』1969年11月21・28合併号
「三野党会談開け」『朝日新聞』1970年8月26日
「江田氏一周忌」『朝日新聞』1978年5月24日夕刊「今日の問題」
「遺志に"すきま風"」『毎日新聞』19778年3月25日
「江田三郎とその周辺―〈党の構造改革〉をどう指向する」『朝日ジャーナル』1961年1月22日
「新江田ビジョン 時の動き 取材ノート」『朝日ジャーナル』1970年4月19日号

編集部「社会党変革を模索する活動家集団」『朝日ジャーナル』1970年12月6日号
編集部「再編成気流のなかの社会党大会」『朝日ジャーナル』1970年12月13日号
「太田薫　役人天国に目を光らせる　周作忘談23」『週刊朝日』1970年4月11日号
「「中間報告」草案は〈借りもの〉だった」『週刊朝日』1970年2月20日号

〈資料〉
刊行会編『江田三郎- そのロマンと追想』1979（非売品）
刊行会『成田知巳・活動の記録』第1〜3巻1981〜1982
『河上丈太郎—十字架委員長の人と生涯』日本社会党機関紙局1966(2005復刻)
『思想の科学』「特集　いまわれわれにとって社会主義とは何か」1969年9月号
『週刊読書人』「構造改革論をめぐる6つの潮流」1961年2月6日号
『世界—キーワード戦後日本政治50年』1994年4月・臨時増刊号
『『世界』主要論文選　1946－1995』岩波書店1995
中村菊男先生追悼論文集刊行会『現代社会主義論』新有堂
日本社会党政策審議会 1968『理論と政策』日本社会党政策審議会
日本社会党結党20周年記念事業実行委員会 1965『日本社会党20年の記録』日本社会党機関誌出版局
日本社会党50年史編纂委員会 1996　『日本社会党史』社会民主党全国連合
日本社会党中央党学校監修 1961　『構造改革の理論—社会主義への新しい道』新時代社
『日本の政党　ジュリスト総合特集35』有斐閣1984
毎日新聞社編 1969　『〈社会党政権〉下の安全保障』毎日新聞社

フェミニズムと国家理論
―― 「国家の復興」とその後 ――

田村哲樹＊

序論

　国家は，政治学の中心的なテーマであり続けてきた。しかし，フェミニズムにおいては，必ずしもそうではない。V・モティエールによれば，1980年代中盤まで，フェミニズムは，国家の役割についてあまり注目していなかった（Mottier 2004: 278）。70年代のラディカルな女性運動は，「その本質において根本的に家父長制的と見なされる主流の政治や国家」について非常に懐疑的であった。女性運動のそのような「主流の政治への不信の分析的な次元での帰結」が，国家の役割についての理論化の不十分さであった。しかし，この状況は80年代中盤に変化した。男女間の関係の構造化・制度化における国家の中心的役割が再評価され始め，国家についての議論が活性化したのである[1]。

　このようなフェミニズムにおける「国家の復興」は，政治学にとって重要な意義を持つ。C・ヘイとM・リスターによれば，20世紀政治学の代表的な国家理論であった多元主義，エリート理論，そしてマルクス主義のいずれもが，M・ヴェーバー的な国家理解に影響を受けていた。しかし，現在，これらの「国家についての主流の構想の優位」は，とりわけ二つの理論潮流によって理論的挑戦を受けている。一つは（フーコー的・言説分析的な）ポスト構造主義による「国家概念そのものの拒否」である。そして，もう一つが，フェミニズムの国家理論である。「実際，今日の国家理論におけるもっとも刺激的で独自の発展の多くが，フェミニストの研究者たちに由来するものである」（Hay and Lister 2006: 3, 13）。

＊　名古屋大学大学院法学研究科教員　政治学・政治理論

ヘイ／リスターは，フェミニズムにおける国家に関する重要な観察として，次の四点を挙げている（Hay and Lister 2006: 14）。第一に，国家は，言わば「総資本」ならぬ「総家父長制」として，すなわち社会における家父長制的支配関係の再生産の主要な場として理解できる。第二に，ますます多くの女性がその生存のために国家に依存するようになりつつある。第三に，それにもかかわらず，福祉縮減の時代において，国家は家族内における女性の無償労働にますます依存している。第四に，以上より，資本主義的社会関係の再生産は，家父長制的関係の再生産と一体的に結びついている。

　ヘイ／リスターの指摘は，フェミニズムの国家理論が政治学にとって大きな意義を有していることを明らかにするものである。ただし，彼らの指摘を，文字どおりに受け止めることはできない。マルクス主義者がもはや「総資本」という概念を使用しないように，フェミニストも単一の「総家父長制」概念に依拠することはできない。また，ある社会におけるジェンダー関係あるいは家父長制的関係のあり方は，資本主義だけではなく，人種やエスニシティなどの多様な社会関係と複雑に絡み合っていることをフェミニズム国家理論は受け止める必要がある，との指摘もなされる。したがって，問題は，フェミニズムが国家とジェンダーの関係を問題化したことを踏まえつつ，そこからどのような国家理論を展開していくのか／できるのか，ということである。本稿が取り組むのは，この問題である。

　しかし，本稿は，「国家」のみの考察に取り組むわけではない。確かに近代以降の政治理論は，国家と社会との区別を前提としてきた。しかし，だからといって国家理論が国家内部の諸制度や権力構造のみを検討対象とすればよいというわけではない。ヘイ／リスターは，ヴェーバーや1970～80年代のアメリカ政治学における「ステイティズム」などの「国家中心的」アプローチと，その対抗としての「社会中心的」アプローチの両者を退け，「国家と社会との『間』の複雑で常に変化する関係への理解」を発展させることが重要であると主張している（Hay and Lister 2006: 9）。このことは，まさしくフェミニズム国家理論にこそ当てはまる。先のヘイ／リスターによるフェミニズム国家理論による重要な観察の整理からも窺われるとおり，フェミニズムが問題にしてきたのは，社会における性差別に国家がどのように関わっているのか，ということであった。

それゆえ，本稿は，国家の考察は国家と社会との関係についての考察を伴わなければならないと考える。国家理論は，国家「のみ」の理論ではあり得ない。後に見るように，この考察は，抽象的・一般的な理論から具体的・経験的分析へのシフトという形で展開することもできる。しかし，本稿では，そのような展開の意義を認めつつ，それとは別の筋道として，規範的な政治理論を発展させることを目指したい。すなわち，本稿は，フェミニズムの観点から，「望ましい」国家－社会関係の条件とは何か，という問題に取り組む。

　ただし，国家－社会関係の考察だけでも十分ではない。フェミニズムにおいては，問題はむしろ，国家と社会の両者を「公的領域」とし，その外部に位置づけられた家族を「私的領域」と見なす公私二元論であった。それゆえ，国家－社会関係の考察は，公的領域／私的領域の考察と結びつけられなければならない。しかし，どのようにしてであろうか。

　以上のように，本稿は，フェミニズムにおける「国家の復興」を踏まえた上で，あらためて，フェミニズムから見た国家・社会・家族のより望ましい関係について考察する。

第1節　フェミニズムと国家
　　　——家父長制国家から言説的に構築される国家へ

(1)　本質としての家父長制国家？

　フェミニズムの国家理論の一つの典型は，家父長制としての国家論であった。この場合に国家とは，女性の抑圧，あるいはより広く性差別的な社会構造を作りだすための装置である。このことは，「国民」の間に等しく社会的シティズンシップを保障しようとしているように見える福祉国家についても当てはまる。多くのフェミニストが，福祉国家に対して厳しい批判を投げかけてきた。

　そのような福祉国家批判の一例として，C・ペイトマンの議論を見てみよう。彼女は，福祉国家を「家父長制的福祉国家」と呼び，そこで「女性と男性が市民として包含される異なる方法」に注目する。この「家父長制的福祉国家」においては，「雇用」と「市民であること（シティズンシップ）」とが密接に結びついており，かつ「女性」であることが「労働者」であることと「市民」であることとに「対立させられる」メカニズムが存在

する (Pateman 1989: 179-180)。つまり，男性が「稼ぎ手労働者」としての地位を占めることは，「福祉国家にビルトインされてきた」(Pateman 1989: 187)。もちろん，福祉国家のありかたをめぐって，階級闘争や様々な論争が行われてきた。しかし，それらは，男性が稼ぎ手として家族の生計を支えるための「家族賃金」をめぐるものであった (Pateman 1989: 189)。結局，福祉国家によって，女性は自立したのではない。それは，これまでの男性への依存から，国家への依存に，女性の依存対象を変えただけなのである (Pateman 1989: 200)。

　このようにペイトマンは，一方で，福祉国家が家父長制的，すなわち性差別的であることを厳しく批判する。しかし興味深いことに，彼女は他方で，福祉国家が必ずしも家父長制的とは限らないことも指摘している。ペイトマンは，「福祉国家の家父長制的な構造」は「物事の一面でしかない」として，「福祉国家の発展は家父長制権力への挑戦をもたらし，女性たちの自律的なシティズンシップのための基礎を提供することにも役立ってきた」と主張するのである (Pateman 1989: 195)。女性を，男性の依存者として構成することと福祉国家の依存者として構成することとの間には，「一つの決定的な違い」がある。「男性への依存」では，女性は自らが依存する男性の「慈善」に基づいて生活する。しかし，「福祉国家への依存」では，女性は，「権利によって彼女のものであるものを受け取り，潜在的に，自分の権利主張を強化するために他の市民と結びつくことができる」のである。確かに，「国家は強大な脅迫の権力を持っている」。しかし，重要なことは，国家への権利主張のための「政治的行為は公的領域で集合的に起こる」のに対して，「男性への依存」は「家庭の閉じられたドアの背後」での出来事だということである (Pateman 1989: 200)。「福祉国家への依存」は，集合的な政治的行為によって獲得された「依存」であるがゆえに，稼ぎ手としての男性への「依存」とは異なる。したがって，福祉国家の発展は，「女性の自律的なシティズンシップのための基礎」となり得るというわけである。

　さらにペイトマンは，福祉国家の将来についての考察に進む。女性が福祉国家の平等な構成員として承認されるためには，「古い二分法」すなわち，有償労働と無償労働，フルタイム労働とパートタイム労働，公的労働と私的労働，自立と依存，労働と福祉といった形で表象される男女間の対立が解体しつつある中で，「福祉政策が，すべての成人に保証された，適切にも

生存と社会生活への参加のために供給される社会的所得を伴うこと」が必要である (Pateman 1989: 202-203)。かくして, 彼女は, 次のような結論を提示する。

> 「女性と自立・労働・シティズンシップとの間の家父長制的な二分法は政治的挑戦の下にあり,（男性の）完全雇用社会という理想のための社会的基盤は砕け散っている。純粋な民主主義を創出し, 福祉国家から, 男性も女性も完全な社会的メンバーシップを享受する,〔これまで女性がそうだった〕強制的な社会的追放者・亡命者のいない福祉社会に移行する機会は, 可視的になっているのである。」(Pateman 1989: 203-204)

以上のように, ペイトマンは, 単に福祉国家の家父長制的性格を指摘しているだけではない。同時に彼女は, 福祉国家が女性の自律に貢献する可能性を指摘している。さらに, 「すべての成人に保証された, 適切にも生存と社会生活への参加のために供給される社会的所得」という表現で, 一種のベーシック・インカムのような所得保障の制度を通じて, 家父長制的な二分法の構造が解体するという展望も示されている[2]。つまり, ペイトマンは, 福祉国家が必然的に家父長制的であるわけではなく, 女性の権利を保障し得るし, そのように変革される可能性もあることを明らかにしているのである。

(2) 言説によって構築される国家へ

ペイトマンの議論は,（福祉）国家を単純に「家父長制的」と捉えない点において, 重要な知見を提供している。しかし, 彼女の議論においては, 「家父長制としての国家」と「権利保障者としての国家」という,（福祉）国家の二つの側面をどのように整合的に捉えるかについての理論的な考察は見られない。国家に対するこのような両義的なスタンスは, フェミニズムの議論において, しばしば見受けられる。A・フィリップスは, フェミニズムがしばしば, 国家を「政治的行為の排他的なフォーラム」として批判するとともに,「再配分のエージェント」として肯定することを指摘している (Phillips 2002: 82)。問題は, この両義性をどのように理論的に把握す

るかということである。

　この点に関して重要な知見を提供しているのは,「言説」に注目する国家論である。G・ウェイレンは,「国家は不可避的に家父長制的であるわけではない」と主張する。「ほとんどの歴史研究は, 国家が一般に現在まで女性の従属を強化するように行動してきたことを示してきたが, このことを自明視することはできない」のである（Waylen 1998: 7）。それでは国家とは何か。ウェイレンは, 次のように述べる。

> 「それ〔国家〕は統一的な構造ではなく, 差異化された一連の諸制度・諸行為者・諸言説であり, 特定の歴史的・政治的状況の産物である。」（Waylen 1998: 7）

　ここでは, 国家が全体として統一的な意思あるいは「本質」を有しているという想定は, 拒否されている。国家は,「同質的な統一体」ではなく「闘争の場」である（cf. Pringle and Watson 1992）。そうだとすれば, 国家がどのような特徴を帯び, 役割を果たすかは, あらかじめ決まっているのではなく, 政治的な闘争の結果に依存する, ということになる。国家が「家父長制的」であるかどうかという問題についても同様である。この点について, ウェイレンらの議論を参照しながら, J・カントーラは, 次のようにまとめている。

> 「国家は固有に家父長制的なのではなく, その結果は開かれているところの政治過程において家父長制的なものとして歴史的に構築されたのである。その際, 家父長制的国家は, 家父長制的本質の顕在化としてではなく, そこにおいて家父長制が構築され争われるところの, 反響する一連の権力関係と政治過程の中心として理解され得る。特定の言説と歴史が, 国家の境界線・アイデンティティ・エイジェンシーを構築するのである。」（Kantola 2006b: 125）

　このように,「言説をめぐる闘争によって構築される国家」という考え方を採用するならば, 先に取り上げたフェミニズムにおける国家についての相反する態度を, ある程度統合的に理解することが可能になる。確かに歴

史的に見れば,ほとんどの国家は家父長制的に「構築」されており,したがってフェミニストはそのような国家を批判する必要がある。しかし,国家が家父長制的であることは,「必然」ではない。それは,政治闘争の中で構築された国家形態の一つに過ぎない。理論的には,国家は家父長制とは異なる形態で「構築」され得るのであり,反家父長制的な政治闘争のありかたによっては,新たな国家の意味を「構築」することが可能である[3]。

このような政治闘争による新たな国家の「構築」というシナリオを,素朴な主意主義的な発想として批判することは妥当ではない。そもそも,国家という概念を持ち出すことは,政治分析において,政治アクターが自らの意図を実現しようとする際に直面する制度的な機会と「制約」とに注目することでもある。したがって,国家論において,政治アクターを主意主義的に理解することはあまり見られない(Hay and Lister 2006: 11)。このことに加えて,ポスト構造主義的フェミニズムは,もはやアプリオリな政治的主体を想定しない。J・バトラーに典型的であるように,政治的主体が権力を行使するのではなくて,政治的主体そのものが権力によって作られるのである。しかし,この権力は同時に,「主体が行使するものでもある」(Butler 1997a: 13; 田村 2007b)。したがって,ポスト構造主義的フェミニズムは,主体についての主意主義も構造決定論も採用しない。政治的主体は,「決定されているのでも,意図的であるわけでもない。それは,自分がその中にいることを見出すところの構造との恒常的な相互作用にある」のである(Kantola 2006a: 32)。

第2節　規範理論への展開と国家−社会関係

(1) 規範理論への展開

前節で見たように,国家を言説によって構築されるものとして捉えることによって,フェミニズムは,国家を必然的に家父長制的なものとして捉えたり,あるいは逆に国家を必然的に性差別是正的な役割を担うものとして捉えたりすることを回避することができる。このことは,フェミニズムの国家研究にとって,何を示唆するのだろうか。

一つの示唆は,国家についての抽象的な理論構築よりも,具体的・経験的な研究に取り組むことが重要だ,ということである。カントーラは,この点を強調して,国家についての経験的な比較分析の重要性を主張する。

第一に，言説分析のアプローチの意義は認められるべきであるとはいえ，言説プロセスのみに焦点を当てることは問題である（Kantola 2006b: 130）。どのようなタイプの言説が受け入れられ，あるいは受け入れられないのかは，「制度的な制限や機会」によって決まるからである（Kantola 2006a: 33）。現状の権力関係を再生産することのほうが，それを変化させることよりも相対的に容易であるのは，既存の制度的メカニズムの作用のためである[4]。カントーラからすれば，言説中心的なポスト構造主義的アプローチは，このような制度の作用の重要性を過小評価しているのである（Kantola 2006b: 130）。第二に，カントーラは，北欧のフェミニストたちによる北欧福祉国家の経験的分析が家父長制的ではない「ウィメン・フレンドリー福祉国家」という類型を発見したことを重視する。北欧福祉国家の分析は，「異なる国家は，女性にとって異なることを意味する」ことを強調している（Kantola 2006a: 10; Kantola 2006b: 124）。こうしてカントーラは，言説分析，制度分析そして比較分析を組み合わせた経験的分析の必要性を主張する。

> 「北欧フェミニストは比較研究を行う必要性を強調したが，ポスト構造主義的フェミニストは，国家内部であるいは国家間で異なる国家の言説的構築を研究する必要性を強調した。言説分析と比較分析の方法を結びつけることは，抽象的な理論化よりも，文脈－特殊的な言説・制度・行為者への焦点の必要性を強調する。このようにして国家の分析を文脈化することは，フェミニストの概念と研究を含む国家についてのアングロ－アメリカ的な言語のヘゲモニーに挑戦することである。」（Kantola 2006b: 133）

比較によってそれぞれの国家の置かれた文脈を意識しつつ，言説・制度・行為者の関係を具体的に分析することによって，フェミニスト国家論の新たな方向性が切り開かれるというわけである[5]。カントーラは，フィンランドとイギリスにおける育児および女性に対する暴力についての論争を比較分析することによって，国家間の差異および国家内部の差異を明らかにしている。このことは，フェミニズムが「中立国家」（リベラル・フェミニズム）や「家父長制国家」（ラディカル・フェミニズム）のような国家の本質規定を志向するべきではないことを意味する（Kantola 2006a: 164）。

国家理論は国家の本質規定を目指すべきではないというカントーラの議論は，了解できる。その上でさらに問いたいのは，そのことの含意が，「国家（内部）の多様性」と国家論における方法論的洗練，つまり厳密な意味での経験的な知見の獲得，ということに尽きるのかどうか，という点である。B・ロートシュタインは，福祉政策の研究について，それが経験的「かつ」規範的なものであるべきだと述べている。分析の時間軸を未来にまで延長し，未来を見つめることが「現在のトレンドの単なる延長以上のもの」を産みだし得るとすれば，「異なったモデルと解決策についての規範的な議論」が必要となる (Rothstein 1998: 2)。そこで彼は，「国家に何ができるのか？」という問いに取り組む「経験的国家理論」と「国家は何をなすべきか？」という問いに取り組む「規範的国家理論」とを統合した「構築的国家理論 (constructive political theory)」の必要性を説く (Rothstein 1998: 16-17)。彼自身が認めているように，この用語が熟していないことは確かである。しかし，彼の議論は，フェミニズムの国家理論についても当てはまる。フェミニズムの国家理論もまた，国家がどのようにジェンダー関係の構築や再生産に関わっているのかを経験的に明らかにするとともに，未来が現在のジェンダーのあり方——それはフェミニストにとって正当化できるものではないはずだ——の「延長以上のもの」を産み出すための「異なったモデルと解決策についての規範的な議論」を必要とする。

　そこで以下では，カントーラらの知見を踏まえた上で，経験的研究の方法論をさらに洗練させるのではなく，それを規範理論へと展開する。すなわち，言説によって構築される非本質主義的な国家観を採用した上で，それが非家父長制的——非性差別的——に構築されるとすれば，どのような場合なのか，そしてそのための理論は何を論じるべきなのか，このような問題について考えてみたい。

　手がかりとなるのは，カントーラ自身の次のような記述である。

「ポスト構造主義的フェミニストにとって重要な問題は，国家とのかかわりにおいて女性をエンパワーメントするもっとも効果的な戦略は何か，ということである。言い換えれば，フェミニストの目的は，ジェンダーに対する国家のインパクトを明確にするだけではなく，国家がフェミニストの闘争に利用され，かつそれによって変化させられ得

る方法を明確にすることになったのである。」(Kantola 2006b: 126)

　国家が言説によって構築されるものだとすれば，より家父長制的でない国家を作るためには，そのための「戦略」が重要となる。この戦略は，国家外部の社会においてある程度構築され，媒介経路を通じて国家へと伝導されていくと考えられる。つまり，国家の言説的な構築性を認めることは，国家は「社会や社会過程の外部に位置するのではなく，一方で特定の状況下で変化するそれらの社会過程からの一定程度の自律性を持ちつつ，他方でそれらの社会過程によって浸透される」と捉えることである（Waylen 1998: 7）。したがって，国家が非家父長制的な性格を持つとすれば，それは，非家父長制的な言説が社会から国家へと媒介される場合，ということになる。そこで以下では，社会と国家への媒介回路とについて，それが非家父長制的であり得るのかどうかを検討してみたい。

(2) フェミニズムと市民社会

　周知のように，遅くとも1980年代以降，国家でも市場でもなく，自発的結社や集合行為から成る領域を市民社会として捉え，そこに民主化の可能性を見ようとする議論が盛んとなった。しかし，フェミニズムの場合は，これとはやや事情が異なる。もともとフェミニストにとっては，国家と市民社会の区別ではなくて，両者（と市場）を含む「公的領域」と家族という「私的領域」との区別が，批判されるべき問題であった（Rosenblum 2002）。「国家への対抗において市民社会を捉える近年の支配的な枠組を受容しようとしまいと，フェミニストの研究者にとっては，この枠組は興味深いものではない。分析の基軸は，公的なものと私的なものとの間にあるからである」（Howell 2007: 418）。したがって，フェミニストが「市民社会」に言及するとしても，典型的には，「女性がそこから排除されているものとして」であった（Phillips 2002: 74）。

　フィリップスは，フェミニズムから見た市民社会の問題点として，次の三点を挙げる（Phillips 2002: 80-82）。第一に，市民社会は，現在の資源配分と権力バランスの性に基づく不均衡を反映したものであり得る。第二に，市民社会の諸結社は，国家の諸機関・諸制度に比較して，相対的に規制されていない性質を持つ。そのため，国家の公的な制度よりも差別的な行動

を行う傾向がある。第三に，しばしば市民社会概念が福祉国家批判のために用いられることが，問題をもたらす。この場合に市民社会の概念は，「自分たちの生活に責任を持つと想定する人々のためのコードネーム」となる。このような「能動的な市民と力強い市民的文化の称揚は，国家からコミュニティへと責任を移動させることを目指す政策シフトの兆し」となる。問題は，この「コミュニティ」において，「妻，母，娘としての能力を期待されている女性」が，これまでは公的にケアされていた他の家族の構成員のための責任を再び引き受けることを期待されているということである[6]。

このように，市民社会には，公式の制度で構成される国家以上にジェンダーの規範が浸透しているために，フェミニストは，市民社会を国家よりも非家父長制的な領域として捉えることはできない。むしろ，フェミニストにとっては，市民社会こそ「ジェンダー化された諸関係が社会的に構築された場」（Howell 2007: 419）である。そこで，このような市民社会における性的不平等を是正するために，国家の役割が積極的に評価されることにもなる。フィリップスはその理由として，次の二点を挙げる。第一に，性的平等の公的に担保された諸原理が，賃金搾取，ドメスティック・ヴァイオレンス，あるいはコミュニティまたは集団の文化的圧力にさらされる女性を保護するのに役立つからである。第二に，育児・医療・介護の公的供給が，政策の「女性化と性的に平等な世界創出のための固有の要素」だからである（Phillips 2002: 82）。I・M・ヤングも国家を擁護して，「民主的な国家制度は社会正義を促進するためのユニークで重要な徳性を有している」と述べている（Young 2000: 180-181）。とりわけ，市場に由来する諸問題への対応において，国家の存在は大きな意義を持つ。「国家制度のみが巨大民間企業の権力を制限し，集合的福利のための民間権力の利用を促進することのできるある種の権力をもっている」（Young 2000: 186）。

とはいえ，以上のような問題点およびそれゆえの国家の役割への期待にもかかわらず，多くのフェミニストが市民社会における諸活動や社会運動の意義を主張してきたことも事実である。近年のいわゆる「フェモクラット（フェミニストである女性官僚）」の登場や性差別是正・解消のための「ナショナル・マシーナリー」の設置などが見られるとしても，歴史的に見れば，女性や様々な性的マイノリティは，市民社会以上に国家から排除されてきた（Okin 2002）。N・フレイザーがハーバーマスの公共圏概念を批

判して「サバルタン対抗公共圏」の概念を提起したことや（Fraser 1997: 81=2003:123），バトラーが社会レベルにおける抽象的な言葉の「意味づけなおし」を通じた「新しい文脈」形成の可能性を論じたこと（Butler 1997b=2004）は，女性や性的マイノリティが市民社会における権力の不平等を是正する契機を当該市民社会の中にこそ見出し得ることを示している。

(3) 国家と社会との媒介

「対抗公共圏」（フレイザー）や「撹乱」（バトラー）などの市民社会における既存のジェンダー関係変革の試みも，何らかの形態で国家へと媒介されることがなければ，国家が非家父長制的となることはない。したがって，国家と市民社会との媒介回路を，どのように男性優位的ではないものにしていくかということも，重要な論点となる7。

この論点は，社会保障機能も含めて国家を否定的に捉える見解への応答という点でも重要である。先に述べたように，カントーラは，北欧の国家を「ウィメン・フレンドリー福祉国家」と，明らかに規範的な正当化を伴う用語で表現した。しかし，そのような「ウィメン・フレンドリー」に見える福祉国家でさえも問題ではないか，という問題提起はあり得る。例えば，「『ジェンダー公正 gender justice』の究極の目的とは，『国民国家における分配平等』なのだろうか」（上野 1998：27）と問う上野千鶴子は，次のように述べる。

> 「『国民国家における分配平等』のひとつの解が『福祉国家』である。スウェーデンのような『福祉先進国』では『国家フェミニズム state feminism』のような用語がすでに用いられているが——そして日本のフェミニストのなかにもそれをモデルと考える人々がいるが——国家とフェミニズムの関係についてはそれがどのような排他性・抑圧性をはらむかについて，もっと慎重であるべきだろう。」（上野 1998：30）

上野が指摘するように，どれほど「ウィメン・フレンドリー」に見える「福祉先進国」でも，国家による排除や抑圧の問題が解消するわけではない。福祉国家を守るために，移民を排除しようとする「福祉ショービニズム」の動向は，過去のものではない（宮本 2004；水島 2006）。そもそも，一般

的に言って，どれほど普遍主義的に見える福祉政策も，その対象者／非対象者の境界線をどこかに引くことを免れることはできない。しかし，だからといって，その排除性ゆえに，国家による再配分や福祉政策を否定するならば，何が残るだろうか。既に見たように，その代替策である市場やコミュニティなどもまた，フェミニズムの観点からは，場合によっては国家以上に問題があると言わねばならない。そうだとすれば，国家レベルの福祉政策の意義を認めた上で，その排除性や抑圧性については適宜認識し修正できるようなメカニズムの組み込みが望ましい。

そのようなメカニズムこそが，国家と市民社会との媒介経路である。もちろん，単に経路が形成されていればよい，ということではない。この経路は，それ自体としては，「福祉ショービニズム」のように排他的な言説を伝導する経路となることもある。フレイザーも，既に言及した「サバルタン対抗公共圏」を論じる中で，それが常に素晴らしいとは限らない点に注意を促している。確かに対抗公共圏が存在することで，一方で，従属化された社会集団構成員が自分たちのアイデンティティ・利益・ニーズについてマジョリティによって規定されていない対抗的言説を組み立てることができる。しかし，他方で，それらの複数の公共圏のうちの「いくつかは明らかに反民主主義的であり，反平等主義的」であるし，「民主主義的で平等主義的な意図を持つものでさえ，その理念が常に，非公式な排除と周辺化を乗り越えるわけではない」(Fraser 1997: 82=2003: 123-124)。したがって，媒介経路の正当性の条件について考察する必要がある。

ここで重要なのは，ヤングの議論である。彼女は「社会内部で抑圧され，不利益を被っている集団の構成員のありのままの声や視座を効果的に代表し承認するための機構」として，抑圧的集団に集団としての代表権を与える「集団代表制」を提案した (Young 1995: 184=1996: 107)。しかし，しばしば批判されるように，この提案そのものは，集団のアイデンティティを固定的ないし本質主義的に捉える点で問題を孕んでいた (Nash 1998: 46-49; 田村 2007 a :21)。そもそも，このようにして新たに表象される意見や視座が排除的なものではない，という保証も存在しない。他方で，国家への媒介回路の形成は，常に女性や性的マイノリティの「同化」の危険性を有している。集団代表制というアイデアは，本質主義と同化という「二重の危険性」(Squires 2007: 9) という難問に直面するのである。

しかし，このような問題点は，彼女の晩年の議論において克服されているように思われる（田村 2007 a）。『包摂と民主主義』（Young 2000）において，ヤングは，差異の固定化を乗り越える民主主義の構想を提示している。第一に，「利益」や「意見」と区別して「視座」という概念が提出される。ある特定の範囲の人々は，「利益」や「意見」が異なっていても，それまでの社会的な位置づけに由来する共通する経験，歴史，社会的知識を持つし持たざるを得ない。つまり，「女性」としての共通の「視座」を持ちつつ，異なる「意見」や「利益」を持つことはあり得るのである。第二に，デモクラシーの実践の中で，人々の利益・意見・視座が変容する可能性が強調される。彼女は理性的な論証を基軸とする熟議民主主義論を批判する。しかし，熟議民主主義論の特徴である「選好の変容」という論点については，支持しているように思われる。彼女は，集団の差異そのものを擁護するのではない。「社会的差異」は，「正義の達成を目指す民主的コミュニケーション」のための「政治的資源」である（Young 2000: 82）。人々は異なる人々の意見に出会い，それらの（必ずしも「理性的」とは限らない）主張をアプリオリに排除しないで聞くことで，自らの主張や視座の，部分性を認識し，偏見を是正し，論拠を見直すようになる。その結果として，人々の社会認識はより客観性を増し，行われる意思決定はより正義に適ったものになると期待されるのである（Young 2000: 114-116; 田村 2007 b :201）。このように国家と市民社会との媒介経路において，多様な差異の表出を承認しつつ，その固定化・目的化を回避するような民主主義の構想を提示することは可能である。そのような民主主義を伴う場合にのみ，市民社会におけるジェンダー関係変革の試みが国家の家父長制的形態の変化へと接続され得る。その時，国家は「必要悪」ではなく，「潜在的にそしてしばしば実際に，他の社会過程が行わないような方法で，社会正義をサポートするための独特の重要な徳性を示す」ものとなるだろう（Young 2000: 186）。

第3節　公／私区分あるいは家族という問題

　既に述べたように，国家と市民社会（および市場）から成る男性の公的領域と，家族という女性の私的領域との区分は，フェミニズムの重要問題であり続けている。したがって，本節では，国家－社会関係と家族との関係について考察する。この問題に対しては，国家と家族を「暴力」という

共通性によって把握することで，従来の公／私区分を解体しようとする理論戦略もあり得る（上野 2003）。しかし，本稿では，市民社会と家族との関係に焦点を当て，両者の差異と共通性とを明確化するという方針を採用する。以下では，市民社会と家族との間に引かれた従来の公／私区分の境界線を批判しつつ，それでもなお存在する両者の差異を擁護するとともに，それにもかかわらず両者がある特定の意味で「公的」であり得ることを論じる。

しばしば政治理論において，「市民的（civil）」という言葉は，「自然的」あるいは「家族的」との対比で把握されてきた（Phillips 2002: 72）。このようにして，市民社会と家族との境界線が引かれる。しかし，問題は，まさにこの境界線こそが男女の境界線となって性差別をもたらしているという点である。市民社会を論じる際にこの点を踏まえずに境界線を引くことで，男性と女性のジェンダー化がいかにして国家と市民社会を形成しているかという問題を視野の外に置くことになってしまうのである（Howell 2007: 419）。したがって，この境界線の自明性を問い直すことが，フェミニストの理論的課題となる。

それでは，その問い直しは，どのようにして行われるのだろうか。まず行われるべきことは，境界線の両側の相互作用を明らかにすることである。すなわち，家族における私的生活と公的領域における諸活動とが「交差」しており，「家族的なものがそれ以外の全てのものから分離されているわけではない」ということを論証することである（Phillips 2002: 75）。S・オーキンは，性差別発生の源泉としての，このような公的領域と私的領域との相互連関に注目した。性差別は，政治における女性の過少代表や男女間の賃金格差・昇進格差のような形で公的領域においてのみ存在するのではない。そうではなくて，家族における不平等が政治・市場に波及し，政治・市場における不平等が家族に波及するという形で循環する，二つの領域の相互作用こそが問題なのである（Okin 1989: 113）[8]。

もっとも，「交差」や「相互作用」という表現は，やや曖昧である。なぜなら，「交差」や「相互作用」は，あくまでも，明確に区別可能な複数の領域が存在していることを前提とした上でのみ，当てはまることだからである。しかし，境界線の存在が不平等や排除をもたらしているのであれば，単に相互作用を指摘するに止まらず，さらに一歩進んで，そもそもそのよ

うな領域的な区別が必要なのかと問うべきではないだろうか。

　実際，フェミニズムにおいては，市民社会と家族との境界線を解体しようとする様々な試みが存在する。例えば，ペイトマンは，「家族生活の領域は市民社会から隔離もしくは分離されているというよりもむしろ，市民社会の核心である」と述べる。そのことは，核家族を「文明化（市民化）された道徳的生活の防波堤」と見なして，その危機・衰退・解体を危惧する論調に現れている（Pateman 1989: 132-133）[9]。ペイトマンの指摘は，いわば事実の問題として，私たちが一見異なる領域として観念しているようでありながらも実は家族を市民社会の核心と見なしている，ということに注意を喚起するものである。

　これとは別に，市民社会と家族との区別の解体に規範的な観点から積極的な意味を見出そうとする議論も存在する。例えば，J・エルシュタインらの「母性主義」の主張は，市民社会と家族との区別を解体しようとする試みと見ることができる。エルシュタインは，家族内において母親として「それぞれの子どもの具体的な特殊性」に向き合うという女性の実践から，「官僚制的で，ますます科学技術に支配されるようになる公共秩序」に対抗することが可能となると主張した（Elshtain 1998；田村 2006ｂ）。また，岡野八代は，これまでの「家族イデオロギー」が家族の構成員たちの一体性・共通性を強調してきたことを批判し，家族とはむしろ「公的領域から排除されてきた『他者』」に出会う／出会ってしまう場であると主張する。岡野は伝統的な「家族イデオロギー」を乗り越えるために「家族」ではなく「ファミリー」の用語を用いる。ファミリーを選ぶことは，「時間的な変化の中におかれた他者との共存関係・依存関係の取り戻し，否定されてきた他者の存在の取り戻し」なのである（岡野 2008：111, 113, 117）。エルシュタインと岡野との間には，重要な差異が存在する[10]。しかしながら，「私的」とされてきた家族／ファミリーの領域と市民社会という「公的」領域との間に共通の要素を見出そうとする点では，両者は共通しているのである[11]。

　かくして，市民社会と家族との間の区別ないし境界線の設定を正当化することは，困難であるように見える。それにもかかわらず，両者の間に質的差異を設定することに，積極的な意味を見出すことができないわけではない。齋藤純一は，家族を含む親密圏の問題性を十分に認識しつつ，なお

もそれが持つ規範的な意義を見出そうとしている。その際に，彼が注目するのは，親密圏が非公開であるがゆえにこそある人びとにとっては「現われ」が可能になるという，H・アレントなどの議論からすれば逆説的な状況である。

> 「たしかに，親密圏は誰に対しても開かれているという十分な公開性の条件を欠いている。しかし，アレントが論じるように，公共的な領域の『光』のみが現われを可能にする唯一の条件ではない。むしろ，すべてを隈無く照らす光輝ではなく，一定の翳りがかえって人びとの現われを可能にするという局面があることに注目すべきだろう（関係の近さは現われを封じる条件ともなりうるということを認めたうえで）。親密圏の翳った光が完全な暗黒──社会的な黙殺や歴史的な忘却──を妨げる条件となることがあるのである。」（齋藤 2003 a: 218-219）

こうして親密圏において現われることを通じて，公的領域から排除された人々も，自らの存在が正当なものであるという確信を得ることができる。

> 「親密圏への現われを通じて，それまで個人的な不幸や不運（misfortune）として甘受してきた事柄を不正義（injustice）としてとらえ返す途がひらかれることもある。とりわけ，社会的な圏域から場所を剥奪され，自らを『敗者』として描くことを余儀なくされる……人びとにとっては，自らの存在が否定されない関係性をもちうること，自分がそこに居ることが受容されるという経験をもちうることは文字通り決定的な意味をもっている。」（齋藤 2003 a: 220）

齋藤の議論では，「現われ」の重要性という点では，市民社会（公的領域）と親密圏（私的領域）との間に差異はない。しかし，そこで出会う「他者」の具体性および関係の持続性という点において，公的領域と私的領域との間には，明確な差異が存在する。この二つの領域の共通性（現われ）と差異（具体性・持続性）にこそ，私的領域を正当化する潜在的可能性が存在するのである。

ただし，注意すべきことは，私的領域／親密圏／家族における具体性や持続性の擁護は，それが何も言わなくても／行わなくても存在するような自明の関係性ではない場合にのみ正当化され得る，という点である。家族をそのような領域として捉えることこそ，フェミニズムが批判してきたことであった。齋藤も，親密圏において互いの現われを引き出すためには，他者の感情に曝されつつも，それを受け止め，反応を返すという呼応が必要であると述べている（齋藤2003a: 230）。A・ギデンズもまた，現代社会の親密圏における「純粋な関係性」は，常に試練や緊張を伴いながら，それでもあえて関係性を継続することへの「コミットメント」によってのみ継続すると言う（Giddens 1991: 88-98＝2005: 99-110）。どれほど具体的ないし持続的な関係であろうとも，それをアプリオリな関係と見なすことはできないし，望ましくもないのである。

　このことを言い換えるならば，家族／親密圏をもっぱら「愛」（それは「異性愛」だけに限らない）によって特徴づけることは避けねばならない，ということになる。この点に関してA・ホネットは，「個々人は〔愛によって媒介された〕家族の一員であるとともに普遍的法の担い手でもあり続けるということを忘れてはならない」と述べている。家族の構成員は，構成員間で「共有された感情から生じる義務」を引き受けることが多いかもしれない。しかし，「家族の誰であれ人格の不可侵性が脅かされる場合には，自分自身を守るために逃げ込める空間を法が用意しておかなければならない」。法あるいは正義の「普遍的諸原則」が，家族内で「その人の一定の利害が相手の愛情の中で考慮されないままになっているという事実を合理的に認識させる可能性を何ほどか開く」のである（Honneth 2000: 209, 211, 213＝2005: 227, 229, 231）。それでは，法と愛との間の境界線をどのように考えるべきなのか。この問いに対して，ホネットは，「ただ手続き主義的な答えが存在するだけ」と答える。

> 「すなわち，それぞれの家族は，正義の普遍的諸原則に訴えるという特別の場合にどこに境界が引かれるべきかということについて，できるだけ強制のないやり方で理解しあうという試みを自ら何度でも行わなければならないであろう。なぜならば，討議的な意見交換（diskursiven Austaush）においてのみ，家族の構成員たちは，その個々の能力

が合理的な洞察をもう一度愛情的な態度にあらためて適用させる（zu-rückwandern zu lassen）のにどのくらい十分であるかを，相互に確認することができるからである。そうであるかぎり，家族の将来は，何度でも新たに正義と愛情による結合との間に適切なバランスを見出すことができるために，討議的な反省性（diskursiven Reflexivität）を形成することに成功するかどうかにかかっているのかもしれない。」(Honneth 2000: 215＝2005: 233)

　法（正義）と愛との境界線の問題は，最終的には当事者間の討議に依存する，というわけである。これをホネットは，「手続き主義的」と述べている。しかし，この主張は，言い換えれば，家族／私的領域においても，対話的ないし熟議的な政治が必要ということである。このような意味での「政治」が私的領域／家族にも存在し得るということは，領域的に把握された公／私区分を見直すことにもつながる（田村 2005）。
　以上の議論をまとめよう。「私的領域」とされてきた家族には，問題点だけでなく，構成員間の具体的で持続的な関係性とそれに由来する意義が存在する。その意味で，家族は，市民社会等の「公的領域」とは異なる特質を有している。しかし，その特質が自明視された関係性を導くのであれば，規範的にも擁護できない。家族における関係性は，非家族的な，その意味でより普遍的な原理（例えば正義）によって規制される可能性に開かれていなければならない。その意味で，家族は「公的領域」と共通の特徴で把握されるべきである。そして，以上の意味での家族の「私的」特徴と「公的」特徴との境界線は，その都度の「政治」によって決められていくほかはない。このような「政治」は，その担い手として「現れる」人々によって行われる。それは，家族における公的／私的の境界線を定めるメタレベルの公的な営みとして位置づけられるであろう。

結論

　本稿の議論は，次のように要約できる。国家をアプリオリに家父長制的あるいは非家父長制的と規定することはできず，国家の具体的な機能や形態は言説的な争いによって構築される。そのような国家がより非家父長制的なものとして構築されるためには，市民社会のあり方とともに，国家と

市民社会との媒介経路のあり方が重要になる。媒介経路の正当化は常に本質主義の危険性を伴うが，フェミニズムの政治理論は民主主義のあり方を考察することによって，この問題に対応する。とはいえ，国家－社会関係に焦点を当てることが，公私二元論の問題を無視することであってはならない。市民社会と家族・親密圏との間に質的な差異が存在することは，フェミニズムにとっても擁護可能である。しかし，その差異の固定化には異議を唱えなければならない。だからこそ，家族の規制原理をめぐる議論，その意味での「公的営みとしての政治」の意義が認められるべきである。

以上の議論は，次の諸点を含意している。第一に，フェミニズムは，国家理論が国家以外の諸領域との関係において構想されるべきことを示している。ただし，その際にフェミニズムは，国家・市民社会・家族の境界線の「解体」ではなく，それらの相互作用の様式あるいは意味の変化を志向するべきである。第二に，政治学・政治理論との関係で見た場合に，まさにこの相互作用の問題に焦点を当てている点に，フェミニズムの意義が存在している。本稿の議論で言えば，とりわけ，国家と市民社会との媒介に関わる集団代表制をめぐる議論や市民社会と家族との関係についての議論は，政治学・政治理論全般にとって重要な知見を提供しているように思われる。第三に，他方で，フェミニズムと政治学・政治理論との間には，共通の理論的課題も存在する。フェミニズムにおける言説の観点からの国家把握は，政治学全般における「理念的なもの (the ideational)」を重視する国家理論の「文化論的転回 (cultural turn)」(Lister and Marsh 2006: 252) と軌を一にしている。言説の重視は，あらためて構造と行為者との関係をどう考えるかという問題を提起する。この問題については政治学・政治理論でも関心が高まっているが[12]，フェミニズムの問題関心と重なるところが大であるように思われる[13]。

最後に，本稿で十分に検討できなかった論点として，次の三点が挙げられる。第一に，本稿の議論は，国家－市民社会および市民社会－家族の関係に焦点を当てているものの，国家・市民社会・家族の三者間の相互作用について十分に考察したとは言えない。この点については，ハウエル (Howell 2007: 424-429) の提起する三者間の循環モデルなどを参照した検討が必要である。第二に，本稿は，フェミニズムの国家理論における構造と行為者の問題について十分な検討を行ったとは言えない。本稿の議論は，

フェミニズムにおける本質規定的な――家父長制としての――国家観からの脱却を素描したに止まる。第三に，家族の有する抑圧的ないし排除的な側面についての批判的考察は，不十分である[14]。これらの諸点に取り組むことは，今後の課題として残されている。

（1）国家の再評価は，代表民主主義という「主流の政治」の再評価と軌を一にしている（Squires 2007: 4）。
（2）近年ペイトマンは，積極的にベーシック・インカム擁護論を展開している。Pateman (2006) などを参照。
（3）そして，そのようにして構築された国家が今度は闘争のあり方に影響を及ぼすという形での相互作用を想定できる（cf. Randall 1998）。このような国家とアクターの相互作用は，近年の国家理論全般の特徴でもある（Lister and Marsh 2006: 251-252）。
（4）ただし，言説と区別されたものとしての制度という変数を必ず設定しなければ，制度変化の蓋然性が説明できないかどうかについては，なお慎重な検討を要する。例えば，制度という変数を組み込むことで，言説ではなく，結局は言説の「限定や機会」を決める制度が主たる独立変数となってしまう可能性もある。むしろ，複数の言説が共時的に存在するものの，「支配的な」言説とそうでない言説とが存在するという理論構成を採ることで，制度変化の蓋然性の程度を説明できるかもしれない（cf. Dryzek 1996; 田村 2006 a）。
（5）同様に文脈を重視したフェミニズム政治学の重要性を唱える，Siim (2004) をも参照。
（6）例えば，「地域で子育て」という場合の子育ての担い手として，（休日を除いては）地域の「女性」が事実上想定される場合や，在宅介護における主たる介護の担い手が女性であることなどを想起されたい。ハウエルは，「利用者の選択，規制緩和，コミュニティによる供給」を「女性にとっての両刃の剣」だと述べている（Howell 2007: 424）。
（7）S・チェンバースとJ・コプスタインは，市民社会と国家の関係について，「国家から分離した市民社会」「国家に抗する市民社会」「国家を支える市民社会」「国家と対話する市民社会」「国家と市民社会とのパートナーシップ」「国家を超える市民社会」という六つの関係を抽出している（Chambers and Kopstein 2006: 364）。本稿で「媒介」と言っているのは，主に「国家と対話する市民社会」および「国家を支える市民社会」に関わる。
（8）「ワーク・ライフ・バランス」のアイデアは，生産性の上昇という観点から提起されることも多いとはいえ，オーキンの指摘するような公的領

（9） ただし，彼女は，自らの理論としては，公的領域と家族との区別を撤廃するわけではない。
（10） エルシュタインが個別性・特殊性といった家族という私的領域に元々固有と見なされてきた諸要素に，むしろ公的領域変革のための契機を見出そうとするのに対して，岡野は家族／ファミリーの領域に，私的領域に固有とは見なされてこなかった諸要素（としての「他者」）を見出そうとしている。換言すれば，エルシュタインが家族の論理を市民社会に拡張しようとしているとすれば，岡野は（規範的に正当化されるべきものとしての）市民社会の論理を家族にも読み込もうとしている。この点に関して，ケアの「私化」を警戒する岡野（2007: 131-134）の叙述も参照。
（11） J・ハウエルは，一方で市民社会と家族とを分離することを批判しつつ，他方で，ハーバーマスやJ・コーエンの議論を例にとりながら，家族を市民社会と同様の規範的要素をもって正当化する議論──つまり家族を（正当化されるべき）市民社会の中に含めること──について，「家族内部に行き渡っている不平等な権力関係とヒエラルヒーとをないがしろにする」ことになるとして批判している（Howell 2007: 421）。ハウエルの言わんとすることは理解できる。しかし，経験的な次元で権力関係を解明することと，規範的な次元で望ましいあり方あるいは望ましい状態であり得る潜在的可能性を抽出しようとすることとが，必然的に二律背反に陥るとは思われない。
（12） 政治学・政治理論における構造－行為者問題の近年の動向については，McAnulla（2002），Hay（2002: chap. 3），両者の論争（McAnulla 2005; Hay 2005）などを参照。
（13） 例えば，S・マクアヌラは，女性の不採用における「家父長制構造」の説明を事例として，構造が有する独自の因果的メカニズムを指摘している（McAnulla 2005: 32, 36）。
（14） 異性愛家族とケアの私化との関連という観点からの家族批判が存在する（牟田 2006；齊藤 2003 b）。また，オランダにおけるワーク・ライフ・バランス推進的なパートタイム労働改革がケアの担い手としての女性の役割の再現である可能性も指摘されている（水島 2008）。論点は，異性愛であることが必然的にケアの私化を伴うのかどうか，あるいは，ケアの「脱家族化」が性別分業の変化に寄与するのかどうか，ということであろう。

［付記］構造－行為者問題については，加藤雅俊氏（名古屋大学研究生）との議論から多くの示唆を得た。記して謝意を表する。

〈参考文献〉
(外国語文献で邦訳があるものについては，参照させていただいた上で，一部訳文を変更している場合がある。)

Butler, Judith (1997a) *The Psychic Life of Power: Theories in Subjection*, Stanford University Press.

Butler, Judith (1997b) *Excitable Speech: A Politics of Performative*, Routledge.(竹村和子訳『触発する言葉——言語・権力・行為体』岩波書店)

Chambers, Simone and Jeffrey Kopstein (2006) "Civil Society and the State," in Dryzek, Honig and Phillips eds. (2006).

Dryzek, John S. (1996) "The Informal Logic of Institutional Design," In Robert E. Goodin ed., *The Theory of Institutional Design*, Cambridge University Press.

Dryzek, John S., Bonnie Honig and Anne Phillips eds. (2006), *The Oxford Handbook of Political Theory*, Oxford University Press.

Elshtain, Jean B. (1998) "Antigone's Daughters," in Anne Phillips ed., *Feminism and Politics*, Oxford University Press.

Fraser, Nancy (1997=2003) *Justice Interruptus: Critical Reflections on the "Postsocialist" Condition*, Routledge.(仲正昌樹監訳『中断された正義——「ポスト社会主義的」条件をめぐる批判的省察』御茶の水書房)

Giddens, Anthony (1991=2005) *Modernity and Self-Identity: Self and Society in the Late Modern Age*, Stanford University Press.(秋吉美都・安藤太郎・筒井淳也訳『モダニティと自己アイデンティティ——後期近代における自己と社会』ハーベスト社)

Hay, Colin (2002) *Political Analysis: A Critical Introduction*, Palgrave.

Hay, Colin (2005) "Making Hay ... or Clutching at Ontological Straws?: Notes on Realism, 'As-If-Realism' and Actualism," *Politics*, Vol. 25, No. 1.

Hay, Colin and Michael Lister (2006) "Introduction: Theories of the State," in Hay, Lister and Marsh eds., (2006).

Hay, Colin, Michael Lister and David Marsh eds. (2006) *The State: Theories and Issues*, Palgrave.

Honneth, Axel (2000=2005) *Das Andere Der Gerechtigkeit: Aufsätze zur praktische Philosophie*, Suhrkamp Verlag.(加藤泰史・日暮雅夫他訳『正義の他者——実践哲学論集』法政大学出版局)

Howell, Jude (2007) "Gender and Civil Society: Time for Cross-Border Dialogue," *Social Politics*, Vol. 14, No. 4.

Kantola, Johanna (2006a) *Feminists Theorize the State*, Palgrave.

Kantola, Johanna (2006b) "Feminism," in Hay, Lister and Marsh eds. (2006).

Lister, Michael and David Marsh (2006) "Conclusion," in Hay, Lister and Marsh eds. (2006).

McAnulla, Stuart (2002) "Structure and Agency," in David Marsh and Gerry Stoker eds., *Theory and Methods in Political Science*, Second Edition, Palgrave.

McAnulla, Stuart (2005) "Making Hay with Actualism?: The Need for a Realist Concept of Structure," *Politics*, Vol. 25, No. 1.

宮本太郎（2004）「新しい右翼と福祉ショービニズム——反社会的連帯の理由」齋藤純一編著『福祉国家／社会的連帯の理由』ミネルヴァ書房。

宮本太郎編（2006）『比較福祉政治——制度転換のアクターと戦略』早稲田大学出版部。

水島治郎（2006）「福祉国家と移民——再定義されるシティズンシップ」宮本編（2006）。

水島治郎（2008）「脱生産主義的福祉国家の可能性」広井良典編『「環境と福祉」の統合——持続可能な福祉社会の実現に向けて』有斐閣。

Mottier, Véronique (2004) "Feminism and Gender Theory: The Return of the State," in Gerald F. Gaus and Chandran Kukathas eds., *Handbook of Political Theory*, Sage Publication.

牟田和恵（2006）『ジェンダー家族を超えて——近現代の生／性の政治とフェミニズム』新曜社。

Nash, Kate (1998) "Beyond Liberalism?: Feminist Theories of Democracy," in Randall and Waylen eds. (1998).

岡野八代（2007）「シティズンシップ論再考——責任論の観点から」日本政治学会編『年報政治学2007-Ⅱ 排除と包摂の政治学——越境，アイデンティティ，そして希望』木鐸社。

岡野八代（2008）「女から生まれる——『家族』からの解放／『ファミリー』の解放」戒能民江編著『国家／ファミリーの再構築——人権・私的領域・政策』作品社。

Okin, Susan M. (1989) *Justice, Gender, and Family*, Basic Books.

Okin, Susan M. (2002) "Comment on Nancy Rosenblum's 'Feminist Perspectives on Civil Society and Government'," in Rosenblum and Post eds. (2002).

Pateman, Carole (1989) *The Disorder of Women: Democracy, Feminism and Political Theory*, Stanford University Press.

Pateman, Carole (2006) "Democratizing Citizenship: Some Advantages of a Basic Income," in Eric O. Wright ed., *Redesigning Distribution: Basic Income and Stakeholder Grants as Alternative Cornerstones for a More Egalitarian Capitalism*, Verso.

Phillips, Anne (2002) "Does Feminism Need a Conception of Civil Society?," in

Simone Chambers and Will Kymlicka eds., *Alternative Conceptions of Civil Society*, Princeton University Press.

Pringle, Rosemary and Sophie Watson (1992) "'Women's Interests' and the Post-Structuralist State," in Michèle Barrett and Anne Phillips eds., *Destabilizing Theory: Contemporary Feminist Debates*, Stanford University Press.

Randall, Vicky (1998) "Gender and Power: Women Engage the State," in Randall and Waylen eds. (1998).

Randall, Vicky and Georgina Waylen eds. (1998) *Gender, Politics and the State*, Routledge.

Rosenblum, Nancy L. (2002) "Feminist Perspectives on Civil Society and Government," in Rosenblum and Post eds. (2002).

Rosenblum, Nancy L. and Robert C. Post eds. (2002) *Civil Society and Government*, Princeton University Press.

Rotstein, Bo (1998) *Just Institutions Matter: The Moral and Political Logic of the Universal Welfare State*, Cambridge University Press.

齋藤純一(2003a)「親密圏と安全性の政治」齋藤純一編『親密圏のポリティクス』ナカニシヤ出版。

齋藤純一(2003b)「依存する他者へのケアをめぐって――非対称性における自由と責任」日本政治学会編『年報政治学2003 「性」と政治』岩波書店。

Siim, Birte (2004) "Towards a Contextual and Gender Sensitive European Political Science?," *European Political Science*, Vol. 3, No. 2.

Squires, Judith (2007) *The New Politics of Gender Equality*, Palgrave.

田村哲樹(2005)「フェミニズムは公／私区分を必要とするのか？」『政治思想研究』第5号。

田村哲樹(2006a)「ジェンダー平等・言説戦略・制度変化――日本の『男女共同参画社会』政策の展開を事例として」宮本編(2006)。

田村哲樹(2006b)「フェミニズム教育――同一性と差異の間で」シティズンシップ研究会編『シティズンシップの教育学』晃洋書房。

田村哲樹(2007a)「デモクラシーとポジティブ・アクション――ヤングとフィリップスを中心に」田村哲樹・金井篤子編『ポジティブ・アクションの可能性――男女共同参画社会の制度デザインのために』ナカニシヤ出版。

田村哲樹(2007b)「フェミニズムにおける『政治』像をめぐる対抗――オーキンとバトラーとヤング」有賀誠・伊藤恭彦・松井暁編『ポスト・リベラリズムの対抗軸』ナカニシヤ出版。

上野千鶴子(1998)「女性兵士の構築」江原由美子編『性・暴力・ネーション』勁草書房。

上野千鶴子(2003)「市民権とジェンダー――公私の領域の解体と再編」『思

想』第955号。

Waylen, Georgina (1998) "Gender, Feminism and the State: An Overview," in Randall and Waylen eds. (1998).

Young, Iris M. (1995=1996) "Polity and Group Difference," in Ronald Beiner ed., *Theorizing Citizenship*, State University of New York Press.(施　光恒訳「政治体と集団の差異——普遍的シティズンシップの理念に対する批判」『思想』第867号)

Young, Iris M. (2000) *Inclusion and Democracy*, Oxford University Press.

Zerilli, Linda (2006) "Feminist Theory and the Canon of Political Thought," in Dryzek, Honig and Phillips eds. (2006).

「制度」と「人心」
―― 田口卯吉『日本開化小史』の秩序像[1] ――

河野有理＊

はじめに

　本稿は，田口卯吉の主著『日本開化小史』を分析する[2]。また，同書が位置づけられるべき適切な文脈を再構築することを目指す。結論から言えば，『日本開化小史』の主要な分析対象は，「鎌倉政府」と「徳川政府」という二つの武家政権である。「鎌倉政府」については，主にその成功の原因が，「徳川政府」については，主にその失敗の原因が，それぞれ問われているのである。それらの作業を通じて，彼が考えようとしていたのは，「明治政府」における「財政」と「議会」の問題であった。

　本稿は，同書をバックルやギゾー流の「啓蒙」的な「文明史」の良くできた模倣として読むことはしない。また，個人の「私利心」を肯定する彼の経済学の単純な反映として同書を読むこともしない[3]。規範的な意味においてであれ，経済的な意味においてであれ，リベラルな物語の発展史の内に同書を位置づけようとする試みはあまり成功していないように思われるからである[4]。本稿が主に着目するのは，彼における「文明」でも「市場」でもない。それは「政治」である。田口の言論が持つ「政治」性について敏感であった人物として夙に福田徳三が知られている。田口が創刊し，終生，主筆を務めた『東京経済雑誌』の「殆ど最終号までの愛読者」だったという福田徳三は，同誌の議論について，「如何なる問題に対しても結局其最終原因を政治に帰して居た」と指摘する[5]。さらにそのことは史論においてもあてはまる，と福田は言う。

　　先生は二開化史（『日本開化小史』と『支那開化小史』：引用者注）に

＊　首都大学東京教員　日本政治思想史

於いてのみならず，其の後あらゆる機会に於いて，社会事物変遷消長
　　の原因を，政治に帰して居られる6
　福田の見るところ，田口は「文明史家」でも「経済学者」でもない。彼は「政治学者」であり，「政治家」であり，「政治史家」であった7。もちろん，ここで福田の言う「政治」が果たして厳密に何を意味するのかは必ずしも自明ではない。だが，田口の同時代の，おそらく最良の読者の一人が，彼の経済論と史論との共通点として「政治」的視点の優位を挙げた事実を簡単に見逃してしまってはならないだろう8。そこでまず，『日本開化小史』において田口が「政治」をどのように位置づけているかを見ていこう。

1．『日本開化小史』における政治の位相

　『日本開化小史』では，「貨財」と「人心」との関係を説いた次のような一節がよく知られている。
　　凡そ人心の文野は，貨財を得るの難易と相俟て離れざるものならん。
　　貨財に富て人心野なるの地なく，人心文にして貨財乏しき国なし（2：
　　2～3）
　「貨財」の進歩が「人心」の進歩に与える影響を説いたこの一節を根拠に，田口卯吉の歴史叙述を唯物論的な経済決定論として捉える見方もある9。確かに田口が経済的な発展を「人心」進歩の主因の一つと考えていたことは間違いない。だが「人心」は，田口によれば，「貨財」のみによって規定される単純なものではなかった。
　　凡そ物として外物の為に感染せられ，其状態性質を変ぜざるものやあ
　　る。人も亦之に同じ。抑々衣服飲食の其状態性質を変ずるは言ふも
　　更なり，風俗政制と雖も大に人心を変動せしむるものあり，人心ひと
　　り風俗政制を変ずるものにあらざるなり。（2：15）
　「人心」は，「貨財」のみならず，「風俗政制」との相互関係によって変化するというのである。この議論は，「政治」と「人心」とを巡る同時代の議論を念頭に置いたものだった10。
　　中村先生の訳し給ひし立志篇の中に，政治は人民の心の返射なり，人
　　民の心野なれば善き政治も悪くなり，人民の心明なれば悪き政治も良
　　くなるとあり，此事然り，然れども政治悪くして人民の心悪くなりし

事其例亦た少からず。(中略)懐ふに其善悪文野は互に相化するならん。（2：15）

「政治」の良し悪しを規定するのは「人民の心」である。中村正直によって訳され当時盛んに読まれた『西国立志扁』はそう説いていた。「人民の心」が「野」であれば，「政治」もおのずと「悪」に趨くというのである。田口は，これに対し，「政治」が「人民の心」を規定する場合があること，両者は結局相互に影響しあうことを主張した。「政治」とは「人民の心」の「辺射」には還元できない。それ自体独立したファクターとして「人心」に働きかけていく側面を持つ。田口はこのように主張する。

彼にとって問題なのは，統治者の「心のありよう」ではなかった。問題なのはむしろ——この点はスマイルズも同様なのだが[11]——被治者の「人心」であった。さらに，彼が注目したのは「政府の体裁」であり，「政府の建方」であった。歴史を叙述する際に，被治者の「人心」と「制度」とに注目することは，当然のことではない，少なくとも田口にはそのように，思われた。やや後年になるが田口は岩田徳義『基督教と社会との関係』（明治21年）を評して次のように述べている。

 人心を改良し，世弊を一掃せんと欲するに熱心なるに感服す。然れども書中多く古来英雄豪傑の心術を論責し，徒らに社会を攪擾したるものの如く述べらるるに至りては不同意の点多し（8：437）

田口は岩田の歴史叙述を，「英雄豪傑」の「心術」を「論責」するものとして批判的に捉え，これに続く部分において自らの「開化史」の意図を，「残忍なる秦皇は孔孟よりも社会に戦争を絶つの力ありと申す主意」「織田信長武田信玄の如き無倫の人物も戦争が上手故に人民は其下に立つことを好む由」とまとめて見せる。

『日本開化小史』には，「残忍なる秦皇」「織田信長武田信玄の如き無倫の人物」を秩序の実現という観点から，「孔孟」よりも高く評価するという意図が，「歴史の事ゆゑ明らかに斯くとは記載仕らず候得共」，こめられていたというのである（8：473～474）。福田徳三が田口の『日本開化小史』に接し，そこに「政治」を感じた理由の一端はおそらくこのような同書の性格にあろう。単に統治者の「心術」ではなく，また統治機構の形態だけでもなく，統治機構と人心とが相互に条件付けながら秩序が如何にして可能になるのか，『日本開化小史』は，このような問いを内包していた。人心と

制度と，それらの相互関係が生み出す秩序の動態を見据えた政治学がそこにはあったのである。

　以上を念頭に，次節においては「鎌倉政府」と「徳川政府」とについての彼の議論を分析する。このような読み方は，以上の分析とは別に，以下二つの方法的視点にも基づいている。

　第一に，『読史余論』『日本外史』などの先行する歴史叙述，また同時代の『文明論之概略』との比較において田口の歴史叙述を分析する。従来の研究は，バックルやギゾーの「文明史」との関連に専ら注目してきた。だが，田口自身，バックル，ギゾーと並んで新井白石や頼山陽の業績をしばしば先行業績として意識しているのである[12]。

　第二に，『日本開化小史』を最初から一貫した意図と方法に従って体系的に書き進められた書物として扱わない[13]。理由は，同書の執筆期間と時期にある。

　本書は，六年間かけて断続的に執筆され，そのつど分冊として刊行されていた。六回にわたり分冊で発行された同書第一冊の刊行は明治10年9月，第二冊は11年2月，第三冊は同年下半期，第四冊は12年10月，第五冊は14年7月，第六冊は15年10月である。後世の眼からは，あたかも当初から一貫した意図と方法とに基づいて書かれたかのように見える同書は，部分的に執筆され，刊行され，間を置いて続きを書き足していくという作業によって完成したのであった。その過程において，田口は，読者の反応や時代状況の変化を，その耳目を通して感じ取っていたはずである[14]。田口の身に，そして田口を取り巻く政治社会にも，この時期，様々な変化が生じていた。

　田口自身について言えば，『日本開化小史』第一冊を刊行した明治10年には，沼間守一，島田三郎等とともに嚶鳴社を創立した。その翌11年には『自由貿易日本経済論』を刊行し，明治7年から勤務していた大蔵省を辞した。明治12年には『東京経済雑誌』の発行を開始し，13年には東京経済学協会の前身である経済談話会を開始した。明治14年には地方政治にも進出し，府会の区部常置委員となった。第六巻が刊行された明治15年には，政府の政策を批判した『東京経済雑誌』の記事が新聞条例に抵触するとされ，起訴，投獄された当時の編集長が獄死するという痛ましい事件も経験した[15]。

政治社会の状況が激変したことは言うまでもない。明治10年には西南戦争が，明治14年には大きな政変が起きたことを挙げれば十分だろう。

田口の『日本開化小史』は，例えば『文明論之概略』のように，全体が短期間の内に集中的に書き上げられたものではない[16]。執筆方式においては『学問のすすめ』にむしろ似ていると言えよう[17]。

そこで本稿は，同書を神道の発生から「鎌倉政府」を経て，戦国時代における文学の「退歩」までを描く第一巻から第四巻までと，戦国時代から「徳川政府」の崩壊までを描く第五巻第六巻との大きく二つに分けて考える。二つの部分に刊行時期にして約2年の空白が存在すること，そしてその時期を境に田口の社会的地位が大きく変わったことの二つがその理由である[18]。

2．「鎌倉政府」の評価
　　——「廉なる政府」と大隈財政

『日本開化小史』における「鎌倉政府」への評価は非常に高い。
　　鎌倉政府の組立は緻密にして善く国家の権衡を保ちしかば，海内久しく穏やかにして人民泰平の沢を楽しみたり（2：41）

「政府の組立」が「国家の権衡」を保障し，さらには「人民泰平」を実現した。このような「鎌倉政府」への高い評価は，その担い手が北条氏に代わっても変わることはなかった（「公衆に向て政務を行ふに於ては代々公平節倹を重じ，唯だ及ばざるを恐るが如し」[2：40]）。北条氏の治世についても田口は，「人民太平を楽み肩を息ふことを得たるなり」（2：40）という。このような「鎌倉政府」への高評価は，それ自体で『日本開化小史』の歴史叙述の一つの特徴である。同書に先行する歴史叙述において，鎌倉の武家政権，とりわけ北条氏をこのように高く評価することは必ずしも当たり前のことではなかった。例えば，頼山陽の『日本外史』は，北条氏を厳しく論難していた。北条氏の「陰謀狡知」を厳しく非難し，泰時についてはその「善政」を認めつつも，「承久の事」におけるその「罪」をあくまで糾弾しているのである（「北条氏論纂」「源氏後記」）[19]。このような態度は藤田東湖にも共通する。東湖によれば，「北条闔門の罪は固より天誅すら容れず」（『弘道館記述義』）ということになる[20]。このような頼山陽の北条氏評価の背景には，「王室の為に勤王の気を鼓舞せん」とする意図があっ

た，と田口は考える（1：659,『日本外史ト読史余論』）。「勤王」という基準で，北条氏を断罪する頼山陽の『日本外史』は，「英雄豪傑」の「心術」を「論責」する歴史叙述の典型例だった（8：473）。

これに対し，北畠親房は『神皇正統記』において，「心タダシク政スナヲ」と泰時を評し，承久の「乱」に際し，「頼朝ト云人モナク，泰時ト云者ナカラマシカバ，日本国ノ人民イカガナリナマシ」として「民」を安んじた北条泰時の政治的手腕を称え，徒に「皇威ノオトロヘ，武備ノカチニケル」と憤る態度を誡めていた[21]。また新井白石も『読史余論』において泰時・頼朝の評価について『神皇正統記』の主張を敷衍し，頼朝については「孔子管仲が仁を許し玉ひし義なるべし」とまで評価していた[22]。田口は，「鎌倉政府」についての叙述の伝統を以上のように整理し，ここでは明確に後者を選択したのである。統治者の「心術」ではなく，安定的な秩序の実現を高く評価する田口の姿勢が，ここにはうかがえよう。それでは，安定的秩序を実現した「鎌倉政府」は，どのような統治機構を備えていたのだろうか。

「承久の乱」後の「鎌倉政府」について，田口は次のように言う。

> 政府の取扱方簡易にして，歳出多からざりしゆゑにや，徴租の割合も大に減少せり（割注省略）人民是に至りて，己を治むべき政府の為めに，己を攪擾せらるの憂を稍々免かれたり（2：38〜39）

ここで最大のポイントは，「政府の取扱方簡易」というにある。それは「簡易なる政体」（2：36）とも言い換えられる。「簡易なる政体」とは，政府の人員及び歳出の規模が小さいこと，「廉（ヤスアガリ）なる政府」（2：18）であることである[23]。「小さい政府」論それ自体は，無論，田口の専売特許ではない。例えば，「収斂」を最悪の統治の特徴の一つと捉える儒学的政治観も，一種の「小さい政府」論と言える。しかし，いやしくも儒者であれば，民を道徳的に向上させる手段としての「学校」を政府が率先して建設することを否定することはあり得ない。だが，田口が「鎌倉政府」を評価したのは，まさにこの点，政府が「文明」を先導し，文芸を発展させ，「学校」を創設して「人智の進歩」を促すことをしなかった，という点にあった。

> 唯だ倹節極て甚しくして，文学を勧めしこと無く，学校を設けしことなく，奢侈を制し，人智の進歩を妨げし跡あるを見て，或は識者の議

論を招くものあらん。然りと雖も平安政府の開化は地方を抑制して以て養生せしもの，国家の為めに願ふ所にあらざるなり，鎌倉政府の下に退歩せしは是自然の適度に達せしなり。（2：39）

これに対し「平安政府」は，田口によれば，「盛大なる政府」であった。そして政府を「盛大」へと向わせたものは，外国の優れた「文明」への欽慕の念であった。「支那」との交通によって「政治の扱方」は「唐風」に趨いていった。そのさまを田口は次のように述べる。

> 是より夫の庄屋政府を廃して八省を置き，天皇自ら万機を聞かせ給はで，大臣之に当り，數多の官員拝任して多分の給料を賜り，唐風の衣服を官服と定め，官階を定め，服色を定め（割注省略），百時唐制を模倣し給へり。千四百年代の始より千六百年代の終（桓武天皇の時）まで〔ママ〕，政府の目的は全く此の一点に存するが如し。是より政治の扱い方非常に手重になりて，復た古の如く廉なる政府にはあらざりき。其後に至りて其制愈々全備せしかば，政府益々盛大になれり。（2：17～18）

また，「開明の諸国」との交通によって，「終には全く自ら捨てて彼国の政治の有様を我国に移さんとする勢」となった「平安政府」の事情を，田口は次のように描写する。

> 代々の朝廷は遣唐使と称して使者を唐へ遣はされて，其国の事情を実見せしめ，更に留学生を遣はされて，其文学を学ばしめ，其政体を調べしめ給へり。此等の人々は全く彼の国の風俗に染みて帰朝し，唐風の冠を戴き，唐風の衣服を着し，唐詩を吟じ唐音を使ひ，意気揚々として百時唐風を恋ひたり。（2：17）

「遣唐使」を遣欧使節に置き換えてみれば，ここに同時代の統治体制と，その方向性についての田口の批判的意識を読み取らないことは難しい。大蔵省を辞した後になると，田口は直接的に政府の政策に対して批判的な意見を，『東京経済雑誌』等を通じて盛んに発表するようになった[24]。例えば，田口は明治政府の予算中，「官工の事」の「巨額」であることについて以下のように述べる（「歳入歳出決算報告書〔自明治元年1月至同8年6月〕を読む」明治13年6月）。

> 此等の事業は外国に在りては国を富まし物産を蕃殖するの基たり。日本にありては歳出を消耗し国帑を萎縮するの媒たり。其差何に因りて

発するか。一は人民之を営み，一は政府之を管するが為のみ。切に願ふ，有司の速に之に注意し悉く鉄道と鉱山と電信と造船所と製作所と製紙所と牧場と官林と各地勧業の管司せる一切の製造所とを人民に売却して，而して紙幣を減少し幣制を改良せんことを。（6：99～100）

　田口は，「官工」について「政府之を管する」ことが「歳出を消耗し国帑を萎縮するの媒」となっていると分析し，これらを「人民に売却」することを提唱した。また産業基盤整備にかかる「貸金の事」についても，その多くが「悪借（ベッドデット）」（ママ）となって，不良債権化していることを指摘し，「要するに官工の事，貸金の事共に官家に損失あること此の如し」（6：100）と断じている。

　また，翌月に草された「財政論」では，西南戦争後のインフレによる「紙幣の下落」と，公債発行による「財政の困難」とについてそれぞれ「紙幣下落を救ふは其流通を減少するにあり，公債を償却するは歳費を節減するにあり」（6：102）と述べて，デフレ政策と緊縮財政とを主張した。これらの政策もまた，「勧奨保護の政略を止めて政府の事務を適当の境域に限れ」（6：104）という，政府の役割に関する彼の原則的立場から導かれたものであった。さらに，「学校」政策批判も依然として展開された（明治13年7月「学制論」，2：583～588）。統治と教育とを切り離した上での「小さい政府」論は，殖産興業政策を支える積極財政を推し進める大隈財政に対する批判を意味した[25]。このような目前の統治体制に対する批判は，田口にとっては，歴史の中に根拠を持つものであったのである[26]。だが，ここで単に田口が「小さい政府」論を説いたことにのみ着目するならば，人間の利己心を調停し秩序を生成する制度としての「市場」を信頼し，（統治による秩序の実現を前提にした上で）統治機構の「市場」その他に対する介入を極力排除しようとする模範的なリベラリストとしての田口像（多くの先行研究がこのような像を共有する）は揺らがない。だが，『日本開化小史』後半部分と，その同時期の論説は，以上のような田口像を揺るがせるに足るものである。長期にわたる安定と繁栄とを誇った「徳川政府」が，かくも短期間のうちに「瓦解」したのはなぜか。そのことを深く考えていく中で，田口は，「私利心」を調停する「制度」として，「市場」とは別の何かを模索することになったのである。

3．「徳川政府」の崩壊過程——忠誠と反逆——

　『日本開化小史』の後半部分は，「徳川政府」の勃興と崩壊とに焦点を合わせている。「戦国乱離の有様」が徐々に「集合の点」に向っていく過程を，田口は強力な戦国武将たちの「私利心の助け」（2：73）によって説明する。彼等が統一を達成したのは「仁道」の実現に努めたからではなかった。「其の私利とせし所の実に衆人の公利と合する所ありたる」によるのであった（2：70）。その戦国の覇者達の最終的な生き残りによって建設された「徳川政府」の「組立」は，「鉄石の砕くべからざるが如く」堅固なものであった。その制度の頑強さこそが，「明君」ならざる君主，「良善」ならざる重臣がしばしばいたにも拘わらず，300年近い「泰平」を実現したのである。その体制がどうして一挙に崩壊したのか。

> 外船の突入するや，日本人民の恐怖せしこと実に非常なりき，故に封建の分子は此時早く既に破滅し，彼の族を重んずるの習気全く社会を去れり，諸侯の内部に於いては皆改革を行ひ，皆日本国を思ふの人をして藩政を司らしめたり。此時に当りて此等の人の心裏，復た其君に忠を尽さんとの念にあらざるなり。其藩を愛するの念あらざるなり，全く日本国のみ憂ひて，少しく更に勤王の志を存せしものなり。此の如き人物は豈是れ封建の人ならんや，全く郡県の人なるなり。されば徳川政府を滅したるは，外面にては封建諸侯の力なるが如く思はるれども，其実は愛国の志士封建の遺物なる一団結に因りて其目的を達せしなり。されば徳川政府の滅せし後四年にして，明治政府は遂に封建を廃して郡県と為せしと雖も，海内一人の其君に忠なるものありて之に抗せしことなし。蓋し之を聞く，封建制度の盛んなるや，人民愛藩の念ありて愛国の心なし，敵国外患の強きや愛国の心ありて愛藩の念なしと。今ま徳川政府の末路愛国の心ありて愛藩の念なきを見れば，即ち徳川政府の滅するは封建の滅する所以なるを知るべし。然らば即ち其滅するや命なり，何ぞ必ずしも責を一二執政者の過失に帰すべけんや。（2：115〜116）

　体制の崩壊の原因は，単純に「愛国の志士」の活動にあるのではない。また，「一二執政者」の過失にあるのでもない。ここで田口が着目しているのは情念である。さらに言えば，「封建」「郡県」という「制度」（「政府の建

方」）とそれが生み出す情念（「念」「心」）との相互関係である。「封建」という「政府の建方」の下で培養され，それを支えて来た「愛藩の念」が，「愛国の心」にとって変わられた時，「志士」たちもまた「封建の武士」から「愛国の志士」へとその姿を変えていた。その直接的契機は外国船の出現であるとしても，それを用意した思想的背景があった，と田口は考える。それは儒学だった。儒学こそが「君」と「父」との対立を，ひいては「愛国心」と「愛藩心」との葛藤を生み出した。誰が忠を尽すべき「君」であるか。この点を巡って体制を支えるはずの「忠義の教」が，体制にとっての危険思想へと転化する様子を，田口は次のように描く。

> 徳川政府の組立は封建制度なり，封建制度を破るものは不忠の心なり。故に忠義の教太平の久しきに従ひて社会に発成したり（2：107）

もちろんこの儒学は，「忠義」を極端に強調する〈日本化〉された儒学だった[27]。

> 徳川時代に行われたる孔孟の教は，忠義の切なること却て純粋なる孔孟の教より甚しきものあるが如し（同上）

このような「忠義」を極端に強調する儒学において，一体，誰が忠を尽すべき「君」であるのかという問題が浮上する。その瞬間，この教えは体制にとっての危険思想へと転化する。

> 斯く忠義の説社会に発揚するに及びて，大に徳川政府の封建制に衝突するの結果を発せり。何となれば我国に於て忠義の最も大なるものは，徳川氏に尽すにあらずして王室を尊ぶにあることは，歴史の明らかなるに従ひて，一般人民に知られたればなり（2：106）

儒学は，人々の「私利心」を，政治体制を支える忠誠心という情念として動員した。しかし，逆に，忠誠の対象が一旦揺らげば，それは直ちに体制を破壊する反逆心へと転化する。儒学は一面において体制を支え，他面において体制の崩壊を準備した。これが田口の見方である。

「徳川政府」の崩壊過程を以上のように捉える田口の歴史叙述の特徴を，もちろん『日本外史』や『読史余論』との比較において考えることは出来ない。だが，僅か十年ほど前に起きたこの「革命」を[28]，広い歴史的展望の中で捉えた先行著作としては，例えば，『文明論之概略』があった。『文明論之概略』は，『日本開化小史』とは異なり，歴史的分析を主とした著作ではない。しかし，「文明」に関する福澤諭吉の包括的な議論は，徳川体制

の崩壊原因をもその視野に収めている。『文明論之概略』第5章における「革命」の原因論によれば,「攘夷論」は「革命」の「近因」に過ぎない。では「遠因」は何か。それは「智力」である。

> 一般の智力は初めよりその赴く所を異にし,その目的は復古にもあらず,また攘夷にもあらず,復古攘夷の説を先鋒に用いて旧来の門閥専制を征伐したるなり。故にこの事を起こしたる者は王室にあらず,その仇とする所のものは幕府にあらず,智力と専制との戦争にして,この戦を企てたる原因は国内一般の智力なり。これを事の遠因とす[29]。

福澤は「革命」の根本的な原因を「智力」に求めた。彼は「門閥」による「停滞不流」「専制の暴政」に対する「智戦」の過程として徳川体制の崩壊を描いたのである。敢えて単純化すれば,「革命」の原因として,田口にあっては情念が,福澤にあっては「智力」が問題とされていたのである。以上のような両者の相違は,同時期の彼等の「民選議院」論にも現れていた[30]。例えば,「智力」と「衆論」との関係について福澤は,『文明論之概略』執筆と同時期に,「全国の智力に由りて衆論を成し,その衆論の帰する所にて政府を改め,遂に封建の制度をも廃し」と述べている[31]。「智力」が「衆論」を成し,その「衆論」が「制度」を変えていったというのである。「民選議院」とは,福澤にとって,「智力ある人」による「衆論」形成の場であった。福澤の「民選議院」原則賛成論の背景には,以上のような「智力」が歴史の中で果たしてきた役割への高い評価があった。

これに対し,田口は,「徳川政府」崩壊の原因を,政治的情念に求める。忠誠の対象が「愛藩」と「愛国」との間で分裂したことが,「徳川政府」崩壊の最大の原因であった[32]。それでは以上のような事情は,「封建」から「郡県」へと「政府の建方」が変化したことによって消滅したのであろうか。「郡県」の社会は忠誠対象が一元化された安定的な社会なのだろうか。そうではなかった。

『日本開化小史』における「徳川政府」崩壊の分析とほぼ同時期に書かれた『時勢論』(明治16年1月)において田口は,「郡県」社会に潜む危険性について以下のように述べる。

> 今や我国の事情は郡県の社会にして封建の社会にあらず。故に変事の或は君父の間に発するなしと雖も,国と君との間に相関するの事に至りてや其発出を将来に免る能はざるは灼然として火を観るより明なり。

（5：3）

「郡県の社会」にあっては,「君」と「父」との間で忠誠が分裂することはもはやありえない。しかし,「国」と「君」との間で,つまり「愛国心」と「尊王心」との間に分裂は生じ得る。田口の見るところ,「愛国心」の背後には民権論者が,「尊王心」の背後には官権論者がいた。民権論者と官権論者が,それぞれ元は「利己心」に過ぎない「愛国心」と「尊王心」とを利用しつつ,或はそれに突き動かされつつ,相互に衝突する時,「変事」が出来するかもしれない。これが田口による「我国現時の景況」における最悪のシナリオであった。これを防ぐにはどうすればよいのか。

それが議会であった。

『時勢論』の冒頭,田口は頼山陽の「勢」論（『通議』「論勢」）の引用から議論を始めている。田口によれば,ここでいう「勢」とは「人心の趣く所」（5：2）である。「勢」という伝統的な概念を用い,それを以上のように捉えることで,田口は歴史変化の方向と歴史変化に人々の情念が与える影響について考察しようと試みている。そして田口によれば,現状において必要なのは,この「勢」を「利導」し,さらに「制為」することである（5：9）。「利導」とは,水の流れとしてイメージされた「勢」の流れに逆らうことなく,それに沿ってことを行うことであった（「水の趣きて流を成す遏ぐべからず。然れども其の趣く所に由りて之を利導す」〔「水之趣而成流不可遏也然因其所趣而利導之」〕頼山陽）[33]。「制為」とはこれに対し,「勢」が明確にある形を取り始める前に,それを未然に制御することであった（「勢は漸を以って変じ漸を以って成る。人力の能く為す所に非ず。而て其の将に変ぜんとして未だ成らざるに及べば因りて之を制為す」〔「勢者以漸而変以漸而成非人力所能為而及其将変而未成因而制為之」〕）。

「勢」に沿ってことを行うことと,「勢」の暴発を未然に防ぐこと,田口はここで「利導」と「制為」とを,区別している。「制為」とは,田口においては,「利己心」「私利心」に基づく「人心」が持つ不定形な（そして時に危険な）エネルギーに方向性を与えるべく具体的な「制度」を設計することであった。徳川政府を倒した「維新」のリーダー達は,確かに「徳川政府」の下で当時の「人心」「勢」を「利導」したかもしれない。だが,その後,未だに「制為」するには至っていない（5：16）。「明治政府」のリーダーシップは専ら「有司の徳義」に依存しており,「制度」が建てられて

いない(「方今此事全く有司の徳義に存して未だ制度に現はれず」5：11)。これが田口の診断であった。さらに言えば,この「勢」を制御する「制度」を建てて泰平を実現したのが,『日本開化小史』においてそれぞれ前半部と後半部の分析の中心であった,「鎌倉政府」と「徳川政府」であった。

  謹んで我国従来能く民心を収攬したる二政府の意を創業に用ゆる如何なりしやを陳述して以て方今の制度に対比せん。一は鎌倉政府,一は徳川政府是なり。(5：11)

 『時勢論』における現状への処方箋は,『日本開化小史』における分析を前提にしたものであった。鎌倉・徳川の両政府の「政府の体裁」は,「封建の社会」においてという留保を付けつつも,依然として学ぶべき実例であったのである。それでは,「郡県の社会」において,「愛国心」と「尊王心」との間の葛藤として生じうる「勢」を「制為」するために必要な「制度」とは何か。それこそが「代議政体」「国会」であった(5：28)。無論,既に明治23年の国会開設が決まっていた。しかし「制度」の建設は出来るだけ急ぐべきであった。即時「国会」開設を「諤々の臣」として強く求めること,これが『時勢論』の骨子である(5：28)。「愛国心」と「尊王心」という二つの葛藤する情念を調停する「制度」として「国会」が,田口の「郡県の社会」の秩序構想の中心に据えられたのである[34]。

 ところで,福澤による「民選議院」の位置づけにも,この時期,大きな変化が生じていた。『文明論之概略』執筆(明治8年)前後の福澤において,「智力あるの人」による「衆論」形成の場という「民選議院」の捉え方は,彼をして,「地方民会」を重視する立場を取らせていた(『分権論』〔明治10年11月〕『通俗民権論』〔明治11年9月〕)。だが,『民情一新』(明治12年8月)『国会論』(明治12年8月)に至ると,各「地方民会」による「衆論」の集積として「民選議院」を構想する姿勢は影を潜め,代わって議院内閣制と政権交代とをその主軸として「民選議院」を構想する姿勢が鮮明に現れてくる。このような変化の背景には,激化・亢進していく「官民軋轢」の現状に対し,「官民調和」の場として議会を再定義しようとする福澤の狙いがあった[35]。これにともない,『文明論之概略』において,「腕力」の「専制」に対する「智力」の勝利として描かれた「文明」の姿は,今やテクノロジーの進展によってもたらされた「情海」の出現に「狼狽」するものとして描き直されたのである。「文明」の進展が「智」ではなくて「情」の

横溢をもたらし得る[36]。その時，安定的な秩序はもはや自明の前提ではない。

議会を,「智」の集積としてよりもむしろ,「情」の氾濫に対する制御盤として捉えるという点で，また,「官」と「民」の対立の様相に深い危機感を抱きつつ，その「軋轢」を調停するための「制度」として議会を位置づけようとしたという意味においては,『民情一新』以後の福澤と田口の議会構想は期せずして一致する。だが，無論それでも，相違点も大きい。田口による議会構想が,「勢」「人心」という伝統的な語彙によって,「鎌倉政府」「徳川政府」といった過去の実例の内在的な分析を通して表現された，ということにも注目するべきであろう。「日本文明」の構造を超歴史的に「権力の偏重」として把握し，批判した福澤からは出てこない視点や言葉遣いがここには確かにあるのである。

おわりに

田口は,「私利心」を人間の「天性」と呼んだ（2：9）。彼は断固たる態度で終生エゴイズムを肯定し続けた（「自愛」『楽天録』)[37]。「革命」の騒乱の中に育ち，幕臣の子弟として，時に暴力の危険を身近に感じ，時に極度の貧困に苦しんだ彼にとって[38]，自己保存を中核とするエゴイズムの肯定は偽悪的なシニシズムの表明などではなかった。「政治」に秩序の創出と謙抑とを求める彼の態度は，以上のような時代経験を背景とした自己保存の欲求の肯定と無関係ではなかろう。

そしてまた，彼における「私利心」の断固とした肯定は,「私利心」の最終的な調停者としての「市場」への全面的な信頼を帰結したわけではなかった。「市場」が不完全だからではない。人間の「私利心」が歴史的環境の中で，実に様々な形を取り得るからである。人間の「私利心」は思わぬ形に「変形」し，それはしばしば「市場」の手に余る。そのことを彼は，歴史を通して，充分に認識するに至ったのである。例えば，彼は，武士の「高名心」や「忠義心」を特定の歴史的環境における「私利心」の変形物として捉えた（2：31）。「高名心」や「忠義心」とは，彼にとって，人が人のために生命を捧げることを肯定するイデオロギーに過ぎない。しかし，そのことはイデオロギーが人に対して及ぼす影響力を過小評価することを意味しない。彼は人が単純な「私利心」によってのみでなく，その変形物た

る「政治思想」によっても動かされることを熟知していた。田口が「郡県」の「明治世界」に見出したのは「政治思想を有するものの世界」（5：19）であった。ここで政治思想とは，いわば，「市場」によっては決して調停されない，政治的情念の謂であろう。福田が，『日本開化小史』のみならず，田口の著作の全てに「政治」的視点を感じたのは，田口が人間を動かすものとしての「政治思想」＝政治的情念に取り分け鋭敏であったからに他ならない。確かに，市場によって調和に導かれる「私利心」が存在する。だが，「市場」によっては決して調停されることのない政治的情念の葛藤は，いかなる制度によって調和に導かれるのか。この問いは政治的情念が引き起こした「革命」の中を生き抜いた田口にとって避けては通れない問いであった。「小さい政府」を求め続けた田口は，おそらくは「市場」による「私利心」のユートピアを夢想しつつ，だが，それゆえにこそ，人間にとっての「私利心」の歴史的多様性をリアルに見据えていた。その多様な「私利心」の総体こそが「人心」なのである。「人心」と「制度」との相互関係を歴史的に分析することを通じて，彼は「政治思想」に突き動かされる人間達が，それでも安定的な秩序を実現するために「議会」の必要性を説くに至ったのである。

（1）『鼎軒田口卯吉全集』（鼎軒田口卯吉全集刊行会，1927～1929年）からの田口自身の文章の引用は本文に巻数と頁数とを示す。引用に際しては，読みやすさを考慮して，常用漢字に直すなど，原文に改変を加えた部分がある。

（2）田口の伝記的事実に関しては塩島仁吉『鼎軒田口卯吉先生伝』，経済雑誌社，1911年，田口親『田口卯吉』，吉川弘文館，2000年。近年の研究動向を反映したものとして杉原四郎・岡田和喜編『田口卯吉と東京経済雑誌』，日本経済評論社，1995年，松野尾裕『田口卯吉と経済学協会——啓蒙時代の経済学』，日本経済評論社，1996年。

（3）ここでやや戯画化して紹介した従来の研究傾向を代表するものとしては例えば，小沢栄一『近世日本史学史の研究：19世紀日本啓蒙史学の研究』，吉川弘文館，1966年，215～220頁。また，内田義彦「明治思想におけるブルジョワ合理主義」『内田義彦著作集』第5巻，岩波書店，1988年。さらに，熊谷次郎『マンチェスター派経済思想研究』，日本経済評論社，1991年等がある。

（4）田中浩『近代日本と自由主義』，岩波書店，1993年。題名「自由主義」

に「リベラリズム」とルビをふる同書の第四章は，日本の「アダム・スミス」として田口を扱う。
（5）　福田徳三「解説」『鼎軒田口卯吉全集』第2巻，鼎軒田口卯吉全集刊行会，1927年，15頁。
（6）　同，二四頁。また，『日本開化小史』における「政治を主とする傾向」につき黒板勝美「解説」『鼎軒田口卯吉全集』第1巻，12頁。
（7）　同上。
（8）　安丸良夫は杉原・岡田前掲書の書評においてまさにこの点を強調している。安丸良夫『経済研究』，第47巻4号，374～375頁，1996年。政治思想史の立場からする先行研究に関しては伊藤彌彦「田口卯吉の政治思想」，『同志社法学』26巻2号，27巻1号，1974～1975年が存在する。また河野有理「田口卯吉の夢──「郡県」の商業と「自愛」の秩序」，『国家学会雑誌』，119巻3・4号，2006年。また政治史的観点からの研究には御厨貴「田口卯吉」，内田健三他編『言論は日本を動かす』，講談社，1986年がある。
（9）　小沢前掲205頁。また森戸辰男「文明史家並『社会改良』論者田口鼎軒」，『我等』第9巻5号，1927年。
（10）　サミュエル・スマイルズ原著，中村正直訳『西国立志篇』（1870年）第三篇。原著は Samuel Smiles, *Self Help*, 1859.『西国立志篇』執筆時の中村正直の活動とその影響については松澤弘陽「西洋経験と啓蒙思想の形成──『西国立志篇』と『自由之理』の世界」『近代日本の形成と西洋経験』第四章，岩波書店，1993年。
（11）　この点に付き，天皇にキリスト教改宗を勧めた。そこには当然，統治者の道徳的覚醒こそが統治の根本にあるべきだとの強い確信があろう。中村敬宇が同様に考えていたかは疑わしい。
（12）　『日本外史ト読史余論』（明治25年）。また三上・黒板「序」。
（13）　前掲大久保，109～111頁。
（14）　小沢前掲書192頁はこの点に，但し否定的なニュアンスを伴いつつ，言及する。
（15）　前掲田口親，74～124頁。
（16）　『文明論之概略』は1年ほどの期間に一気に書き上げられた。松澤弘陽「解説」，『文明論之概略』，岩波文庫，1997年，364～370頁。草稿と成稿との比較に基づく詳細な研究として進藤咲子『『文明論之概略』草稿の考察』，福澤諭吉協会，2000年。
（17）　『学問のすすめ』を「解体」した上で本文において述べたような方法論によって読解した先行研究としては平石直昭「福澤諭吉の戦略構想──文明論の概略期までを中心に──」，『社会科学研究』51巻1号，1999年，また同「福澤諭吉の明治維新論」，『福澤諭吉年鑑』27号，2000年。

(18) 前半部分の執筆時期，田口は大蔵省に勤務する官吏であった。そして，後半部分の執筆時期，彼は『東京経済雑誌』を通じて発信するジャーナリストであり，東京府会に関わる政治家であった。小沢前掲196頁もここに断層の存在を示唆する。
(19) 頼山陽『日本外史』上巻，岩波文庫，276～277頁。
(20) 藤田東湖『弘道館記述義』，『日本思想大系』53巻，岩波書店，1973年，292頁。
(21) 北畠親房『神皇正統記』「後嵯峨」条，『日本古典文学大系』87巻，岩波書店，1965年，162～163頁。また，この部分を引き「責任倫理」と「心情倫理」との並存という観点からする研究として丸山眞男「神皇正統記に現われたる政治観」，『丸山眞男著作集』第1巻，岩波書店，1996（1942）年，173～174頁。丸山の『神皇正統記』解釈については苅部直「回想と忘却―丸山眞男の『神皇正統記』論をめぐって」，『思想』988号，2006年。ここでは親房の泰時に対する高い評価につき，丸山が着目していることが言及されている。同31頁。
(22) 新井白石『読史余論』，『日本思想大系』35巻，岩波書店，1975年，294頁。この表現は論語・憲問篇に基づく。朱熹『集注』は，この部分で管仲は「仁人」ではないが，「仁之功」があるとする。
(23) 「廉なる政府」という概念に着目した研究として，戒田郁夫「田口卯吉の公債思想」，杉原・岡田前掲編書所収。
(24) 大蔵省在官中から政策への彼の不満は大きかったようである。「紙幣寮にありし時にも，三度まで紙幣頭に逆らひしことあり」と回想している。『自叙伝』，『鼎軒田口卯吉全集』8巻，85頁。田口の在官当時の紙幣頭は得能良介である。
(25) 「学校」の問題が，特に明治政府において，統治の性格を考える上で重要な問題を提起する点につき中田喜万「近世日本武士と『学校の政』の秩序構想について」『中国―社会と文化』21号，2006年参照。
(26) 一見して明らかなように，田口のこの時期の財政政策と，大隈財政の批判者として登場した松方正義の財政政策とは，その政策的距離が近い。但し，両者を同視することは出来ない。本稿の範囲を超えるため詳言はしないが，田口が「外債」には決して消極的ではなかったという事実は重要であると思われる。大隈は自らの積極財政を維持しつつ，対外収支の悪化に対処するため巨額の外債を起債しようと試みた。しかし，政府の財政出動を歓迎する保護貿易論者は，概ね，巨額の外債の起債には不安を感じており，明治天皇とその側近達もその不安を共有していた。大隈が政府から排除され，松方が財政の指揮を取ることになった要因の一つには，外債起債に対する朝野の不安があったと言われる（三谷太一郎「福澤諭吉と勝海

舟——政策論上の対立とその歴史的意味——」,『福澤諭吉年鑑』23号, 1996年, 同「日清戦争に至る明治国家の外国借款政策と経済ナショナリズム」, 坂野潤治・三谷太一郎著, 日本の近現代史調査会編『日本の近代史述講 歴史をつくるもの』上, 中央公論新社, 2006年, 237～238頁。) 大隈の財政政策を政府の役割からの逸脱として, 容赦なく批判した田口は, しかし, 「外債」という財政上の選択肢については何らの不安も感じていなかった。大隈の積極財政を支持しながら, 外債の起債に反対し, その点で松方を支持せざるを得ない立場にありながら, 緊縮財政には反対するというこの時期の「経済ナショナリズム」論の陥った自家撞着に対し, 田口は政府の役割に対する確固たる信念と市場の自律性に対する信頼から, 首尾一貫した議論を展開したのであった (この時期の「経済ナショナリズム」と田口が反対した「封建」論のつながりにつき河野有理「田口卯吉の夢——「郡県」の商業と「自愛」の秩序」第1章。またこの時期の大隈の外債論に福沢の影がうかがえることにつき, 三谷前掲書, 238頁。田口と福澤の外債に関する態度の相違につき, 戒田前掲論文, 104頁)。

(27) 儒学と徳川社会との不適合の様相及び前者の (徳川社会の無数の儒者たちによる) 適合化の過程の (現代の研究者による) 研究として渡辺浩『近世日本社会と宋学』, 東京大学出版会, 1985年, 黒住真『近世日本社会と儒教』, ぺりかん社, 2003年。

(28) 田口も福沢もこの出来事を「革命」と捉えている。いわゆる「明治維新」を「革命」として解釈するとどのような視野が開けるのかにつき渡辺浩「アンシャン・レジームと明治革命——トクヴィルをてがかりに」『思想』979号, 2005年。

(29) 福澤諭吉『文明論之概略』,『福澤諭吉全集』第4巻, 岩波書店, 1959年, 73～74頁。

(30) 同「明六社談論筆記」,『福澤諭吉全集』第21巻, 298頁。

(31) 同上, 74頁。

(32) なおこのような分析視角につき福地源一郎の影響が考えられる。『東京日日新聞』明治7年12月2日。「封建」の主義に対して「愛国」の精神の形成を説いた福地の議論に着目した研究については坂本多加雄「福地源一郎の政治思想——「漸進主義」の方法と課題——」『思想』657号, 1979年。また河野有理「田口卯吉の夢——「郡県」の商業と「自愛」の秩序」第1章。

(33) 「勢」を「利導」するという表現は,『史記』列伝孫子に典拠がある。『史記』孫子呉起伝,『新釈漢文体系』第75巻, 明治書院, 1990年, 96頁。

(34) 「封建」「郡県」概念と議会との関係は, 東アジアの近代政治思想史の中で, 別様でもあり得る。増渕龍夫「歴史認識における尚古主義と現実批

判——日中両国の「封建」・「郡県」論を中心にして」,『岩波講座 哲学Ⅳ 歴史の哲学』,岩波書店,1969年〔同『歴史家の同時代的考察について』,岩波書店,1983年所収〕,また佐藤慎一「封建制は復活すべきか——封建制の評価をめぐる清末知識人の議論——」,張翔・園田英弘『「封建」・「郡県」再考——東アジア社会体制論の深層』思文閣出版,2006年所収。

(35) 伊藤彌彦「明治十四年の政変と人心教導構想」,『維新と人心』第4章,東京大学出版会,1999年,坂野潤治「政治的自由主義の挫折」『岩波講座日本通史』17巻,岩波書店,1994年。

(36) 松澤弘陽「『民情一新』覚え書——官民調和論との関係において」,『福澤諭吉年鑑』24巻,2001年。

(37) 河野有理「田口卯吉の夢——「郡県」の商業と「自愛」の秩序」第2章。

(38) 前掲田口親,26～32頁。

途上国の金融改革のペースを決定する政治的要因

大森佐和[*]

1．はじめに

　1980年代後半以降1990年代を通じて途上国において新自由主義に基づいた経済改革が行われた。これらの経済改革については，グローバリゼーションの影響下で一様に行われ，国による差異はほとんど無いと考えられがちであった。しかしながら，金融改革に注目すると，国によってそのペースには驚くべき差異があることが分かる。例えば，ラテンアメリカのアルゼンチン，ウルグアイ，チリ等では，1970年代にすでに金融改革が始められた。その一方でインドネシアや韓国のような東アジアの国では1980年代に入ってから初めて主要な金融改革を行った。また，例えば同じ南アジアにあっても，インドでは資本収支の自由化が今日に至るまで余り進んでいない一方，バングラデシュでは海外直接投資の完全自由化が行われている。このように多様である途上国における金融改革のペースを速めたり遅らせたりする主な政治的決定要因となるものは一体何であろうか？

　国際政治経済学者による先行研究においては，金融改革の中でもとりわけ資本自由化に関心が集中しており，他の様々な分野の金融改革についてはあまり研究が行われてこなかった。また，比較政治経済学者による先行研究は事例研究が主であり，金融改革の原因となる政治的要因に関する計量分析はほとんど行われていない。

　そこで本稿では，資本収支の自由化のみならず，銀行の民営化・銀行監督の強化といった銀行改革にも焦点を当て，これらの三分野の金融改革のペースの政治的決定要因を調べるために，以下の3つのレベルからの説明

---

[*] 東京大学社会科学研究所研究機関研究員　国際政治経済・公共政策

を試みる。(1) IMF からの圧力に因るとする国際レベルによる説明，(2)拒否権プレーヤーの数（与党内の政党数）に因るとする国家レベルによる説明，(3)銀行セクターや製造業セクターなどの利益団体からの圧力に因るとする社会レベルによる説明，である。これらのそれぞれのレベルからの影響について仮説を立て，イベントヒストリー分析によって検証してゆく。特に，IMF の経済や経済改革の効果に関しては実証研究においてもその評価は一定ではないため，とりわけ本稿では，IMF は金融改革のペースを速めると仮定し，その IMF の働きが国内の拒否権プレーヤーの数によってどう変化するかに着目して交互作用分析を行う。これによって，IMF と国内政治要因とがどのように金融改革政策に影響を及ぼすかについて検討することを目的とする。

本稿では，まず，次節で先行研究を概観する。その後，上記3つのレベルについての仮説を提示する。さらに，これらの仮説を検証するため用いるデータベースや変数の操作化，イベントヒストリー分析の方法について説明した後，結果を提示する。

2．先行研究

金融改革についての先行研究に関しては，非常に多くの研究が経済学者によってなされている[1]。しかし，こうした経済学者による金融改革の研究は，金融政策のアウトカムや金融改革のマクロ経済指標への影響に焦点を当てており，「なぜこうした改革がおこったのか」には着目していない。一方，国際政治経済学者による先行研究は，その大半が資本収支の自由化に着目しており，多数の国をケースとする計量分析か[2]，「先進国のみ」を対象とする計量分析が行われてきた。特に，後者の先進国に関する先行研究では，「なぜ」資本収支の自由化がおこるのか，という問いに対して，党派性（Kastner and Rector 2005, 2003; Li and Smith 2002; Quinn and Inclan 1997）や拒否権プレーヤーなどによる説明（Kastner and Rector 2003）がなされてきた。しかしながら，資本収支の自由化以外についての途上国を対象とした金融改革についてはほとんど着目されてこなかったといえる。

さらに，比較政治経済学者による先行研究では，途上国における経済改革がなぜ行われてきたかについてその要因を，金融危機（Weyland 1996; Rodrik 1994; Haggard and Kaufman 1992），IMF 等による外圧（Haggard and

Kaufman 1992; Stallings 1992),政治的リーダーの交替（Haggard 2000; Haggard and Webb 1994; Kaufman 1985)等に求めてきた。こうした先行研究は事例研究が主であり，金融改革の原因となる政治的要因に関する計量分析はほとんど行われていない。唯一包括的な金融改革の指標を用いて途上国における金融改革の原因を探った先行研究が経済学者によって行われているが（Abiad and Mody 2005; Lora 1998)，そこでは政治的要因は有意な結果を得ていない。

しかしながら，途上国において銀行は，重要な役割を果たしている。証券会社などの他の金融仲介機関が未発達な途上国では，銀行は金融業において中枢の役割を担っている。また，銀行は貯蓄から投資への仲介機能を果たすため，経済発展において鍵となる重要な役割を担う。さらに，銀行危機が起きた場合に通貨危機とあいまって双子の危機が途上国経済に与える打撃ははかりしれないものがあるといえよう[3]。以上のように，途上国において銀行の果たす役割の重要性，及び前述の先行研究の少ない状況に鑑みると，資本収支以外の金融改革として銀行改革がどういった条件下でおこるかについて検討することに，本研究が寄与するところがあると考える。このような問題意識のもと，本稿では銀行の民営化・銀行監督強化の二分野に資本収支の自由化を加えた三分野に焦点を当て，途上国の金融改革のペースを決定する政治的要因について検討を試みる。

3．仮説：金融改革を説明する政治的要因

本稿では，途上国の金融改革のペースを決定する政治的要因として以下の3つのレベルからの説明を試みる。(1) IMFからの圧力に因るとする国際レベルによる説明，(2)拒否権プレーヤーの数（与党内の政党数）に因るとする国家レベルによる説明，(3)銀行セクターや製造業セクターなどの利益団体からの圧力に因るとする社会レベルによる説明，である。

3．1．IMF：国際レベルによる説明

前述のように，比較政治学者による事例研究では，IMFによる国際的な圧力は途上国の主な経済改革の要因として挙げられてきたにもかかわらず，実際には，IMFコンディショナリティプログラムの履行に関する実証研究ではむしろ，その履行率は約40%から約70%に過ぎないという結果が示さ

れている (Ivanova et al. 2003; IMF 2001)[4]。

　このため，研究者からは「所有権の問題（Ownership Problem）」についての懸念が出されている（Khan and Sharma 2003; Drazen 2002; Killick, Gunatilaka, and Marr 1998）。所有権の問題とは，「多国間援助機関からの動機づけから独立して国家がどの程度改革を行う意志をもっているか」（Drazen 2002, 37）を指す。国家がIMFのコンディショナリティプログラムを履行するに当たってその意志を欠いている場合には，その国の政府は改革にコミットしないため，IMFのプログラムは結果が得られないことになる。すなわち，たとえ国がIMFのコンディショナリティプログラム下にあるといっても，その国はIMFプログラムを履行するとは限らないのである。では，途上国の金融改革においては，IMFプログラムはそのペースを速めるような決定的な役割を果たすのであろうか？　それとも，所有権問題のために，国家には金融改革を行う意志がなく，IMFプログラムは効果がないままなのであろうか？

　IMFは，国に資金を貸し付けるか否か，またもし貸し付けるとすればどういったコンディショナリティプログラムの内容にしてゆくかを借入国と交渉する。しかし，その交渉に際して，借入国がプログラムの内容について合意に達し，資金援助がいったん行われた後どの程度まで改革にコミットする意志があるか，については不明瞭である。いくら交渉時の借入国の政治リーダーが金融改革を履行する意志があっても，例えば国内で他の政治リーダーの反対にあったり，政治リーダーの交替があったり，また民主化あるいは民主主義体制の崩壊等の大きな政治体制変動があったりする可能性もある。従って，IMFはコンディショナリティプログラムの内容やスケジュールを決めるにあたって，なるべく速いペースで金融改革を行うようなプログラムに合意するよう借入国に要求するであろう。また，最初の資金援助が行われた後でも，残りの資金はコンディショナリティプログラムの遵守の状況により段階的に行われるため，借入国は速いペースの金融改革であっても受け入れざるを得ないであろう。さらに，金融改革は，マクロ経済の安定化・財政政策・為替政策と共に，IMFの構造調整プログラムの中心をなし，IMFが最も専門としている政策領域の一つであり，IMFが途上国に与える影響が最も大きい政策領域であるといえよう。

　IMFは，ワシントン・コンセンサス（Williamson 1990）に基づく新自由

主義に基づく経済改革を支持しており，国家の市場への介入を最小化してゆくことを志向している。従って，IMFは「銀行の民営化」の分野については，国営の銀行は非効率であるため，効率性を増すために，銀行の民営化を支持するであろう。また，「資本収支の自由化」についても，例えば海外直接投資の自由化は外国の企業と国内の企業との間の競争の促進につながり，通貨の自由交換性の達成と共にIMFの主要な政策の目標となってきており，IMFは資本収支の自由化を支持するであろう。「銀行監督の強化」については，銀行監督の強化は政府の市場への介入強化を意味することになるとはいえ，実際には政府の銀行への規制を強化することによって銀行危機を防げると考えられるため，IMFは銀行監督の強化を支持すると考えられる。従って，銀行の民営化・銀行監督の強化・資本収支の自由化のいずれの三分野においてもその金融改革のペースを速める働きをすると仮定される。以上を踏まえ次のような仮説を提示する。

仮説1：国家はIMFコンディショナリティプログラム下にある時には，銀行の民営化・銀行監督の強化・資本収支の自由化のいずれの三分野においてもその国家の金融改革のペースを速める。

しかしながら，このIMFの金融改革のペースを速める働きは以下に述べるように，借入国の政治的条件によって左右されると考えられる。次項ではその条件について検討したい。

3. 2. 拒否権プレーヤー：国レベルによる説明

拒否権プレーヤーの概念はTsebelis（1995, 2002）が発展させた。拒否権プレーヤーとは，「現状の政策を変更するのに合意が必要な個人または集合的なアクター（Tsebelis 2002）」を指す。それぞれの拒否権プレーヤーはそれぞれの政策に関して選好を持っていると仮定され，拒否権プレーヤーの数・それぞれの拒否権プレーヤーの選好・現状の政策からの選好の隔たりが現状政策の維持を打破しうる点の集合，すなわち勝利集合（win sets）のサイズを決定する。より大きな勝利集合は，より現状の政策が変わりやすいことを意味する。一般的に拒否権プレーヤーの数が増すほど，政策の安定性は増し，政策変更の可能性は低くなる。

拒否権プレーヤーに関する先行研究では，拒否権プレーヤーが多くの経済政策のアウトカム——例えばそれらは，為替相場制（Hallerberg 2002），税制改革（Basinger and Hallerberg 2004），地域経済統合（Mansfield, Milner, and Pevehouse 2007），年金の民営化（Brooks 2005），貿易自由化（Henisz and Mansfield 2006; O'Reilly 2005），通貨危機への対応（Hicken, Satyanath, and Sergenti 2005; MacIntyre 2003, 2001）である——に影響を与えることが示されている。

　またこれらの先行研究においては，拒否権プレーヤーの数と政策転換との間には，さまざまな関係があることが実証分析の結果として示されている。例えば，Kastner and Rector（2003），Henisz and Mansfield（2006），Henisz and Zelner（2006），O'Reilly（2005）は Tsebelis の主張通りの結果を計量分析にて確認している。すなわち，拒否権プレーヤーの数が多くなるほど，資本収支自由化（Kastner and Rector 2003），貿易自由化（Henisz and Mansfield 2006; O'Reilly 2005），電気のインフラプロジェクト（Henisz and Zelner 2006）の政策領域において政策変更が起こりにくくなることが示されている。

　その一方で，MacIntyre（2003, 2001）は事例研究により東南アジア4カ国のアジア経済危機への対応を調べ，少なすぎる数の拒否権プレーヤーは非常に不安定な政治状況を生み，多すぎる数の拒否権プレーヤーは硬直しすぎた政治状況を作り出すと論じた。つまり，MacIntyre（2003, 2001）は，Tsebelis と同じ理論枠組みを用いながらも，ガバナンスの問題として捉えなおすことによって，拒否権プレーヤーと経済危機への対応との間には曲線の関係が存在するとした。そして，中間の数の拒否権プレーヤーが安定したガバナンスには望ましいと論じた。さらに，Satyanath（2006, 8）はアジア6カ国の拒否権プレーヤーの数と銀行監督の状況とを調べ，銀行監督の状況は，拒否権プレーヤーの数によってではなく，むしろ執政部のリーダーと中央銀行総裁との間のシグナリング問題によって説明されると論じている。また，Hicken, Satyanath, and Sergenti（2005）は，拒否権プレーヤーの数と経済危機からの回復との間には一定の関係は存在しないという計量分析の結果を報告している。

　では，このようにさまざまな実証研究の結果が得られている中で，拒否権プレーヤーの数と金融改革の間にはどのような関係があるであろうか？

本稿では，特に拒否権プレーヤーの数は，IMFの金融改革のペースを速める働きを条件付ける，と考える。すなわち，借入国の拒否権プレーヤーの数が多くなるほど，IMFの金融改革のペースを速める働きは減少する，と仮定する。金融政策は，技術的で専門性の高い政策領域であり，重要な情報は政権与党の政党や中央銀行や財務省の高級経済官僚の間でシェアされると考えられる。そして，たとえば銀行の民営化を例にとると，どの銀行からどの順番でどういったペースで行うか等，交渉し合意を形成するまでに，政権を構成する政党の数が多くなるほどより時間がかかるようになると考えられる。また，たとえIMFのプログラムにコミットすることに関する合意が，IMFの資金援助を受けるか否かを決定する際には政権与党内で形成されていたとしても，いったん融資が受けられた後は，各政権政党はそれぞれの政党の支持基盤によって，金融改革の利益を最大化し，コストを最小化しようとする思惑を働かせ始めるであろう。このように，当初IMFプログラムの内容について交渉していた時と比較して，通貨危機などの緊急時をしのいだ後では，与党内の政党にとってIMFプログラムを誠実に履行していこうという意思は減っていると思われる。むしろ，各政党は支持母体の利益を反映して金融改革の履行を遅らせることも厭わなくなるであろう[5]。従って，IMFの持つ金融改革のペースを速めるという効果は，与党内の政党数が増えるほど弱まると考えられる。そこで以下のような仮説を提示する。

仮説2：IMFが金融改革のペースに及ぼす影響は拒否権プレーヤーの数によって条件付けられる。拒否権プレーヤーの数が多くなるほど，IMFの金融改革のペースを速める働きは減少する。

3.3. 製造業セクター：社会レベルの説明

製造業セクターが発達した途上国の場合には，財閥が製造業を支配していることがよくある。このような場合には，財閥は政治エリートとの強い結びつきがあることが多い。また財閥は工場と銀行の両方を所有することも多く，銀行はローンのリスクをチェックすることもなく，同一グループ内の企業に貸付を行っていることが多い。このようなケースでは，製造業の選好が銀行業のセクターよりも優位に現れるであろう。製造業セクター

の選好に関しては，製造業セクターは，もし金融改革の結果，よりよい条件の貸付けへのアクセスが増えることが期待できるのであれば，金融改革を支持するであろう。本稿では，製造業セクターは銀行の民営化・資本収支の自由化を支持する一方で，銀行監督強化には反対すると考える。銀行の民営化に関して，途上国政府にとって最も実行に移しやすい銀行民営化とは，自分たちと関係の深い個人や財閥に銀行を売り，政党への支持をとりつけるという方法であろう。また，競争力のある企業はよりよい条件でローン借入をすることができる機会が増えるために，銀行の民営化を支持すると考えられる[6]。しかし，製造業セクターは銀行監督の強化には反対すると考えられる。なぜならば，銀行監督の強化には自己資本比率の適正化や銀行監督庁の独立強化などが含まれるため，これらの政策が実行されると企業は銀行からの借り入れがより難しくなると考えられ，これらの政策には製造業セクターは反対すると予測されるからである。その一方で，資本収支の自由化に関しては製造業セクターは賛成すると考えられる。例えば輸出志向型の企業は海外直接投資の自由化により恩恵を受けることができる。また，競争力が十分でない企業でさえも，銀行が資本収支の自由化により海外資本へのアクセスを増やすことによって，銀行からの借り入れに際して恩恵を受けることができると考えられるからである。従って，製造業セクターの金融改革のペースに及ぼす影響は，製造業セクターが支持する分野の金融改革は早まるが，反対する分野の金融改革は遅くなると考え，以下のような仮説を提示し，検討する。

仮説3：製造業セクターの影響が大きい国ほど，銀行民営化，資本収支自由化の分野においては金融改革のペースが速まるが，銀行監督強化の分野では金融改革のペースが遅くなる。

3.4. 銀行セクター：社会レベルにおける説明

経済改革における理論では，改革のコストは集中しており，利益は広く分散しているとされる。本稿で取り上げている三分野にわたる金融改革では，銀行セクターが最も影響を受けるセクターであるといえる。先行研究では，金融改革のコスト集中を理由に銀行セクターが集合行為として反対運動に参加し，金融改革を妨げるとするものや（Lukauskas 2002），銀行セ

クターは長期的な利益を優先し金融改革を支持すると論じるもの（Haggard and Maxfield 1996）等がある。本稿では，途上国では銀行セクターは競争から守られているため競争力がなく，長期的利益よりは短期的視野で現在の利益を守ろうとして，より競争的な環境を生む金融改革に反対すると仮定する。

銀行の民営化の分野においては，国営銀行は民間銀行よりもより保護されているために競争を嫌う。また，民間銀行もさらに他の銀行が民営化されることによってより厳しい競争にさらされる。従って銀行セクターは銀行の民営化に反対すると考える。また，銀行監督の強化についても，銀行は銀行監督権限を持った省庁によって銀行の財務状況をチェックされ，銀行業務に介入されるのを好まないであろう。つまり銀行セクターは銀行監督の強化についても反対すると考えられる。資本収支の自由化については，資本収支の自由化によって銀行が海外資本にアクセスして資金を調達する機会を増やすことができるようになると同時に，企業が直接資本を海外から得ることができるようになるため，銀行にとっては貸し付ける機会が減少することにもつながりかねない。換言すると，銀行セクターは資本収支の自由化にも反対すると考えられる。従って銀行セクターの金融改革のペースに及ぼす影響については以下のような仮説を立て検討する。

仮説4：銀行セクターの影響が強い国では，銀行の民営化・銀行監督の強化・資本収支の自由化のいずれの分野の金融改革についてもそのペースは遅くなる。

3.5. 仮説のまとめ

本稿では前述のように，途上国の金融改革のペースを決定する政治要因として，4つの仮説を提示した。それらは，表1のようにまとめられる。

次頁の表1では，プラスサインはペースを速めるという仮説を，マイナスサインはペースを遅くするという仮説を示している。IMFはいずれの分野でも金融改革のペースを速め，拒否権プレーヤーの数については，拒否権プレーヤーの数が多くなるほど，IMFの金融改革のペースを速める働きが減少するというIMFの働きへの条件付けをする。さらに，製造業セクターの影響がより強い国ほど銀行民営化や資本収支自由化のペースが速まる

表1　途上国の三分野の金融改革のペースの決定要因についての仮説のまとめ

	銀行の民営化	銀行監督の強化	資本収支の自由化
IMF	＋	＋	＋
拒否権プレーヤーの数（IMFの影響を条件付ける効果）	−	−	−
製造業セクター	＋	−	＋
銀行セクター	−	−	−

一方で，銀行監督の強化のペースは遅くなる。また銀行セクターについては，銀行セクターの影響がより強い国ほど銀行の民営化・銀行監督の強化・資本収支の自由化の三分野ともに金融改革のペースが遅くなると仮定した。

4．計量分析：イベントヒストリー分析

本節では，これらの仮説を検証するための計量分析の方法について述べる。初めにデータセットについて説明し，次に従属変数となる「金融改革データベース」及び独立変数・コントロール変数の操作化について説明する。最後に，金融改革のペースの決定要因を調べるために用いるイベントヒストリー分析について述べる。

4．1．データセット

途上国30カ国の1973年から2002年までのデータセットを作成した。本データセットでカバーされているのは，13カ国の南米・中米諸国（アルゼンチン・ボリビア・ブラジル・チリ・コロンビア・コスタリカ・エクアドル・グアテマラ・ジャマイカ・メキシコ・ペルー・ウルグアイ・ベネズエラ），11カ国のアジア諸国（バングラデシュ・インド・インドネシア・韓国・マレーシア・ネパール・パキスタン・フィリピン・シンガポール・タイ・スリランカ），及び6カ国の中東及びアフリカ諸国（エジプト・ガーナ・モロッコ・トルコ・南アフリカ・ジンバブエ）の計30カ国である[7]。

4．2．従属変数

従属変数としては，IMFによって作成された「金融改革データベース」（筆者がオリジナルデータを改訂）より[8]，前述の30カ国の銀行民営化・銀行監督強化・資本収支の自由化の三分野についてのデータを用いた。銀行

民営化・資本収支自由化の金融改革政策は，4ポイント（0＝完全な金融抑圧・1＝一部金融抑圧・2＝大部分が金融自由化・3＝完全金融自由化）のスコアでコード化されている[9]。三分野の間のスコアの相関係数を付録表1に示す。これらのスコアを t と t − 1 の年の間で差をとり，値がプラスを示したときに，金融改革というイベントが起こったとした。そして，金融改革が起こるまでにかかった年数を従属変数とした。すなわち，一度も金融改革が起こらない場合には1から29までの値をとることとなり，一度金融改革が起こった場合には，その翌年に再度1から始め，二度目の金融改革が起こるまでの年数を数えた[10]。

4．3．独立変数の操作化

本項では，独立変数の操作化について述べる。なお，独立変数・コントロール変数のデータソースについては，付録2に記した。仮説1のIMFの金融改革へのペースの影響を検証するために最も望ましいIMFの変数の指標は，金融改革がコンディショナリティプログラムに含まれているか否かを区別したものであろう。しかし残念ながら，コンディショナリティプログラムの内容について公になっているデータは現在のところない[11]。従って，本稿では，World Development Indicators から "use of IMF credits" をIMFの変数の指標として用い，「IMF」とラベルした。

また，仮説2の拒否権プレーヤーの数の変数については，2つの指標を用いた。第一の拒否権プレーヤーの数の指標は，与党内の政党数（「Veto Players」）であり，大臣ポストが振り分けられている政党数を数えたものを用いた。毎年1月1日時の閣僚ポストを基準としてコード化し，非民主主義政権の場合には拒否権プレーヤーに拘束されないという意味で0とした。第二の拒否権プレーヤーの数の指標としては，「POLCONIII」(Henisz 2002) を用いた。このPOLCONIIIは，既存の研究で拒否権プレーヤーの数の指標として用いられており（Henisz and Zelner 2006; Henisz and Mansfield 2006），執政部や議会の政党構成のみでなく，執政部及び上院・下院の数なども考慮に入れている。すなわち，党派的拒否権プレーヤーと制度的拒否権プレーヤーの両方を拒否権プレーヤーの数として捉えているといえる。

また，拒否権プレーヤーのイデオロギー的選好や現状政策からの選好の距離については，途上国の場合には政党の党派性についての既存のデータ

はないため，把握するのが難しいのが現状である。そこで本稿では，現状の政策に対しての拒否権プレーヤーの選好の変化を把握するために，執政部の交替（「Alteration of Executives」）というダミー変数を作成した。そして，民主主義から非民主主義への体制変動があった場合，また逆に非民主主義から民主主義への体制変動があった場合，さらに執政部の長の所属政党が変わった場合に1とコード化し，それ以外を0とした。

　仮説3の製造業セクターの影響を測る指標（「Manufacturing Sector」）としては，製造業のGDP構成比を用いた。この指標は既存の途上国に関する研究においても，製造業セクターの利益団体としての影響を測るために用いられている[12]。ここでは，t－1のラグ値を用いた。また，仮説4の銀行セクターの影響を測る指標（「Banking Sector」）としては，銀行がどれだけ政府に貸付を行っているかを示す"Claims on the government"をGDP比で表し，t－1のラグ値を銀行セクターの影響の利益団体としての指標として用いた。

4.4. コントロール変数の操作化

　コントロール変数としては，第一に，民主主義の度合い（「Level of Democracy」）の影響を調べた。Freedom Houseの政治的権利と市民的権利のスコアを足した指標を用い，より大きな値がより民主主義の度合いが高くなるようにスコアを変換した[13]。第二に，より多くアメリカの経済援助を受けている国は金融改革のペースを速めるであろうと考え，とりわけビジネスセクターと金融セクターの両方に対するアメリカの援助（「US Aid」）をコントロール変数として加えた。

　第三に，マクロ経済要因として通貨危機の影響をコントロールした。経済学者は，その先行研究において，通貨危機を金融改革の主な原因であるとし（Abiad and Mody 2005），また通貨危機は経済改革の原因となると述べている（Rodrik 1994; Krueger 1993）。従って，本稿でも通貨危機（「Currency Crisis」）の変数をコントロールとして用いた。これは，為替レート及び外貨準備高の変化から作成された為替市場圧力インデックス（market pressure index）に基づきダミー変数としてコード化された変数である。通貨危機の短期的また長期的影響を調べるために，現在値と共に，t－1ラグ値・t－2ラグ値もコントロール変数として用いた。さらに，その他のマ

クロ経済指標として，GDP成長率（「GDP Growth」），一人当たりGDP（「GDP per capita」），国内市場の大きさをコントロールするための国のサイズ（「Country Size」）も加えた。議会の総議席数が多い国では政党数が多くなる傾向があると考え，議会の総議席数（「Total Seats」）もコントール変数としてモデルに組み込んだ。さらに，各分野の金融改革のレベルのスコアのt－1ラグ値も加えた。

4.5. イベントヒストリー分析

途上国における金融改革のペースを決定する要因を検討するために，本稿ではイベントヒストリー分析による計量分析を行った。イベントヒストリー分析は，クロスセクショナルな時系列分析と違い，金融改革が起こるまでの時間をモデル化することにより，どの要因が金融改革を速めるかあるいは遅らせるかについて直接に調べることができる（Box-Steffensmeier and Jones 1997）。さまざまなイベントヒストリー分析があるが，本稿ではCox比例ハザードモデルを用いる。ハザード比はまだイベントが起こっていない場合にイベントが起こる確率であり，i番目の国のハザード比は，以下のような指数関数として表される（Box-Steffensmeier and Jones 2004）。

$$h_i(t)=h_0(t)\exp(X_i\beta' X)$$

Cox比例ハザードモデルにおいては，ベースラインハザードである$h_0(t)$はパラメータ化されない。すなわち，Cox比例ハザードモデルは，生存時間の分布に特定の分布を仮定しなくてよいという点で，他のパラメトリック・モデルやロジット分析よりも有利である（Box-Steffensmeier and Jones 2004; Cleves, Gould, and Gutierrez 2002）[14]。

本稿では金融改革をコンディショナル・リスク・ギャップ・タイム・モデル（conditional risk gap time model）を用いて繰り返し起こるイベントとしてモデル化した。金融改革は一度きりのイベントではない。例えば銀行の民営化は一度きりではなく，何度も起こることが有り得る。従って，イベントを一度きりとしてモデル化する通常のイベント・ヒストリー分析ではなく，2度目の金融改革（イベント）は一度目の金融改革に条件付けられるとしてモデル化するコンディショナル・リスク・ギャップ・タイム・モデルを用いる方が適しているといえよう。ここではギャップとは繰り返

し起こるイベントの間のインターバルを指す (Box-Steffensmeier and Jones 2004)。i 国で起こった "k" 回目の金融改革のハザード比は以下のように表される。

$$h_k(t)=h_{ok}(t)\exp^{\beta' X_{ki}}$$

コンディショナル・ギャップ・タイム・モデルでは，ハザード比はイベント（金融改革）が起こった回数によって異なるものとなる。推計は，国ごとにクラスターして行った。次節に結果を提示する。

5．結果

本節では，まず拒否権プレーヤーの数の指標として，与党内の政党数を用いた場合の結果について，銀行の民営化・銀行監督の強化・資本収支の自由化の三分野についてそれぞれ述べる。その後，POLCONIIIを拒否権プレーヤーの数の指標として用いた場合の結果を示す。なお，金融改革のペースに及ぼすIMFの影響が，拒否権プレーヤーの数によってどのように影響を受けるかを調べるため，IMFと拒否権プレーヤーの数との交互作用を検討した。

5．1．銀行の民営化

表２に，銀行の民営化（Privatization of Banks）のペースの決定要因についての分析結果を示す。Model 1-1は全てのケースを用い，また全てのコントロール変数を用いた場合の結果を示す。Model 1-2はModel 1-1から統計的には有意でなかったコントロール変数を除いた結果である。Model1-3は民主主義のケースのみに限定し，また全てのコントロール変数を用いて行った分析結果である。Model 1-4はModel 1-3より統計的に有意ではなかったコントロール変数を除き，民主主義のケースのみにて検討した結果である。

全てのモデルにおいて，IMFの値は，Veto Playersが０の時のIMFの効果を示しており，４つ全てのモデルにおいて５％水準で統計的に有意である[15]。また，IMFとVeto Playersの交互作用については，IMFの銀行民営化のペースを速めるという効果が拒否権プレーヤーの数の増加によってどう条件付けられるかを，条件付ハザード比を計算することによって導き出し

表2 コンディショナル・ギャップ・タイム・モデル：銀行民営化（1974−2002）

Variables	Model 1-1 Privatization of Banks (All Cases)	Model 1-2 Privatization of Banks (All Cases)	Model 1-3 Privatization of Banks (Democracy)	Model 1-4 Privatization of Banks (Democracy)
IMF・	0.074** (0.054)	0.090** (0.045)	0.137** (0.063)	0.113** (0.047)
Veto Player × IMF	−0.004 (0.003)	−0.016 (0.026)	−0.024 (0.028)	−0.023 (0.023)
Veto Player	−0.062 (0.205)	−0.099 (0.166)	0.009 (0.216)	−0.095 (0.158)
Alteration of Executive	−0.203 (0.491)	−0.225 (0.474)	−0.327 (0.500)	−0.300 (0.511)
Manufacturing Sector	0.147*** (0.041)	0.144*** (0.039)	0.183*** (0.051)	0.130*** (0.040)
Banking Sector	0.024 (0.042)	0.008 (0.041)	0.003 (0.006)	0.055 (0.056)
Level of Democracy	−0.098 (0.108)		−0.279* (0.162)	−0.082 (0.133)
US Aid	−0.007 (0.005)		0.003 (0.006)	
Currency Crisis	0.125 (0.426)		−0.057 (0.415)	
Currency Crisis (t − 1)	0.554* (0.323)	0.524* (0.275)	0.344 (0.394)	
Currency Crisis (t − 2)	0.781 (0.514)	0.875** (0.370)	1.348** (0.582)	1.238** (0.565)
GDP growth	0.018 (0.050)		0.063 (0.055)	
GDP per capita	−0.339** (0.144)	−0.368** (0.123)	−0.461** (0.189)	−0.399** (0.152)
Country Size	0.091 (0.228)		0.100 (0.268)	
Total Seats	−0.002 (0.002)		−0.005 (0.003)	
Lagged Level of Reforms	−0.633** (0.306)	−0.560** (0.275)	−0.546 (0.630)	−0.601 (0.546)
No. of observations	830	830	433	433
No. of failures	35	35	23	23
Time at Risk	8511	8511	4744	4744
Log Pseudo-Likelihood	−136.09	−138.24	−76.084	−79.406
Wald Chi Square	133.36	53.27	103.25	37.77
Prob.> Chi Square	0.0000	0.0000	0.0000	0.0000

***p<0.01; **p<0.05; and *p<0.10. Entries are coefficients and robust standard errors are in parentheses. Significance is based on 2-tailed tests.

た。以下に示す図1と図2は，Model 1-1とModel 1-3においてIMFの効果がどう拒否権プレーヤーの数，すなわち与党内政党数によって変化するかを求めた条件付ハザード比を示している。

図1及び図2より，拒否権プレーヤーの数が増えるほど銀行民営化のペースを速めるというIMFの効果が減少してゆくことがわかり，これは与党内政党数が0，1，2において5％水準で統計的に有意である。Model 1-2とModel 1-4の交差項の結果は報告していないが，図1，図2に示されたModel 1-1及びModel 1-3の結果とそれぞれ変わらない。

また，社会レベルの説明としての利益団体の銀行民営化のペースにおける影響としては，銀行セクター（「Banking Sector」）では有意な結果が得ら

図1 銀行民営化：拒否権プレーヤーの数による
条件付のＩＭＦ効果のハザード比（Model１−１）

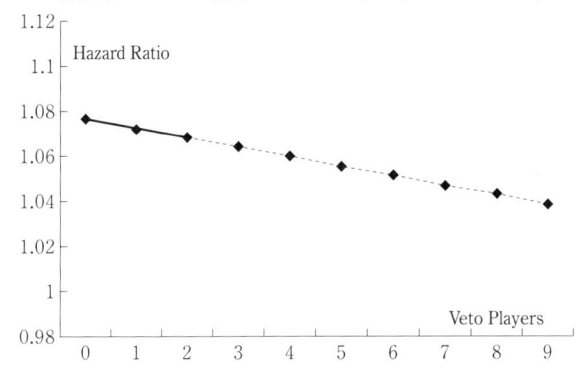

図2 銀行民営化：拒否権プレーヤーの数による
条件付のＩＭＦ効果のハザード比（Model１−３）

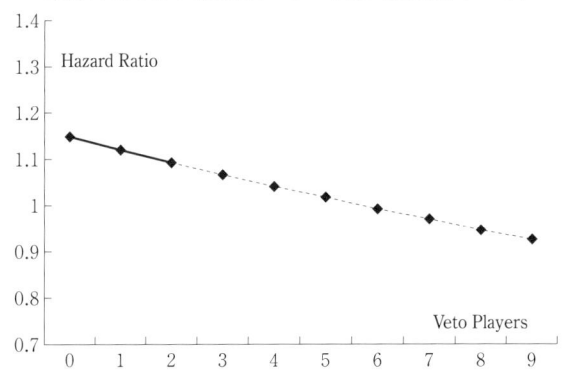

れなかったものの，製造業セクター（「Manufacturing Sector」）の影響については，４つ全てのモデルにおいて統計的に有意であった。１％の製造業のGDP構成比の増加は，Model 1-1 においては15.8％ハザードを増加させ，Model 1-3 においては20.1％ハザードを増加させた。すなわち，製造業セクターの影響がより強い国は，銀行民営化を速めるという仮説が支持された。

コントロール変数に関しては，前年度の通貨危機（Model 1-1 と Model 1-2）と前々年度の通貨危機（Model 1-2, Model 1-3, Model 1-4）は銀行民営化のペースを速めることが確認された。このように，通貨危機に関して

は，長期的には改革を進めるという経済学者の先行研究が支持された。更に，前年度の銀行民営化のスコアが高い程さらなる銀行民営化を行う余地は少ないため，t－1ラグ値はマイナス値での統計的有意を示した。また，民主主義の度合い（「Level of Democracy」）については，民主主義のみのケースで全ての変数を用いたモデル（Model 1-3）において，弱い統計的有意との結果が得られた。しかし，この結果は統計的有意を示した独立変数のみを用いたモデル（Model 1-4）では得られず，また全てのケースを用いたモデル（Model 1-1 と Model 1-2）でも得られなかったため，民主主義の度合いに関しては安定した統計的有意な結果は得られなかった。

5.2. 銀行監督強化

表3に銀行監督強化（Enhancement of Banking Supervision）のペースを決定する政治的要因についての検討結果を示す。銀行の民営化の分野と同様に，4つの全てのモデルにおいて，IMFの値は統計的に有意である。すなわち，拒否権プレーヤーの値が0の時，IMFプログラムは銀行監督強化のペースを速める効果を持っているといえる。また，IMFと拒否権プレーヤーの数との交互作用について，Model 2-1 及び Model 2-3 の場合について，条件付ハザード比を計算し，それぞれ図3，図4として示した。

図3，図4によって示されるように，IMFの銀行監督権限強化のペースを速める働きは，拒否権プレーヤーの数が増えるに従って弱められる。これは，Model 2-1（図3）及び Model 2-3（図4）の両方の場合において，拒否権プレーヤーの数が0，1，2の時に統計的有意を示していることからもわかる。

また，製造業セクターと銀行セクターの影響に関しては，両方のセクターが銀行監督権限強化に反対すると仮定したが，結果は仮説と異なり，製造業セクターについては Model 2-1 以外で反対の方向に0.1水準での弱い統計的有意差が得られ，製造業の影響の強い国で銀行監督強化が若干速まるとの結果を得た。これは，製造業セクターが強い途上国にあっては，銀行監督強化を行う技術力をより備えていることを示しているのではないかと思われる。また銀行業セクターについては有意な結果は得られなかった。なお，Model 2-1, Model 2-2 においては，やはり通貨危機が改革のペースに影響を与えていることが示された。t年の通貨危機は銀行監督強化を遅ら

表3 コンディショナル・ギャップ・タイム・モデル：銀行監督強化（1974－2002）

Variables	Model 2-1 Banking Supervision (All Cases)	Model 2-2 Banking Supervision (All Cases)	Model 2-3 Banking Supervision (Democracy)	Model 2-4 Banking Supervision (Democracy)
IMF	0.135**(0.061)	0.124**(0.060)	0.180*(0.099)	0.167**(0.067)
Veto Player × IMF	−0.048 (0.036)	−0.046 (0.036)	−0.061 (0.052)	−0.070* (0.036)
Veto Player	0.169 (0.108)	0.144 (0.118)	0.081 (0.204)	0.165 (0.155)
Alteration of Executive	−0.006 (0.376)	−0.120 (0.397)	0.148 (0.393)	0.182 (0.357)
Manufacturing Sector	0.068 (0.048)	0.061* (0.035)	0.138* (0.078)	0.082* (0.047)
Banking Sector	0.032 (0.056)	0.041 (0.046)	0.027 (0.092)	0.022 (0.098)
Level of Democracy	0.029 (0.117)		−0.094 (0.239)	
US Aid	0.003 (0.003)		−0.003 (0.011)	
Currency Crisis	−0.800* (0.422)	−0.806* (0.427)	−0.395 (0.476)	
Currency Crisis (t − 1)	0.560* (0.317)	0.600* (0.324)	0.538 (0.434)	
Currency Crisis (t − 2)	0.179 (0.304)		0.659** (0.316)	0.433 (0.368)
GDP growth	0.020 (0.042)		0.089 (0.088)	
GDP per capita	−0.077* (0.045)	−0.067** (0.030)	−0.123 (0.180)	
Country Size	0.068 (0.268)		−0.263 (0.394)	
Total Seats	−0.001 (0.002)		0.001 (0.002)	
Lagged Level of Reforms	−4.381*** (0.866)	−4.421*** (0.753)	−4.546** (1.610)	−4.830*** (1.132)
No. of observations	830	830	433	433
No. of failures	45	45	33	33
Time at Risk	8234	8234	4663	4663
Log Pseudo-Likelihood	−156.222	−157.233	−95.284	−98.872
Wald Chi Square	183.72	109.29	250.25	35.69
Prob.> Chi Square	0.0000	0.0000	0.0000	0.0000

***p<0.01; **p<0.05; and *p<0.10. Entries are coefficients and robust standard errors are in parentheses. Significance is based on 2-tailed tests.

図3 銀行監督強化：拒否権プレーヤーの数による条件付のＩＭＦ効果のハザード比（Model 2－1）

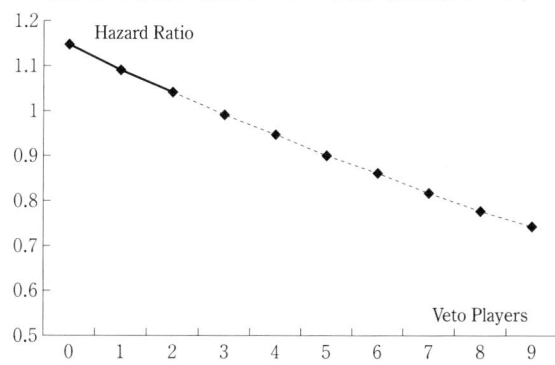

図4　銀行監督強化：拒否権プレーヤーの数による
条件付のＩＭＦ効果のハザード比（Model 2 - 3）

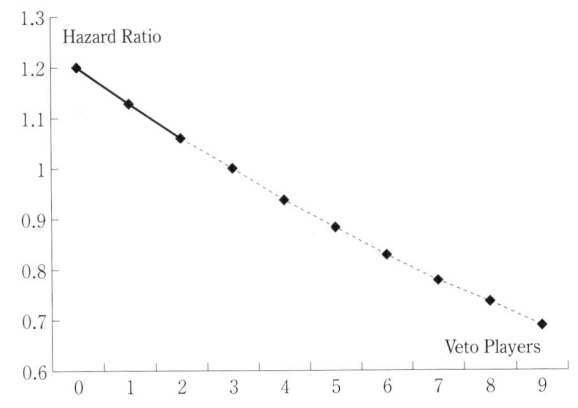

せる一方で，前年（t-1年）の通貨危機は銀行監督強化のペースを速めるように働くことが明らかになった。

5. 3. 資本収支の自由化

　表4は，資本収支の自由化（Capital Account Liberalization）の政治的決定要因をコンディショナル・ギャップ・タイム・モデルを用いて推計した結果を示したものである。Model 3-1，Model 3-2より明らかなように，拒否権プレーヤーの数が0の時，IMFは資本収支の自由化の速度を速める。IMFプログラム下にある時には，資本収支の自由化が起こるハザードはModel 3-1では1.09倍，Model 3-2では1.07倍高くなる。また，IMFと拒否権プレーヤーの数の交互作用については，前述の二分野同様に，IMFプログラムの効果が拒否権プレーヤーの数によってどのように条件付けられるかを，図5（Model 3-1を元に全てのケースを用いて推計した場合），図6（Model 3-3を元に民主主義の場合のみを用いて推計した場合）として示す。

　図5では，拒否権プレーヤーの数が3から4の場合に片側検定で有意であり，5から9の場合に両側検定の0.1％水準で統計的有意な結果を示した。また，図6では，拒否権プレーヤーの数が2から3の場合に片側検定で有意であり，4から9で両側検定の0.1％水準で統計的に有意な結果であった。以上図5，図6で示されたように，拒否権プレーヤーの数が増え

表4　コンディショナル・ギャップ・タイム・モデル：資本収支の自由化（1974—2002）

Variables	Model 3-1 Capital Account Liberalization (All Cases)	Model 3-2 Capital Account Liberalization (All Cases)	Model 3-3 Capital Account Liberalization (Democracy)	Model 3-4 Capital Account Liberalization (Democracy)
IMF	0.085** (0.040)	0.072* (0.041)	0.090 (0.060)	0.094* (0.053)
Veto Player × IMF	−0.052** (0.026)	−0.057** (0.027)	−0.074* (0.038)	−0.070* (0.037)
Veto Player	0.143 (0.092)	0.070 (0.092)	0.150 (0.126)	0.159 (0.129)
Alteration of Executive	0.921*** (0.290)	0.950** (0.351)	0.873** (0.536)	0.780** (0.342)
Manufacturing Sector	0.074** (0.028)	0.051** (0.027)	−0.002 (0.052)	0.001 (0.034)
Banking Sector	0.030 (0.029)	0.016 (0.030)	0.037 (0.044)	0.023 (0.046)
US Aid	0.001 (0.003)		0.018** (0.005)	0.013** (0.005)
Level of Democracy	0.107 (0.079)		−0.042 (0.196)	
Currency Crisis	−0.373 (0.346)		−0.330 (0.357)	
Currency Crisis (t − 1)	−0.693** (0.351)	−0.667** (0.329)	−0.308 (0.416)	
Currency Crisis (t − 2)	−0.628 (0.375)	−0.577* (0.341)	−0.919 (0.621)	
GDP growth	−0.024 (0.019)		−0.038 (0.039)	
GDP per capita	−0.085 (0.053)		0.141 (0.125)	
Country Size	0.163* (0.094)	0.082 (0.090)	0.122 (0.107)	
Total Seats	−0.002** (0.001)	−0.001 (0.001)	−0.001 (0.002)	
Lagged Level of Reforms	−0.927*** (0.145)	−1.018*** (0.153)	−1.103*** (0.274)	−0.881** (0.293)
No. of observations	830	830	433	433
No. of failures	79	79	47	47
Time at Risk	5557	5557	2766	2766
Log Pseudo-Likelihood	−281.998	−287.356	−132.619	−138.087
Wald Chi Square	144.70	83.61	87.42	23.65
Prob.> Chi Square	0.0000	0.0000	0.0000	0.0000

***p<0.01; **p<0.05; and *p<0.10. Entries are coefficients and robust standard errors are in parentheses. Significance is based on 2-tailed tests.

図5　資本収支の自由化：拒否権プレーヤーの数による条件付のIMF効果のハザード比（Model 3−1）

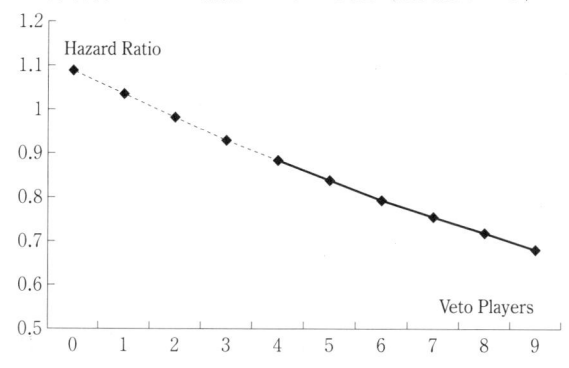

図6　資本収支の自由化：拒否権プレーヤーの数による
条件付のＩＭＦ効果のハザード比（Model 3 − 3）

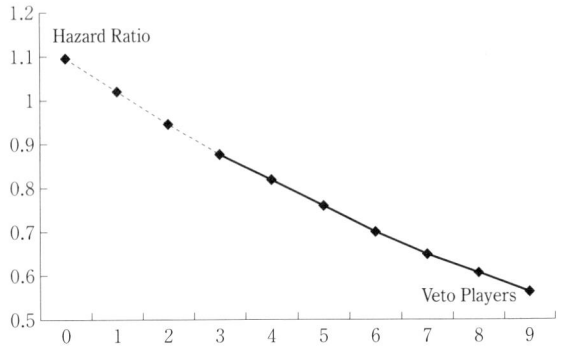

　るに従い，資本自由化のペースを促進する IMF の効果は減少する。
　「Alteration of Executives」は，現状政策からの選好の変化を捉えた変数であり，4つ全てのモデルについて統計的に有意な結果を得た。政治体制の変化や執政部のリーダーの所属政党の変化などにより現状政策からの選好の変化が起こった場合に，選好の変化が起こらない場合と比較して，資本収支の自由化が起こるハザードは Model 3-1 で2.51倍，Model 3-3 で2.59倍高くなり，資本収支の自由化のタイミングが速まることが明らかとなった。
　「Manufacturing Sector」については，仮説通りの結果が Model 3-1 及び Model 3-2 について得られた。製造業セクターの GDP 構成比が1％大きくなると，Model 3-1 では7.7％ハザードが増加する。しかしこの製造業セクターの有意な影響は Model 3-3 と Model 3-4 では見られなかった。また，銀行セクターについても有意な影響は得られなかった。コントロール変数に関しては，Model 3-3 と Model 3-4 では，「US Aid」が資本収支の自由化のペースを速めることを示している。Stiglitz（2002）が論じるように，米国の資本収支自由化を進めるという選好が，世界の資本市場統合を促進するのに影響を与えていることをこれらの結果は示唆しているといえよう[16]。

5.4. もう一つの拒否権プレーヤーの指標

　次に，さらにもう一つの拒否権プレーヤーの数の指標（POLCONⅢ）を用いて推計したした結果について検討する。前述のように，POLCONⅢ は

表5 三分野の拒否権プレーヤーのペースの決定要因：もう一つの指標（POLCONIII）を用いて

Variables	Privatization of Banks (All Cases)	Privatization of Banks (Democracy Only)	Banking Supervision (All Cases)	Banking Supervision (Democracy Only)	Capital Account Liberalization (All Cases)	Capital Account Liberalization (Democracy Only)
IMF	0.145 (0.088)	0.206* (0.110)	0.131 (0.094)	0.220 (0.171)	0.108** (0.037)	0.138* (0.081)
Veto Player x IMF Credit	−0.151 (0.217)	−0.248 (0.247)	−0.165 (0.196)	−0.316 (0.354)	−0.299** (0.144)	−0.502* (0.297)
Veto Player	2.178 (1.760)	0.778 (2.870)	3.253** (1.142)	2.024 (1.740)	0.778 (0.952)	0.143 (1.671)
Alteration of Executive	−0.192 (0.503)	−0.307 (0.515)	−0.027 (0.325)	0.096 (0.401)	0.965*** (0.285)	0.848** (0.325)
Manufacturing Sector	0.157*** (0.047)	0.177*** (0.054)	0.071* (0.043)	0.134* (0.074)	0.072** (0.029)	−0.0004 (0.054)
Banking Sector	0.021 (0.051)	0.078 (0.069)	0.030 (0.052)	0.024 (0.081)	0.019 (0.027)	0.026 (0.044)
Level of Democracy	−1.186 (0.212)	−0.294* (0.170)	−0.082 (0.094)	−0.098 (0.226)	−0.104 (0.086)	−0.051 (0.192)
US Aid	−0.007 (0.005)	0.002 (0.006)	−0.003 (0.002)	−0.002 (0.009)	0.0003 (0.003)	0.016** (0.006)
Currency Crisis	0.078 (0.436)	−0.053 (0.398)	−0.847** (0.420)	−0.480 (0.502)	−0.326 (0.367)	−0.242 (0.389)
Currency Crisis (t − 1)	0.499* (0.292)	0.373 (0.383)	0.564** (0.321)	0.612 (0.426)	−0.671** (0.362)	−0.348 (0.409)
Currency Crisis (t − 2)	0.727 (0.520)	1.283** (0.592)	0.134 (0.309)	0.600** (0.298)	−0.581 (0.372)	−0.830 (0.594)
GDP growth	0.019 (0.049)	0.066 (0.053)	0.039 (0.039)	0.112 (0.094)	−0.029 (0.021)	−0.037 (0.037)
GDP per capita	−0.369** (0.159)	−0.424** (0.182)	−0.038 (0.044)	−0.076 (0.159)	−0.071 (0.053)	0.176 (0.134)
Country Size	0.125 (0.235)	0.111 (0.259)	−0.116 (0.277)	−0.374 (0.451)	0.139 (0.095)	0.090 (0.103)
Total Seats	−0.003 (0.003)	−0.005 (0.003)	−0.0002 (0.002)	0.001 (0.002)	0.0001 (0.002)	0.0001 (0.002)
Lagged Level of Reforms	−0.623** (0.305)	−0.463 (0.636)	−4.408*** (0.861)	−4.488*** (1.396)	−0.915*** (0.142)	−1.057*** (0.266)
No. of observations	828	432	828	432	828	432
No. of failures	35	23	45	33	79	47
Time at Risk	8502	4743	8225	4662	5548	2765
Log Pseudo-Likelihood	−135.132	−75.935	−154.146	−95.590	−282.658	−132.403
Wald Chi Square	102.77	64.92	277.99	372.28	165.44	132.83
Prob.> Chi Square	0.0000	0.0000	0.0000	0.0000	0.0000	0.0000

***p<0.01; **p<0.05; and *p<0.10. Entries are coefficients and robust standard errors are in parentheses.Significance is based on 2-tailed tests.

党派的拒否権プレーヤーのみならず,制度的拒否権プレーヤーも考慮に入れてその数を指標化したものであり,先行研究においても広く指標として用いられている。表5にはPOLCONIIIを拒否権プレーヤーの数の指標として用い,三分野についてそれぞれ全てのケースと民主主義のみのケースに全てのコントロール変数を加えコンディショナル・ギャップ・タイム・モデルで推計した結果を示す。

表5に見られるように,拒否権プレーヤーの指標としてPOLCONIIIを用いた場合にも,前項の表2,表3,表4とほぼ変わらない結果が得られた。「Manufacturing Sector」の影響については,銀行の民営化,資本収支の自由化(全てのケース)で改革のペースを速めることがここでも確認された。また,IMFとPOLCONIIIの交互作用については,POLCONIIIの値によって条件付けられたIMFの効果を点推計で示した値を表6(すべてのケースを用いた場合)と表7(民主主義のみのケースを用いた場合)に示した。IMFの効果に関する点推計は,POLCONIIIのサンプル平均値と,サンプル平均値に標準偏差を足した値及び標準偏差を引いた値,さらに最小値及び最大値の各値で求めた[17]。

表6 POLCONIIIの値によるIMFの条件付効果の点推計(全てのケース)

Value of POLCONIII	Privatization of Banks	Banking Supervision	Capital Account Liberalization
Minimum	1.156	*1.140*	1.114**
Mean - 1SD	1.144*	*1.127*	1.091**
Mean	1.109**	1.088**	1.025
Mean +1SD	1.074**	1.051***	0.963
Maximum	1.042	1.017	*0.907*

***$p<0.001$ (2-tailed tests);**$p<0.05$ (2-tailed tests); *$p<0.10$ (2-tailed tests); and italics is based on one-tailed tests. SD is standard deviation.

表7 POLCONIIIの値によるIMFの条件付効果の点推計(民主主義のケース)

Value of POLCONIII	Privatization of Banks	Banking Supervision	Capital Account Liberalization
Minimum	1.229*	*1.246*	1.148*
Mean - 1SD	1.153**	1.149*	1.009
Mean	1.112*	1.097**	0.938
Mean +1SD	*1.073*	*1.049*	*0.873*
Maximum	1.035	1.002	0.812

**$p<0.05$ (2-tailed tests); *$p<0.10$ (2-tailed tests); and italics is based on one-tailed tests. SD is standard deviation.

表6,表7で示されたように,銀行の民営化,銀行監督の強化,及び資本収支の自由化の三分野全てにおいて,全てのケースを用いた場合,及び民主主義のみのケースを用いた場合のいずれの場合にも,拒否権プ

レーヤーの数が多くなるにつれて(すなわちPOLCONIIIの値が大きくなるにつれて)，三分野の改革を速めるIMFの効果は減少してゆくことがわかる。このように本稿のIMFと拒否権プレーヤーの交互作用に関する結果は，拒否権プレーヤーの数の指標として，与党内政党数を用いた場合にも，POLCONIIIを用いた場合にも同様であり，安定性のある結果が得られたといえる。

6．おわりに

　本稿では，IMFの借入国のコンディショナリティプログラムの履行率は低いというIMFの影響に関する近年の実証研究の結果が示されているにも拘わらず，途上国の金融改革のペースを決定する上では，IMFは中心的役割を果たしていることが示された。さらに，拒否権プレーヤーの数と政策アウトカムとの関係に関しては，先行研究でさまざまな実証研究の結果が得られているが，本稿では，拒否権プレーヤーの数と途上国の金融改革のペースとの関係については，途上国の金融改革のペースを速めるというIMFの効果に拒否権プレーヤーが影響を与える形で関係していることが示された。すなわち，途上国政府内の拒否権プレーヤーの数が多くなるほど，IMFの途上国の金融改革のペースを速めるという効果が弱くなることが判明した。これに関しては拒否権プレーヤーの数の指標として，与党内の政党数のみならず，既存のデータ（POLCONIII）を用いた場合にも，銀行の民営化・銀行監督の強化・資本収支の自由化の三分野全てにおいて同様の結果が得られ，実証的貢献として本研究が寄与しているところであるであるといえよう。また，銀行セクターは利益団体として金融改革の三分野のペースに影響を与えない一方で，製造業の強い国ほど銀行の民営化・資本収支の自由化の分野において改革のペースが速まることが示された。これは製造業がより自由な条件での貸付を求め，金融自由化を求める結果であろうと推測された。

　とりわけアジア経済危機以降，新自由主義経済改革において果たしてきたIMFの役割に対しては主要な経済学者からも疑問が提示されてきており，IMFの役割については批判がなされている。例えばRodrik（2006）は，"Goodbye Washington Consensus, Hello Washington Confusion? A Review of the World Bank's Economic Growth in the 1990s: Learning from a Decade of

Reform." という論文を発表し，IMF の経済成長に果たす役割に対して世界銀行と比しても極めて悲観的に論じている。また，IMF は借入国の政治的条件に敏感でないという批判もなされてきた[18]。しかしながら，IMF プログラムへの批判がなされる一方で，どういった政治的条件下で IMF のプログラムはより履行されるか，あるいは履行されないのか，すなわちいつ所有権問題が発生するのかについては，十分な検討がなされてきているとは言い難い。本稿では，融資相手国の拒否権プレーヤーが多いと，IMF は融資を行うのを躊躇するであろうという予測がされるにもかかわらず[19]，金融改革では，借入国の拒否権プレーヤーが多くなるほど IMF の金融改革のペースを速める効果が減少することが示された。これは，非政治的な立場をとるという IMF のスタンスにも拘わらず，IMF は借入国の政治的条件から自由ではないことを明らかにしており，借入国の拒否権プレーヤーが多い時に所有権問題が発生しやすいことを示唆している。今後更に，こうした領域についての研究を重ねてゆく必要があると言えるであろう。

（1） 例えば，Hall（2003），Williamson and Mahar（1998）参照。
（2） 例えば，Quinn（2000），Quinn and Toyoda（2007）参照。
（3） 銀行危機と通貨危機が同時に起こった場合の双子の危機については Kaminsky and Reinhart（1999）参照。
（4） 例えば，IMF（2001）は，1987年から1999年の308の IMF プログラムにおける4600の構造的条件についてその MONA（IMF monitoring fund arrangement）データベースを用いて調べた結果，69％の事前行動が履行されたものの，パフォーマンス基準は58％・構造的基準は56％しか履行されていないと報告した。また Ivanova et al.（2003）は，1992年から1998年の170の IMF プログラムのうち，44％が完全に中断を経験しており，70％が多少の中断を経験していると報告している。
（5） IMF プログラムへのコミットメントの段階で拒否権プレーヤーの存在により金融改革が遅れた具体的事例としては，例えば，アジア通貨危機後タイにおいて，連立政権に参加する政党が利益を守るため，銀行監督権限強化や銀行再編の過程を遅らせた事例（Haggard 2000, 66; MacIntyre 1999, 152）等があげられるであろう。
（6） 銀行の民営化に関しては，競争力のない製造業の場合には，貸付条件が厳しくなることを恐れて民営化に反対する場合もありうると考えられる。しかし，製造業全体の政治的影響力としては，途上国においては競争力の

強い製造業の企業や財閥などの影響の方が強く現れるであろうと考え,銀行民営化を支持すると予測した。
(7) このデータセットは主要な中南米諸国とアジア諸国を含む一方で,中東諸国やアフリカ諸国は若干の国しか含まれていない。また,1990年代以前のデータについては基本的な経済データですら得ることが難しい東欧諸国や中国などについても含まれていない。しかしながら,こうしたクロス・ナショナルでのサンプルの少なさを30年間の長期にわたる30カ国のデータを用いることにより,時系列の長さで補っている。
(8) オリジナルのデータに関しては,Abiad and Mody(2005)参照。改訂後のデータベースの詳細については Omori(2006)参照。
(9) 銀行監督強化は,0=規制されていない・1=余り規制されていない・2=かなり規制されている・3=非常に規制されている,としてコード化している。
(10) 例えば,1977年と1994年に金融改革を行った国があるとすると,1974年,1978年,1995年が1とコード化される。なお,従属変数のコード化について詳しくは Cleves(1999)参照。
(11) IMFによって,コンディショナリティプログラムの内容についてデータベース化されたのは1993年以降であり,そのデータは公的に利用可能になっていない。
(12) 例えば,Frieden et al.(2001)参照。
(13) 本稿で用いたケースにおける「Level of Democracy」と「Veto Players」との相関係数は0.405であり,高い値を示しているとはいえないため,「Level of Democracy」と「Veto Players」とは別の概念を測定しているといえるであろう。
(14) Coxモデルでは,2対象間のハザード比は常に一定であるとされ,以下のような比例ハザードモデルで表される。

$$\frac{h_i(t)}{h_0(t)} = \exp(\beta'(x_i - x_j)).$$

従って,対数を取れば次式を得る。Cox回帰ではベースラインハザードを特定しないために,インターセプトを持たない。

$$\log\left\{\frac{h_i(t)}{h_0(t)}\right\} = \beta_1 X_{1i} + \beta_2 X_{2i} + \ldots + \beta_k X_{ki}$$

Cox部分尤度関数は,t時点においてイベントが発生する確率と,t時点においてイベントが発生したという条件の下でそれが対象iである確率との積により求められる。この部分尤度の対数を最大化することにより,説明変数の影響の推定が得られる(Box-Steffensmeier and Jones 2004)。

（15） ただし，Model 1-3, Model 1-4 の場合，すなわち民主主義のケースのみを検討している場合においては，拒否権プレーヤーがゼロという場合は実際にはケースとしては存在せず，IMF の変数が示す値は仮想的な数値を示すこととなる。

（16） なお，「Level of Democracy」のコントロール変数に関しては，もう一つの民主主義の度合いの指標として，Przeworski et al（2000）のダミー変数データを筆者が2002年まで延長し用いても，本研究の結果は三分野とも変わらなかった。従って，民主主義のみのケースを用いたモデルでは，「Level of Democracy」の変数がない場合にも，同様の結果を三分野の金融改革全てにおいて得た。民主主義の度合いは，途上国の金融改革のペースに関しては有意な影響を与えるものではないことが示唆されたといえよう。

（17） 全てのケースを用いた場合の POLCONIII のサンプル平均値は0.278であり，標準偏差は0.209である。また，民主主義のみのケースを用いた場合の POLCONIII のサンプル平均値は0.402であり，標準偏差は0.144である。

（18） 例えば，Woods（2006）参照。

（19） Vreeland（2002）は，融資決定を行うに当たっては，IMF は相手国の拒否権プレーヤーが多いほど，融資に慎重になることを示した。

参考文献

Abiad, Abdul, and Ashoka Mody. 2005. "Financial Reform: What Shakes It? What Shapes It?" *American Economic Review* 95(1):66-88.

Basinger, Scott J., and Mark Hallerberg. 2004. "Remodeling the Competition for Capital: How Domestic Politics Erases the Race to the Bottom." *American Political Science Review* 98(2):261-276.

Box-Steffensmeier, Janet M., and Bradford S. Jones. 2004. *Event History Modeling: A Guide for Social Scientists*. New York: Cambridge University Press.

Box-Steffensmeier, Janet M., and Bradford S. Jones. 1997. "Time is of the Essence: Event History Models in Political Science." *American Journal of Political Science* 41(4):1414-1461.

Brooks, Sarah M. 2005. "Interdependent and Domestic Foundations of Policy Change: The Diffusion of Pension Privatization around the World." *International Studies Quarterly* 49(2):273-294.

Cleves, Mario, William W. Gould, and Roberto G. Gutierrez. 2002. *An Introduction to Survival Analysis Using Stata*. College Station: A Stata Press Publication.

Cleves, Mario. 1999. "Analyze of Multiple Failure-Time Survival Data." *Stata*

Technical Bulletin 49:30-39.

Drazen, Allan. 2002. "Conditionality and Ownership in IMF Lending: A Political Economy Approach." *IMF Staff Papers* 49:36-67.

Frieden, Jeffry, Piero Chezzi, and Ernesto Stein. 2001. "Politics and Exchange Rate: A Cross-Country Approach." In *The Currency Game: Exchange Rate Politics in Latin America*, eds. Jeffry A. Frieden and Ernesto Stein. Washington, D.C.: Inter-American Development Bank.

Haggard, Stephan. 2000. *The Political Economy of the Asian Financial Crisis*. Washington, D.C.: Institute for International Economics.

Haggard, Stephan, and Sylvia Maxfield. 1996. "The Political Economy of Financial Internationalization in the Developing World." *International Organization* 50(1):35-68.

Haggard, Stephan, and Robert Kaufman. 1992. *Politics of Economic Adjustment: International Constraints, Distributional Conflicts, and the State*. Princeton: Princeton University Press.

Haggard, Stephan, and Steven B. Webb, eds. 1994. *Voting for Reform: Democracy, Political Liberalization, and Economic Adjustment*. New York: Oxford University Press.

Hall, Maximilian J.B., ed. 2003. *The International Handbook on Financial Reform*. Cheltenham: Edward Elgar.

Hallerberg, Mark. 2002. "Veto Players and Monetary Commitment Technologies." *International Organization* 56(4):775-802.

Henisz, Witold J., and Bennet A. Zelner. 2006. "Interest Groups, Veto Points, and Electricity Infrastructure Deployment." *International Organization* 60(1):263-286,

Henisz, Witold J., and Edward D. Mansfield. 2006. "Votes and Vetoes: The Political Determinants of Commercial Openness." *International Studies Quarterly* 50(1):189-211.

Henisz, Witold J. 2002. "The Institutional Environment for Infrastructure Investment." *Industrial and Corporate Change* 11(2):355-389.

Hicken, Allen, Shanker Satyanath, and Ernest Sergenti. 2005. "Political Institutions and Economic Performance: The Effects of Accountability and Obstacles to Policy Change." *American Journal of Political Science* 49(4):897-908.

International Monetary Fund. 2001. "Structural Conditionality in Fund-Supported Programs."

Ivanova, Anna, Wolfgang Mayer, Alex Mourmoura, and George Anayiotos. 2003. "What Determines the Implementation of IMF-Supported Programs?" *IMF*

Working Paper WP/03/8.

Kaminsky, Graciela L and Carmen M. Reinhart. 1999. "The Twin Crises: The Causes of Banking and Balance-Of-Payments Problems." *American Economic Review* 89(3): 473-500.

Kastner, Scott T., and Chad Rector. 2005. "Partisanship and the Path to Financial Openness." *Comparative Political Studies* 38(5): 484-506.

Kastner, Scott T., and Chad Rector. 2003. "International Regimes, Domestic Veto Players, and Capital Controls Policy Stability." *International Studies Quarterly* 47(1):1-22.

Kaufman, Robert R. 1985. "Democratic and Authoritarian Responses to the Debt Issues: Argentina, Brazil, Mexico." *International Organization* 39(3):473-503.

Khan, Mohsin S., and Sunil Sharma. 2003. "IMF Conditionality and Country Ownership of Adjustment Programs." *World Bank Research Observer* 18(2):227-248.

Killick, Tony, Ramani Gunatilaka, and Ana Marr. 1998. *Aid and the Political Economy of Policy Change*. London: Routledge.

Krueger, Anne O. 1993. "Virtuous and Vicious Circles in Economic Development." *American Economic Review* 83(2):351-355.

Li, Quan, and Dale L. Smith. 2002. "The Dilemma of Financial Liberalization: State Autonomy and Societal Demands." *Journal of Politics* 64(3):764-790.

Lora, Eduardo. 1998. "What Makes Reforms Likely? Timing and Sequencing of Structural Reforms in Latin America." *Inter-American Development Bank Working Paper* No.424.

Lukauskas, Arvid. 2002. "Financial Restriction and the Developmental State in East Asia: Toward a More Complex Political Economy." *Comparative Political Studies* 35(4):379-412.

MacIntyre, Andrew. 2003. *The Power of Institutions: Political Architecture and Governance*. Ithaca: Cornell University Press.

MacIntyre, Andrew. 2001. "Institutions and Investors: The Politics of the Financial Crisis in Southeast Asia." *International Organization* 55(1):81-122.

MacIntyre, Andrew. 1999. "Political Institutions and the Economic Crisis in Thailand and Indonesia." In *The Politics of the Asian Financial Crisis*, ed. T. J. Pempel. Ithaca: Cornell University Press, 143-162.

Mansfield, Edward D., Helen V. Milner, and John Pevehouse. 2007. "Vetoing Cooperation: The Impact of Veto Players on International Trade Agreement." *British Journal of Political Science* 37(3):403-432.

Omori, Sawa. 2006. "Measuring Financial Reforms." *ISS Discussion Paper* F-125.

O'Reilly, Robert F. 2005. "Veto Points, Veto Players, and International Trade Policy." *Comparative Political Studies* 38(6):652-675.

Przeworski, Adam, Micheal E. Alvarez, Jose Antonio Cheibub, and Fernando Limongi. 2000. *Democracy and Development: Political Institutions and Well-Being in the World, 1950-1990*. New York: Cambridge University Press.

Quinn, Dennis, and A. Maria Toyoda. 2007. "Ideology and Voter Preferences as Determinants of Financial Globalization." *American Journal of Political Science* 51(2): 344-365.

Quinn, Dennis. 2000. "Democracy and International financial Liberalization." Paper presented at the American Political Science Association Annual Meeting.

Quinn, Dennis, and Carla Inclan. 1997. "The Origins of Financial Openness: A Study of Current and Capital Account Liberalization." *American Journal of Political Science* 41(3):771-813.

Rodrik, Dani. 2006. "Goodbye Washington Consensus, Hello Washington Confusion? A Review of the World Bank's Economic Growth in the 1990s: Learning from a Decade of Reform." *Journal of Economic Literature* 44(4): 973-987.

Rodrik, Dani.1994. "The Rush to Free Trade in the Developing World: Why so Late? Why Now? Will it Last?" In *Voting in Reform: Democracy, Political Institutions, and Economic Adjustment*, eds. Stephan Haggard and Steven Webb. New York: Oxford University Press.

Satyanath, Shanker. 2006. *Globalization, Politics, and Financial Turmoil: Asia's Banking Crisis*. New York: Cambridge University Press.

Stallings, Barbara. 1992. "International Influence on Economic Policy: Debt, Stabilization, and Structural Reform." In *Politics of Economic Adjustment: International Constraints, Distributional Conflicts, and the State*, eds. Stephan Haggard and Robert Kaufman. Princeton: Princeton University Press.

Stiglitz, Joseph E. 2002. *Globalization and Its Discontents*. New York: W.W. Norton and Company.

Tsebelis, George. 2002. *Veto Players: How Institutions Work*. New York: Russell Sage Publication.

Tsebelis, George. 1995. "Decision Making in Political Systems: Veto Players in Presidentialism, Parliamentarism, Multicameralism, and Multipartyism." *British Journal of Political Science* 25(3):289-325.

Weyland, Kurt. 1996. "Obstacles to Social Reforms in Brazil's New Democracy." *Comparative Politics* 29(1):1-22.

Vreeland, James Raymond. 2002. "Institutional Determinants of IMF Agreements." unpublished manuscript.

Williamson, John, and Molly Mahar. 1998. "A Survey of Financial Liberalization." *Essays in International Finance*. No.211.

Williamson, John, ed. 1990. *Latin American Adjustment: How Much Has Happened?* Washington, D.C.: Institute for International Economics.

Woods, Ngaire. 2006. *The Globalizers: The IMF, the World Bank, and Their Borrowers*. Ithaca: Cornell University Press.

付録表1　三分野の金融改革データベーススコアの相関係数

	銀行の民営化	銀行監督の強化	資本収支の自由化
銀行の民営化	1.000		
銀行監督の強化	0.334	1.000	
資本収支の自由化	0.425	0.462	1.000

付録2　各変数のデータソース

\<IMF\>

World Bank. *World Development Indicators*.

\<Veto Players\>

Political Handbook of the World (various years).

Keesing's Contemporary Archives: Record of World Events (various years).

\< POLCONIII\>

http://www-management.wharton.upenn.edu/henisz/, accessed on September 10, 2007.

\<Alteration of Executives\>

Political Handbook of the World (various years).

Keesing's Contemporary Archives: Record of World Events (various years).

\<Manufacturing Sector\>

World Bank. *World Development Indicators*.

\<Banking Sector\>

International Monetary Fund. *International Financial Statistics*, line 22a.

\<Level of Democracy\>

http://www.freedomhouse.org, accessed on September 10, 2007.

\<US Aid\>

Organisation for Economic Co-operation and Development. *International Development Statistics (IDS) Online Databases*. Available at www.oecd.org/dac/stats/ids online, access on March 21, 2007. Values are expressed in $1000 and deflated based on the year 2002.

<Currency Crisis>
Cerra and Saxena (2005).
<GDP Growth>
World Bank. *World Development Indicators*.
<GDP per capita>
World Bank. *World Development Indicators*. *GDP per capita* is operationalized as logged GDP per capita, expressed in the unit of $1000 US.
<Country Size>
World Bank. *World Development Indicators*. *Country Size is* expressed in the logged values of GDP expressed in current US million dollars.
<Total Seats>
Political Handbook of the World (various years). Coding is based on the situation as of January 1 for each year.

党首選出過程の民主化
―― 自民党と民主党の比較検討 ――

上神貴佳*

イントロダクション

先行研究によると，各国における主要政党の党首選出手続きに一般党員が参加する事例が増えている。その結果，議員による排他的な選出過程から生み出される党首とは異なるタイプが選ばれると考えられる。例えば，党員投票が誕生の原動力となった小泉政権の性格については，多くの関心が寄せられている（大嶽，2003；竹中，2006；御厨，2006；内山，2007他）。いずれの研究も小泉の特異なリーダーシップ，特に世論の支持を調達する能力を指摘する。しかしながら，党首選出過程が民主化される原因の探求は緒に就いたばかりである。先行研究が明らかにしていない問題は，党首選出過程について政党間の違いがあるとして，その違いをもたらす要因は何かということである（第1節）。

本稿では，自民党と民主党を事例として選択する。改めて説明するまでもなく，両党は日本の政党システムを構成する2大政党である。宗教団体を支持基盤とする公明党，イデオロギーに基づく政党組織を確立している共産党，主に労組の支持に依拠するが衰退が著しい社民党など，その他の政党との比較において，自民党と民主党は規模や政策など類似点が多い。しかし，党首選出過程の民主化の度合いについては，両党間には大きな違いがある。

まず，自民党と民主党の党首選出手続きの変容を概観する（第2節）。次いで，地方組織の分析に焦点を絞り，党首選出過程の包括性と競争性を生み出すメカニズムを明らかにする（第3節）[1]。さらに，党員投票の結果に

---

* 高知大学人文学部社会経済学科教員　政治過程論

多変量解析を適用し，組織動員モデルを検証する。

　結論としては，自民党の地方組織を構成する党員が自らの意思で投票を行うようになり，党内統治において新たなアクターとして登場した結果，候補者と党員の誘因が変わり，党員投票の実施が通例となったといえる。大規模な院外の党員集団は民主党には見られない。半世紀にわたって日本を支配してきた優位政党と歴史が浅い第2党とでは，政党の成り立ち，すなわち「組織としての政党」が異なるために，リーダーシップの存立基盤に違いが生じると論じる。

1．党首選出過程の民主化

　党首選出プロセスの民主化について，ルデュックは有権者に着目し，包括性の度合いに応じて分類を試みた (LeDuc, 2001)。「包括的」から「排他的」の順に並べると，オープン・プライマリー，クローズド・プライマリー，地方コーカス，党大会，選挙人団，議会コーカスと置くことができる。本稿が分析の対象とする党員投票は，クローズド・プライマリーに該当する。

1．1．各国の事例

　キッティルソンとスキャローが収集したデータによると，2000年現在で党員投票を認めている政党は，オーストラリアの民主党，ベルギーのCVP, PSC, BSP, PRL，カナダの主要政党，ドイツのCDUとSPD，アイルランドの労働党，日本の自由民主党，オランダのD66，イギリスの主要政党，アメリカの民主，共和両党[2]であり，全74政党中の19政党が該当する (Kittilson and Scarrow, 2003, Table 4.3)。その内，1960年代以降，党員投票を伴う党首選出手続きへ移行した政党の数は11である（カナダの主要政党5つ，ドイツのCDUとSPD，日本の自民党，イギリスの主要政党3つ）。また，ベルギーのEcolo, Agalev, PSB, VUでは，党員が選挙区レベルの党組織を通じて候補者を指名できる。

　このような政党リーダー選出の民主化をもたらす要因について，アメリカ，イギリス，カナダの事例を検討したルデュックは選挙競争の圧力を挙げる (LeDuc, *op. cit.*)。1970年，アメリカ民主党の全国委員会は一般党員の意思を反映させるべく，州レベルの党組織が牛耳っていた代議員選出プロ

セスを改めた。そのきっかけは1968年党大会の混乱やニクソン共和党政権の成立にあったという。イギリス労働党の場合，1979年総選挙におけるサッチャー保守党との戦いにおける敗北によって議論は本格化し，選挙人団制度の導入に落ち着いた[3]。カナダでも，選挙における敗北は党改革への契機となった。1993年選挙における壊滅的敗北の後，進歩保守党は党員投票による党首選出制度を導入した。

スキャローも1980年代から90年代におけるドイツの事例を検討し，レファレンダムや党員投票など，政府や政党を舞台に進められてきた民主化改革の背景に有権者の政党離れと政党間の選挙競争があることを指摘する（Scarrow, 1999）。政党脱編成を押し止めるため，政府や政党の人事や政策決定に際して有権者や一般党員の声を反映する政策をCDU/CSU，SPD，FDPの各党が競うようになった。党改革の例としては，CDUが党役員や候補者の選定に党員投票を導入（1995年），SPDでは党首選出に党員投票を導入（1993年），FDPは政策決定にレファレンダムを導入（1995年）などがある。

一方，ゴールドスティンはアメリカ民主党の大統領候補選出プロセスの改革を検証し，州ごとに改革の時期が異なることに注目する（Goldstein, 2002）。アフリカ系アメリカ人の州人口に占める割合が高いと改革の実施が促進される。しかし，南部の州であり，党がよく組織され，州法の改正が必要な場合，改革の実施が遅れるという。

1．2．日本の事例

日本の場合，自覚的に分析的たらんとする研究は，田中によるものが代表的といえよう（田中, 1986）[4]。分析の範囲である1955年の結党から1980年代半ばまで，自民党の総裁公選規定は計7回の改定を見ている（前掲書，表1）。総裁候補決定選挙の改正問題では，当時の5大派閥（田中，鈴木，福田，中曽根，河本）による駆け引きの結果，党員獲得によって劣勢の挽回を試みた少数派閥の河本派による反対にも拘わらず，候補者が2人の場合には予備選挙を事実上実施しないなど，派閥間の力学が党員投票のあり方を規定したという。

ツルタニは1978年11月の大平選出を事例として検討し，派閥中心の選挙プロセスとまとめている（Tsurutani, 1980）。党内抗争の果てに，1976年総

選挙の敗北を直接の契機として退陣を余儀なくされた三木首相は，その条件として「予備選挙」の導入など党改革を実現させることに成功した[5]。しかし，その結果は皮肉なものであり，派閥の影響力を低下させる目論見であったにも拘わらず，むしろ派閥間の対立を激化させ，金権政治を促進したという。党員は国会議員の後援会を通じて派閥による動員の対象となり，1977年秋には約30万人であったものが1年後には約150万人へと劇的に増加した。田中とツルタニによる研究の興味深い点は，党首選出手続きの民主化が院内における議員集団間の争いによって実現ないし改変されたことを示唆する点である。

この総裁選においては，朝日新聞社による党員と党友に対する電話調査が行われた[6]。それによると，福田の支持割合は投票する候補者を「決めた」と回答した層の42.3％，「いえない」，「決めていない」と回答した層の47.8％に達する。一方の大平は，前者の35.7％，後者の23.2％に過ぎない。実際の得票数は福田の47万票に対して，大平は55万票であるから，調査に問題がないならば，何らかの理由によって支持しない候補者に投票した者が多いことになる。その原因としては，国会議員や所属団体を経由する動員の効果を想定できる。福田支持層の内，福田派後援会員の割合は46.3％に過ぎず，大平支持層の内では，大平派と田中派の後援会員の合計割合が77.8％に達している。他派閥における「隠れ田中派」の存在はつとに知られており，これらの議員が大平支持になびいたため，後援会員の投票先も変わり，党員投票の結果が覆った可能性がある。

インフォーマルな組織といえる政治家間の系列関係について，総裁選との関連では，同じく朝日新聞社による調査がある[7]。それによると，自民党所属ないし保守系無所属の都道府県議については，回答総数1,856の内，無系列は163に留まり，系列化が進んでいる。総裁選においては，系列関係にある国会議員が所属する派閥の候補者を支持するとの回答割合も高い。大平派78.2％，田中派39.3％，福田派81.5％，中曽根派72.1％，三木派67.8％である。田中派の割合が低いのは，自前の総裁候補者を抱えていないためと考えられる。無所属が多い地方政治家についても派閥との関係が生じている点は興味深く，このような関係は総裁選の予備選挙をきっかけとするという。

後援会や利益集団のような組織を媒介とする派閥による党員の動員は，

2001年4月の総裁選において試練を受けることになる。この総裁選において，地方組織は派閥の勢力で優位に立つ橋本に対して，小泉の圧勝という党員投票の結果を突き付け，総裁選の行方を決した。この「地方の反乱」と呼ぶべき現象をリードしたのは，都議選を控えた東京都連であった[8]。森首相の支持率が低下し続ける中，総理退陣を念頭に置いた総裁選の前倒し，党員に限らず実費を支払えば誰でも総裁選に参加できるよう党大会で規定を改めることを中心とする要求を党本部に伝えていた。やがて，都連のアイディアは全国に広く知られることになり，森の退陣と自主的な予備選挙の実現に帰結した。

選挙期間中においては，橋本派の牙城とされる業界や団体を通じた投票依頼（いわゆる「締め付け」）が効かない，という異例の事態が進行していた。従来，党員票の65％は職域支部に属する票といわれ，78年総裁選の予備選挙以来，田中派の流れを汲む経世会，旧竹下派の金城湯池とされてきた。しかし，投票前の断片的な新聞報道によると，派閥単位での「締め付け」が報告されたケースはむしろ少ない。静岡では，朝日新聞社が選挙区支部や職域支部などに対するアンケート調査を行ったが，回答があった10支部の内，6支部で電話や会議，役員への通知によって投票依頼を行い，残る4支部は「各党員・党友の意思にゆだねるべき」との方針であった。全国的には，特定郵便局長のOBや家族から構成される「大樹」が，郵政民営化を掲げる小泉を阻止するため，橋本支持で組織的な集票活動を繰り広げたようである。

1. 3. 小括

党員投票の実施例は増加しているが，そのきっかけとしては，①選挙競争の圧力，②有権者の政党離れ，③政党内部の権力闘争が挙げられる。①は，選挙における政党間の競争を触媒として党員投票が普及していく経路である。②は，有権者の政党離れに直面し，党首選出に参加する権利を拡大することによって党員を確保したい政党の思惑によるものである。③は，党員投票の実施によって権力闘争を有利に進めたい政治家の思惑によるものである。これらの要因は相互に矛盾するものではない。

一見すると，①選挙競争の圧力と③政党内部の権力闘争はもっともらしい。しかし，両者とも政党政治には付きものであり，いかなる状況下で，

これらの要因が党首選出過程の民主化をもたらすのか必ずしも明らかではない。②有権者の政党離れはより有望な説明である。少なくとも時系列的な変化を説明することは出来るように思われる。しかし，政党脱編成は先進産業民主主義国に共通の現象であり，政党間の違いを説明することができない。

本稿では，政党脱編成に代わって，動員の衰退に注目する[9]。動員力が低下すると，党員が自主的に判断できるようになり，投票の実施を支持するインセンティブが生じる。また，組織動員が有効ではない党員票の出現は，組織の支持を受けない潜在的な候補者が選挙に参入し，集票することを可能にする。従って，これらの候補者にとっても，党員投票の実施を支持するインセンティブがある。

また，一般的に党首選出過程の民主化とされる現象は，有権者の範囲が拡大傾向にあることを意味するに過ぎない場合が多い。本稿においても，必ずしも党内民主主義が実現の方向にあると述べようとしているのではない。例えば候補者1名の場合，競争は存在せず，無投票になるか，良くて信任投票が実施されるのみである。結局のところ，民主化の度合いは「包括性」と「競争性」の2次元において測定することが適切と考えられる[10]。本稿では，包括的かつ競争的な党員投票の実施が通例化することを党首選出過程の民主化と定義する。

2．党首選出手続きの変容

自民党と民主党は党首を選出するために，国会議員と地方組織，それぞれの構成員による投票を組み合わせた方法を採用している。ただし，その過程は決して単線的な変化ではなかった可能性があり，また，手続きが常にその本旨に沿って運用されるとは限らないという点において，検証が必要である。なお，自民党における党首選出の手続き的な側面については，代表的なものとして前述の田中（1986）が挙げられるが，民主党のそれについては寡聞にして知らない。従って，本節の記述は政党の発表や新聞記事に主に依拠する。

2．1．自民党における総裁公選規定の運用

自民党の総裁選出は，原則として総裁公選規定に従うが（党則第6条），

特に緊急を要する場合，党大会に代わって両院議員総会において後任を選任できる（同6条2）。両院議員総会によって総裁を選出する際の選挙人は，衆参両院議員と都道府県連代表各3名である（同6条3）。総裁公選規定においては，党所属の国会議員と党員に加えて，支持組織である自由国民会議の会員（党友），政治資金団体である国民政治協会の個人会員及び法人会員の代表者1名が選挙人として明記されている（第6条）。

結党から2006年9月までの間，投票によって複数候補者間の勝敗を決した事例は22回であり，対して無投票での選出は14回となる。なお，競争選挙の内，党員投票が実施された事例は8回である。無投票による選出の事例は1980年代において7回と半数を占めるが，それ以前は3回に過ぎなかった。1990年代以降の事例も4回に留まる。田中派による支配が安定していた1980年代において競争性は低下するが，竹下派の分裂を経て，再び上昇したと考えられる。同時に党員投票を伴う事例も増えており（表1），競争性の復活と包括性の高まりを認めることができよう。

表1　自民党の総裁選出（党員投票導入後）

	当選者	他の候補者（得票順）		
1978年11月	大平正芳	福田赳夫	中曽根康弘	河本敏夫
1980年7月	鈴木善幸			
1980年10月	鈴木善幸			
1982年11月	中曽根康弘	河本敏夫	安倍晋太郎	中川一郎
1984年10月	中曽根康弘			
1986年9月	中曽根康弘			
1987年10月	竹下　登			
1989年6月	宇野宗佑			
1989年8月	海部俊樹	林　義郎	石原慎太郎	
1989年10月	海部俊樹			
1991年10月	宮澤喜一	渡辺美智雄	三塚　博	
1993年7月	河野洋平	渡辺美智雄		
1993年9月	河野洋平			
1995年9月	橋本龍太郎	小泉純一郎		
1997年9月	橋本龍太郎			
1998年7月	小渕恵三	梶山静六	小泉純一郎	
1999年9月	小渕恵三	加藤紘一	山崎　拓	
2000年4月	森　喜朗			
2001年4月	小泉純一郎	橋本龍太郎	麻生太郎	亀井静香
2001年8月	小泉純一郎			
2003年9月	小泉純一郎	亀井静香	藤井孝男	高村正彦
2006年9月	安倍晋三	麻生太郎	谷垣禎一	

網掛け部分は党員投票が実施された事例

1956年4月の鳩山選出から1972年7月の田中選出まで計11回の総裁公選は，地方代議員による投票が行われたが，割り当てられた票数は各都道府県連2票から1962年1月に1票へと削減されている。1977年4月の第33回臨時党大会において，総裁公選規程は大幅に改正され，新たに「総裁候補決定選挙」が導入された。都道府県連ごとに党員・党友1,000人当たり1点の「持ち点」を割り当てた上，都道

府県別に1位と2位の候補者それぞれへ得票に比例して配分した後，全国集計して上位2名が国会議員による本選挙に進む，という制度である。しかし，早くも1981年4月には，候補者が3名以下の場合，総裁候補決定選挙を実施せず，また，候補者の得票を単純に全国集計する方式に変更された。1978年12月の大平選出，1982年11月の中曽根選出の2度，用いられたが，いずれも本選挙を待たずに2位以下の候補者が辞退している。

そして，1989年9月には国会議員の投票と同時に各都道府県連において党員の投票を行う方式に変更された。各都道府県連は党員・党友数に応じた「持ち票」を割り当てられ（2万人未満・1票，2万人以上5万人未満・2票，5万人以上10万人未満・3票，10万人以上・4票），当該都道府県連の最多得票者が持ち票の全てを獲得する方式である。この制度における競争選挙としては1991年10月の宮澤選出があるが，さらに党員1万票につき1票を配分する全国集計方式に改められ，1995年9月の橋本選出と1999年9月の小渕選出の計3回の総裁公選で実施された。

2001年4月の総裁選は，森総裁の任期途中における辞任のため，両院議員総会による公選となり，規定上，党員投票の根拠はなかった。しかし，有力者の話し合いによって選出された森総裁の正統性を問う声の高まりを受けて，都道府県連が党員投票を自主的に導入するという前代未聞の展開となった。これは地方代議員票の行方を左右する，事実上の「予備選挙」方式といえる。また，地方の意思をより反映させるため，党則が改正され，都道府県連代表が1名から3名に増やされた。小泉総裁の誕生をもたらした党員重視の傾向は，2003年9月の小泉再選，2006年9月の安倍選出においても見られる。再び改正された総裁公選規定においては，都道府県連単位での集計に改められると同時に，各都道府県連には「基礎票」の3票に加えて，党員・党友数に応じた「配当票」を159票，計300票を割り当てることになった。前回の任期満了選挙（1999年9月）における党員票は143票，前々回（1995年9月）は80票に過ぎなかったことを勘案すると，地方重視の傾向が明瞭となっている。

結党以来，行われた党員投票は8例に過ぎないが，1990年代以降に限定すると，12回の総裁選出の事例に対して6回と半分を占めている。地方組織による党内ガバナンス参加を重視する近年の流れが定着するか検証を待たなければならないが，この流れを一旦は断ち切ったかのような2000年4

月の森選出は例外と考えられる。

2.2. 民主党における代表選挙規則の運用

民主党の代表選出手続きについて，党規約は投票方法の詳細を代表選挙規則において別途定めるとするが（党規約第8条5），党員とサポーターの投票権を明記している（同3条2，5条2）。代表の任期は2年であり（同8条3），任期途中で代表が欠けた場合，選挙によらず，両院議員総会において代表を選出することができる（同8条7）。代表選挙規則によると，有権者は党員及びサポーター，党所属の国会議員及び地方議会議員と定められている（第4条）。

新進党の解党後，その構成勢力の大部分を吸収した「新民主党」は，2006年9月までに合計10回の代表選挙を実施してきた（表2）。

その内訳を見ると，競争選挙は6回，無投票選出は4回となっている。党員投票が実施された事例は，2002年9月の鳩山選出を数えるのみである。従って，党首選出過程における包括性は低い。また，半数近くの事例が無投票であり，競争性も低いと考えられる。

1999年1月，新民主党初の代表選挙が実施された。菅が再選されたこの代表選の有権者は党所属議員145名と各都道府県から代表者2名である。一般党員や国政選挙の公認予定候補者には投票権が与えられていなかった。その後，党は「代表選挙規則案」の検討に入り，「県別ポイント式党員公選」の導入を決定した。党員だけではなく，参加費1,000円を支払った者も「サポーター」として投票に参加できる点が特徴である。当初，1999年9月の代表選において実施される予定であった。しかし，地方組織の整備は進んでおらず，党員投票を準備する時間的な余裕がないと判断され，国会議員と公認候補，都道府県連の代議員2名のみを有権者とし，有権者1人につ

表2　民主党の代表選挙（新民主党成立後）

	当選者	他の候補者（得票順）
1999年1月	菅　直人	松沢成文
1999年9月	鳩山由紀夫	菅　直人　横路孝弘
2000年9月	鳩山由紀夫	
2002年9月	鳩山由紀夫	菅　直人　横路孝弘　野田佳彦
2002年12月	菅　直人	岡田克也
2004年5月	岡田克也	
2004年9月	岡田克也	
2005年9月	前原誠司	菅　直人
2006年4月	小沢一郎	菅　直人
2006年9月	小沢一郎	

網掛け部分は党員投票が実施された事例

き1票を与える方式で決着した。この代表選では，現職の菅を下して鳩山が選出された。2000年9月の代表選では，候補者が鳩山1名であり，無投票再選となったため，またしても党員投票は行われなかった。

　鳩山の任期が切れる2002年9月まで党員投票は実現しないことになるが，その間に党員集めの努力が開始され，約3万人の党員・サポーターを30万人に増やすことが目標とされた。予定通り9月に実施された代表選挙のポイント配分は，党員・サポーターに合計320ポイント，国会議員には1人2ポイント（合計366），公認候補にも1人1ポイント（合計83），地方自治体議員には合計47ポイントとなっている。党員・サポーターのポイントは都道府県の人口比に従って配分され，各候補者は得票数に応じてポイントを獲得する。同様に，地方議員についても各候補者は得票数に比例してポイントを配分される。投票の結果，鳩山が3選されたが，自由党との合同をめぐって党内が混乱した責任を取って，早くも12月には辞任に追い込まれた。任期途中であるため，「代表の選出に関する特例規則」に則り，両院議員総会で国会議員による投票が行われ，菅が新代表に選出された。

　鳩山辞任後も特例が通例となる異常な状態が続いている。2004年5月には，菅も年金未加入問題の責任を取って任期途中で辞任し，再び両院議員総会において無投票で岡田が後任に選ばれた。岡田は2004年9月に任期切れを迎えたが，対立候補がいなかったため，投票は実施されなかった。2005年9月，岡田は総選挙敗北の責任を取って辞任し，またしても両院議員総会での代表選出となった。その前原新代表も党所属国会議員の不祥事への対応を誤り，在任わずかで辞任に追い込まれた。その結果，2003年総選挙前に合同を果たした旧自由党出身の小沢が両院議員総会で新代表に選出されている。小沢の任期は2006年9月までであったが，対立候補がなかったため，無投票で再選された。

　特徴としては，1999年以降，10回を数える代表選出のペースを挙げることができる。半数以上の事例が無投票である。ほぼ同じ期間に行われた自民党の総裁選出は5回であったので，倍である。他方，党員投票は1回だけであり，4回実施した自民党と対照的である。代表の座は安定したものではないが，必ずしも競争によって選ばれる訳ではないこと，国会議員中心の党内ガバナンスが行われてきたことが分かる。

3. 地方組織の包括性と組織動員

近年，特に自民党は党員投票を多く用いており，包括性が高まっているといえる。しかし，党員数が少ないならば，党員が党首選出に参加することを許されていても真に包括的とはいえないであろう。党首選出手続きに定められた de jure の包括性と，実際の有権者の範囲を示す de facto の包括性を区別する必要がある。従って，党員数の推移を検証し，その増減の原因を探る必要がある。

また，組織動員も党首選出過程の民主性に影響を及ぼす重要な要因である。組織に依存できない候補者の参入を抑制し，党員投票の意義も損なってしまうからである。そこで，自民，民主両党につき，多変量解析によって組織動員モデルを検証する。

3. 1. 地方組織の包括性

図1は自民，民主両党の党員数の推移を視覚化したものである。衆院選，参院選，党員投票が実施された自民党総裁選も示してある。

まず，自民党から検討しよう。1976年には48万人に過ぎなかった党員数は大きく振幅しながら1991年に547万人まで増加した。その後，1998年には398万人を記録した後，減少傾向にある。2004年は107万人である。党員の増減と選挙の関わりについて見ていこう。

まず，参院選についてはどうであろうか。1983年に拘束名簿方式が導入された結果，候補者の当落にとって名簿に登載される順位が死活的に重要となった。自民党の場合，順位の決定に際して重視されるものは候補者とその支持組織が獲得した党員数とされる。例えば，特定郵便局長の退職者が構成する大樹の党員数は23万人，建設業団体連合会は17万人，軍恩連盟は15万人等である[11]。従って，参院選の前には党員数が増加すると予測することができる。実際，参院選の前年に党員数がピークを付けている年は多い（1983年，1986年，1989年，1992年，1995年，2001年）。1995年と2001年はピークが小さい。参院選が実施された年とピークが一致する年は1980年と1998年である。拘束名簿方式で実施された参院選については，1998年を除いて前年に党員数がピークに達しており，予想通りといえる。衆参同日選や総裁選と重なる年については，参院選の効果と断定することに慎重

図1 自民,民主両党の党員数の推移

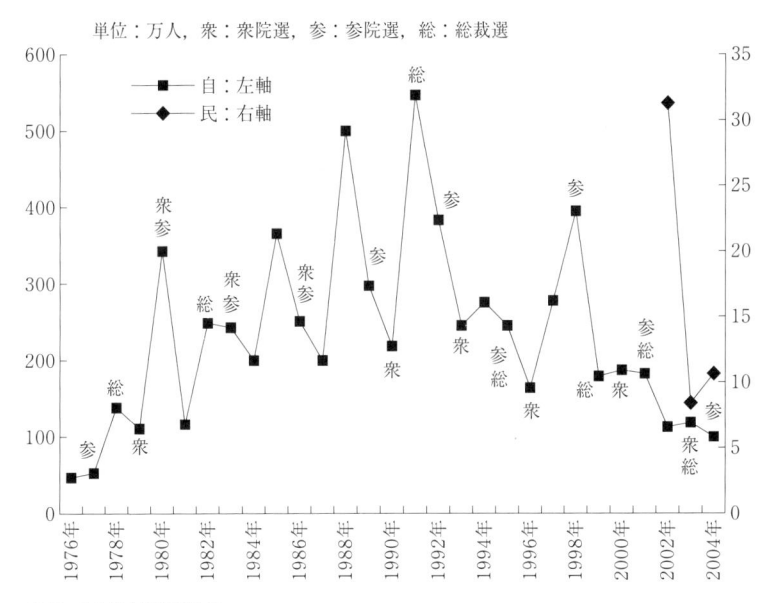

単位:万人,衆:衆院選,参:参院選,総:総裁選

出所:政治資金収支報告書

　を期すべきであるが,(制度改正前の)参院選が党員を増やすという仮説は概ね支持できると思われる。2000年代に入ってからも党員数は減少を続けており,参議院の非拘束名簿方式導入と平仄を合わせている点も仮説を補強する[12]。

　では,総裁選挙における党員投票の実施と党員の増減には関係があるのだろうか。各候補者による党員集めの過熱については伝えられてきた通りである。党員投票を伴う総裁選が実施された1978年,1982年,1991年,2003年は前後の年よりも党員が多い。翌年に参院選を控えた1991年の党員数の増加は顕著であり,過去最大を記録している。党員投票を伴うことなく総裁が選出された各年の内,参院選の実施(及びその前年)と重なっていない1984年,1987年,1993年には党員数が落ち込んでいる。従って,党員投票と党員数には因果関係があると推測できる。しかし,党員数は1991年を頂点に減少傾向にあり,以後,党員投票の効果は見られない。

　なお,明白に振幅のピークを付けている総選挙の年は1980年のみである。

衆参同日選の年でもあり，衆院選単独の効果と判別できない。従って，党員を増やす効果については懐疑的にならざるを得ない。

一方の民主党については，代表選があった2002年の31万人から大きく減少している。2004年は11万人である。データ・ポイントが少ないために即断を避ける必要があるが，2002年の党員数は代表選における党員集めの効果によるものと考えられる。自民党と比較すると，文字通り桁違いに党員数が少なく，実質的な包括性は低い。

3. 2. 国会議員による地方組織の動員

さて，国会議員と地方組織の関係も党首選出過程の民主性に影響を及ぼす重要な要因である。国会議員が動員を通じて党員の投票選択を支配しているならば，党員投票は名目に過ぎない。この場合，党員にとって投票の実施を求めるインセンティブがないといえる。また，組織的な党員の動員が可能ならば，組織の支持を獲得できない潜在的な候補者の参入は抑制され，競争性が阻害されると考えられる。

自民党

従来の有権者とのリンケージ，派閥領袖－構成メンバー－後援組織と連なる組織の動員力は有効性を失ったのであろうか。都道府県ごとに各候補者の得票が発表されている党員・党友投票の結果を用いて分析する。分析の対象は1978年11月，1991年10月，2001年4月，2003年9月，2006年9月の各総裁選である[13]。分析の単位は都道府県となる。得票率を従属変数とし，各候補者を支持する派閥の所属議員が当該都道府県の自民党議員に占める割合（支持議員）[14]，特定郵便局の支持を受ける参院選候補者が直近の参院選で獲得した票が当該都道府県の自民票に占める割合（郵政候補）を独立変数とする。さらに，各都道府県の社会経済的属性の影響をコントロールする変数として，第1次産業の就業人口割合を投入し（第1次産業），重回帰分析（OLS）によって各候補者の得票構造を推定したものが表3である（組織動員モデル）。

「支持議員」変数の係数が有意かつ正である場合，（他の変数の影響をコントロールした上で）各候補者を支持する議員の割合が高いほど得票割合も高く，それ故，議員の後援会が党員を効果的に動員していると考えられ

表3　組織動員モデルの重回帰分析（OLS）：自民党

	1978年				1991年		
	大平	福田	中曽根	河本	宮澤	渡辺	三塚
（定数）	15.18**	24.19***	9.36***	2.79	22.62**	26.12***	8.78
	(6.36)	(5.01)	(2.93)	(2.73)	(9.36)	(6.92)	(6.35)
支持議員	0.49***	0.79***	0.56***	0.51***	0.37**	0.54***	0.64***
	(0.11)	(0.10)	(0.08)	(0.09)	(0.14)	(0.15)	(0.15)
郵政候補	0.53	0.41	−0.05	0.19	2.01*	−1.16	−0.63
	(0.52)	(0.41)	(0.24)	(0.25)	(1.10)	(0.92)	(0.82)
第1次産業	0.51	−0.42*	−0.07	−0.15	−0.15	0.33	−0.05
	(0.32)	(0.24)	(0.15)	(0.16)	(0.53)	(0.43)	(0.37)
調整済み R^2	0.34	0.57	0.52	0.37	0.15	0.22	0.25

	2001年				2003年			
	小泉	橋本	亀井	麻生	小泉	亀井	藤井	高村
（定数）	58.75***	16.48***	0.32	4.77**	54.55***	13.54***	1.02	5.74***
	(4.65)	(4.22)	(1.02)	(2.13)	(3.99)	(3.97)	(4.13)	(1.98)
支持議員	0.22***	0.19***	0.25***	0.12	0.37***	0.40***	0.27***	0.71***
	(0.07)	(0.06)	(0.03)	(0.08)	(0.06)	(0.10)	(0.09)	(0.11)
郵政候補	−4.37***	3.92***	0.33	0.58	−4.98***	−1.05	5.64***	−1.77*
	(1.39)	(1.36)	(0.33)	(0.75)	(1.57)	(1.81)	(1.85)	(0.97)
第1次産業	0.49	−0.54	0.22*	−0.21	−0.51	1.06**	−0.93**	0.37*
	(0.46)	(0.46)	(0.11)	(0.25)	(0.37)	(0.43)	(0.42)	(0.22)
調整済み R^2	0.34	0.29	0.70	0.00	0.51	0.27	0.26	0.50

	2006年		
	安倍	麻生	谷垣
（定数）	47.77***	16.52***	15.76***
	(6.69)	(5.10)	(3.60)
支持議員	0.26***	1.12***	0.84***
	(0.08)	(0.31)	(0.12)
郵政候補	−0.16	1.08	−0.29
	(2.40)	(2.35)	(1.74)
第1次産業	−0.14	0.51	−0.42
	(0.55)	(0.55)	(0.41)
調整済み R^2	0.18	0.19	0.51

弧内は標準誤差，***: $p < 0.01$，**: $p < 0.05$，*: $p < 0.1$，ケースは都道府県（2001年は広島と山口を除外），「支持議員」各候補を支持する議員が当該都道府県の自民議員数に占める割合（各年，参院全国区ないし比例区選出の議員を除外，国会便覧），「郵政候補」は特定郵便局の支持を受ける参院選候補の得票が自民票に占める都道府県別の割合（各年），「第1次産業」は都道府県別の従業人口割合（各年の国勢調査）

78年：大平の「支持議員」は大平派と田中派，福田は福田派，中曽根は中曽根派，河本は三木派（1978年8月），「郵政候補」は西村尚治（1977年），「第1次産業」は1980年

91年：宮澤の「支持議員」は宮澤派，竹下派と河本派，渡辺は渡辺派，三塚は三塚派（1991年8月），「郵政候補」は長田裕二（1980年）と高祖憲治（2001年）の得票の平均を比例区の自民党得票数（1992年）で割ったもの，「第1次産業」は1990年

01年：小泉の「支持議員」は森派，山崎派と加藤派，橋本は橋本派と堀内派，亀井は江藤・亀井派，麻生は河野G（2001年12月），「郵政候補」は高祖憲治（2001年），「第1次産業」は2000年

03年：小泉の「支持議員」は森派，山崎派，加藤派，河野Gと参院橋本派，亀井は江藤・亀井派，藤井は衆院橋本派，高村は高村派（2003年8月），「郵政候補」は長谷川憲正（2004年），「第1次産業」は2005年

06年：安倍の「支持議員」は森派，古賀派，志帥会，高村派と二階G，麻生は河野G，谷垣は谷垣派（2006年8月），「郵政候補」は長谷川憲正（2004年），「第1次産業」は2005年

る[15]。「郵政候補」変数については，係数が有意かつ正である場合，特定郵便局の利益を代表する参院選候補者の当該参院選における得票割合が高いほど各候補者の得票割合も高く，特定郵便局による党員の動員効果と推定できる。つまり，後援会（支持議員）と圧力団体（郵政候補）という自民党の伝統的な組織動員をモデル化し，党員投票における効果を検証する。

表3によると，2001年の麻生モデルを除いて，「支持議員」変数の偏回帰係数は有意かつ正を示している。「郵政候補」変数は1991年の宮澤，2001年の小泉と橋本，2003年の小泉と藤井，高村の各モデルでは有意であり，正負のサインも概ね予想された方向である（小泉マイナス，橋本と藤井プラス）。

当選者について「支持議員」変数の偏回帰係数の推移を見ると，2001年に大幅に低下し，2003年には上昇するが，依然として1978年の水準より低い。2006年には再び低下していることが分かる。第2位の候補者については，2006年の麻生モデルが最も高い数値を示しているが，河野グループの構成人数は少なく，派閥による党員の動員効果には限界があることに注意すべきである。1978年には派閥に所属する議員を通じた動員は有効であったが，その力が落ちていると解釈できよう。

定数項は「支持議員」変数や「郵政候補」変数の影響を考慮に入れない場合の基礎票を表すものである。2001年と2003年の小泉モデル，2006年の安倍モデルでは顕著に大きい。組織動員に依存しない部分が多いことを物語る。

党員に対する調査を実施できなかったため，本小節の分析には限界がある。しかし，党員投票の多変量解析の結果によると，「支持議員」変数や「郵政候補」変数の係数は低下傾向にあり，小泉や安倍のモデルでは定数項も大きい。さらに，モデルの調整済み R^2 も落ちてきている[16]。つまり，自民党の総裁選においては，議員の後援会や圧力団体（大樹）を通じた集票ルートの動員力が低下している[17]。自律的に判断する党員が増加し，候補者が支持を獲得する機会も開かれたものになったと推測できる。このような変化が自民党総裁選における党員投票の通例化と候補者間の競争をもたらしたといえよう。

民主党

2002年9月に実施された党員・サポーター投票の結果については，都道府県ごとに各候補者の得票が発表されており，自民党と同様，統計的な検証が可能である[18]。各候補者の得票率を従属変数とし，各都道府県において各候補者の推薦人の数が民主党議員に占める割合（支持議員），労働組合出身の参院選候補者の都道府県別の得票が民主票に占める割合（支持労組）を独立変数，第1次産業の就業人口割合を各都道府県の社会経済的属性をコントロール変数として投入し（第1次産業），重回帰分析（OLS）によって各候補者の得票構造を推定した（表4，組織動員モデル）。鳩山の「支持労組」は旧同盟系，横路は旧総評系，それぞれの組織内候補による得票である[19]。分析の単位は都道府県である。

「支持議員」変数の係数が有意かつ正である場合，（他の変数の影響をコントロールしても）各候補者を支持する議員の割合が高いほど得票割合も高く，従って，議員の後援会による党員・サポーターの動員が有効であると考えられる。また，「支持労組」変数の係数が有意かつ正である場合，各候補者を支持する労働組合出身の参院選候補者が当該参院選において獲得した票の割合が高いほど各候補者の得票割合も高く，労働組合による党員・サポーター動員の有効性を推定できる。自民党と同様，後援会（支持議員）と圧力団体（支持労組）という民主党の組織動員をモデル化し，党員・サポーター投票における有効性を検証する。

まず，鳩山と菅の上位2名については，モデルの当てはまりが悪いことが分かる[20]。投入された変数の偏回帰係数も全て有意ではない。菅のモデルでは，

表4　組織動員モデルの重回帰分析（OLS）：民主党

	鳩山	横路	菅	野田
（定数）	29.88***	1.11	28.18***	17.69***
	(7.97)	(2.90)	(5.58)	(4.62)
支持議員	0.18	0.59***	0.15	0.39***
	(0.12)	(0.06)	(0.09)	(0.09)
支持労組	0.87	0.22	—	—
	(0.84)	(0.25)		
第1次産業	−0.45	0.82**	−0.11	−0.36
	(0.71)	(0.39)	(0.72)	(0.58)
調整済み R^2	0.01	0.74	0.01	0.30

括弧内は標準誤差，***: $p<0.01$，**: $p<0.05$，*: $p<0.1$，ケースは都道府県（青森，岩手，福井，和歌山，島根，香川，愛媛，宮崎，沖縄を除外）
「支持議員」は各候補者の推薦人が当該都道府県の民主議員数に占める割合（参院比例区選出の議員は除外，2001年7月時点，国会便覧），鳩山の「支持労組」は旧同盟系，横路の「支持労組」は旧総評系，それぞれの組織内候補（下記参照）が2001年参院選において獲得した票の合計が民主票に占める都道府県別の割合，「第1次産業」は都道府県別の従業人口割合（2000年国政調査）
分析対象となる連合の組織内候補は，「旧総評系」が朝日俊弘（自治労），伊藤基隆（全逓），神本美恵子（日教組），高見裕一（情報労連），「旧同盟系」は藤原正司（電力総連），柳沢光美（ゼンセン同盟），前川忠夫（JAM）の計7名である

「支持議員」変数がわずかに10％の有意水準をクリアできない（p =0.126）。「支持議員」変数が有意でない理由としては，国会議員票を63獲得した鳩山が25人，45獲得した菅が20人と，得票に対する推薦人の占める割合は少ない。従って，推薦人によって支持者の分布を近似することが適切でないためと考えられる。また，鳩山の得票と旧同盟系労組の組織内候補者が2001年参院選で集めた票との関係性が見られなかったことも予想に反する。

国会議員票を31獲得した横路の推薦人は20人，44獲得した野田は25人であり，支持者をより適切に代表するためか，両者のモデルの説明力は高い。横路のモデルは最も説明力が高く，「支持議員」と「第１次産業」の両変数が有意である。野田のモデルを見ると，説明力は横路に及ばないが，「支持議員」変数は有意である。また，横路モデルの「支持労組」変数は「第１次産業」変数と相関関係にあり[21]，後者をコントロールすると，有意ではなくなる。「第１次産業」変数を除いたモデルでは，総評系支持労組の組織内候補者の得票割合が１％多くなると，横路の得票率も0.46％上がるという関係が現れる（５％水準で有意）。

説明力が顕著に低い鳩山のモデルを除くと，「支持議員」変数は有意かつ正であり，国会議員を通じた組織的な動員は有効である。また，横路のモデルでは，「第１次産業」変数を除くと，「支持労組」変数が有意かつ正となり，労組による動員も効果がある。党員・サポーターが自律的に判断して投票する機会を提供したと考えるならば，鳩山と菅の立候補は党員投票の実質的な包括性を高めたといえる。一方，横路と野田のモデルにおいては，自民党と同様に組織動員の痕跡が見受けられる。従って，横路と野田の立候補は包括性を低くしたといえる。

結語

自民党における党首選出手続きは党員投票を多用するようになってきている。民主党と比較すると，自民党の地方組織は桁違いに多い党員を抱えている。時系列的には規模の縮小に直面しており，参院選や総裁選を契機とする動員の力も弱まっている。組織の縮小傾向にもかかわらず，党員投票の実施が通例となるのは直感に反するが，国会議員にとっての地方組織の価値を考えると首肯できる。つまり，有権者の政党離れが進む中，党員の重要性はむしろ高まっており，党本部は組織を維持するためにも党員の

権利を重視する必要がある。地方組織の規模が大きく，選挙において集票を期待できるならば，党本部は党員投票の実施を求める地方の声に抗うことは難しいと考えられる。また，組織動員の有効性は減少しており，党員による自主的な判断の可能性が高まりつつある。この変化は地方組織が党員投票の実施を求める理由の1つとなる。組織によって動員されない新たな票田として党員が登場することにより，潜在的な候補者が参入するハードルも低くなる。従って，これらの候補者にとっても，党員投票の実施を支持するインセンティブがある。

　自民党と比較すると民主党の地方組織は量的に弱体のままであった。党員・サポーターの登録数，所属する地方議員数は共に伸び悩み，党組織の整備は遅々として進んでいない[22]。そのため，1999年9月の事例では自主的な予備選挙の動きが見られたが，散発的なものに終わった。組織建設の中心は議員の後援会や労組と考えられるため，組織動員が有効と予想されるが，多変量解析の結果は曖昧さを残すものである。しかし，集計レベルで見ると党員・サポーターと議員の投票結果には大きなズレはないため[23]，国会議員における候補者間の競争が勝敗を決したと考えられる。

　まとめると，党員が自らの意思で投票を行うようになり，党内ガバナンスにおいて新たなアクターとして登場した結果，候補者と党員の誘因が変わり，自民党においては党員投票が多く実施されるようになったと考えられる。自民党に匹敵する大規模な党員集団は民主党には存在しない。政党組織の構成が異なるために，両党のリーダーシップの存立基盤には違いが生じるといえる。

〔謝辞〕

　　本稿は日本政治学会研究会（2007年10月6日）の報告論文を元にしている。また，匿名の査読者の先生方から有益なコメントを頂戴した。関係各位に記して謝意を表する。

（1）　紙幅の都合上，自民党の派閥，民主党の旧党派グループについての検討を別稿に譲る。
（2）　大統領選挙の候補者を選出する手続きを指す。
（3）　40％の票を労働組合に割り当て，30％ずつを議会コーカスと一般党員で分け合う仕組みである。保守党の党首選挙については，渡辺（2004）が

ある。
(4) 自民党の総裁選出について，叙述的な研究としては，升味（1985），北岡（1995），石川（2004）などがある。
(5) 詳しくは，本稿の第2.1節を参照。
(6) 1978年11月10日朝刊。
(7) 1979年8月25日朝刊。系列関係については，上神・清水（2007），上神（2008）を参照。
(8) 大嶽（2003）が簡潔にまとめている。以下の記述は朝日新聞の記事に依拠する。
(9) Rosenstone and Hansen（1993）によると，動員とは候補者や政党，活動家，集団が有権者に投票参加を促すことである。動員には候補者による直接的動員と組織などによる間接的動員の2種類があるが，本稿では後者に焦点を合わせる（組織による党員の登録も動員と見なす）。
(10) この包括性と競争性の2次元は，ダールによる民主化の議論に基づいている（Dahl, 1971）。ダールは政治に参加する権利と公的な異議申し立てをする権利を峻別した。
(11) 日本経済新聞（2001年8月5日朝刊）。
(12) Köllner（2002）は，2001年参院選を事例として，組織による動員力の低下を指摘する。
(13) 党員投票の結果は，1978年11月：大平550,891，福田472,503，中曽根197,957，河本88,917，1991年10月：宮澤475,591，渡辺311,677，三塚173,054，2001年4月：小泉793,130，橋本413,278，麻生73,601，亀井87,030，2003年9月：小泉555,771，亀井240,792，藤井104,158，高村69,318，2006年9月：安倍393,899，麻生163,582，谷垣96,861（各新聞社の報道と自民党の発表）。1982年11月，1995年9月，1999年9月の各総裁選は党員投票の結果が全国集計されたため，都道府県別のデータが存在しない。
(14) 2003年9月の総裁選の場合，橋本派の支持候補は衆院（藤井）と参院（小泉）で異なる。衆議院の比例代表ブロックから選出された議員は住所より該当する都道府県を推定したが，参議院の全国区ないし比例区の選出議員を分析より除外した。
(15) ここでは，所属する派閥から議員が支持する総裁選の候補者を推定している。従って，議員が派閥の意向に沿わない場合，「支持議員」変数の係数の低下は派閥の結束力の低下を示しているとも考えられる。また，本稿は「支持議員」変数の係数が大きいことを動員の証左と解釈するが，党員の意識調査を実施できない以上，自主的な選択の可能性を排除できないことに注意が必要である。
(16) モデルの当てはまりを示す絶対的な指標として，推定値の標準誤差

(standard error of estimate, SEE) を見るべきとの主張もある (Achen, 1990)。各モデルの SEE は，大平14.40，福田10.97，中曽根6.64，河本6.94（以上，1978年），宮澤17.44，渡辺14.62，三塚13.09（以上，1991年），小泉10.13，橋本9.94，亀井2.43，麻生5.48（以上，2001年），小泉8.22，亀井9.30，藤井9.69，高村5.00（以上，2003年），安倍12.54，麻生12.33，谷垣9.11（以上，2006年）。

(17) 2001年4月の総裁選における党員投票を計量的に分析したものとして，Ehrhardt（2006）がある。本稿と同様，国会議員を通じた動員の限界を指摘するが，その分析には疑問がある。まず，モデル固有の問題としては，党員投票が実施されなかった広島と山口の事例を除外していないこと，(統計的な処理が試みられているものの) 小泉支持議員割合と橋本支持議員割合，亀井支持議員割合のように，お互いの関数として表現できる変数を同時に投入しており，多重共線性が発生していないことを明示していないことがある。また，都道府県単位で党員投票の結果を確認できるのは2001年4月の事例のみと事実を誤認している。

(18) 党員投票の結果は，鳩山56,417，菅41,167，野田33,012，横路26,846 (民主党の発表)。青森，岩手，福井，和歌山，島根，香川，愛媛，宮崎，沖縄の各県では，民主党議員が存在しないため（2002年8月時点），これらのケースを分析から除外した。

(19) 1993年3月の総評センター解散に伴い，旧総評系を中心とする「社会党と連帯する労働組合会議」が発足し，友愛会議を解散する旧同盟系の労組も「民社党を支援する労働組合会議」を組織したが，旧中立労連系や純中立系の労組は「準加盟」などの形で両者に加入することがあり，色分けは困難である。そのため，分析を旧総評系と旧同盟系の組織内候補者に限定し，若林秀樹（電機連合，旧中立労連）と池口修次（自動車総連，純中立）を除外した。なお，自治労出身の朝日俊弘は菅の推薦人に名を連ねているが，自治労自体は旧社会党系議員と関係が深いため，横路の「支持労組」とカウントした。

(20) 各モデルの SEE は，鳩山15.56，横路7.66，菅16.07，野田12.76。

(21) 相関係数0.43，1％水準で有意。

(22) 2005年12月現在，自民党の都道府県議1,364人に対して，民主党は251人に過ぎない。市区町村議においては，自民党1,952人，民主党768人である（総務省）。

(23) 議員票と党員票の獲得割合の差を列挙すると，鳩山は，−1.4％，菅は，−1.6％，野田は3.1％，横路は−0.1％に過ぎない。

参照文献

石川真澄．2004．『戦後政治史　新版』。
上神貴佳．2008．「政界再編と地方政治：岩手県釜石市議会を事例として」『社会科学研究』59巻3・4合併号，39-80。
上神貴佳・清水大昌．2007．「不均一な選挙制度における空間競争モデル」『レヴァイアサン』40号，255-272。
内山融．2007．『小泉政権　「パトスの首相」は何を変えたのか』中公新書。
大嶽秀夫．2003．『日本型ポピュリズム　政治への期待と幻滅』中公新書。
北岡伸一．1995．『自民党―政権党の38年』読売新聞社。
竹中治堅．2006．『首相支配―日本政治の変貌』中公新書。
田中善一郎．1986．『自民党のドラマツルギー　総裁選出と派閥』東京大学出版会。
升味準之輔．1985．『現代政治　1955年以後　上』東京大学出版会。
御厨貴．2006．『ニヒリズムの宰相　小泉純一郎論』PHP新書。
渡辺容一郎．2004．「2001年イギリス保守党党首選挙と党員」『選挙研究』19号，61-71。

Achen, Christopher H. 1990. "What Does "Explained Variance" Explain?: Reply." *Political Analysis* 2: 173-184.

Dahl, Robert A. 1971. *Polyarchy: Participation and Opposition*. Yale University Press. 高畠通敏・前田脩（訳）『ポリアーキー』三一書房，1981．

Ehrhardt, Geroge. 2006. "Factional Influence on the 2001 LDP Primaries: A Quantitative Analysis." *Japanese Journal of Political Science* 7: 59-69.

Goldstein, Seth. 2002. "Party Leaders, Power and Change." *Party Politics* 8: 327-348.

Kittilson, Miki Caul, and Susan E. Scarrow. 2003. "Political Parties and the Rhetoric and Realities of Democratization." In *Democracy Transformed?: Expanding Political Opportunities in Advanced Industrial Democracies*. eds. Bruce E. Cain, Russell J. Dalton, and Susan Scarrow. Oxford University Press, 59-80.

Köllner, Patrick. 2002. "Upper House Elections in Japan and the Power of the 'Organized Vote'." *Japanese Journal of Political Science* 3: 113-137.

LeDuc, Lawrence. 2001. "Democratizing Party Leadership Selection." *Party Politics* 7: 323-341.

Rosenstone, Steven J., and John Mark Hansen. 1993. *Mobilization, Participation, and Democracy in America*. Macmillan.

Scarrow, Susan E. 1999. "Parties and the Expansion of Direct Democracy: Who Benefits?" *Party Politics* 5: 341-362.

Tsurutani, Taketsugu. 1980. "The LDP in Transition?: Mass Membership Participation in Party Leadership Selection." *Asian Survey* 20: 844-859.

軍部大臣文官制の再検討
―― 1920年代の陸軍と統帥権 ――

森　靖夫*

はじめに

　戦前期の日本政治において、デモクラシーがどれほど定着していたのかを考えるとき、政治や社会を規定する法の運用や慣行にまで視野を広げると、それはかなり強固な基盤を持っていたことが見えてくる。
　明治憲法は必ずしも議院内閣制を否定してはいなかったが、その法的正当性は必ずしも明確ではなかった。天皇大権のもとで内閣、官僚、枢密院、議会、軍などの勢力が独自の行政権を確保しており、政党がこれらの多元的な政治権力を一手に掌握することも容易ではなかった。しかしそのような状況のなか、原敬や加藤高明のような強力な政治指導力をもつ政党政治家のもとで、政党の権力は制度の運用を通じて徐々に官僚、枢密院、軍を凌いでいったのである。こうして、1924年から約8年間、政党内閣が展開することとなった[1]。
　この政党内閣期において、陸軍は統帥権の独立を楯に政党内閣に対抗するようなことはなかった。そればかりか、陸軍は憲政の発達を阻害するとして議会や世論から批判を浴びていた。では、なぜこのような状況を生かして、政党内閣が軍部の発言権を抑制する慣行を定着させ、軍部に対する内閣の優位を確立することに失敗したのだろうか。本稿は、この問いに答えるため、1920年代に展開された軍部大臣文官制問題を日本陸軍の対応を中心に再検討する。
　本稿が述べる軍部大臣文官制とは、陸海軍大臣任用資格の制限（現役・予後備役将官）を撤廃することをさす。それにより、与党党首である首相

---

*　京都大学大学院法学研究科助教　日本政治外交史

が軍部大臣に政党員を任用できるようになる。文官制を導入することができれば，軍部との政策対立が生じても政党内閣は政権を維持することが容易になる。軍部に対する優位を確立するために政党が欲した制度が，この軍部大臣文官制であった。本稿が軍部大臣文官制に着目する理由はここにある。

従来の研究では，陸海軍，特に陸軍が軍部大臣文官制問題を通して政党政治の発展という現実といかに向き合おうとしていたかについてはほとんど検討されてこなかった。それは，陸軍は政党に敵対的で，軍部大臣文官制に絶対反対であったため，その実現はほとんど不可能であった，と当然のように考えられてきたからであるように思われる[2]。しかし，仔細に検討すると，ことはそれほど単純ではないことがわかる。

本稿は，これまで一度も本格的に検討されることのなかった「陸軍大臣文官制に関する研究」（防衛省防衛研究所図書館所蔵）などの陸軍内部文書を初めて用い，軍部大臣文官制への陸軍の対応に関して通説の修正を試みる。本稿で明らかにするように，陸軍内では特に陸軍省が，軍部大臣文官制の導入に積極的に動いていた。陸軍省は，議会や世論の軍部批判を受けて，1925年頃から軍部大臣文官制の成立を視野に入れた組織改革の研究を本格的に進めていた。1926年5月には，第一次若槻礼次郎内閣のもとで，陸軍省では陸相権限を縮小するといった防御策をほとんどとることなく，文官大臣が統帥権に介入することすら認めるようになっていた。軍部大臣文官制の導入は決して現実離れした議論ではなかったし，全く不可能なこととは言い切れなかったのである。また本稿は，陸軍と併せて海軍の動向についても可能な限り触れ，両者の文官大臣制への対応のずれが，制度化を困難にしたことも指摘する。

1．軍部大臣文官制論の起源

1905年9月，日本は日露戦争に勝利した。日露戦争の勝利は陸海軍の政治的権威を高めた。だが，一般会計の6倍以上もの戦費を支出して戦ったこの戦争がそれ以上にもたらしたものは，大正デモクラシーと呼ばれる新たな時代のうねりであった。戦中に課せられた増税負担に耐えてきた民衆が，ポーツマス講和反対を唱えて都市部を中心に騒動を起こし，やがて全国に広がった。この講和反対運動を端緒として，藩閥批判や軍部の政治介

入への警戒が強まっていった。政党の中でも原敬を中心とする政友会は，藩閥勢力の最有力者にして元老でもある陸軍元帥の山県有朋を頂点とする山県系官僚閥と妥協・提携する桂園体制を維持しつつ，このような世論を背景として権力の伸張を図った。

そこへ国民の怒りの矛先が陸軍に向けられる事件が起こった。大正政変である。1912年12月，陸軍が要求する朝鮮への2個師団の増設が第二次西園寺公望内閣に拒絶されたことを理由に，上原勇作陸相が単独辞職したため，西園寺内閣は後継陸相を得られず総辞職に追い込まれた。それにより陸軍と山県系官僚閥への批判は，閥族打破・憲政擁護をスローガンとする議会・世論の運動となり，藩閥内閣と目された後継の桂太郎内閣を葬り去った[3]。こうして陸軍は，世論批判の矢面に立たされたのである。

桂内閣に続く山本権兵衛内閣は政友会の支持を基盤として成立した。組閣後6月に山本首相は，陸軍だけでなく自らが育った海軍（薩摩閥）の官制を改革して，大臣の任用資格を現役の大・中将から予備役・後備役の大中将にまで拡大することで憲政擁護運動に対応した。しかしこのとき既に議会や世論の軍閥批判は，軍部大臣の任用資格を文官にまで拡張することを要求するまでになっていた[4]。

このような状況に対して，陸軍は予備役将官陸相の出現に備え，陸相が統帥事項に及ぼす権限を縮小するという対策に打って出た。軍隊指揮や作戦に関わる統帥事項については，政府や議会の関与を排除することが1890年頃より慣行化しており，1907年には軍令と呼ばれる法体系として確立していた[5]。いわゆる「統帥権の独立」である。もっとも，統帥権独立制の運用を主導していたのは，軍令機関である参謀本部ではなく陸軍省であった。軍令とはいっても，予算に関わる事項は国務の作用を受ける。それは軍政軍令混成事項と呼ばれ，兵力量の決定に関わる平時編制・戦時編制なども混成事項であった。そのような混成事項の起案権は陸軍省が握り，参謀本部にはその要求しか認めないことが「省部関係業務担任規定」（軍令制定と同時に成立。以後「担任規定」）に定められていたのである。また陸相は制度的に人事権を一元的に握っていた。陸相の役割がこれほどまでに大きかったがゆえに，「担任規定」の改定が必要となったのである。

改定により混成事項について，起案権のほとんどは参謀本部に移り，混成事項における参謀本部の発言権は確保されたが，軍政機関として陸軍全

体を管理する陸軍省の役割は変わらなかったし，中央機構の人事で優遇されていたのは軍政にたずさわる軍人であった[6]。とはいえ，人事も含め陸軍の重要問題について山県が事実上の最終決定権をもっていた状況で，山県を敵に回して予備役将官を陸相に就けることは事実上不可能であった[7]。

しかし，山県とて影響力をいつまでも維持することはできない。1918年9月に本格的政党内閣として原敬内閣が成立すると，原首相の下で政党の権力は陸軍を圧倒するようになる。原と山県の協議により陸相に就任した田中義一も，それまでの政党に対する敵対的な姿勢を改め，原率いる政友会と密接に協力して，陸軍を内閣の統制のもとに置こうとした。原首相は，決して強引に予備役将官を大臣に就けたり，文官制の導入を急ぐことで山県や軍部と対決するようなことはせず，陸軍の改革は陸軍に任せるべきとの考えから，田中陸相を通じて軍のコントロールを行おうとした。田中は原に応えるように，「担任規定」を形骸化させ，統帥事項を陸軍省の管理下に置いた。事実，シベリアからの撤兵（1920年）は，上原勇作参謀総長をはじめとする参謀本部の反発を買いつつも，内閣主導で行われたのである[8]。

日本を取り巻く国際環境も，田中に政党との協調が不可欠であることを認識させた。田中は，第一次大戦の結果欧米諸国に遅れをとった軍の近代化と総力戦体制の構築を急務と捉えていた[9]。総力戦はもはや軍だけでは遂行できず，あらゆる資源の動員を必要とする。そのためには，政党とも協調して国務と統帥の分裂を回避する必要があったのである。ただ，田中もそれを軍部大臣文官制の導入によって解決しようとは考えていなかった[10]。

さらに，陸軍省内でも統帥権の独立を問題視するようになっていた。原内閣の蔵相高橋是清は参謀本部廃止を唱えていたが，その理由の一つに陸軍軍政の統一が阻害されることを挙げていた。陸軍省軍事課（課長真崎甚三郎大佐，高級課員児玉友雄中佐）は廃止論に反対であった。その表向きの理由は，参謀本部は平時においては単に国防用兵に関する研究・計画に任ずる機関であり，国務と関連のある軍令事項（混成事項）の実施は一切大臣がその責任を負っているため，陸軍軍政の統一が阻害されることはないというものであった。だが，陸軍内に対しては，軍政事項の一部をも参謀本部に移した担任規定によって，軍政の運用上支障をきたすことが事実

あるので，担任規定は改正する必要があると説いていたのである[11]。軍事課は，高橋の参謀本部廃止まではいかずとも，参謀本部を無力化して軍政の優位を制度化しようと考えていたのである。

2．海軍における軍部大臣文官制導入問題と挫折

　海軍では，原敬内閣の加藤友三郎海相以下海軍省が，軍政の優位と軍部大臣文官大臣制の制度化を模索していた。1921年10月に原首相はワシントン海軍軍縮日本全権に加藤海相を任命し，自らが海軍大臣事務管理（海相代理）の座に就いた。代理とはいえ軍部大臣に文官が就任したのは初めてのことであった。原の事務管理就任が実現したのは，加藤海相が海軍部内を十分に統制していたことが大きかった。その後加藤はワシントン海軍軍縮を推進するとともに，近い将来文官大臣が出現するだろうとの見通しから，イギリス流に近い組織改革（「諸官衙の縮小」）の準備が必要であると井出謙治海軍次官に説いていた[12]。

　このことは，海軍の軍政優位も制度ではなく慣行で形成されたものであったことを示している。海軍においても，1893年5月に軍令部設置とともに省部互渉規定がつくられていた。そこでは陸軍と同様に，戦時編成，艦船部隊平時編制とその任務などの軍政・軍令の混成事項については，軍令部が起案，計画，上奏に至るまで権限を持っていた。しかし，現状は艦隊の平時編制や平時任務については起案，計画を大臣が管掌することが慣行となっていた[13]。また，たとえ統帥事項であっても，必ず事前に大臣の同意が必要とされていたという[14]。加藤海相は，軍令部の縮小によって海軍省の優位を確実にした上で軍部大臣文官制を導入しようとしていたのである。

　他方で，1921年11月原首相が暗殺され，高橋是清が後継内閣の首班となった約1ヵ月後の第45議会において，全政党が軍部大臣文官制の実現へ向けて軍部側に一層要求するようになった。議会では「陸海軍大臣任用の官制改正に関する建議案」が提出され，建議案は衆議院で3月に可決された。衆議院の積極化は，陸軍を支配してきた山県の影響力が急速に衰えたことと無関係ではないだろう。皇太子裕仁の妃に内定した久邇宮良子女王に色盲の疑いがあるとして，山県は内定取り消しを図ったが，それを知った国粋主義者の大反対を受けたのである（「宮中某重大事件」）。内定取り消し論

は山県らが唱えたものであるとの印刷物が政界に配布され[15]，山県は枢密院議長辞任を決意するまで追い込まれた。こうして22年2月に山県が没して以降も，軍部大臣文官制論は毎議会で軍部に投げかけられることとなった。

高橋の後を襲った加藤友三郎首相は，1923年2月第46議会において，海相時代と同様に「誰が陸海軍の内部に入っても諒解の出来るような組織にする必要がある」として軍部大臣文官制に積極的な姿勢を見せたが[16]，文官制導入に伴う制度改革案を得るには至っていなかった。他方で，軍令部は軍部大臣文官制に備えて人事や編制にわたる海軍省の権限を軍令部に移管する計画を立て始めていた。

加藤首相は在任中の1922年5月に海相兼任を解き，東郷平八郎元帥や軍事参議官ら海軍長老の了解を得た上で，薩摩閥海軍総帥の山本権兵衛の女婿である財部彪（横須賀鎮守府長官）を海相として迎えた[17]。5月23日に加藤寛治軍令部次長は財部海相に，「軍令部にて計画中の」ある事について話した[18]。恐らくは，軍令部権限強化案を事前に提示して財部を牽制するためと思われる。軍令部による軍政優位への抵抗は，強力な指導力を持った加藤友三郎が死んだことにより，勢いを増していった。

9月2日加藤首相の病没を受けて，山本権兵衛が二度目の大命を拝し，財部は留任した。加藤友三郎内閣では，財部海相が加藤首相と共に海軍人事を主導したが[19]，加藤没後は，主導権を握りつつ東郷元帥以下海軍長老に了解をえた上で将官人事を行った。こうして1923年12月には老朽淘汰人事を大々的に行った[20]。

第二次山本内閣は，1923年12月29日，虎の門事件によりわずか4ヵ月足らずで総辞職を余儀なくされた。財部海相も山本内閣総辞職と同時に辞任し，1924年1月に清浦奎吾内閣が成立すると，財部は後任海相に村上恪一を推薦した。すると1924年2月，財部離任を狙ったかのように，加藤寛治軍令部次長が岡田啓介海軍次官に対して，軍部大臣文官制に備えた軍令部の組織改革案に関する内協議を正式に申し入れた。軍令部案は編制や人事のような軍政・軍令混成事項の多くを軍令部が管掌することとなっていた[21]。

それに対して海軍省は既に前年，軍政委員会を通して組織改革の成案を作り上げていた。軍政委員会の案は，加藤友三郎が企図したようなイギリ

ス流の海軍組織であった。すなわち，軍令部を廃止して大臣の下に置くというのである。なかでも二つの案のうち一つは，軍令部長を海軍軍事長官として，イギリスと同様に他の局長と同格にしていた[22]。結局，軍令部案は海軍省に否認されたが，軍政委員会の試案も実行には移せず，組織改革は行き詰った。

このように軍令部の海軍省に対する組織的な抵抗が表面化した状況で，軍事参議官となっていた財部が再び海相に返り咲いた。1924年6月に清浦内閣が短命に終わると，加藤高明憲政会総裁を首班とする護憲三派内閣が成立した。後任海相人事は，加藤高明の就任要請を財部本人が受けた後，元帥・軍事参議官，特に日本海海戦の英雄東郷元帥の強力な支持を得て財部の就任が決定した[23]。

財部は，海相が軍令部長に対して優位にあること，すなわち軍令部長は海軍大臣が奏薦したものであり，軍令を含む海軍全体の業務について海相が責任を負うということを公然と主張したように，軍政優位の現状を変更することに強い警戒感を示した[24]。しかし就任したての財部海相に，軍令部を海軍省に統合するという組織改革を軍令部の反対を押し切って実施できるほどの権力はなかった。また，軍部大臣文官制は軍令部が権限拡大の口実に利用しかねなかったため，財部は反対し続けた[25]。財部海相が，軍政優位の現状を維持すべきこと，文官大臣制に反対であることは，1925年9月24日に赤坂仮御所へ参内し，摂政裕仁親王に対して①軍部の機関は平戦時の移り変わりが最も少ない方がよいこと，②戦時において大本営軍令部長の作戦奏上に海相が陪席することが重要であること，③文官大臣論は賛成するに足るものがないこと，等を御進講で述べたことからも明らかである[26]。

3．陸軍における軍部大臣文官制検討の模索

1924年1月6日，田中義一前陸相の推薦により，清浦奎吾内閣の陸相に宇垣一成が就任した。清浦首相は前参謀総長の上原の意を受けて福田雅太郎を推そうとしたが，田中は陸軍三長官の意見として後任陸相選定を主導したのである。これにより田中に反感を持っていた上原一派の政治的衰退は明らかとなった[27]。

さらに1924年5月には，清浦内閣を支持する政友本党に対して，憲政会・

政友会・革新クラブの護憲三派が総選挙で勝利し，翌6月に加藤高明憲政会総裁を首班とする護憲三派内閣が成立した[28]。第二次護憲運動の末に成立した護憲三派内閣は軍部大臣任用資格問題も政綱に掲げており，陸海軍の動向は世論の注目を浴びることとなった。

6月29日に江木翼内閣書記官長は宇垣のもとを訪ね，軍部大臣任用資格の拡大に尽力するよう促した。しかし宇垣は財部彪海相と相談するとして即答を避けた。その後，畑英太郎陸軍省軍務局長と小林躋造海軍省軍務局長の協議により，軍部大臣文官制の問題化を避けることで意見が一致した。12月には，議会開会を前にして，陸軍はどうであろうと海軍は文官大臣制に正面から反対せず大勢が文官制に傾くなら官制の一部を改正して「大臣の椅子を開放してもよい」と考えている，等の報道も一部でなされていた。しかし，少なくとも財部海相は文官制反対論者であった[29]。

他方で加藤首相は慎重であった。1925年2月に，第50議会において尾崎行雄ら護憲三派の連名により，軍部大臣任用資格制限撤廃に関する建議書が提出されたが，加藤首相は現在調査中であると述べるにとどめた[30]。加藤内閣は，普選問題や行財政整理問題といった最優先課題を抱えていたし，軍部の統制の基軸となる財部・宇垣両大臣が任用資格拡大反対で一致していたため，それ以上の行動に出ることは，かえって行財政整理問題で陸海軍の反発を激化させかねないと判断したのであろう[31]。

世論の盛り上がりを受けて，陸軍省では1925年4月に軍務局軍事課の杉山元軍事課長，永田鉄山軍事課高級課員らが統帥権の独立について研究を行った。軍事課が懸念していたのは，大臣任用資格制限の撤廃がひいては統帥権の独立を否定することにつながることであった。ただし，軍事課は統帥権独立の必要を説いてはいたが，彼らのいう統帥権とは現場の作戦・用兵など狭義のものであった。軍事課は，第一次大戦でドイツが敗れた最大の理由は「統帥部の異常なる権力の拡大」「戦争全般の指導権を自己の掌中に収めんとした統帥部の増長慢」にあったと述べ，統帥事項は「国務の遂行上支障なき事項に限られなければならぬこと」を前提としていた[32]。その意味では軍事課の意見は，軍部大臣文官制を認めないという立場であったといえる。また，現状は軍政が優位にあるため統帥権の独立が国務に支障をきたすことはない，それゆえ文官制を導入する必要はないという論理であり，この点では財部海相とかなり近い立場にあったといえる。

他方で, 参謀本部内においても文官大臣任用についての研究がなされていたようである。まず, 第一部作戦課の意見を見ていく。それは一貫して文官大臣の就任を拒絶するものであった。その理由は主に, ①軍人軍属を統督する陸相は軍事知識に乏しい政党人には務まらない, ②適材適所というが文官に適任者は現在存在しない, というものであった[33]。

　作戦課は海軍軍令部作戦系統の軍人のように, 文官大臣制導入の代償として統帥部の権限を拡大しようとは考えていなかったようである。作戦課のなかでは参謀本部の組織改革を計画する動きもあった。編制動員課を第一部に移して参謀本部における第一部の比重を高めようというのである。本来参謀本部は国防用兵を任務とする機関であるにもかかわらず, 実際は総務部が参謀本部を事実上統括している。作戦課は, 総務部が軍政上の役割を果たすことで参謀本部の中心となっている現状を改め, 作戦用兵を中心とする参謀本部にしようと考えていた[34]。このように作戦課は軍政優位の現状に不満はあったものの, 参謀本部の権限を拡大しようとまでは考えていなかった[35]。

　次に, 参謀本部総務部編制動員課の動向を見ておく。ここでは小磯国昭課長が私案として軍部大臣文官制に関する意見書を出していた。編制動員課の意見も作戦課と同様, 断乎として文官の任用に反対するものであった。①軍令は軍政と不可分であり, 武官である大臣が軍令にも関与して初めて全軍人を統督できる, ②諸外国は文官大臣制をとっているが, 大臣の下に軍事参議院（英）や武官の最高顧問（米, 仏）を置いて権限が抑制されており実態は武官制と大差がない, ③政党党派が軍の団結を破壊し軍隊の分裂を招く, この三点が反対の理由であった。

　編制動員課の意見に対して, 軍事課の永田鉄山高級課員は批判的で, 多くの修正意見を加えている。永田は大臣選考の選択範囲が狭められている事実を認め, 武官文官にかかわらず適材を任用すべきであるという政党の意見にも理解を示した。さらに, 陸相は陸軍の首長であると同時に国務大臣としての立場をも重視しなければならず, 政党内閣の政綱や政策と歩調を同じくしなければならないと考えていた。もし, 欧米諸国の制度と大差がないというのであればなぜ世論が熱望する欧米と同様の文官制にしないのかという反論も可能であろうとも指摘している[36]。このように, 永田が文官制導入にかなり宥和的になっていたことがわかる。永田のような意見

は，同時期に提出された他の意見書にも見出せ，永田だけでなく陸軍省にある程度存在していたことがわかる[37]。

　もっとも永田も，軍部大臣文官制を受け入れようというところまでは議論を進めていない。現制度を維持すべしというのが陸軍の大勢であったようである。要するに，理論的には制限撤廃を否定しない，しかし実際に撤廃すれば人事などの現行制度を根本的に変革しなければならず，実行は殆ど不可能である，というのが永田や陸軍省内の一部の意見であった[38]。

　さて，この1924年5月に高田，豊橋，岡山，久留米の4個師団，連隊区司令部16，衛戍病院5，台湾守備隊司令部，幼年学校2を廃止して，財源を軍備の近代化にあてる宇垣軍縮案が閣議決定された。陸相の下に設置された制度調査委員会で進められてきたこの方針は，参謀本部や上原勇作元帥などの軍事参議官の了解を取り付けて前年8月に正式決定にこぎつけていた。護憲三派内閣でも，加藤憲政会を含む与党の軍縮要求は勢いづいており，計画よりもはるかに大規模の軍縮を要求していたが，加藤首相は軍と対立するのではなく政権維持のため陸軍の決定を受け入れた[39]。内閣の行財政整理としては不十分な結果であったが，宇垣陸相という強力なパートナーを得ることで比較的円滑に軍備整理問題を乗り切ったことは，加藤内閣にとって大きな功績であった。

4．陸軍における軍部大臣文官制検討の本格化

　1925年8月の内閣改造により，第二次加藤内閣が成立した。加藤と宇垣の信頼関係は深く，組閣に際して軍縮をめぐる政党と軍の対立を持ち込めば将来禍根を残すことになるから，お互い「白紙主義」で臨もうと約束していた[40]。

　こうした信頼関係の背後には，政党にはできない仕事を自分が成し遂げ，自分抜きにして行財政整理問題は進展しないという宇垣の強烈な自負心があった。このことは以下に示すように，大臣任用資格問題に対する宇垣の考えと密接に関係していた。

　　　師団減少などの仕事は到底地方の密接の利害を有する政党者流には
　　　出来難き仕事である。理論としては師団廃減に加担して居る連中も実
　　　行問題としては悲鳴を挙げて居る。軍部に政党大臣を入るるなどとは
　　　一種の理想否空想で，今度の如き芸当は遠き将来は兎に角，近き将来

に於ては彼等には出来ぬ仕事である．大なる仕事，思切りたる芸当は矢張り政党政派を超越したる偉人によりて始めて求め得べきである（1924年10月中旬行財政整理会議後の所感の一端）[41]

　宇垣が何より重視していたのは，第一次大戦の結果，欧米諸国に対して日本の軍備の質が一層劣勢に立たされていることであった．行財政整理の観点から大幅な師団削減を主張する政党と，軍内の師団削減反対論者とを調整しうるのは，現役武官の軍部大臣だけであり，現状では政党に大臣を譲り陸軍の近代化を任せることは出来ないと彼は考えていた．

　こうした宇垣の認識は，1925年7月末に，加藤高明憲政会総裁が憲政会単独内閣を組閣した頃でも変化がなかったようである[42]．軍人が政治に関与しすぎれば，憲政の運用が阻害され，ひいては軍事独裁に陥る危険があることは彼も承知していた．しかし，自分が大臣でいることによって憲政の運用を阻害するどころか，現状はむしろ円滑に営まれているとすら考えていたのである[43]．

　それゆえ陸軍省内の変化にもかかわらず，宇垣は大臣武官制にこだわった．1925年11月5日に宇垣は「陸軍大臣所管業務の大要に就て」と題する御進講を行い，その中で大臣任用資格撤廃に関し，政党政治に多少の不便があっても陸相は武官でなければならないとの見解に陸軍は立っている，と述べた．撤廃反対の理由も従来どおりで，①統帥権独立の必要，②軍政軍令混成事項への陸相関与，③軍人軍属を統督するという陸相の特殊地位，の三点であった．もっとも宇垣陸相の御進講は，陸相が管掌すべき軍政事項に人事を含んでおり，人事を混成事項として三長官の協議を要する担任規定と異なっている点もある．さらに，任用資格撤廃反対はあくまで私見であり，憲政の運用に支障をきたすような問題が発生したならば，改めて確定案を持参する，と述べており，まだ任用資格撤廃反対で決定かどうかは留保していた[44]．

　1926年1月28日，第51議会開会中に加藤が病没した．翌日，憲政会総裁となった若槻礼次郎が後継内閣を組織した．だが，若槻の党内統制のまずさも手伝って，議会は各党がスキャンダルを暴露しあい，大荒れとなった[45]．陸軍も他人事ではなかった．中野正剛（憲政会代議士）によって前陸相田中義一の陸軍機密費問題が取り上げられたことで，軍部大臣文官制の議論がますます活発になったからである．宇垣陸相は，加藤と比べて若槻

の指導力がないことに失望していた。宇垣は加藤死後の議会の混沌を目の当たりにして，ますます大臣武官制存続の必要を痛感したであろう。

ところが陸軍省は違った。軍部大臣文官制を積極的に受け入れる方向で具体的な研究が進められていたのである。1925年4月付でまとめられた案は，「極秘」レベルの公文書であることと，その内容から判断して陸軍省のものと判断して間違いない (註38参照)。極めて重要な文書であるため，詳しく検討していくこととする46。

まず方針である。文官大臣任用に際してとるべき方針は，文官大臣となっても大臣の統帥権への関与を認めるというものであった。統帥権の独立は当然保持しなければならないが，「統帥関与を武官に限定することは絶対の要件ではない」というのである。またかりに文官大臣が統帥に関与したとしても，軍令機関の要求を度外視することは不可能である。統帥関与を拒絶し，混成事項の大部を参謀本部に移せば，政務と深く関連するものまで大臣の責任外に置かれることとなり，「憲法治下の制度としては適当でない」とも述べられている。こうした説明は，「軍政」の優位を重視する陸軍省だから生まれたものといえよう。この方針は，明らかに従来のものとは一線を画している。もっとも，統帥権独立の確保と軍務の円滑な遂行のために混成事項の若干を参謀本部に移すこととしていた。

次に，その混成事項の処理方法をいかに変更するかである。第一に，治安維持のための出兵 (兵力の使用) については，参謀総長は「陸相の要請に基づき」相互協議の上で上奏，允裁を仰いでこれを派遣部隊に伝宣するとしている。兵力の使用については，現制度では参謀総長が陸相に協議した上で伝宣する，すなわち参謀総長が発動することとなっている。この改正は混成事項のうち兵力の使用に関するものを参謀本部から陸軍省に移すことを意味している。その改正理由は，治安維持が行政の一部である以上，それに伴う兵力の使用も内閣より発動されるのが当然であるからである。

第二に，平時編制については，参謀総長，陸相に加えて教育総監三者が協議した上で，連署上奏した後陸相が奉行する，と改められている。

第三に，要塞及び憲兵隊を除く内地団隊の配置については，起案権を陸相から参謀総長へ移す。

その他教育検閲について若干修正を加えているが，担任規定の改正は上記のたった三つのみであり，ほぼ現制の踏襲である。

この研究が繰り返し述べているのは、大臣文官制のもとでも陸相は軍令を奉行することができるということである。それゆえ、文官陸相に帷幄上奏も認められていたし、軍法会議における命令権も軍政事項に限定されてはいたものの、陸相の権限は認められていた。担任規定はそもそも大臣による混成事項の専断を防ぐために設けられたものであり、現制度を変更する必要がない。また、文官陸相が政治目的で軍隊を利用しかねないとの議論もあるが、それは「大臣たるべき個人の人格に信頼すべき」とまで述べている。

　他方で、文官陸相が陸軍の意見を無視して統帥事項を専断したり、党派的な人事を行うことを防ぐための制度研究もなされており、三つの案が提起されている。

　第一案は、軍政軍令の調停機関の設置である。陸相と参謀総長、あるいは陸相と教育総監の協議が不成立に終わった場合、三長官の要請に従い、最古参軍人を議長とし、元帥・軍事参議官ら最大八名から成る会議を開催し、多数決により議決する。ただし両長官が本会議の意見を採用すべきか否かは任意とする。この案は、軍事参議官会議の役割を強化することを意味していたが、武官をもって文官を圧迫するような形となる上に、統帥事項の専断を防ぐ強制力がないと評価されている。

　第二案は、陸軍省内に合議機関を設けるというものである。それにより、文官大臣が専門知識を要する混成事項の処理を誤ることなく行い、他方で統帥事項の独立を確保することができるという。その会議は、陸相を議長とし、議員は次官、人事局長、軍務局長、整備局長、兵器局長、経理局長、省外の知識経験ある将官若干名という構成で、陸軍省会議ともいうべきものである。会議を要する事項は勅令により決定し、多数決をもって議決するという。ちなみに会議に付される案件は、平時出兵に関する事項、兵額の決定、編制装備に関する事項、要塞・団隊配置に関する事項、教育検閲に関する事項など、軍機軍令に関する事項に限られている。この案は、制度的に文官陸相に露骨な干渉を加えるものに見えるが、専門知識に乏しい大臣を補佐する点や、議事が軍機軍令に限られている点で、必ずしも否定的に評価されるべきものではないだろうと講評されている。会議に要する事項の決定手続が軍令によらない点も注目に値する。会議の決定事項は勅令によって定められるとされており、これにより公式令に基づいて首相の

副署を要することになり，会議の決定事項に首相のチェックが入ることを意味するからである。

　第三案は，陸相の最高顧問として最高級の武官を置くというものである。この案は，第二案の多数を一人に変更しただけで，衆望を集めた軍人でなければかえって陸軍は「反対の的」となるか，文官陸相のフリーハンドを抑制できないだろうと評価している。

　三案を比較検討した結論として「穏健にして実力あり，かつわが国情に適」する第二案が最善であるとされている。もっとも，次官に現役武官制を復活することが条件として付されている。それでは第二案は，何を参考にしたものなのであろうか。この文書には欧米諸国の軍事制度について，その長所短所が分析されている。第二案にもっとも近いのは，イギリスの軍事制度であった。イギリス陸軍は軍事参議院なるものが存在した。同会議は陸相を議長とする陸軍省局長会議に他ならず，軍令に関する諸方針は全てここで議決されていた。会議の構成員は陸相，政務次官，財務局長を除けば全員軍人であり，統帥権独立はこの数的優勢により確保されているという。陸軍省はイギリスのように参謀本部を陸軍省のなかに吸収することは考えていなかったが，これは事実上の軍政優位の制度化であった。立憲君主制や議会政治がイギリスに類似したものへと展開していたことを考えると47，陸軍もイギリスの制度に注目していたことは，非常に興味深い。

　他方で，党派が陸軍内に浸透するのを防ぐための処置として，大佐以上の将校同相当官の人事を審議する会議を設け，陸相の人事権を制限することとしている。会議は，陸軍最高級古参者を議長とし，三長官，元帥，及び特に選任された大中将若干名を議員としている。それにともない，陸軍省官制第一条にある陸相は「軍人軍属を統督」するとの字句は，陸相の統督権が及ぶ範囲は大臣に隷属する官吏に限定する，と改正する必要が述べられている。

5．陸軍における軍部大臣文官制問題の停滞

　こうした陸軍省内部の動きを政党側は全く感知していなかったようである。もし知っていれば，もっと積極的に宇垣や陸軍省に対して文官制の導入を働きかけたに違いない。では宇垣陸相は陸軍省の研究をどのように受け止めていたであろうか。宇垣は宇垣軍縮決定過程で見られた通り，編制

については軍政を優位に置いていた。たしかに宇垣は，陸軍省・参謀本部・教育総監部の「鼎立」，「分業」体制が軍務の能率を上げることを認めている[48]。しかしそれは，前日の議会における「国家総動員に応ずる為に，徴募，教育，保育，動員というものを掌握して，軍政を統一する考えはないか」との内野辰次郎政友会代議士（陸軍中将，宇垣と陸士同期）の質問に対して，教育総監部との分業が効率的であると答弁したにすぎず，陸軍省の優位を否定したわけではない[49]。おそらく先述したように強い自負心から，まだその時期ではないと考えたのだろう。また彼が他に問題にする点があったとすれば，陸相の人事権の削減であろう。陸相のもとに人事権を集中させることで陸軍の統制を固めてきた宇垣は，人事権を三長官や軍事参議官たちに明け渡すという案を見て，心中穏やかではなかったであろう。宇垣が少なくとも陸相の座にあるうちは，それは承認しがたいものであったと推測する。このような計算が働いたからこそ，宇垣は若槻首相にこの研究について語らなかったのかもしれない。

　次に，この研究を主導したのは誰だったのかを検討する。当時の陸軍省の陣営は以下の通りである。陸軍次官津野一輔，軍務局長畑英太郎，軍事課長林桂，軍事課高級課員山下奉文。先述した「統帥権の研究」によって，陸軍省が文官大臣制を受容する流れの先鞭をつけた永田鉄山は，同年３月に軍事課高級課員を去り，兵本（兵器本廠）付の肩書きで作戦資材整備会議幹事となっていた。永田がこの研究にも深く関わっていたことは十分考えられる。津野一輔，畑英太郎らは，宇垣が将来を見込んだ軍人たちであった[50]。永田鉄山も同様である。人事権を陸相のもとに集中するためにかけた宇垣の努力を彼らが軽んじたとは思えない。彼らは陸相の座に就くべきキャリアを歩んでおり，陸相の座を文官に明け渡して，陸相人事権を縮小することは彼らにとってもプラスではなかったはずである。だが彼らは自らのキャリアプランを犠牲にしてでも改革実行を優先した。それは，陸相の人事権を縮小して，一部ながらでも統帥事項を文官に開放する形で大臣文官制を導入する，そうすることで，政軍対立を緩和させ，国民の陸軍に対する不信感を払拭し，きたるべき総力戦に軍民一致で備えることができると彼らが考えたから，ということであろう。「軍政」を掌る軍人として陸軍を統制する立場に立ち，国務と統帥を調整することに彼らは自信を持っていた。このような状況で宇垣が軍部大臣文官制で陸軍をまとめること

は，少なくとも海軍よりは容易であったように思われる。陸軍には，海軍元帥東郷平八郎のような大物はいなかったし，元帥・軍事参議官を説得することも困難ではなかったはずである[51]。

しかし宇垣は動かなかった。他方で，財部海相は一貫して文官制否定論者であり，海軍全体も文官制を否認するとの見解で統一されていた。このため陸軍省の研究には，ますます実現性がなくなっていった[52]。

1927年4月に若槻内閣が総辞職して，田中義一に大命が降下すると，後任陸相には白川義則が着任した。白川陸相は，岡田啓介海相とともに，軍部大臣文官制に賛成できないことを明言していた[53]。そのため，田中首相は組閣当初期待されていた文官制問題に手をつけなかった。

1929年7月田中内閣の総辞職により，浜口雄幸立憲民政党総裁が後継首相となった。後任陸相には再び宇垣が就いた。しかし宇垣は中耳炎を患ったこともあって十分な軍政を行えなかった。さらに1928年2月津野一輔が死去したのに続き，1930年5月に畑英太郎が死去するという不幸が重なった。彼らの死去は，宇垣陸相が後継者を失ったことを意味しただけでなく，軍部大臣文官制研究に関わった当時の陸軍省幹部が消え去ったことをも意味した。

こうした文官制導入に不利な状況の下で，1930年ロンドン海軍軍縮条約調印をめぐる統帥権干犯問題が起こった。海軍は文官制どころではなくなり，海相を頂点とする軍政優位の統制が動揺をはじめた。この結果必然的に，陸軍省は軍部大臣文官制を検討する必要がなくなった[54]。

さらに1931年9月に関東軍が引き起こした満州事変により，軍部大臣文官制問題は実現する可能性がなくなった。それだけでなく，陸軍において維持されていた軍政の優位も動揺した。それにより，統帥権独立の名の下に暴走した現地軍が次々と既成事実を積み上げていき，かつての陸軍省幹部が考えたように国務と統帥の分裂を軍政が調整することはできなくなったのである。

おわりに

本稿では，軍部大臣文官制問題の展開を陸軍の対応を中心に再検討した。その結果，陸軍省内で軍部大臣文官制を導入する研究が本格的になされていたことを初めて明らかにし，政党内閣が軍部大臣文官制を実現して内閣

の軍部に対するコントロールを制度的に強化する方向へ進む可能性があったことを示した。いうまでもなくそれは，1930年の統帥権干犯問題と，1931年の満州事変から始まる軍部の台頭とは違った歴史が展開していく可能性が存在したということを含意する。

議会と世論の軍部大臣文官制要求の盛り上がりによって追い込まれていた陸軍にとって，もはや軍部大臣武官制は政党から陸軍の組織利益を守る楯とはなりえなかった。そこで，陸軍省は1925年から26年にかけて，軍部大臣文官制を受け入れることを検討した。

陸軍省は1920年には，統帥権の独立という現行制度は国務と統帥の分裂をもたらしかねず，戦争形態が国家総力戦となった第一次大戦後の世界では，国務と統帥の分裂は絶対に避けなければならないとの認識を示すようになっていた。このことは，陸軍省が統帥権独立を抑制した上で文官制を受け入れる背景となった。他方で参謀本部は，田中義一陸相や宇垣一成陸相の統制によって，政治権力を大幅に弱められていたため，権限拡大を唱えて勢力を結集することはなかった。こうした状況を受けて，陸軍省のなかで，参謀本部に権限を委譲して政党から既得権益を守るということはせずに，軍政優位の現状を維持しつつ，軍部大臣文官制をとることが望ましいという趣旨の研究が1926年5月に生まれた。

だが，陸軍内で文官制導入を受け入れる動きが見られた時期に海軍は，陸軍とは逆に省部一致して軍部大臣文官制反対でまとまった。海軍は，原敬内閣で海相を務めた加藤友三郎が文官制導入に積極的であったが，途半ばにして病に倒れた。後継の財部彪海相は文官制導入に否定的であった。1923年の時点では，海軍省が軍令部長を海軍省の一局長とするイギリス流の組織改革案まで出ていたが，文官大臣制に備えて軍令部の権限を拡大しようとする軍令部の意見と対立したため，成案とはならなかった。後の統帥権干犯問題のように，軍令部が元帥や軍事参議官と結びついて海相・海軍省に抵抗するという事態には至らなかったが，文官大臣制を持ち出すことの危険性は確実に高まっていた。

それに加えて，首相と陸海軍大臣が現実的な政治判断により文官大臣制の導入を先送りにしたため，文官制が近い将来に実現する見込みは低かった。第一・二次加藤高明内閣と第一次若槻礼次郎内閣で陸相を務めた宇垣一成は，軍の統制を強力に推進できるのは自分しかいないとの強い自負か

ら，陸相の座を易々と文官に譲ろうとはしなかった。もし宇垣が文官制を承認していれば，後に自らの内閣を流産させることはなかったであろう。政党内閣は軍のコントロールを制度ではなく個人の指導力や実行力に依存していた。普選問題や行財政整理問題を優先する以上，それは現実的な方法であったかもしれない。だが，政治家や軍人の個人的な指導力に依存する仕組みは，当然ながら原や加藤のような有能な指導者がいなければ機能しない。若槻首相が陸軍の動向を感知し，強い指導力をもって臨んでいれば，政党内閣が軍をコントロールする制度として文官大臣制を導入することは，全く不可能なわけではなかっただろう。しかし，満州事変の処理を迫られることとなる若槻首相にそうした力量が欠けていたことは，その後の政党政治の展開に暗い影を落としていた。

〔付記〕　本研究は，文部科学省21世紀 COE プログラム「21世紀型法秩序形成プログラム」成果の一部である。

（１）　近年の政党政治研究を代表するものとして，伊藤之雄『政党政治と天皇』（講談社，2002年），村井良太『政党内閣制の成立　1918～27年』（有斐閣，2005年），奈良岡聰智『加藤高明と政党政治―二大政党制への道』（山川出版社，2006年）などが挙げられる。

（２）　軍制史のなかで文官大臣問題の展開を扱ったものとして，藤田嗣雄『明治軍制』（信山社，1992年，原本は1962年）第 8 章第 3 節，松下芳男『日本軍制と政治』（くろしお出版，1960年），伊藤孝夫『大正デモクラシー期の法と社会』（京都大学出版会，2000年）などがある。また，小池聖一「ワシントン海軍軍縮会議前後の海軍部内状況―『両加藤の対立』再考―」（『日本歴史』第480号，1988年 5 月），同「大正後期の海軍についての一考察―第一次・第二次財部彪海相期の海軍部内を中心に―」（『軍事史学』25（1），1989年 6 月）は1920年代海軍の文官制への対応について海軍の内部文書を用いて初めて明らかにし，小林道彦「政党内閣期の政軍関係と中国政策―1918-1928年」『政策分析2004』（九州大学出版会，2004年12月）は，田中義一，宇垣一成や上原勇作による対文官制への対応を明らかにしている。なお文官制問題については分析していないが，大正期の陸軍が総力戦の要請などから大正デモクラシーに柔軟に対応しようとしていたことは，既に，黒沢文貴『大戦間期の日本陸軍』（みすず書房，2000年）1～3章，が分析している。他方，纐纈厚『近代日本政軍関係の研究』（岩波書店，2005年）は，大正デモクラシー期に軍部批判が高まるなかで，陸軍が組織全体

の大胆な構造改革を求められるようになったと指摘しているが，軍縮をめぐる政軍関係分析にとどまっている。
（3）　もっとも桂は，日露戦後の新状況に対応するため山県系官僚閥の刷新を図っており，文官大臣制も考慮していた（伊藤之雄『大正デモクラシー』岩波書店，1992年，小林道彦『日本の大陸政策1885〜1914―桂太郎と後藤新平―』南窓社，1996年）。
（4）　山本四郎『山本内閣の基礎的研究』（京都女子大学，1982年），第2章第2節。
（5）　永井和『近代日本の軍部と政治』（思文閣出版社，1993年）第2部。
（6）　陸軍省編『自明治37年至大正15年　陸軍省沿革史』（巌南堂書店，1967年），解題（稲葉正夫執筆）。北岡伸一『日本陸軍と大陸政策』（東京大学出版会，1978年），146〜147頁。
（7）　人事に関する三長官会議は開催されていたようであるが，軍政畑の軍人を重用する人事慣行は維持されていた（拙稿「近代日本の陸軍統制と満州事変（1）」『法学論叢』159巻5号，2006年7月）。
（8）　田中義一や宇垣一成の陸軍統制については，前掲，小林「政党内閣期の政軍関係と中国政策」を参照。
（9）　前掲，黒沢『大戦間期の日本陸軍』，第1章。
（10）　なお，田中は軍部大臣文官制の実現を期待されて1925年政友会に入党するが，入党後軍部大臣文官制問題を政友会の行財政整理案から削除させた（『読売新聞』1925年10月17日）。
（11）　「参謀本部廃止案に対する意見　大正9年11月2日　陸軍省軍事課」（『統帥権問題に関する綴』防衛省防衛研究所図書館所蔵）。
（12）　前掲，小池「ワシントン海軍軍縮会議前後の海軍部内状況」。
（13）　「法制局長官への解答資料」（『陸海軍大臣任用資格問題に関する件』防衛省防衛研究所図書館所蔵）。
（14）　野村実『歴史のなかの日本海軍』（原書房，1980年），51頁。
（15）　岡義武『山県有朋』（岩波書店，1958年），185頁。
（16）　『東京日日新聞』1923年2月24日，『読売新聞』1923年2月24日。
（17）　「財部彪日記」1923年5月13日（国立国会図書館憲政資料室所蔵）。
（18）　同上，1923年5月23日。
（19）　同上，1923年5月13日。1923年5月の加藤友三郎内閣入閣と同時に，次官と後任横須賀鎮守府長官人事を加藤首相と相談して，岡田啓介海軍次官，野間口兼雄長官とするなど，将官人事について加藤首相の了解を求めた。
（20）　財部海相は，1923年10月26日に将官クラスの人事について東郷元帥以下と相談しており，11月8日には栃内曾次郎軍事参議官の予備役編入につ

いて山下軍令部長に事前に相談している。
(21)「極秘　武官大臣制撤廃に関連し制度改正の綱領」(前掲『陸海軍大臣任用資格問題に関する件』)
(22)「海軍省組織に対する軍政調査会試案概要（大正13年）」「大正13，2　武官大臣制撤廃に関連し制度改正の綱領　軍令部」(前掲『陸海軍大臣任用資格問題に関する件』)。また当時大臣官房付であった堀悌吉中佐は，1922年2月に衆議院において武官制廃止の建議がなされたことを重く受け止め，武官制改正の前に統帥権独立制度を改正して，文官大臣が出現しても国務の遂行に支障をきたさないよう制度改正すべきであるとの意見を提出している（同上）。海軍省軍政委員会は，このような立場からイギリス流に軍令部を海軍省の一局に吸収する試案を出したものと思われる。なおよく知られているように，堀はその後海軍省軍務局長まで登りつめたが，ロンドン海軍軍縮後の派閥闘争によって中央を追われた。
(23)　前掲，小池「大正後期の海軍についての一考察」。ちなみに軍令部長の山下源太郎大将は財部就任に反対していた。
(24)　同上，前掲「財部彪日記」1925年1月30日。
(25)　財部は軍部大臣文官制に否定的で，軍部以外で主張されている文官大臣論を「支離滅裂」と日記で一蹴するほど冷淡であった（前掲「財部彪日記」1924年9月30日）。
(26)　同上，1925年9月24日。
(27)　前掲，小林「政党内閣期の政軍関係と中国政策―1918－1928年」96～100頁。
(28)　以降，加藤高明内閣の政治過程については，前掲，奈良岡『加藤高明と政党政治』第3部を参照。
(29)　『読売新聞』1924年12月24日。
(30)　前掲「陸海軍大臣任用資格問題に関する件　岩村副官」。
(31)　なお，加藤内閣が行った政務次官設置は，軍機軍令に関与しないとの軍側の条件を容れることで成立した（前掲，奈良岡『加藤高明と政党政治』，291～292頁）。
(32)「大正14年4月　統帥権の独立」（前掲『陸海軍大臣任用資格問題に関する件』）。表紙にある「軍事課」との書込みは，永田鉄山の筆跡とほぼ断定できる。
(33)「陸海軍大臣に文官を任用し得べきやの研究」（『鈴木重康関係資料綴1／2』，防衛省防衛研究所図書館所蔵）。鈴木重康中佐は1924年12月から1926年3月まで作戦課作戦班長。同文書の執筆者は，「根本方針に就ては河辺案に同意す」と記された付箋があることから当時作戦班勤務の河辺虎四郎大尉と推定される。

(34) 「大正14年　12月12日　参謀本部々内統一連繋に関する所見　第二課」（前掲『鈴木重康関係資料綴』）。総務部長や編制動員課長は参謀本部の局課長のなかでは格上であり，人事系統は陸軍省に近かった（前掲，拙稿「近代日本の陸軍統制と満州事変（一）」）。

(35) ちなみに作戦課の意見は第一部の意見となった。しかし，「（参謀本部の一筆者註）横の統制を周到ならしむべき機関」を自称する編制動員課の反対もあり改正意見はその後進展しなかったようである（「秘　参謀本部各部業務の統一連繋に関する意見　大正14年12月12日　参謀本部第一部」（前掲『鈴木重康関係資料綴』所収）。

(36) 「文官を以て陸海軍大臣に任用するの制度に関する是非論　大正14年5月稿　参謀本部第一課」（前掲『陸海軍大臣任用資格問題に関する件』）。

(37) 「秘　軍部大臣文官論に就て　第二稿　大正14年5月」（前掲『陸海軍大臣任用資格問題に関する件』）。なおこの表紙にも永田の筆跡で「作資」，別の筆跡で「田北案（陸士22期卒の田北惟か一筆者註）」とある。永田も委員として在籍した作戦資材整備委員会の意見と推測しうるが断定はできない。同文書も従来の陸軍による文官制反対論は論理的に弱点が多く，かえって陸軍が国民の怨嗟の的になると懸念している。

(38) 「極秘　軍部大臣任用資格制限撤廃の可否に関する研究　大正14年5月」（前掲『陸海軍大臣任用資格問題に関する件』）。文書形態が最高レベルの機密文書「極秘」の印があることと，冒頭に判決文が記述されていることから，上層部の決裁を経た文書と判断できる。ちなみに，1930年5月に陸軍省で研究された「所要兵力量の決定に関する研究」も「極秘」の印があり，軍務局長が研究に参加している。また大臣と次官の承認を得て，各団隊長以上に配布されていることも確認できる（小林龍夫他編『現代史資料11　続・満州事変』みすず書房，1965年）。

(39) 前掲，奈良岡『加藤高明と政党政治』，356〜358頁。

(40) 宇垣一成述『松籟清談』（文芸春秋新社，1951年），258頁。

(41) 角田順校訂『宇垣一成日記　1』（みすず書房，1968年），456頁。

(42) 同上，479頁。

(43) 同上，486頁。

(44) 「極秘　陸軍大臣所管業務の大要に就て　大正14年11月5日　摂政殿下への宇垣陸軍大臣臨時進講原案」（前掲『陸海軍大臣任用資格問題に関する件』），波多野澄雄・黒沢文貴編『侍従武官長　奈良武次日記・回顧録　第2巻』（柏書房，2000年），1924年11月5日。

(45) 若槻礼次郎内閣の政治過程については，奈良岡聰智「立憲民政党の創立―戦前期二大政党制の始動―」（『法学論叢』160巻5・6号，2007年3月）を参照。

(46) 「極秘　大正15年4月　陸軍大臣文官制に関する研究」（前掲『陸海軍大臣任用資格問題に関する件』）。
(47) 伊藤之雄氏は，通常は天皇が政治関与を抑制しつつ，もし政争が憲法危機に発展していく場合には積極的に調停したという点で，日本の君主制はイギリスの君主制と類似しており，衆議院（下院）中心の政党内閣と強い首相権限を特徴とする点で，日本の政党政治はイギリスの議会政治と類似していることを明らかにしている（伊藤之雄『昭和天皇と立憲君主制の崩壊』名古屋大学出版会，2005年）。また，奈良岡聰智氏は，1924年から32年まで二大政党が政権を交互に担ったという点で日本とイギリスとの類似点を見出している（前掲，奈良岡『加藤高明と政党政治』）。
(48) 前掲『宇垣一成日記1』，1926年2月3日，504頁。
(49) 『衆議院議事速記録　50』，1926年2月2日，246～247頁。
(50) 前掲，拙稿「近代日本の陸軍統制と満州事変（一）」。
(51) 1929年7月，宇垣は軍事参議官の多数を説得して参謀総長人事を主導している（照沼康孝「鈴木壮六参謀総長後任を繞って―宇垣一成と上原勇作―」『日本歴史』421号，1983年6月）。
(52) 前掲「陸海軍大臣任用資格に関する件　岩村副官」。
(53) 『東京朝日新聞』1929年3月1日。
(54) 『現代史資料11　続・満州事変』（みすず書房，1965年），26頁。もっとも，依然として「軍政」の優位は変わらなかった。参謀本部では，統帥権干犯問題を機に統帥権の拡大解釈を図る動きが表面化していたが，実現しなかった。

J. ロックにおけるプライドと市民社会（文明社会）
―― 『教育に関する考察』を中心として ――

中神由美子 *

I　はじめに

　　　「厄介なのは，比類なく偉大な魂と，比類なき輝きを放つ才能ある人たちにおいて，名誉，命令権，権力および栄誉への欲望がたいていの場合見いだされるということである。それだけに一層，この種のことにあっては過ることのないよう，注意せねばならない」（キケロ『義務について』I：26）[1]。

　　　「天性高貴であっても教育が欠けていると……良いことと同時に多くの悪いことが生じる」（プルタルコス『英雄伝』ガイウス・マルキウス・コリオラーヌスの項）[2]。

　　　「虚栄心というものは，人間の心の中に深く錨を下ろしているので，兵士，従卒，料理人，ポーターに至るまで，それぞれに自惚れを持ち，人からもてはやされたいと願う。そして哲学者までがそうなりたいと願う。虚栄心つまり栄誉への欲望を非難する者も，その論じ方が優れているという名誉を得たいと思っている。……おそらく今こうして書いている私も同じ欲望を持っており，また私が書いたものを読むであろう人々もまた，そうなのである」（パスカル『パンセ』Selier 版520，B150）[3]。

　近年の日本においては，2006年の教育基本法改定で愛国心や公共心が盛り込まれ，ともすれば国家主導による道徳教育の必要が叫ばれ，あるいは滅私奉公や伝統的共同体への帰属意識が強調されている。また，アカデミ

---

*　立正大学法学部教員　政治思想史

ックなレヴェルでは，コミュニタリアニズムからのリベラリズムの「負荷なき自我」(M．J．サンデル) への批判や，共和主義における「公民的徳」の復活の提唱も既に旧聞に属していよう。

これらの是非は措くとして，伝統的共同体あるいは市場とは別に，公的事柄や共同体へのコミットメントや「(公共的) 徳」，あるいは「公共性」「公共空間」の必要性は広範に意識されている。例えば，山口定氏は「私」と「公 (＝国家・公権力)」とは区別されながらも，それらを媒介し時には「公」と対抗し得る「公共性」概念の構築を訴えている。そこで氏は，「私利私欲」を否定し予め措定された (かのような)「公共心」に基づいて行動する「倫理的個人主義」よりも，多様な動機——むしろ私利私欲というより多く見られる動機——に基づいた集合行動を「公共性」に転化させるためのルール設定，制度構想が必要ではないかとする[4]。こうした指摘は海外でも見られ，シティズンシップ教育論で有名なB．クリック氏は，私的な快の享受を自由と考える近代人が，いかにして公的事柄への関心や参加をノーマルで正しく，快楽であるとさえ思うようになるかという問題を提起している[5]。

こうした潮流を把握した上で本稿は，旧態依然の滅私奉公に依拠せず，また経済的合理主義ないし市場原理主義に政治ないし人間の領域のすべてを委ねない形で，共同性や公共性を構築していくという課題に対し，人間性における——栄誉への欲望あるいは虚栄心と呼ばれる——「プライド・誇り pride」という情念に光をあて，政治思想史からの一視点を提供したい。

II　J．ロックの議論

17世紀イングランド内乱期において，他者への優越ないし承認を求める欲求であるプライドは，激しい宗教的諸信念や政治的主張という形をとって現われたというのがT．ホッブズの認識であり，彼によればプライドの噴出こそが内乱の主たる要因であった。ここからいかにして平和や安全を確保するかを追究した著が『リヴァイアサン』(初版1651年) であり[6]，その書名が示しているように，それはまさに「全てのプライドの子たち」(高慢な人々) を抑圧する「王」でありかつ「地上で比類なき」力を誇る国家を提示したものであった[7]。

こうしたプライドを巡る問題を鋭く受け止めた上で，ロックは平和であ

りながらも自由である公共社会ないし市民社会・文明社会の構想を描き，この一面危険な情念を，安全な公共的回路に回収してゆくことを企図した。それが示されているのが，主として『教育に関する考察』（初版1693年，以下『教育論』）である[8]。以下では，『統治二論』とりわけ『第二論文』に比して，注目を浴びることが少ないこの著を中心として，いかにして私的欲求・個人的欲求の一形態であるプライドという情念が社会にとり有益で穏健な「（公共的）徳」へと変成されていくかを見ていきたい[9]。

(1) 人間本性論
　　――快への欲求およびプライドを前提としたモティベーション論の構築

　ロックの政治論は，当時の他の多くのそれと同様，人間とはいかなる存在かという考察を欠いたものではあり得なかった。そしてその人間論の出発点は「快」への欲求であり，人間はすべからく快を求め「苦」を回避するという認識である。これは人間に本質的なものであり，それ自体で道徳的に善悪が付与されることはない。ロックによれば，我々は快を生むものを善，何らかの善を奪うものないし苦を悪と名付ける。「快と苦…すなわち善と悪とは，これを巡って我々の諸情念が起こる軸である」（EHU Ⅱ：20：2, 3）。この快への欲求および苦への嫌悪は，神が人間の自己保存のため備えたものであるが，そのうち，快は人間の思考やさまざまな活動を喚起しようとするためのものでもある（EHU Ⅱ：7：1－6）。快，善ないし幸福に対する欲望と，苦，悪ないし不幸への嫌悪とは，我々に自然に備わっており，絶えず我々の一切の行動に作用し影響し続ける。これはあらゆる人間と時代に普遍的に観察される「生得の実践的原理」である（EHU Ⅰ：3：3）。意志と欲望とは区別され，また，人間は欲望の一時停止を行う力能を持つとはいえ，意志を決定するのは往々にして欲望であり，徳についても，それに対する欲望がない限り人間は実際には行動しない（EHU Ⅱ：21：7, 30, 31, 35）。

　こうしてすべての人は快，幸福を欲求しかつ追求するのであるが，彼によれば，大多数の人は最高かつ確実な快，幸福であるはずの天国（来世）における幸福状態を志向せず，現世の名誉や富など眼前の快により駆り立てられる（EHU Ⅱ：21：43－6）。このうちロックは，天国での至福に加え，この世での「名誉」・「評判」との両者を「精神的」で「持続的」な快，

幸福であり，知識の獲得とともに，単に感性的で一時的な快よりも追求することが望ましいとする（PE 296-7, 318-9）。

この意味でロックは，諸々の快（や幸福）の質に注意を払わない単純なヘドニストないし功利主義者ではない。彼によればいかなる快の追求を選択するかが，単なるありのままの人間とは異なった「人格」を決定する（EHU II : 21, 27）。その上で，実際に人間を行動させるモティベーションを重視する観点から，精神的な二大「快」すなわち天国の至福（の想像）と名誉心の満足とのうち，ロックの関心は後者に向かう。彼は言う。人間の活動の主たる源泉は信望と評判という快を獲得することである。自分が所属する社会や仲間の中で良き評判を得たいとする「動機」こそが，人間を諸々の困難に耐えさせ，志の高い行動を起こさせる，と。これは窃盗集団などの悪しき仲間でも同様であり，社会的に見れば悪徳と思われるような行為でも仲間での評価を得たいという欲求からその種の行為がなされる。徳とは，その社会や仲間を形成している人々に「一般的に是認」されている行為や性質に与えられる名称なのである（PE 271-2）。

さらにロックは倫理学に二種類のものを認め，第一の種類を一般的に正しいことの「規則」を提示することとし，快を人間の主たる動機として徳に導いていく第二の種類のそれと区別する。ロックによれば，前者だけでは単なる「思索上の喜び」に終わるのであり，道徳の実践のためには後者こそが必要である（PE 319-20）。人間は，ただ単に善行や道徳の準則を示されても直ちにそれを実行するものではない。人間を徳へと導くには，何よりも快を常に追求している人間を前提にしなければならない。ここで焦点が絞られるのは，良き評判を得て名誉心を満足させるという快である。ロックによれば，この精神的な快こそが徳の実践に強力なモティベーションを与え，かつ人間が獲得するに望ましい，価値的により上位の快なのである。

こうしてロックは，名誉や良き評判という快を得たいとする欲求，換言すれば自己利益追求の一形態としてのプライドの実践的な推進力を認識した。ここに，プライドは人が徳を身につけるにあたり最も有効に活用され得る情念とされ，これを基礎として徳論や教育論[10]，市民社会・文明社会像をロックは構築していく。

(2) 自由人としての教育
——〈自由への愛〉の発現としてのプライドの活用

　ロックによれば「溌溂とし，気概を持つ傲慢な若者は正しく導かれるならば，時として能力ある偉大な人物になることもあるが，他方無気力で意気上がらぬ精神しか持たないようでは，殆ど何事も成し遂げることはできない」(STCE46)。むしろ無気力な子供には好みの贅沢品を与え，その精神を喚起することさえも必要である (126)。過ちは欲望を持つことではなく，理性にこれを従わせないことであり，欲望の存在を前提とした上で理性に欲望を従わせることが教育の主たる目標である(36)。ただし子供を厳格に監督しすぎてその意気を消沈させるのではなく，その精神をゆったりとさせて活動的にし，しかも同時に多くの物事を自制させながら困難なことを成就できる方向に導いていくこと，この矛盾しているように見える両者を調整することこそ，教育の真の秘訣である (46)。

　ここで留意したいのは，ロックが何よりも「自由」を尊重していることである。両親や教師は，たちの悪い強情やうそつき，意地の悪さ等を厳しく制する「権威」を保持する一方，気難しさや厳格さを可能な限り和らげ，子供のくつろいだ「自由な」気分を保たせることが肝心である。こうして親や教師は，親切さをもって，困難なことや勤勉さが必要なこと（例えば学習等）に取り組ませ，同時にその過程で得られる楽しさや充実感を体得させるべきである (42, 46, 71, 73, 167)。

　そして実のところ，人間の本性に備わっている「自由への愛（欲望）」の表現の一つこそが，プライドなのである。自由への愛の悪しき側面は，支配への愛・欲望である (103-10)。これは，(i) 他人に対する支配欲，権力欲（プライド，「傲慢」）と，(ii) モノへの支配欲，獲得欲・物欲（「強欲」）とに分れる。(i) は後述するとして，まず (ii) は，生物的・自然的必要（飢えや渇き，寒さ等）に基づかない，不必要に多いモノへの支配欲 (130)――あるいは華美な服装等の「虚栄」(106-7) だがこれは物欲であるとともにプライドにも関わる――である。これについては，自己のものと他人のものをきちんと区別し（＝「正義」）(110)，おもちゃ等は多くを持たず（＝「節制」）むしろ工夫して自ら作り出す「勤勉さ」を教え (130)，あるいは気前良くさせる (110) 等により抑制することが望まれる。際限のない物欲や獲得欲はむしろ支配欲の一つとして，「正義」や「気前の

よさ liberality」等の徳により抑制されるべきものである。気前のよさを大いに称賛しそれを実行させれば，人間同士が互いに，より親切にまた礼儀正しくなる。「最も気前のよい人は常に最も多く持つことになり，その上尊敬や称賛まで得ることを経験によって子供たちに知らせなさい」(110)。ここでは，経済的・物的利益の追求よりも精神的快としての名誉心やプライドの満足を優先させ，そのことにより前者を抑えることが意図されている。

　他方，「自由への愛」の良き側面は，自己が自由自主な存在でありたいという欲求として現れる。ロックによれば，子供たちは「大人の中でも最も誇り高い人たちが自侍するのと同様，自分たちは自由」であり，「自分たちの良き行為は自発的なものであり，自主独立であることを示したい」(73)。人間には，理性的被造物として，あるいはそう見られたいとのプライドがある。「子供たちは想像以上に早くから理性的被造物として扱われることを愛する」のであり，このプライドこそ大切にされなければならず，彼らを教育する偉大な「道具」とされるべきである (81))。この場合，プライドは自己支配能力として用いられる。すなわち，他人から命令・強制されなくとも自らのプライドにかけて良き行動をとる，という意味で自己規範を定立しかつそれに服する自主的・自律的人間が目指される[11]。このように，ロックは，逆説的ではあるが，プライドつまり名誉や称賛への欲求という非合理的情念・欲望を温存しながら，同時にそれを手段として，理性的な人間，眼前の一時的物理的欲求を理性により抑制できる人間，あるいは困難な事柄にも冷静に立ち向かっていく人間を育てていくという戦略を採るのである。冒頭に掲げたように，パスカルはこの上なく敬虔でかつその人間存在に対するラディカルな洞察を示したキリスト教徒であったが，彼はプライドを最も罪深い悪徳であり，人間に奥深く巣くっている「自己愛」の現れであると糾弾した。それに対して，ロックはまさに，このプライドこそを議論の出発点に据えたのである。

　また，好奇心すなわち「知識欲」に関して，ロックはこの欲望を大いに助長させようと努める。「我々は既にゆりかごの中にいるときから，虚栄心に満ちた誇り高い被造物である」ゆえ「子供たちの利益になるようなことで彼らの虚栄心を満足させてやりなさい。また彼らの利益になりそうなことを，彼らのプライドに駆られてするようにさせなさい」(118) と。こ

こでは子供の「野心」も活用される。学習を義務や重荷として子供たちに強制することを止め（これは「生来の人間の自由への愛」に反する），自分たちより優れていると認める人，上位にある人が模範を示しさえすれば，子供たちは向上したい，優れている人のようになりたいという野心や欲望につられて，学習を喜んで続けてゆく（76）。また「競争心」も活用される（189）。ここでも，野心や欲望，そして好奇心さえも人間の罪深さの現れとするパスカルとの対照は明らかである[12]。また「模範」を重視することは，強制や命令に依拠するよりも，子供の自主性や自由を尊重して教育を行う方向性を示していよう。

　さて先に挙げた (i) の他人に対する支配欲についてであるが，このプライドの一側面は，ホッブズにおいては暴力を伴う攻撃欲求，征服欲求となって現れた[13]。しかしロックによれば，他人への暴力を伴う「残酷さ」は自然的・生来的なものでなく，一部の歴史書等の中で称賛され植えつけられた後天的なものである（116）。だがやはりプライドは他者への「傲慢」に転化する（117）。この矯正法は，あらゆる他人に対し尊重を表すこと，すなわち「礼儀・シヴィリティ Civility」を身につけさせることである（143, 66-7）。親でさえ子供から尊敬を得たいのであれば，自ら最大の尊敬を子供に払うという模範を示すべきである（71）。

　ここで，まさにプライドの別側面たる名誉心こそが役に立つ。他人に対して傲慢に威張り散らすのではなく，親切に優しくすることを教え，そのことをおおいに褒めて，よき評判を得させ，名誉心を満足させる。そして，これが習慣となるよう導く。ロックによれば，他人，特に目下の人々に親切にすること，礼儀や「人間らしい感情」を示すことは，そのことによってなんらその人の優越性を損わず，それどころか逆に，尊敬はより強固なものとなる。さらに言えば，そうした人々の――平等や尊重を求める――承認願望としてのプライドもある程度満たされよう。他人への支配欲，特に人々を粗雑に・手荒に扱うことを許すことは，「生来の傲慢さ」を増長させ，人間全般に対する軽蔑となり，将来，「抑圧」や残酷さと直結するゆえに注意して排除されねばならない（117）。このことは，政治社会における暴君(タイラント)出現に対する一つの防波堤ともなろう。

　子供の教育においては，周囲の良き評価という精神的褒賞，快こそが良きエンカレッジメントとなり，またこれこそが自由人たる理性的被造物に

ふさわしい教育手段である（54）。それに対し，物理的・肉体的な賞罰，例えばモノを与える褒賞や鞭打ちの罰は奴隷的な賞罰である。この精神的賞罰を駆使して，プライドを良き方向に育てていくことが目指される（77－87）。この観点からすると，枢要な教育の技倆（アート）のうちの一つは，子供に自分の評判が地に落ちたと思わせてはならないということである。もしそうなれば子供は自分の評判をもはや維持しようと思わなくなるために，その矯正手段を教育者は失う。従って子供に対して，良き評判を保っていると思わせ続けることが肝要である。評判こそは子供に対する「最良の押さえ所」なのである（132）。また，厳しく叱らねばならない場合は子供が一人の時に，感情的にならず，穏和にその理由や過ちを改めることによる利益を説くことが望まれる。これとは逆に，良い行動を褒める時は人前で称賛することにより，子供のプライドをエンカレッジメントすることが推奨される（62, 80－1）。なぜなら，その子供自身が自分を誇らしく思うのみならず周りの良い評判を得ることができることをも体得し，また見ている他の子供たちの心の中にも良き評判を得たいという欲求を育てるからである。

　ロックはこのようにプライドを，一方で自己の欲望を評価づけし，過度な獲得欲のごとき欲望を制する自己支配能力へと転化させ，他方においては，周囲の人々から名誉や尊敬を得たいとする欲求として育てていくことを主張する。前者は誇り高い自己支配――自律的「理性的被造物」――であり，まだ理性を使用できない子供のうちは他者の評判や称賛による励ましが不可欠である。後者は，自分の優越性の誇示を抑え，（同じプライドを持った）他者を尊重することによって，その他者のみならず他の周囲の人々，ひいては社会からも好評や信望を獲得する。のみならず，そのように行動できる自己信頼感を高め，よって自己のプライドを満足させることにもつながる。こうして自己を過度に「傲慢」にさせ，他者に対して高圧的な，時に暴力を用いた赤裸々な支配欲にも転化し得るプライドは，その表出態様を整序されてゆくわけである。

　ホッブズが極端な形で叙述した攻撃欲や征服欲として現れるプライドの暴走を，このようにしてロックは押し止め，同時にこの情念を人間の自由への愛の表れとして尊重しながら，自らの描く市民社会・文明社会像へと結びつけてゆく。

(3) 〈評判のネットワーク〉を備えた市民社会・文明社会 civil society[14]

　まず留意しておきたいこととして，ロックの『教育論』が公刊されたのは名誉革命成立後であったことである(初版1693年)。従って『統治二論』が執筆された1679年から80年にかけての切迫した——すなわち自然権や抵抗権・革命権の主張の必要な——政治的危機状況とはその背景・状況を異にしている[15]。特に注目すべきは第三版（1695年）での加筆部分であり，そこでは，人々の交流・交際における「上品なやり方と当世風」や他人に好かれるマナーについての言及，あるいは美や洗練について（93-4），知識や真理の追究，また議論，会話の重要性，あるいは「人から受け入れられる」議論の仕方について（98）等が論じられる。ここには，人々の間の会話や社交が隆盛となる文明社会イメージが登場しているのである。さらにロックの議論においては，公正な法や慣習を持つ良く秩序づけられた社会，理性（かつ感情）を持つ市民同士が自由でありながら，その安全に危害を及ぼす以外，多様な生き方や意見・信条の自由を認める社会，あるいは，ある程度豊かさが行き渡り人々が快適な生活を求める社会といった市民社会・文明社会像が見いだされるのである。

　既にロックは1667年，『寛容エッセイ』の中で意見の多様性を人間本性の観点から擁護していた。「人間は自分の意見に執着するものであり，人間本性からこの自由を維持することに用心深く」，また，だからこそ，そこに「人間の尊厳」が存している。国家権力による特定の意見や信条の強制は，自然権の侵害であるばかりか，かえって無用な混乱——極端な場合は内乱——を招く（ET187-90）。自己の「無謬」への「自惚れ」から他者に信仰を強制することは「良心」の名を借りた人間の「野心」や「傲慢」ないし「党派心」の産物に過ぎない（ET176-8）。ロックによれば，政治権力者も含めて「人類のほとんどすべてが，自分の意見の真実性を論証し尽くすことは不可能」なのであり，人間はお互いに「様々な意見の中で，平和と人類共通の務めと友情を守ることがふさわしい」（EHU：IV：16：4）。

　実際，周知のように『教育論』が刊行されたこの時期には，イングランドにおいては国家の枠組み（憲法体制）がほぼ決定し，いわゆるキング・イン・パーラメントという形をとった議会主権の原則が確定し，限定つきではあるが国家は寛容政策を採り[16]，政党政治の萌芽も見られることにな

った。つまり社会における人々の「意見」の多様性が擁護される条件が整ってきたのである。ロックは，1690年，名誉革命を擁護し，必要なのは「諸々の意見の統一」ではなく，「すべての人が同じ心になる真の方法が見つかるまでは——もしそれがあり得るならばの話だが——」，人々が「我々の統治が持続するのに絶対に必要な基本的事柄にのみ同意すること」であると論じている (PE 306-13)。

こうして国家とは別様の，自律的な領域を持つ市民社会・文明社会がその姿を現す17。

これを端的に示すのが，「意見ないし評判の法 Law of Opinion or Reputation」である。ロックによれば，評判と不評とは，個々の社会において，徳と悪徳の基準・尺度である。真の尺度は神法ではあるが，にもかかわらず，それぞれの国や社会において人々が称賛に値すると判断した行動が「徳」，反対に不評を与える行動が「悪徳」と呼ばれる。「人々は政治社会に合一して……国法の命令する以上には仲間である市民に対して力を行使できないが，それにもかかわらず，一緒に暮らし交流する人々の行動を良いとか悪いとか，あるいは是認したりしなかったりする力は依然持っており，この称賛と嫌悪とによって，自分たちが徳または悪徳と呼ぼうとするものを，自分たちの間に確立する」(EHU II：28：10-12)。これは，ロックが擁護する自由な政治社会が，政治権力や国家から相対的に自律し，また，経済的利益の交換の場たる市場とも異なる，独自の価値尺度を持つ文明社会・市民社会を包含していることを示している。

ロックの文明社会イメージの核となる，この「意見と評判の法」，換言すれば，＜評判のネットワーク＞の評判について，彼は言う。評判は「真の徳」すなわち「神が報酬——天国の至福——を持って人間に与えた義務を知り神に服従すること」ではないとはいえ，「真の徳」に「最も近いもの」であり，「一般的な承認により，他の人々の理性が正しく秩序ある行為に対して与える証明であり，称賛」である (61)。こうしてロックは，内面的に徹底的に神に服従するという「真の徳」，キリスト者に見られるような内面的な動機を問う厳しい徳——もっともパスカルによれば腐敗した人間本性からすれば純粋な善行や徳などあり得ないが——に代替するものとして，良き評判を置くのである。そしてこの評判が編み込まれたネットワークは，家族や周囲の人間，仲間だけに限定されるものではなく，多様なサブ社会

の諸々の集団や結社ないし仲間団体を含み込みつつ，ひいては同じ「理性的被造物」「仲間である市民」が構成している市民社会・文明社会にまでその領域を広げているのである。

ただし，そうした意味での「徳」ないし「徳に近似した」ものとしての良き評判は，個々の社会つまりそこに生きる人々の価値観に依拠しており，その意味で決して普遍的で固定的なものとはされていない。もちろん個々の社会には時代を超え，普遍的ないし共通と見なし得る徳や悪徳も存在する（例えば，殺人は悪徳等）が，時代や社会によって，徳とされるものも変化する（EHU Ⅱ：8：11）。だがそれは裏を返せば，ある社会における評判の付与の仕方，すなわちいかなる性質や行為に徳ないし＜徳らしきもの（＝好評や名誉）＞を与えるのか，ということが，その社会の性格や質を決定するということである（PE 271-2）。それではロックの挙げる主な徳[18]とはいかなるものであろうか。

もちろん，ロックは献辞で，誰でも可能な限り国のために貢献することが義務であり紳士の天職は国のために卓越し有益なことをなすこと（94）としている。しかし『教育論』全体を通じてあげられる枢要な徳は，既に見てきたように「シヴィリティ・礼儀」（66-7, 109, 143）であり，また「人間らしい感情」，親切さ，優しさである（116-7）。幼いうちから「慈悲心と同情心という，より自然な気質」を定着させることが望ましい（116-7）。注目すべきは，なぜ有能な人物よりも他者を尊重する人物のほうが好評を得るのかについてのロックによる説明である。それは，すべての人が追求しているのは「幸福」であり，これは人々の感じる「快さ」に存するからである（143）。ここに，人間における快，すなわち感覚や感情における快さや心地良さを求める文明社会の像を垣間見ることができよう。

また，重要なのは，「勇気」という徳の意味転換である。ロックによれば，真の勇気とは，恐怖心や理性を欠いた無謀な蛮勇ではないし，また戦場において自らの生命を賭して戦う武勇に限るものでもない。それは，平和時においてもあらゆる種類の困難に打ち勝つ心の堅固さである。これこそが，「理性的被造物」にふさわしい勇気である（115）。さらに，彼はフェンシングや狩猟など人間のみならず動物の生命を軽視する貴族の嗜みを批判する（199, 206）[19]。殺人や残酷さを称揚する歴史書ももちろん非難の対象である（116）。これは，戦場における武勇を主たる徳とみなす共和主義とは異

なる勇気，徳のとらえ方であり，このことはロックが明確に平和な政治社会を志向していたことを示す[20]。武勇を排する代わりに徳として称揚されるのは「勤勉」や「創意工夫」(130)であり，嗜みとしてはガーデニングや簿記等の「手仕事」である (201-10)。

そして先にも見たように，ロックは好奇心＝知識欲を積極的に奨励する。彼はあるべき文明社会像の不可欠の要素として知識や教養，あるいは「叡智」を位置づける。ロックによれば，叡知とは人がこの世においてその仕事を有能に「洞察」をもって対処していくことであり，「心と経験とを傾注した結果」初めて獲得されるものである。従ってさしあたり子供の教育においては，真理への尊敬心，追究心，そして偉大な思想への憧れを喚起することが叡知獲得にあたっての準備となる (140)。修得すべき「学識」は，自国語 (189)，政治学，法学 (186-7)，歴史 (184)，地理 (178)，外国語 (フランス語162)，演説や会話の訓練 (188-9)，また，古典の研究 (195)，算数，幾何学，天文学 (180-1)，自然科学 (190) 等であるが，これらのうち特に，ことさらに残酷さを称揚することなく優れた洞察を示す歴史書こそは「政治（学）の真の基礎」(EW 392-6)) であり，「慎慮と政治的知識の偉大な女王」(182) である。また，古代ギリシャ語やラテン語は自国語に比べれば第二次的なものだが，やはりギリシャやローマのものを含めた古典を研究することは，「あらゆる種類の学識に至る最短にして確実，かつ愉快な途」である。ロックによれば，注釈書や研究書から安易に解釈を借りるのではなく，古典という「源泉」に直接対峙し，苦労しながら自己の理解や解釈を一貫させることが大切である。そのことにより物事の上辺にとどまらず，その深奥に至ることのできる洞察力を体得することができる。また，他の人々との会話や議論の際にも，自らの確固とした意見を開陳でき，自信に満ちた振る舞いが可能となる。従ってこうした勉学ないし研究態度は，子供の教育と勉学とを正しく導くことにおいて不可欠である。学問のいかなる領域においても，深く，確固とし，かつ熟達した洞察・識見を得ることは，人生において非常に役立つ (195)。こうして，古典の研究・勉学は，叡智や洞察力（慎慮）を陶冶し，正しい勉学態度を養うことにつながるのみならず，人々とのコミュニケーションに寄与するという観点からも推奨される。

加えてロックは，人々の交流・交際における「良き振る舞い」を強調す

る。これは学識を身につけることよりも優先されるほど重要なものである(147)。ここで彼は，どちらかといえば内面的な，他人に対する善意や尊重心を示す「礼儀・シヴィリティ」に加えて，外面的ないし貴族的な振る舞いの属性とも言える，美や上品さ，優雅さ，当世風・洗練，礼儀正しさ politeness を導入する（67, 93-94, 142-3）。まず，「上品さ」は，「人間味があり親しみのある礼儀正しい性質」であり，その場にふさわしい外面的振る舞いの自然さや美しさでもある(66)。行為における洗練や外に現れる行動の優雅さは幼い子供には必要ではなく，すべての人に対する尊敬や善意の気持ち（=civility）を内面的に持っていることで充分である(66-7)。しかしながら，外に現れる良き行儀作法，良き振る舞いは，やはり人々の交際上不可欠なのである。良き振る舞いは，その人間に接するすべての人から尊敬と善意とを引き出すばかりでなく，「より一層，その人間の有している他の良き性質を輝かせる」。ロックによれば，「善良な性質」でさえも，良き躾・振る舞いがなければ，単なる「諂い」に終わり，「徳と才能がそれに応じた称賛を与えられるとしても，にもかかわらず，ある人を受け入れられやすくし，またいかなる場でも歓迎されるようになるには，なお不十分である」。「優れた性質は心の実質的な富ではあるが，その富を引立たせるのは，良き振る舞いなのである」(93-4)。

　従って，「人々に受け入れられたいと思う人は，自らの所作や振る舞いに，力強さと同様，美しさをも与えねばならない」。ロックによれば，「堅実さ」や「役に立つこと」でさえもそれだけでは十分ではなく，あらゆる行動に際して優雅さと当世風・洗練を示すことがその人に光彩を与え，他者の好意を得させる（93-4）。「洗練されている well-fashion'd」とは，他人を傷つけまいとする心中の傾向である Civil とは区別され，「外見，声，身振り，および交際にあたって人を惹きつけ，話し相手を寛がせ喜ばせるような，外的態度全体に品位があり優雅である」ことである（143）。そしてたいていの場合，なされたことの結果よりも，その「流儀・やり方」こそが重要であり，受け取る側の満足あるいは嫌悪も，結局のところこうした「流儀」に依拠しているのである[21]。またロックは言う。個々の行儀作法それ自体が重要なのではなく，それらはいつでもどこでも普遍的にふさわしいものとは限らない。むしろ，人と場合に応じた言葉や外見，所作や振る舞いを，適切に，自由にかつ落ち着いて示すことが求められる。こうした洗練され

た態度は習慣と経験とによって体得される。よって模範や実例を駆使した教育の役割が重要となるわけである (93-4)。こうして，良き振る舞いの基本，すなわち「おおらかに（自由に）落ち着いて，物腰上品にふるまう」(93) こと，「自分自身を卑下せず同時に他人をさげすまない」(141) 態度は，相互にプライドを持つ自由人としての，あるいは市民，文明人としての礼儀態度につながろう。良き振る舞い・礼儀作法は，ロックによれば市民生活（文明生活）civil life にとり，非常に役に立つ (144) のである。

　また，こうした市民・文明生活を送っている人々の間の会話や議論の場におけるマナーも重要である。同席する人々を不快にさせるような，他者への軽蔑やあら探し，また人を馬鹿にする冗談，さらに「悪魔」にとりつかれたかのような反駁，あるいは過度の「気難しさ」も慎むべきである。「有力で価値ある人物，あるいは真の友人としての能力，誠実さ，あるいは善意も，その人の重苦しい，固い存在感が与える窮屈な感じの埋め合わせにはめったにならない」(143)。この意味で，快活さは他人にとっても，また自分にとっても快いものであろう。また，会話や議論において，他人の話の腰を折ることは非礼であり，この点で，議論で相手を打ち負かそうと企図する血気盛んな若者や，学者が非難の的となる。ロックによれば，「平凡な議論」あるいは「間違った議論」でさえも，他人の意見に対する敬意と尊敬を含んだ丁寧な挨拶をするならば，粗野で横柄なやり方で提示される——たとえそれが機知に富み，あるいは非常に深遠なものであっても——知見よりも，多大な信頼と尊敬とを受けよう。そしてもし我々が「野蛮」と呼んでいる人々のほうが，礼儀を守り，感情的にならず冷静に議論しているとすれば，「この文明化された領域 this civilized Part of the World」に生きる我々は教育をおろそかにしていると言う他ない (145)。

　「徳」の一つである良き振る舞い，よき礼儀作法は，このように，内面的な心の動機を問題にする厳格なキリスト教の徳，あるいは武勇偏重の共和主義の徳，また伝統的ないし固定的な徳でもない。それは外面に現れる「やり方・流儀」「マナー」を重視し，人と場合に応じた柔軟な徳であり，その意味で，文明社会における市民同士の交流や交際において，相互のコミュニケーションを円滑にする徳である。換言すれば，人々が感じる「快」に応じた——プライドという情念，そして美という感覚との双方の満足を目指す——，いわば＜コミュニケーティヴな徳＞なのである。

文明化された市民社会においては，もはや戦争は称揚されず[22]平和と自由とが掲げられ，市民同士の交流や交際が盛んであり，さまざまな結社や仲間団体の中で，あるいはそれらを横断して，多様な「意見」が交わされ，また豊富な知識や鋭い洞察が披露される。こうした交流の中で，市民相互の尊重や礼儀が重んじられ，プライドはそれに従って穏和化される。むしろこの情念は，良き評判，あるいは諸々の徳や知識・叡智の獲得，振る舞いの美しさといった卓越性への欲求に変換され，支配欲・権力欲は＜評判のネットワーク＞へとソフト・ランディングされていく。これこそが，ロックが『教育論』や『知性論』で描く，緩やかにまとまった市民社会・文明社会像なのである。

Ⅲ　結びにかえて

ロックは，一方でプライドの危険な切っ先を削ぎながらも[23]，他方でこれを，単なる私利私欲ないし悪徳と見なす諸潮流に抗しながら，このうえなく貴重な人間の「自由への愛・欲求」，精神的に高貴な情念として温存し，良き市民社会・文明社会像に結びつけた。ここにこそ，ロックの自由へのコミットメントがいかんなく現れているのである。

本稿はあくまでも，17世紀後半，イングランドの civil society に生きたある人間の思想についての一考察であり歴史研究である。従ってここで示した議論が直ちに現代に活かされると考えるものではない。ただできることは，ここで得られたいくつかの知見をもとに，以下の点を記し——同時にそれを今後展開すべき筆者の課題として——，本稿の結びとすることである。

まず，およそ私的利益を断罪・排除しようとする思考様式，つまり滅私奉公や道徳主義的な公共心に代えて，人間の自己保存欲求とともに精神的快への欲求，自己愛・自己利益の一種としてのプライドを前提として，市民社会における（シティズンシップ論や政治家のリクルートメントを巡る問題を含め）徳論，教育論を（再）構築していくことである。換言すればプライドという個人的な——承認や優越を求める——情念を，公へと架橋する公共性に結びつけていく可能性を追求することである。さらに言うならば，公共的な「徳」（あるいは少なくともその一部）を，内面的な動機や心情を追及するものではないのはもちろん，伝統的な共同体的な徳，あるい

は国家権力に押し付けられるものとしてでもなく，市民相互の心情や信条，意見の違いを前提にした上で彼（女）らの交流における徳として位置づけることがあげられよう。これは外面に現れるマナーや「やり方・作法」を重視した，対話や議論，交際においてコミュニケーションを円滑にする徳，＜コミュニケーティヴな徳＞であり，市民の内面に過度に踏み込むことなく，緩やかな連帯のネットワークを築き得るような徳である。この徳の核となるのは他者の尊重・礼儀 civility である。もっとも，こうしたネットワークは，国家や政治・行政が主導すべきものでなく，市民が日々の活動の中で議論し時に衝突しながら醸成していくべきものでありそれなりの時間や手間を要する。こうした連帯・共同性のネットワークを築くことで，とりわけ「評判法」を用いて，今や国境を越えて跋扈する少数の企業経営者の無制限な「獲得欲」や労働者に対する搾取，あるいは富の偏在や環境破壊の問題等——言わばグローバリズムの負の側面——を抑制していくことが可能となろう。周知のように現代の市民社会や公共性についての研究はすでに相当の蓄積がある。自戒を込めて言えば，政治思想史が良き市民社会のグランド・デザインに参与するためには，歴史研究・古典研究たることを堅持しつつも，他方でより広く様々な分野の研究者や市民と交流・対話することが必要になってこよう。

（1） Cicero, *On Duties*, ed., M.T. Griffin and E.M. Atkins, Cambridge, 1991, p. 11. 訳は以下を参考にしたが文は変更している。『キケロー選集第9巻』高橋宏幸訳，岩波書店，1999年，142頁。

（2） 『プルターク英雄伝（三）』河野与一訳，岩波書店，1953年。

（3） B. Pascal, *Pensées*, presentation et notes par G. Ferreyrolles. Texte établi par P. Sellier d'après la copie de référence de G. Pascal, Libraire Générale Française, 2000.（ポール・ロワイヤル版初版1670年）。以下このセリエ版をテクストとして使用し番号のみを記す。邦訳はブランシュヴィック版に依拠した『パスカル・パンセ』前田・由木訳，中公クラシクス，2001年がある。この版の番号もBとして併記する。

（4） 山口定「序章　新しい公共性を求めて」山口定編『新しい公共性』有斐閣，2003年，特に11－2頁。なお，周知のように，公共性についての先駆的研究は，J．ハーバーマス『公共性の構造転換』（原著1961年）細谷貞夫訳，未来社，1973年，および第2版（1990年）細谷・山田訳，1993－4年。

（ 5 ） B. Crick, 'introduction', in *Citizens : Towards a Citizenship Culture*, ed., B. Crick, Oxford, 2001.
（ 6 ） T. Hobbes, *Leviathan*, ed., R. Tuck, Cambridge, 1996. I : chap. 13, p. 88, II : chap. 17. Esp., pp. 119-20., I : chap. 15, II : chap. 27 等。なお pride や vainglory（虚栄心）と並ぶものとして、「野心」や「好奇心」（知識欲）も非難の対象である。もっとも、より詳細に見るならばホッブズのこの情念に対する態度は両義的なものとも言い得る（*Leviathan*, I : chap. 8, 14. pp. 53-4, 99）。ホッブズにおける名誉に着目した古典的な研究はL．シュトラウス『ホッブズの政治学』（1965年），添谷・谷・飯島訳，みすず書房，1990年。近年の研究として G. Slomp, *Thomas Hobbes and the Political Philosophy of Glory*, Macmillan, 2000.
（ 7 ） Hobbes, *Leviathan*, II: chap. 28, p. 221.
（ 8 ） 『教育論』に関する研究として，ロックの政治思想全体をふまえ再定位する試みとして中神由美子『実践としての政治，アートとしての政治——ジョン・ロック政治思想の再構成——』第三部第二章。他の主要な研究は N.Tarcov, *Locke's Education for Liberty*, Chicago, 1984. Yolton, 'introduction', in STCE, pp. 1-75. 辻康夫「ジョン・ロックの政治思想——近代的諸価値の意義と脆弱性——（ 1 ）-（ 5 ）」『国家学会雑誌』106巻，1・2号～108巻，3・4号，1993-5年。また，ロックについての言及は量的には少ないが重要なものとして，M. Peltonen, *The Duel in Early England : Civility, Politeness, and Honour*, Cambridge, 2003. および 'Politeness and Whiggism,1688-1732' in *The Historical Journal*, 48, 2, 2005, pp. 391-414.
（ 9 ） 名誉や称賛を求める欲求は自己愛や自己利益の一形態であるが同時に，公共的事柄への献身に向かう重要な動機，公共的精神へと転換されることについて，中神由美子「アルジャノン・シドニーの政治思想——自由，権利，徳——」『本郷法政紀要』第3号，1994年，148-80頁，特に156-60頁。なお，フランスにおける栄誉欲の国家に対する効用という功利主義観点の展開について，川出良枝『貴族の徳，商業の精神——モンテスキューと専制批判の系譜』東大出版会，1996年，132-48頁。
（10） 16世紀以来イングランドでは諸々の教育論が出版されていたが，こうした人間存在ないし心理への洞察に基づいたモティベーション論を採用した点において，ロックの『教育論』はユニークな位置を占める。例えば，H. Peacham, *The Compleat Gentleman*, London, 1622, や同題名の J. Gailhard, *The Compleat Gentleman*, London, 1678. との違いは明白である。
（11） この，自己支配能力としてのプライドは，人間存在に固有で本来的な自己の分裂に対する洞察を示していよう。ロックにおいては，ありのままの単なる「人間」は，「意識」および「自己 self」により評価され，「思考

する知的存在」であると同時に快苦ないし幸福と不幸とを「感じることのできる sensible」感性的存在たる「人格」へと統合される。EHU Ⅱ : 27 : 16-7, 23, 26.

(12) 例えば，Pascal, *Pensées*, S112 (B152), S243 (B451), S491 (B450), S759 (B550) 等。

(13) Hobbes, *Leviathan*, Ⅰ : 13.

(14) Civil society の civil は OED に見られるように多義な語であり，また塚田氏も指摘するように16世紀から17世紀イングランドにかけて civil society という語も同様であった（塚田富治「初期『市民社会』考―civil society の言語・社会的分析―」『一橋論叢』第116巻第3号，1996年，497-510頁）。civil society に関しては，M．リーデル『市民社会の概念史』河上・常俊編訳，以文社，1990年および福田歓一「二つの用語についての補注」『近代政治原理成立史序説』岩波書店，1971年，438-44頁によれば，17世紀において，civil と political とは同義であったゆえ政治権力を含む国家，政治社会を意味していた。この点『第二論文』の題名 civil government はまず「政治的統治」とすべきである。だが同時に教会統治と区別された「世俗的統治」をも含意する。これらの点を踏まえながらもあえて本稿では civil society の訳語を政治社会の他に，政治権力から相対的に自律した「市民社会」ないし「文明社会」とする。まず「市民社会」に関しては，例えば J．バーテルソン論文（「市民社会の概念の開封」青木裕子訳『思想』No. 924, 2001年，35-55頁），あるいは福田氏自身も指摘しているように（「補遺　最近の civil society 論と政治学史の視点」，『福田歓一著作集』第10巻，岩波書店，1998年，317-31頁），現在では国家や政治権力あるいは市場と対抗する「市民社会」論の隆盛を見，それが定訳になっており，ロックにおいても既にこの分化が見られるからである。さらに「文明社会」に関しては，18世紀になって初めてスコットランド啓蒙において civil が文明 civilization と結びつき civil society が文明社会の意味を持つようになったとされる（福田「思想史の中の国家」『著作集』第4巻，1998年，321-39頁。特に331頁）。だが civil という形容詞は，既に16世紀以降「文明・文明化」に先行する概念たる「礼儀 civilitas（英 civility）」とも結びついていた。その画期をなすのが，エラスムスの『少年礼儀作法論』（1530年初版，英訳1532年）であった（N．エリアス，『文明化の過程（上）』（1969年）赤井・中村・吉田訳，法政大学出版局，2004年，第二部第一章。文明化概念については第一部）。塚田前掲論文は既に16世紀に civil society に「礼にかなった交わり」あるいは「文明的な統治」という意味が付与されていることを指摘する。特に498, 500頁。さらに木村俊道『顧問官の政治学』木鐸社，2003年，第五章および「宮廷から文明社会へ」『政治研究』第50号，2003年，15-

43頁。またエリアスを継承しつつもよりイタリアルネサンス宮廷文化や決闘論の重要性を指摘する M. Peltonen, *The Duel*. 従って civil society の三つの訳語・概念は，相互に重なる部分も大きいが，それが用いられる意味内容ないし文脈によりそのいずれかの比重が強まる。本稿は，『第二論文』でのそれと違い従来光が当てられることの少なかった『教育論』及び『知性論』における civil society 像の分析を中心とする。

(15) 『教育論』は元来1680年代オランダ亡命中，ある貴族の友人に宛てた書簡であったが，公刊時また特に第三版でロックは加筆修正を行っている。Yolton, 'Introduction', STCE, pp. 57-61.

(16) 1689年寛容法の成立と審査法および自治体法の存続による寛容の限界についてはよく知られているのでここでは繰り返さない。ただし，近藤和彦氏によれば日本のイギリス史家の間では審査法および自治体法による非国教徒への差別という観点が強調され過ぎており，実際には法文の規定以上に非国教徒の自由は拡大した。『主権国家と啓蒙』岩波講座世界歴史 16, 1999年, 60頁, および C. J. Sommerville, *The Secularization of Early Modern England : From Religious culture to Religious Faith*, Oxford, 1992. pp. 122-7.

(17) このことは『第二論文』における抵抗権や革命権の主体としての Community, Society および People（ST chap. 13 特に §149 および chap 19, 特に §§211, 222）にも示されている。すなわち国家・権力に対抗し得る自律的な市民社会である。また，文明社会概念の一つの要素である未開状態との対比，生産力の向上や貨幣を通じた交易の増大については，ST chap. 5 全般（例えば §30 における 'Civiliz'd part of Mankind', §44「発明や技芸」による「生活の便宜」の改善等）。

(18) 子供が身につけるに望ましいものは「徳」「叡知」「躾（良き振る舞い）」「知識」であるが，これらは実際には相互に重なり合っている (134)。ここでは，子供が身につける望ましいこと，性質ないし能力として，徳，躾（良き振る舞い），叡知および知識を含め，広義の意味で「徳」とする。

(19) ただしロックは，ペルトネン氏も指摘するように (Peltonen, *the Duel*, p. 249), 決闘を，神の法との関係では罪 Sin であり国家法においては死刑に値するが，ある特定の国々においては，評判の法により，武勇があり徳とされると言明する (EHU II: 28 :15)。

(20) もっとも，ロックの『統治二論』（特にその文明化論）を含めて，その論全体が他地域に対する戦争を否定するものであるかについては議論がある。これに関しては中神前掲書，第二部第二章第二節，註19, 298頁参照。

(21) こうした外面的な振る舞いの美を宮廷的な「偽善」とする批判について Peltonen, *The Duel*, pp. 163-8, 223-62. なお，ロックの位置づけに関しては稿を改めて論じなければならない。

(22) ただし現実の名誉革命体制においては1689年から1713年まで4年の休止期間を含め対外戦争が継続された。
(23) だからといって，プライドは完全にこのネットワークに回収され尽くすわけではない。新たなプライド――他人への卓越を目指す優越欲求としてであれ，より平等な志向性を持つ承認願望としてであれ――が出現し，これが既存の〈評判のネットワーク〉に異議申し立てをする可能性がある。そのことは，時代や状況により当該社会の主たる価値観や徳ないし徳と見なされるもの（＝良き評判）体系が変化していくことを意味する。プライドは，この意味において，評判のネットワークが単なる社会的コンフォーミズムに堕してしまう傾向を打破する役目を果たす。全世界規模での民主化の傾向を承認願望の普遍的拡大によるものと見なすのは F. Fukuyama, *The end of History and the Last man*, New York, 1992.

ロックの著作の出典（参考のため現在最も入手しやすい邦訳も記す）。
・以下のものは本文中において（　）内の略号と，巻（book），章（Chapter），ないし§番号を付した。
『統治二論・第二論文(ST)』（執筆1680？）'The Second Treatise of Government: An Essay Concerning the True Original, Extent, and End of Civil Government' in *The Treatises of Government*, ed., P. Laslett, Cambridge, 1988 (Student Edition).（『市民政府論』鵜飼信成訳，岩波文庫，1968年）．
『人間知性論(EHU)』（初版刊行1689）*An Essay Concerning Human Understanding*, ed., P. H. Nidditch, Oxford, 1979（大槻春彦訳，岩波文庫，全四巻，1972－7年）．
『教育に関する考察(STCE)』(1693)*Some Thoughts Concerning Education*, eds., J. W. Yolton, and J. S., Yolton, Oxford, 1989（服部知文訳，岩波文庫，1967年）．
・以下のものは§番号等が付されていないため本文中において頁を記した。
『寛容エッセイ（ET）』(1667) 'Essay on Toleration' in *The Life of John Locke*, ed., H. R. F. Bourne, 2vols., London, 1876 (reprint, 1991), 174-194（伊藤宏之訳「ジョン・ロック『寛容論』」『福島大学教育学部論集』社会科学部門56号，1994年）．
『ピータバラ夫人への書簡』(1697) 'Locke's Draft Letter to the Countess of Peterborough' in *Educational Writings* (EW), ed., J., Axtell, Cambridge, 1968.
『こう考える』'Thus I Think' (1686-88 ?)，『倫理学Ａ』'Ethica A' (1692)，『評判』'Reputation (1678)'，『倫理学Ｂ』'Ethica' B (1693)，『忠誠と名誉革命』'On Allegiance and the Revolution', (1690). in *Political Essays* (PE), ed., M. Goldie, Cambridge, 1997.

政治的知識と投票行動
——「条件付け効果」の分析——

今井 亮佑 *

1. はじめに

　市民が政治に関する豊富な知識を持ち合わせていることは，応答性・信頼性の高い民主政が機能するための前提条件と言われる。だが，大多数の有権者が政治の制度的仕組みを理解しており，日々の政治の動向に強い関心を示し，新聞の一面・政治面の記事や社説に隈なく目を通し，その情報を知識として蓄えている，と想定するのは全く現実的ではない。かといって，日常生活に手一杯で，自分にとって身近とは言えない政治の問題にはほとんど注意を払わず，政治に関する知識をろくに持ち合わせていないような人が有権者の大半を占める，というわけでもない。政治についてどの程度知っているか，つまり政治的知識（political knowledge）[1]の量は，「平均は低く，分散は大きい」（Converse 1990: 372）変数であり，個人によって大きな差がある。

　知識量に見られる個人差は，政治的に重要な意味を持つ。選挙で一票を投じる際に何を判断材料とするかに関して，質的・量的に大きな差異を生むと考えられるからである。判断材料となりうる要因は多岐にわたる。政党支持，候補者評価，政策意見やイデオロギー，現政権の業績評価のような政治的要因，国の経済状態や自分の家計状況に関する評価のような経済的要因，家族・親戚，友人，近隣住民，職場の上司や同僚，加入している組織・団体の仲間といった自身を取り巻くネットワークからの依頼のような社会的要因，さらには配偶者を喜ばせるためというような完全に私的な要因まで考えられる。だが，投票行動を決定する際にどの要因を考慮に入

＊ 首都大学東京大学院社会科学研究科教員　政治行動論専攻

れるか，あるいは入れることができるかは，政治についてどの程度知っているかに大きく左右される。具体的には，政治的知識を豊富に持ち合わせている人は，前提知識を必要とするような複雑な要因も含めて多様な判断材料を吟味し，総合的に投票行動を決定することができるのに対し，政治についてあまりよく知らない人にできるのは，日常生活を通じて簡単に入手できる数少ない手がかり（cue）に基づく，単純な意思決定に限られると考えられる。

　このように，政治についてどの程度知っているかによって投票行動の規定要因が異なると想定されることから，意識調査のデータを用いた投票行動の分析を行う際には，分析対象者ごとの政治的知識レヴェルの相違を明示的に考慮に入れることが必要不可欠となる。それを考慮せず，調査データのサンプル全体を一括して分析対象とすると，政治についてよく知っている人の一票もあまりよく知らない人の一票も同じ一票として扱うことになるため，多くの政治的知識を備えた有権者のみに見られる因果関係，政治に疎い有権者のみに見られる因果関係を，分析上，的確に捉えることができない可能性が生じるのである。有権者の持つ政治的知識量が，投票行動とそれを説明する各種要因との関係の強さを条件付ける効果について考慮することによって，伝統的に投票行動を規定すると考えられてきた要因が実際に説明力を有するのは有権者のうちどれ位の割合なのか，投票行動の理論的想定が当てはまらない有権者の行動を規定する要因は何か，といった問題を検討することが可能となる。

　投票行動研究の母国である米国では，有権者の保有する政治的知識量を考慮に入れた分析を行うことで，知識レヴェルによって政治的態度や投票行動の規定要因が異なることを実証した研究が，数多く生み出されている（e.g. Zaller 1992; Delli Carpini and Keeter 1996）。これに対し我が国では，日本人の政治意識・投票行動に関する研究が半世紀近くにわたって積み重ねられ，この間数多くの有益な知見が提示されてはいるものの，有権者の政治的知識レヴェルが政治意識や投票行動に及ぼす影響に焦点を当てた研究は，重要であるにもかかわらずほとんど行われていない。

　そこで本稿では，2003年11月9日投開票の第43回衆議院議員総選挙前後に行われた調査（GLOPE 2003），及び2005年9月11日投開票の第44回総選挙の約2ヶ月後に行われた調査（GLOPE 2005）[2]のデータを用いて，有権

者の保有する政治的知識量が投票行動に対して及ぼす影響について実証的に検討する。具体的には，自民党に投票したか民主党に投票したかを従属変数，政党好感度・争点態度・保革自己定位・内閣業績評価・景気向上感・暮らし向き向上感，及びそれら変数と政治的知識量との交互作用項を独立変数にとった回帰分析（ロジット分析）を行い，投票政党の選択に対する各独立変数の影響力が知識レヴェルによって異なるのか否かを検証する。この分析を通じ，持ち合わせる政治的知識の多寡が投票行動の説明要因の規定力に及ぼす「条件付け効果（conditioning effect）」の存在を明らかにすることで，有権者の政治行動に関する新たな知見を提示することを目指す。

2．背景

投票行動の分析に際して，有権者が保有する政治的知識量を考慮に入れる必要がある理論的根拠は，政治についてどの程度知っているかによって，各種要因の投票行動への反映しやすさに違いが生じると考えられる点に求められる。投票行動を規定する要因としては実に様々なものが挙げられるが，その中には，因果的に投票行動に結び付けるにあたり前提知識を必要とする要因もあれば，そのような知識の必要性を前提としない要因もある。しかもその前提知識には，日常生活を通じて簡単に入手できるものもあれば，多大な認知的コストを支払わないと入手できないものもある。政治についてよく知っている人は，入手に際してかかる認知的負荷が大きい前提知識も持ち合わせている可能性が高く，前提知識を必要としない要因，簡単に入手できる前提知識を必要とする要因はもちろんのこと，そのような複雑な前提知識を必要とする要因をも考慮に入れて投票行動を決定することができる。他方，政治についてあまりよく知らない人の場合，簡単に入手できる数少ない前提知識しか持ち合わせていないため，投票に際して考慮に入れることができる要因も，因果的に投票行動に結び付けやすいものに限定されると考えられるのである。

たとえば，政策争点に対する自らの意見に基づいて政党や候補者を評価し投票するのが理想的とされているが，政治的知識レヴェルのあまり高くない人の場合，常にこのような行動をとることができるわけではない。というのも，政策意見と投票行動を結びつける前提として，意見を持っていることに加えて，その政策を個人的に重要なものと考えていること，政策

争点に対して各政党・候補者がとっている立場を知っていることが必要となるが，多くの争点に関して各政党・候補者の立場は判然とせず，政治に疎い人はそれを容易には知り得ないからである。イデオロギー自己定位にもこれと同様のロジックが当てはまる。イデオロギー次元上の自己の立場に基づいて投票行動を決定するには，同じ次元上に各政党・候補者を位置付けることができなければならない。だが，特に冷戦の終結後，イデオロギーという概念が政治的に持つ意味が著しく低下し，各政党（候補者）のイデオロギー次元上の立場が以前にも増して一層わかりにくくなっている。つまり，政策争点態度やイデオロギー自己定位を投票行動に結び付けるには，その前提として各政党・候補者の立場に関する知識を持ち合わせている必要があるが，これを入手するには認知的に負荷がかかるのである。このため，争点態度やイデオロギー自己定位に基づき投票行動を決定できるのは，政治的知識レヴェルの高い人に限られると考えられる。

　他方，いわゆる「業績投票」や「経済投票」は，政治的知識レヴェルの高くない有権者にも可能な投票行動である（Fiorina 1981）。現政権の業績評価，国の景気動向に関する主観的認識や自らの暮らし向きの向上感を投票行動に結び付けるにあたり，前提として必要となる知識は特になく，かかる認知的負荷は争点投票に比べはるかに小さくて済む。このため，日々の生活の中で容易に入手できる情報に基づいて形成した評価・認識・感覚に基づき，「良いと感じれば与党に投票し，悪いと感じれば野党に投票する」という形でシンプルに判断を下すことが，保有する政治的知識の量にかかわらず誰にでもできるのである[3]。

　このような理論的背景の下，米国では，保有する政治的知識の量によって政治意識・投票行動を巡る因果関係の連鎖がどのように異なるのかという論点が，入念に検証に付されてきた（e.g. Stimson 1975; Carmines and Stimson 1980; Zaller 1992; Delli Carpini and Keeter 1996; Goren 1997; Gomez and Wilson 2001）。これに対し我が国では，そもそも政治的知識の測定を直接の目的とした質問項目が政治意識調査に組み込まれるようになったのが，ここ10年程のことである（今井，2008a）。このことも災いしてか，投票行動を従属変数にとった分析を行う際に，各分析対象者が保有する政治的知識の量を独立変数の１つとして投入することで，政治的知識量が投票行動に及ぼす影響について検討を加えるということは，これまで

ほとんど行われてこなかった[4]。

そこで本稿では，「投票行動を説明する各要因の規定力が，どの程度政治について知っているかによって異なるという，政治的知識量の『条件付け効果』は存在するのか」に関する検証を行うことで，この研究上の空白を埋めることを目指す。

3．分析

この論点を検証するために，第43回（2003年11月9日投開票）・第44回（2005年9月11日投開票）総選挙を対象とした投票行動の分析を行う。分析に用いるのは，本稿の鍵変数である政治的知識量を指標化するのに適した項目群が含まれる，GLOPE2003・同2005の両データである[5]。

政治的知識レヴェルによる投票行動の規定要因の異同について検証する際には，政治的知識量を表す変数と各種独立変数との交互作用項をとるのが，有効な分析手法となる。そこで本稿では，小選挙区・比例区における投票行動（1＝自民党投票，0＝民主党投票）を従属変数，政治的知識量，政党感情温度（自民党と民主党の差，公明党），イラク問題に対する意見（03年のみ），郵政民営化に対する意見（2005年のみ），保革自己定位，内閣業績評価，景気向上感，暮らし向き向上感，及びこれら7変数と知識量との交互作用項を独立変数にとった，ロジット分析を行う。結果は表1・表2のとおりである。比較のために，交互作用項を含まないモデル（基本モデル）と含むモデル（交互作用モデル）の2つを分析し，結果を並べて提示した。

政治的知識量の条件付け効果について検討する前に，まずは政治的知識と投票行動という2変数間の関係を確認しておくことにしよう。

ダミー変数の交互作用項の場合とは異なり，連続変数同士の交互作用項を含む分析結果の解釈は，表を一目見てできるものではない。そこで，各独立変数の値を分析対象者の平均に固定し，知識量のみ平均マイナス1標準偏差から平均プラス1標準偏差まで動かした場合に，自民党（候補）への投票確率の予測値がどのように変化するかを見ることで，保有する政治的知識量の多寡が投票行動に直接及ぼす影響を明らかにする。

図1は，この方法で算出した自民党への投票確率の予測値（実線），及び95％信頼区間（破線）を図示したものである。この図からは，2003年・2005

表1　ロジット分析結果（GLOPE2003）

	小選挙区			
	基本モデル		交互作用モデル	
	Coef.	Std. Err	Coef.	Std. Err
政治的知識量			−1.147†	0.615
好感度（自民−民主）	9.332***	0.904	9.101***	0.904
好感度（公明）	1.233***	0.345	1.140**	0.353
争点態度：イラク問題	0.801†	0.415	0.442	0.444
保革自己定位	2.003***	0.509	1.929***	0.545
小泉内閣業績評価	0.752**	0.277	0.810**	0.284
景気向上感	0.278	0.346	0.490	0.357
暮らし向き向上感	1.117*	0.449	1.183**	0.457
知識量×好感度（自民−民主）			2.309*	0.917
知識量×好感度（公明）			−0.353	0.354
知識量×イラク問題			0.953†	0.503
知識量×保革自己定位			−0.040	0.587
知識量×小泉内閣業績評価			−0.704*	0.306
知識量×景気向上感			0.054	0.365
知識量×暮らし向き向上感			−0.553	0.464
（定数項）	−7.435***	0.592	−7.187***	0.612
Number of obs	1049		1049	
LR chi 2	(7)=329.99		(15)=357.64	
Pseudo R²	0.231		0.250	

† p < .10　* p < .05　** p < .01　*** p < .001

表2　ロジット分析結果（GLOPE2005）

	小選挙区			
	基本モデル		交互作用モデル	
	Coef.	Std. Err	Coef.	Std. Err
政治的知識量			−1.271	0.934
好感度（自民−民主）	14.296***	1.242	14.380***	1.277
好感度（公明）	1.909***	0.490	1.745***	0.513
争点態度：郵政民営化	1.595**	0.507	1.692**	0.533
保革自己定位	2.846***	0.663	2.816***	0.705
小泉内閣業績評価	1.360***	0.387	1.171**	0.406
景気向上感	0.033	0.498	0.481	0.519
暮らし向き向上感	0.565	0.650	0.473	0.672
知識量×好感度（自民−民主）			1.477	1.279
知識量×好感度（公明）			0.085	0.504
知識量×郵政民営化			0.394	0.564
知識量×保革自己定位			−0.266	0.724
知識量×小泉内閣業績評価			0.689	0.419
知識量×景気向上感			−0.521	0.539
知識量×暮らし向き向上感			−0.336	0.673
（定数項）	−11.051***	0.881	−11.096***	0.911
Number of obs	879		879	
LR chi2	(7)=496.95		(15)=520.73	
Pseudo R²	0.429		0.450	

† p < .10　* p < .05　** p < .01　*** p < .001

比例区			
基本モデル		交互作用モデル	
Coef.	Std. Err	Coef.	Std. Err
		−0.869	0.678
9.939***	0.987	9.444***	0.995
1.584***	0.394	1.345**	0.403
0.693	0.441	0.644	0.476
1.972***	0.551	1.986**	0.596
1.172***	0.292	1.239***	0.300
0.053	0.366	0.318	0.377
0.488	0.475	0.594	0.483
		1.530	1.029
		0.055	0.414
		0.226	0.544
		−0.143	0.627
		−0.214	0.327
		−0.265	0.383
		−0.460	0.493
−7.954***	0.639	−7.738***	0.674
982		982	
(7)=347.84		(15)=381.93	
0.256		0.281	

比例区			
基本モデル		交互作用モデル	
Coef.	Std. Err	Coef.	Std. Err
		−0.889	0.893
13.293***	1.218	13.557***	1.269
0.902†	0.494	0.724	0.523
1.099*	0.507	1.172*	0.537
2.082**	0.653	2.049**	0.692
1.622***	0.394	1.368**	0.412
−0.145	0.508	0.454	0.535
0.591	0.683	0.567	0.717
		0.504	1.237
		−0.924†	0.536
		0.728	0.578
		0.165	0.730
		0.668	0.443
		−0.706	0.569
		−0.152	0.708
−9.710***	0.841	−9.920***	0.887
789		789	
(7)=414.58		(15)=442.15	
0.395		0.422	

年の小選挙区・比例区のいずれにおいても，知識レヴェルの低い人ほど自民党に投票する確率が高いという傾向が読み取れる。具体的には，2003年の小選挙区の場合，知識レヴェルが平均プラス1標準偏差の人が自民党候補に投票する確率は56.9％であるのに対し，平均マイナス1標準偏差の人が投票する確率は67.1％と，後者の方が10.2％高い。2005年に関しても同様で，平均プラス1標準偏差の人の自民党投票確率が67.7％，平均マイナス1標準偏差の人の投票確率が81.1％と，こちらも後者の方が13.4％高い。比例区では，2003年の場合，知識レヴェルが平均プラス1標準偏差の人が自民党に投票する確率は43.4％と5割にも満たないのに対し，平均マイナス1標準偏差の人が投票する確率は65.2％に上る。2005年にも同様の傾向が見られ，平均プラス1標準偏差の人の自民党投票確率は62.3％，平均マイナス1標準偏差の人の投票確率は79.2％である[6]。グラフ中に示した95％信頼区間からも明らかなとおり，これら

図1 政治的知識量と投票行動との2変数間の関係
(X軸:知識量,Y軸:予測確率)

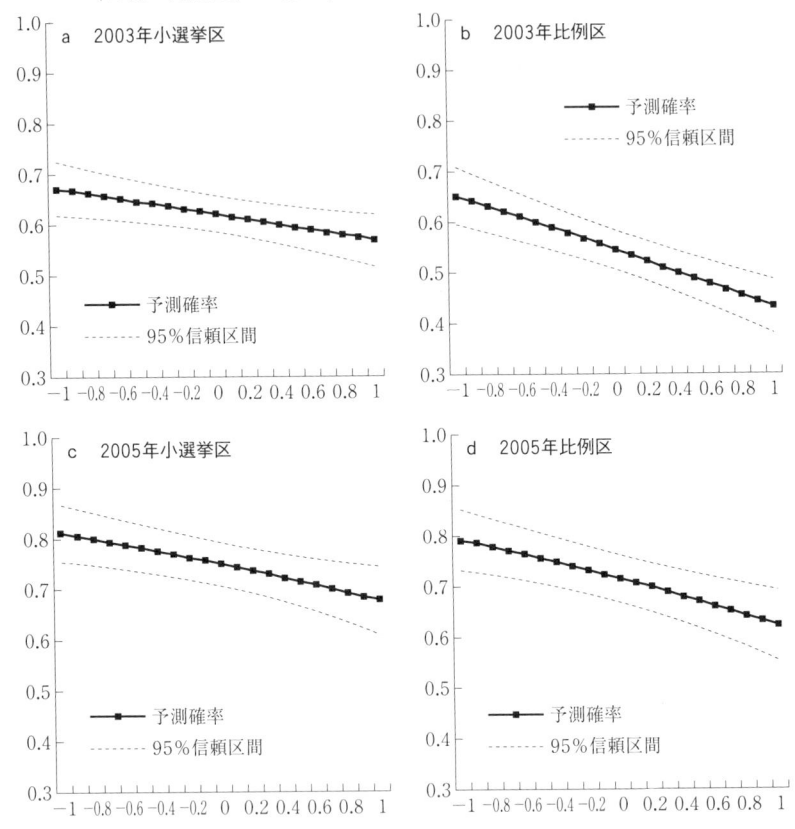

a 2003年小選挙区
b 2003年比例区
c 2005年小選挙区
d 2005年比例区

はいずれも統計的に有意な差である[7]。つまり,2003年／2005年という1回の選挙を対象として見た場合には,自民党投票者には民主党投票者に比べ,政治についてあまりよく知らない人が多く含まれると言える。保有する政治的知識の量が投票選択に直接影響を及ぼしているのである。

これを2003年から2005年にかけての変化という観点から見ると,グラフの傾きがほぼ同じままで,自民党投票確率が全体的に上昇していることがわかる。具体的には,小選挙区における2005年と2003年との自民党投票確率の差は,政治的知識量が平均プラス1標準偏差の人で10.8%,平均の人で12.8%,平均マイナス1標準偏差の人で14.0%と,知識レヴェルの低い

層ほど上昇度が大きいものの，取り立てて大きなものとは言えない。比例区に関しては，2005年と2003年との差は，政治的知識量が平均プラス1標準偏差の人で18.9％，平均の人で17.0％，平均マイナス1標準偏差の人で14.1％と，小選挙区とは逆に知識レヴェルの高い層ほど上昇度が大きいが，これも意味を持つ数字ではない。自民党は2005年総選挙において，2003年に比べ絶対得票率を小選挙区で6.1％，比例区で4.9％上昇させたが，特定の知識階層からの集票の爆発的増大によってこの得票増が生じたわけではないことを，この結果は示している。つまり2005年総選挙において，自民党は，政治についてよく知っている層からもあまりよく知らない層からもほぼ満遍なく得票を増やしたのであり，政治的知識レヴェルの低い層が大挙して小泉自民党への投票に流れたということはない。政治的知識と投票行動という2変数間の関係について，政治的知識レヴェルの低い人ほど自民党に投票する確率が高いという傾向が，2003年総選挙でも2005年総選挙でも認められるのである[8]。

　続いて，本稿の主たる関心の対象である，投票行動の説明要因の持つ影響力に対する政治的知識量の条件付け効果について見ていくことにしよう。これについては，各独立変数の値を分析対象者の平均に固定し，知識量のみ平均マイナス1標準偏差から平均プラス1標準偏差まで動かした場合に，特定の独立変数の「限界効果（marginal effect）」[9]がどのように変化するかを見ることで検証する。図2から図6は，注目に値する結果の得られた5つの独立変数（争点態度，保革自己定位，内閣業績評価，暮らし向き向上感，政党好感度（自民マイナス民主））について，政治的知識レヴェルごとの限界効果（実線），及び95％信頼区間（破線）をプロットしたものである。これをもとに分析結果を解釈する。

　まず争点態度では，2003年の比例区を除き，政治的知識量の条件付け効果が予測どおりに確認された（図2－a，b）。2003年の小選挙区選挙では，知識レヴェルの低い層には，イラク問題に対する意見が投票選択を左右するという関係は存在しなかった。これに対し，知識量の値が0.42以上の人々[10]に関しては，イラク問題についてアメリカから距離を置くのではなく協力すべきだという立場をとる人ほど自民党候補に投票する確率が有意に高いという傾向が見られたのである。2005年の郵政民営化争点に関しては，小選挙区では知識量の値がマイナス0.74以下の人[11]，比例区では知識量の

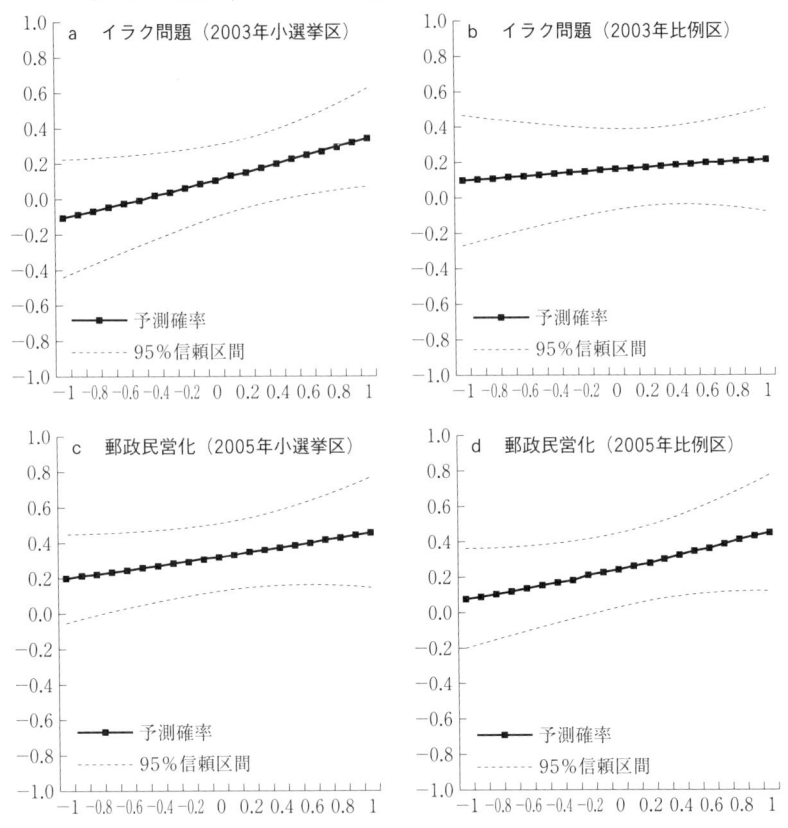

図2 政治的知識量ごとに見た争点態度の限界効果
（X軸：知識量，Y軸：限界効果）

a イラク問題（2003年小選挙区）

b イラク問題（2003年比例区）

c 郵政民営化（2005年小選挙区）

d 郵政民営化（2005年比例区）

値がマイナス0.12以下の人[12]においては，投票行動に対する影響が統計的に有意ではなかった（図2 - c , d）。Carmines and Stimson (1980) は，「やさしい」争点の場合には政治的知識量の条件付け効果が働かないということを指摘している。この観点に立つと，意外にも郵政民営化問題でさえ，「やさしい」争点ではなかったということになる。

基本モデルの分析結果からは，2003年の比例区を除き，全ての分析対象者について争点態度が投票行動に対して有意な影響を及ぼしていたとの解釈が引き出される。だが実際には，イラク問題に対する意見，郵政民営化に対する意見を投票行動決定の一助として用いていたのは，比較的知識レ

図3　政治的知識量ごとに見た保革自己定位の限界効果

2005年比例区

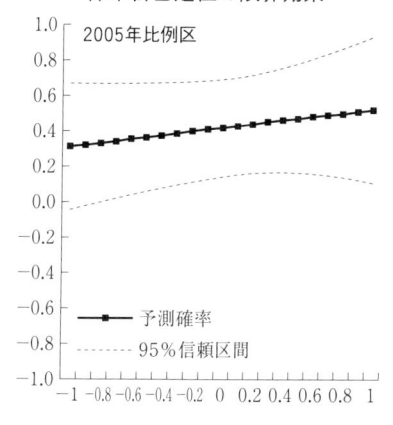

ヴェルの高い人々に限られるのである。

保革自己定位に関しては，知識レヴェルの高い層で投票行動に対する説明力がより強いという形での条件付け効果が見られると予測したが，分析の結果はこの予測に反し，2005年の比例区を除き，交互作用効果は確認されなかった（図3）[13]。保守的な意見を持っていれば自民党に投票し，革新的な考えを持っていれば民主党に投票するという行動を，政治についてよく知っている人もあまりよく知らない人もとることができたのである。

内閣業績評価に関しても政治的知識量の条件付け効果が見られたが，奇妙なことに，その効果のあり方は，2回の選挙で相反するものであった（図4）。2003年の小選挙区では，投票行動に対する内閣業績評価の影響は知識レヴェルの低い層においてより大きく，この影響が統計的に有意なのは知識量の値が0.31以下の人々[14]に限られるという，知識量の条件付け効果に関する理論的想定に整合的な結果が得られた[15]。ところが2005年には，逆に知識レヴェルの高い層においてより大きな限界効果を示し，小選挙区では知識量の値がマイナス0.40以下の人々[16]，比例区では知識量の値がマイナス0.58以下の人々[17]に関しては，この変数の影響は統計的に有意ではなかったのである。どちらの分析結果が一般的傾向を表すのかを明らかにするためにも，今後，異なる時点の選挙を対象に，同様の分析を行うことが求められる。

暮らし向き向上感に関しては，2003年（小選挙区）の分析で知識量の条件付け効果が確認されたが，その効果のあり方は，2003年の内閣業績評価の場合とほぼ同様であった（図5）。すなわち，この変数の投票行動に対する説明力は政治についてあまりよく知らない人々の間でより大きく，知識量の値が0.41以上の人々[18]に関しては，暮らし向き向上感の影響は統計的に有意ではなかった。暮らし向き向上感を投票行動に反映させるにあたり，

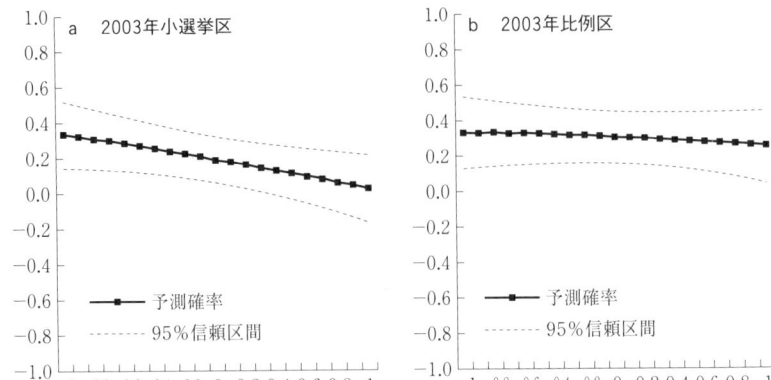

図4 政治的知識量ごとに見た内閣業績評価の限界効果

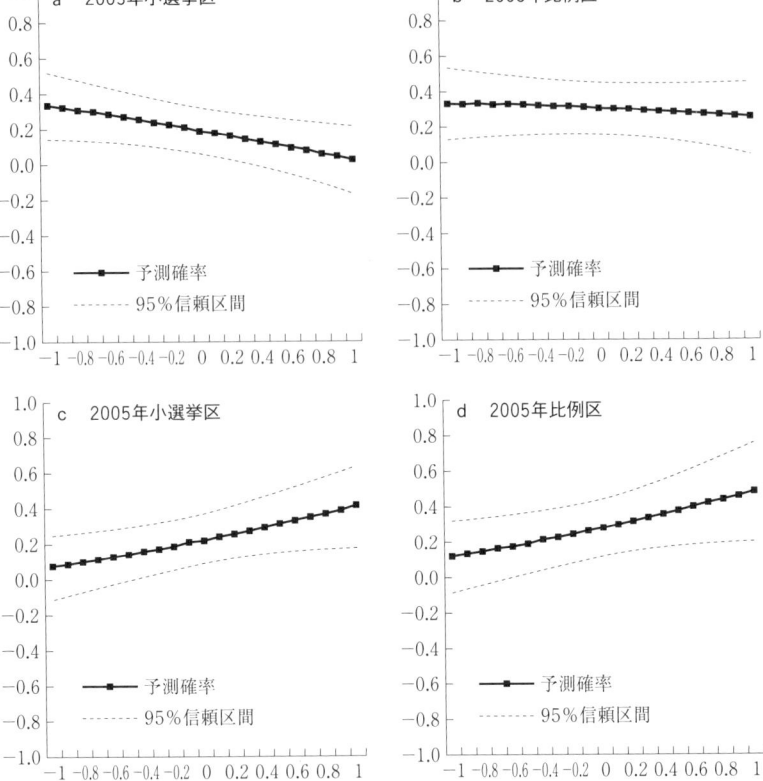

a 2003年小選挙区
b 2003年比例区
c 2005年小選挙区
d 2005年比例区

凡例: 予測確率／95%信頼区間

特に必要となる前提知識はない。このため，自分の暮らし向きが1年前と比べてよくなったと感じ，その「ご褒美」として与党である自民党の候補に投票する（あるいはその逆）という単純な因果関係を，主に政治的知識レヴェルがあまり高くない人が形成するのである[19]。

最後に，自民党に対する好感度と民主党に対する好感度の差に対して，小選挙区選挙では知識量が有意な条件付け効果を及ぼしていた（図6）。知識レヴェルが高くなるにつれて自民党と民主党の好感度の差の限界効果が大きくなり，保有する政治的知識量が平均プラス1標準偏差の人とマイナス1標準偏差の人の間では，限界効果の差は統計的に有意なレヴェルに達

図5　政治的知識量ごとに見た暮らし向き向上感の限界効果

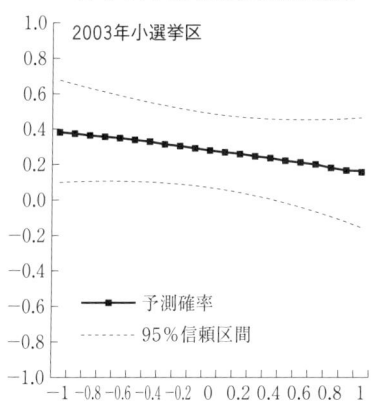

しているのである[20]。

以上の分析結果をまとめたのが図7で，政党好感度（自民マイナス民主）を除く各独立変数の影響が5％水準で統計的に有意であった場合のみ，知識量ごとの限界効果をプロットしてある。2003年総選挙では，小選挙区選挙においてのみ政治的知識量の「条件付け効果」が確認された。知識量の値が平均プラス1標準偏差の人に関しては，自民党と民主党との好感度の差，イラク問題に対する意見，保革自己定位の影響が，知識量の値が平均マイナス1標準偏差の人に関しては，自民党と民主党との好感度の差，保革自己定位，内閣業績評価，暮らし向き向上感，公明党に対する好感度の影響が，それぞれ統計的に有意であった。つまり，投票行動の説明要因は保有する政治的知識の多寡によって異なるのである。他方，2005年総選挙では，政治的知識量の「条件付け効果」がより顕著に現れている。知識量の値が平均プラス1標準偏差の人の場合，自民党と民主党との好感度の差のほか，郵政民営化に対する意見，保革自己定位，内閣業績評価，公明党に対する好感度（小選挙区のみ）が投票行動に影響を及ぼしていた。これに対し知識量の値が平均マイナス1標準偏差の人の投票行動を左右した要因として挙げられるのは，自民党と民主党との好感度の差，公明党に対する好感度，保革自己定位（小選挙区のみ）だけであった。データの制約上，内閣の将来に対する期待や小泉首相に対する好感度，郵政民営化以外の争点に対する態度といった，先行研究で2005年総選挙時の投票行動への有意な影響が確認されている要因群を独立変数として投入していないという点で，分析に限界があるのは否めない。しかしながら，本稿の分析結果を額面通りに受け取るならば，次のような結論を引き出すことができる。2005年総選挙において，多くの有権者は，重要争点である郵政民営化に対する意見や内閣業績評価など，伝統的に投票行動の説明要因として想定されてきた変数群を考慮して，自民党に投票するか民主党に投票

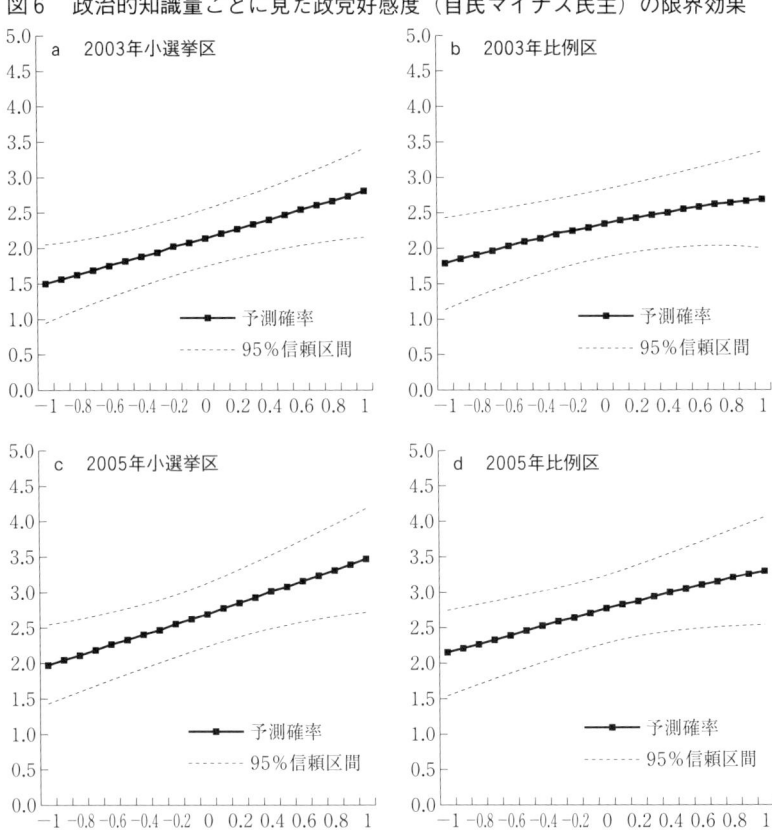

図6 政治的知識量ごとに見た政党好感度(自民マイナス民主)の限界効果

a　2003年小選挙区

b　2003年比例区

c　2005年小選挙区

d　2005年比例区

するかを決めていたが，政治的知識レヴェルの低い概ね2割強の有権者は，いわゆる「政党要因」のみに突き動かされるという行動をとったのである。投票行動を説明する各要因の規定力は，どの程度政治について知っているかによって異なる，すなわち政治的知識量の「条件付け効果」が存在することが，分析結果からうかがえる。

4．結論

我が国の投票行動研究では，政治的知識と投票行動の関係について検討されることがこれまでほとんどなかった。そこで本稿では，この研究上の

図7　分析結果まとめ

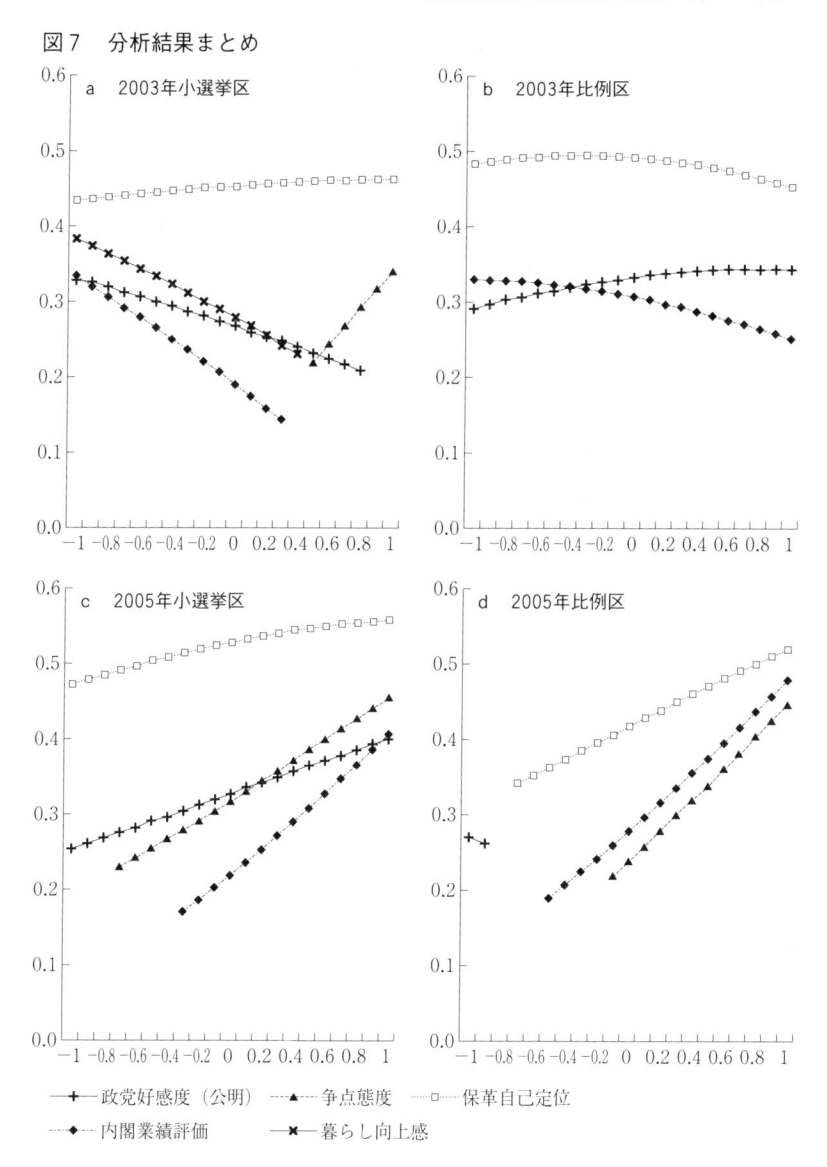

a　2003年小選挙区
b　2003年比例区
c　2005年小選挙区
d　2005年比例区

──＋── 政党好感度（公明）　──▲── 争点態度　┈┈□┈┈ 保革自己定位
┈┈◆┈┈ 内閣業績評価　──✕── 暮らし向上感

空白を埋めるべく，政治的知識量の指標化に適した項目群が含まれるGLOPE2003・同2005の両データを用いて，有権者の保有する政治的知識量

の多寡が投票行動にいかなる影響を及ぼすのかを検証した。分析の結果，まず政治的知識と投票行動という2変数間の関係について，政治的知識レヴェルの低い人ほど自民党（候補）に投票する確率が有意に高いという傾向が，2003年総選挙でも2005年総選挙でも見られた。さらに，投票行動を説明する各要因の規定力が，どの程度政治について知っているかによって異なるという，政治的知識量の「条件付け効果」の存在が確認された。具体的には，以下の4点が明らかとなった。

（1） 交互作用項を含まない基本モデルの分析結果は，2003年総選挙時の争点の1つであったイラク問題について，「アメリカに協力する」という立場をとる人ほど小選挙区で自民党候補に投票する確率が高い，2005年総選挙時の郵政民営化問題に「積極的」な立場をとる人ほど小選挙区・比例区で自民党に投票する確率が高い，という傾向を示していた。しかし，政治的知識量との交互作用モデルを分析したところ，これら争点に対する意見を投票行動に反映できたのは，政治的知識レヴェルが比較的高い一部の投票者に限られることが判明した。

（2） 2003年の小選挙区選挙に関しては，内閣業績評価・暮らし向き向上感の投票行動に対する影響は政治に疎い人々の間でより大きく，政治についてよく知っている一部の人々の間では，これら変数の影響は統計的に有意ではなかった。もっとも，この分析結果は頑健なものとは言えない。2003年の比例区選挙及び2005年総選挙では，暮らし向き向上感の影響は知識レヴェルにかかわらず有意ではなく，また2005年総選挙では，内閣業績評価の影響は2003年とは逆に知識レヴェルの高い層においてより大きいという結果が得られたからである。2003年と2005年のいずれが一般的傾向を示しているのかについて，今後さらに検討が進められる必要がある。

（3） 2003年・2005年の小選挙区では，投票行動に対する自民党好感度と民主党好感度の差の影響は，知識レヴェルの高い層において有意に大きかった。

（4） 保革自己定位の影響は，2005年の比例区を除き，政治についてどの程度知っているかによって有意に異なるということはなかった。

以上の本稿の分析結果は，政治的知識を独立変数の1つにとった分析を行う際に，知識量と他の変数との交互作用項を投入することの意義を明瞭に示している。交互作用項を含まない基本モデルの分析結果によれば，自

民党に投票するか民主党に投票するかの選択に有意な影響を及ぼした要因は，政党好感度・保革自己定位・内閣業績評価，政策意見（2003年比例区以外），暮らし向き向上感（2003年小選挙区のみ）であった。だが，交互作用モデルの分析結果をもとに政治的知識量の「条件付け効果」の有無を検討したところ，保革自己定位（2005年比例区）・内閣業績評価（2003年比例区以外）・政策意見（2003年比例区以外）・暮らし向き向上感（2003年小選挙区）に関しては，投票行動に対する影響が有意なのは分析対象者の一部に限られることが判明した。また自民党と民主党との好感度の差に関しては，小選挙区選挙では，知識レヴェルの低い層に比べ高い層において限界効果が有意に大きいことも示された。自らの政策意見に基づいて投票行動を決定できるのは政治的知識レヴェルの高い一部の有権者に限られるという，争点投票に関する我が国における先行研究ではこれまで実証されてこなかった新たな知見が得られたのは，政治的知識量を「加法的（additive）」にではなく「相互作用的（interactive）」に扱ったことによる。このように，政治的態度間の関係，あるいは政治的態度と投票行動との関係を条件付ける，相互作用的な影響力を持つ変数として政治的知識量を取り上げ，政治意識・投票行動を巡る因果関係に関する理論的想定が日本の有権者のうちどれ位の割合に当てはまるのか，想定が当てはまらない有権者の態度・行動を規定する要因は何か，といった問題を検討することに，政治的知識量を切り口とした政治意識・投票行動研究の醍醐味はあると言えるのである。

　一般化可能な結論を引き出せていない部分もあるなど，本稿の分析に不十分な点，残された課題があるのは否めない。だが，少なくとも政治的知識量の「条件付け効果」の存在を実証したことで，我が国における政治意識・投票行動研究に新たな一歩を書き記すことはできたのではなかろうか。

補遺　変数の定義

【政治的知識量】
GLOPE2003:「イラク問題」「郵政事業の民営化」という2つの争点に対する自民・民主両党の立場の相対的位置関係が正しいか否か,「日本国憲法で,戦争放棄条項を含むのは第何条でしょうか」,「現在の日本の失業率はどの程度だと思いますか」,「国連の安全保障理事会の常任理事国になっている国はどの国だと思いますか」,「京都議定書と聞いて,連想する言葉をこの中から1つお選びください」の6項目について,正答=1,誤答／無回答=0とし,それを標準化した上で加算した得点を政治的知識量スコアとする。これら政治的知識を測定する項目の詳細に関しては,森川・遠藤 (2005) を参照。また,米国における政治的知識の測定をめぐる議論に関しては, Delli Carpini and Keeter (1993), Price (1999), Mondak (2001) を参照。
GLOPE2005:「（日本国憲法で,）戦争放棄条項を含むのは第何条だと思いますか」,「日本の司法制度についておうかがいします。判決に不服のある人は,上級の裁判所に改めて訴えを起こすことが認められていますが,日本では現在,最大何回まで裁判が受けられると思いますか」,「日本の行政についておうかがいします。内閣は行政について,誰に対して責任を負っていると思いますか」,「国民が刑事裁判に参加し,被告人が有罪かどうか,有罪の場合はどのような刑にするかを,裁判官と一緒に決める制度が, 2009年5月までに導入される予定です。この新しい制度は,何と呼ばれているかご存知ですか」,「ここにあげるのは,今回の選挙で各政党がマニフェストに掲げたキャッチフレーズです。どの政党のキャッチフレーズかご存知ですか。その政党名を,わかる範囲でお答え下さい（自民・民主・公明・共産・社民の5党について質問）」,「ここにあげる人物が,どのような公職に就いているかご存知ですか。ご存知の場合,その職名をお知らせください（河野洋平,トニー・ブレアの2名について質問）」,「年金制度の改革」「郵政事業の民営化」という2つの争点に対する自民・民主両党の立場の相対的位置関係が正しいか否かの計13項目に対する回答（正答／誤答の二値変数）を検証的因子分析（三因子モデル）にかけて得た3つの構成概念スコアを標準化した上で加算した変数を,政治的知識量スコアとする。詳細については,今井 (2008b) を参照されたい。
なお,分析では被調査者全体について標準化した政治的知識量スコアを用いる。

【政党好感度】「ここにあげる政党に対するあなたの気持ち（好感度）を温度にたとえてお答えください。最も温かい場合は100度,最も冷たい場合は0度とし,温かくも冷たくもない中立の場合を50度とすると,あなたの気持ちは何度でしょうか」という質問で尋ねた,自民党好感度と民主党好感度の差,及び公明党好感度を投入した（DK／NAは50度）。

【政策争点態度】「アメリカに協力する」─「アメリカから距離を置く」を両端とする5点尺度で尋ねたイラク問題に対する意見（2003年）,「積極的」─「消極的」を両端とする7点尺度で尋ねた郵政民営化に対する意見（2005年）（いずれもDK／NAは「中間」）を,争点重要性の認識（2003年,「重要である」「やや重要である」「あまり重要ではない」「重要ではない／わからない／無回答」の4点尺度）,争点関心（2005年,「関心がある」「ある程度関心がある」「あまり関心がない」「関心がない／わからない／無回答」の4点尺度）で重み付けした。

【保革自己定位】「政治的立場を表すのに保守的や革新的などという言葉が使われます。0が革新的, 10が保守的だとすると,あなたの政治的立場は,どこにあたりますか」という質問に対する回答（DK／NAは5）。

【内閣業績評価】「今までうかがってきたような,政策上のさまざまな問題を考えたとき,全体として小泉内閣はよくやってきたと思いますか」という質問に対する回答。
0＝良くやってこなかった　1＝あまり良くやってこなかった　2＝DK／NA
3＝まあ良くやってきた　4＝良くやってきた

【景気向上感】【暮らし向き向上感】「今の日本の景気／現在のお宅のくらしむきは, 1年前と比べるとどうでしょうか」という質問に対する回答。
0＝悪くなった　1＝少し悪くなった　2＝変わらない／DK／NA　3＝少しよくなった
4＝よくなった

※　政治的知識量を除き,全て,最小値0,最大値1となるようリスケールを施した。

〔謝辞〕 本稿は，2007年度日本政治学会（10月6～8日，於　明治学院大学）企画委員会企画10「2005年総選挙の分析」の報告論文である「2005年総選挙と『政治的洗練性』」を大幅に加筆修正したものである。加筆修正にあたり，田中愛治先生（早稲田大学），浅野正彦先生（拓殖大学），森裕城先生（同志社大学），福元健太郎先生（学習院大学），石生義人先生（国際基督教大学），前田幸男先生（東京大学），日野愛郎先生（首都大学東京），ならびに2名の匿名の査読者から寄せられた大変有益なコメントを参考にさせて頂いた。記して謝意を表する。

（1）政治的知識の定義，日本の有権者の政治的知識の構造，政治的知識の測定方法については，今井（2008a，2008b）を参照されたい。

（2）「開かれた社会に関する意識調査」（略称：GLOPE2003）は，2000～2004年度文部科学省科学研究費特定領域研究「世代間利害調整の政治学」（代表：田邊國昭東京大学大学院法学政治学研究科教授）と早稲田大学21世紀COEプログラム「開かれた政治経済制度の構築にむけて」（GLOPE，代表：藪下史郎早稲田大学政治経済学術院教授）が共同して，2003年11月9日投開票の第43回衆議院議員総選挙前後，2004年7月11日投開票の第20回参議院議員通常選挙前後の計4回にわたって実施したパネル調査である。
「21世紀日本人の社会・政治意識に関する調査」（略称：GLOPE2005）は，文部科学省高度化推進研究オープン・リサーチ・センター整備事業「政治経済制度・価値理念の比較研究プロジェクト」（代表：須賀晃一早稲田大学政治経済学術院教授）が，2005年11月に実施した調査である。文部科学省の上記の研究補助金とGLOPEによる協力に感謝したい。なお筆者は，GLOPEの「研究協力者」となることで，公開前にデータを利用する許可を受けた。このような形でのデータ利用を許可された早稲田大学政治経済学術院の田中愛治先生，河野勝先生をはじめ，GLOPEの関係各位に，記して謝意を表する。

（3）もっとも，国の経済状況に関する主観的評価と家計の状況に関する評価のどちらの影響が相対的により強いかに関して，これまでの研究では結論が一致していない。情報処理という観点に着目する通説的な考え方では，Campbell et al. (1960)以来，政治的知識レヴェルの低い人は景気に関する主観的評価というよりも暮らし向き評価に基づいて政治的意思決定を行うとされている。これは，景気の状況に比べ自らの家計の状況はより簡単に，より正確に把握することができ，必要となる情報処理量がより少ないと考えられるためである。他方，責任帰属という観点からは，暮らし向きよりも国の経済状況に関する主観的評価が意思決定により強く影響するという，全く逆の関係が考えられる。因果的にそれほど近い関係にはない暮らし向

きの変化と現政権の政策とを結び付けるのは，知識レヴェルの低い人にとっては容易なことではないのに対し，知識レヴェルの高い人は，家計状況と直接関連性のない政治の世界とを結び付けることができる。つまり，知識レヴェルの低い人は暮らし向きの変化の原因を政府というよりも自分自身に求めるのに対し，高い人ほど変化の責任を国の経済政策に帰することができる。一方，景気状態の変化に関しては，知識レヴェルの低い人は単純に政府にその責任があると考えるのに対し，高い人は政府以外にも国の経済に影響を与えるアクターが存在し，経済に対する政府の影響力に限界があることを認識しているため，変化の責任を政府だけに求めはしない。結果として，知識レヴェルの低い人の間では，大統領選挙での投票意図に対するポケットブック評価の影響は見られないがソシオトロピック評価の影響は見られるのに対し，知識レヴェルが高くなるにつれてソシオトロピック評価の影響が低下し，逆にポケットブック評価の影響が大きくなることが明らかにされている（Gomez and Wilson 2001）。

（4） 池田（2002, 2004），山田（2006）はその数少ない例外である。ただ，これらの先行研究では政治的知識量の「条件付け効果」については検討されていない。

（5） 両データには，候補者認知度・好感度といったいわゆる候補者要因に対応する項目が含まれていない，GLOPE2005は総選挙の約2ヶ月後に実施された調査のデータである，という短所もある。なお，政治的知識量の指標化の方法については補遺を参照。

（6） 小選挙区と比例区とで，平均マイナス1標準偏差の人の自民党投票確率にほとんど差がない（2003年・2005年共に1.9%）のに対し，平均プラス1標準偏差の人の投票確率には比較的大きな差が見られる（2003年が13.6%，2005年が5.5%）。このことは，知識レヴェルの高い有権者が，小選挙区は自民党候補，比例区は民主党という形の分割投票を行っている可能性を示唆する。

（7） 2003年小選挙区のみ有意水準は10%。

（8） 言うまでもなく，表3のように小選挙区・比例区の投票政党ごとに投票者の政治的知識量の平均値を単純に比較するだけでもこの傾向は見て取れる。

表3　各政党の投票者の政治的知識量

小選挙区	2003年			2005年		
	投票者数	平均値	標準偏差	投票者数	平均値	標準偏差
自民党	603	0.011	0.994	554	−0.002	0.977
民主党	446	0.286	0.899	325	0.390	0.994
公明党	68	−0.533	0.981	46	−0.266	0.945
共産党	81	0.323	0.897	57	0.209	0.952
社民党	32	0.001	1.093	18	0.009	0.935
投票政党名挙げず	433	−0.317	0.998	348	−0.344	0.926
比例区	投票者数	平均値	標準偏差	投票者数	平均値	標準偏差
自民党	506	−0.059	0.978	488	−0.017	0.982
民主党	476	0.352	0.886	301	0.374	0.946
公明党	160	−0.181	1.061	83	−0.191	1.004
共産党	82	0.281	0.799	80	0.202	0.963
社民党	49	0.357	1.042	40	0.555	0.990
投票政党名挙げず	439	−0.338	1.010	361	−0.371	0.920

同一年の政党間で比較すると，2003年・2005年の小選挙区・比例区いずれについても，民主党・共産党投票者の平均値が高い一方で，公明党投票者・投票政党名を挙げなかった者（主に棄権者）の平均値が低く，自民党投票者はその中間に位置していることがわかる。他方，2003年から2005年にかけての平均値の推移を見ると，いずれの政党に関しても，統計的に有意な変化を示していない。自民党投票者の平均値は，小選挙区が0.011（2003年），−0.002（2005年），比例区が−0.059（2003年），−0.017（2005年）と，2回の総選挙共に分析対象サンプル全体の平均付近にあり，ほとんど変化していない。

（9） 限界効果，その分散は，次の式により算出する（詳細はKam and Franzese（2007）参照）。

$$\frac{\partial \hat{p}}{\partial x} = \hat{p}(1-\hat{p})(\hat{\beta}x + \hat{\beta}xzZ) \quad V\left(\frac{\partial \hat{p}}{\partial x}\right) \approx \left[\frac{\partial\left(\frac{\partial \hat{p}}{\partial x}\right)}{\partial \hat{B}'}\right][V(\hat{B})]\left[\frac{\partial\left(\frac{\partial \hat{p}}{\partial x}\right)}{\partial \hat{B}}\right]'$$

$\hat{p}$：自民党への投票確率の予測値　$\hat{\beta}x$：特定の独立変数の係数
$\hat{\beta}xz$：特定の独立変数と知識量の交互作用項の係数　Z：政治的知識量
$\hat{B}$：係数行列　$V(\hat{B})$：係数の分散共分散行列

(10) 該当するのは413名である。なおこれは，表1／表2の分析対象者（2003年小選挙区：1049名，2003年比例区：982名，2005年小選挙区：879名，2005年比例区：789名）の中で「該当する」人数を表す。
(11) 該当するのは206名である。
(12) 該当するのは334名である。
(13) 2005年の比例区では，知識量の値がマイナス0.79以下の人に関しては，保革自己定位の影響が有意ではなかった。該当するのは174名である。
(14) 該当するのは453名である。
(15) 比例区では知識レヴェルによる統計的有意差は見出されなかった。

(16) 該当するのは269名である。
(17) 該当するのは192名である。
(18) 該当するのは413名である。
(19) 注3で紹介したGomez and Wilson (2001) とは逆の，通説と整合的な分析結果が得られたということである。
(20) もっとも，分析の結果としてこのような傾向が見出されただけで，その根拠は定かではない。これを解明するのは今後に残された課題である。

参考文献（アルファベット順）

Campbell, Angus, Philip E. Converse, Warren E. Miller, and Donald E Stokes. 1960. *The American Voter*. New York: John Wiley & Sons.

Carmines, Edward G., and James A. Stimson. 1980. "Two Faces of Issue Voting." *American Political Science Review* 74: 78-91.

Converse, Philip E. 1990. "Popular Representation and the Distribution of Information." in John A. Ferejohn and James H. Kuklinski (eds.). *Information and Democratic Processes*. Urbana and Chicago: University of Illinois Press.

Delli Carpini, Michael X., and Scott Keeter. 1993. "Measuring Political Knowledge: Putting the First Things First." *American Journal of Political Science* 37: 1179-1206.

Delli Carpini, Michael X., and Scott Keeter. 1996. *What Americans Know about Politics and Why It Matters*. New Haven: Yale University Press.

Fiorina, Morris P. 1981. *Retrospective Voting in American National Elections*. New Haven: Yale University Press.

Gomez, Brad T., and J. Matthew Wilson. 2001. "Political Sophistication and Economic Voting in the American Electorate: A Theory of Heterogeneous Attribution." *American Journal of Political Science* 45: 899-914.

Goren, Paul. 1997. "Political Expertise and Issue Voting in Presidential Elections." *Political Research Quarterly* 50: 387-412.

池田謙一．2002．「2000年衆議院選挙における社会関係資本とコミュニケーション」『日本選挙学会年報　選挙研究』第17号，5−18頁。

池田謙一．2004．「2001年参議院選挙と『小泉効果』」『日本選挙学会年報　選挙研究』第19号，29−50頁。

今井亮佑．2008a．「二次データにおける政治的知識の測定」『日本政治研究』第5巻第1・2合併号，149−67頁。

今井亮佑．2008b．「政治的知識の構造」『早稻田政治經濟學雜誌』第370号，22−35頁。

Kam, Cindy D., and Robert J. Franzese Jr. 2007. *Modeling and Interpreting Inter-*

active Hypotheses in Regression Analysis. Ann Arbor: The University of Michigan Press.

Mondak, Jeffery J. 2001. "Developing Valid Knowledge Scales." *American Journal of Political Science* 45: 224-38.

森川友義・遠藤晶久．2005．「有権者の政治的知識に関する実証分析—その分布と形成に関する一考察—」『選挙学会紀要』第5号，61−77頁。

Price, Vincent. 1999. "Political Information." in John P. Robinson, Phillip R. Shaver, and Lawrence S. Wrightsman (eds.). *Measures of Political Attitudes: Volume 2 of Measures of Social Psychological Attitudes*. San Diego: Academic Press.

Stimson, James A. 1975. "Belief Systems: Constraint, Complexity, and the 1972 Election." *American Journal of Political Science* 19: 393-417.

山田真裕．2006．「2005年衆院選における自民党投票と政治的情報量」『レヴァイアサン』第39号，11−37頁。

Zaller, John R. 1992. *The Nature and Origins of Mass Opinion*. New York: Cambridge University Press.

『危機の二十年』(1939)の国際政治観

―― パシフィズムとの共鳴 ――

三牧聖子*

はじめに

1990年代以降,「現実主義者」というラベリングがE．H．カー理解を決定的に歪めてきたという問題意識を背景に,カーの再評価が進み,その思想は多面的理解へ解き放たれた[1]。しかしこの一連の再評価の流れは,「リアリズム」がカーの国際政治思想の一断面に過ぎないことを強調し,「カーのリアリズムとは何か」という問いを相対化するものではあっても,必ずしもその考察を深めるものではなかった。『危機の二十年』2001年版序文で,マイケル・コックスが,『危機の二十年』で展開される「リアリズム」とは何かと改めて問いかけていることは象徴的であろう[2]。

そもそもカーの思想のうち最も歪んで理解されてきた面こそ,『危機の二十年』で展開された「リアリズム」である。カーの「リアリズム」理解においては,次の二点に注意が払われねばならない。第一に,カーは国際政治思想としての「リアリズム」を,「特権階層の利益を包みかくす装いとして仕えるだけの,中味のない,しかも許しがたい見せかけのものとなっている」ユートピアニズムの「外衣を剥がす」「武器」[3]と定義している。すなわちそれは,国際政治の記述概念や体系的な理論としてではなく[4],「理想主義」に対抗する「武器」として読み解かれねばならない[5]。第二に,カーの「リアリズム」の立場からの「理想主義」批判は,権力闘争は不変の現実であるという保守的な立場から,国際政治の進歩を模索する思想を否定するものではない。ステファノ・グッチーニが,カーの「リアリズム」を,「理想主義」の対抗概念としての「反理想主義的現実主義(anti-idealism

---

* 東京大学大学院総合文化研究科地域文化研究専攻博士課程　国際関係・外交論

realism）」よりも，本来万人に等しく作用すべき普遍主義が，実際には強者に有利に適用されている現状を暴き出す「反外装現実主義（anti-apparent realism）」として理解されるべきであると強調するように6，カーの「リアリズム」は，「理想主義」者が普遍的有効性を喧伝する諸概念のイデオロギー性を暴露し，より多くのアクターの利害・価値観を反映した高次の普遍主義への契機を作り出すものである。それは現状変革に対するシニシズムという一般的イメージとは裏腹に，より一層の変革を促す概念である。

　にもかかわらず，カーの「リアリズム」は専ら，「現実」は不変であるという立場から理想に沿った現状変革の可能性を否定する「反理想主義的現実主義」として理解されてきた。カーによる「理想主義」批判の筆頭に挙げられたノーマン・エンジェルは，国際法や国際平和といったスローガンは特定国家のイデオロギーに過ぎないとするカーの主張は「ヒトラー主義」に他ならないと批判し7，エンジェルと並んで「理想主義」者として断罪されたアルフレッド・ジンマーンも，すべての道義は特定国家の利益を反映しており，絶対的価値などはないというカーの道徳的相対主義を強い口調で論難している8。『危機の二十年』の「リアリズム」は，現実主義者にすらシニカルに過ぎるという拒絶感を生み出してきた。ハンス・J・モーゲンソーは『危機の二十年』の洞察の鋭さを評価しつつも，その相対主義的・道具主義的な道義観念に関しては，「パワー礼賛のユートピアニズム」と辛辣な評価を下している9。

　確かにカーがあらゆる普遍的道義は権力の産物であるという「リアリズム」によって，国際連盟をはじめとする「理想主義」者の平和構想を次々に否定し去り，国際政治をパワーと利益の闘争に還元していく様は，赤裸々な権力闘争の肯定，そこから脱却しようとするいかなる進歩的試みも否定する反理想主義に過ぎないように見える。しかし「全くのリアリズムは，いかなる種類の国際社会の成立をも不可能とする露骨な権力闘争をむきだすだけである」，「今ゆきわたっているユートピアをリアリズムの武器で打倒したうえに，われわれは，われわれ自身の新しいユートピアを建てる必要がある」（182）という言葉が端的に物語るように，カーが「理想主義」者の秩序構想を否定し去った後に描き出す「露骨な権力闘争」そのものは重要ではない。私達が見るべきは，カーが「理想主義」者の秩序構想のどこに欠陥に見出し，それを克服しいかなる国際秩序像を提示したのかで

ある。

　以上の問題関心に基づき，本稿は『危機の二十年』と，同書と同時期に書かれた論稿を考察し，ノーマン・エンジェルやレナード・ウルフら「理想主義」者[10]のそれと対照させることで，彼らとは異なる形で「危機の二十年」を克服しようとしていたカーの模索を明らかにする。1930年代，ファシズム諸国が侵略行動をあからさまにしていく中で，エンジェルやウルフは集団安全保障論者へと変貌していく。彼らが「危機の二十年」の教訓として導き出したのは，世論や国際法，国際道義といったものは軍事力による裏づけなしには実効的たりえず，国家が「私的」な目的で起こす「戦争」を鎮圧するための「公的」な暴力は必要悪として肯定されねばならないということだった。

　エンジェルやウルフが国際世論や国際法に対する当初の楽観的信奉を放棄し，「平和のための武力」，「法の支配のための武力」という選択肢に傾いていく中で，カーはあくまで非軍事的な宥和的な政策によって「危機の二十年」がもたらした国際危機を克服しようとしていた。本稿はこうしたカーの模索がパシフィスト（絶対的平和主義者）と共鳴するものであったことに着目する。国際政治から力という要素が駆逐されることは永遠にない以上は，平和も力という要素を考慮することによってしか実現されえないと主張するカーと，力が駆逐された世界でしか平和はありえず，そのような世界を実現するプロセスにおいても力という要素は厳に排されねばならないとするパシフィストは，国際政治における「力の重要性」に関しては交わることない対極的な見解をとる。しかし両者は実際の「力の行使」に関しては極めて抑制的な立場であり，ともにファシズム諸国に対する宥和政策を支持していた。

　『危機の二十年』の限界を指摘する論者が一様に言及してきたのが，その対独宥和政策支持論である。カーの対独宥和政策論は，一方で国際政治を純然たる権力政治以上のものとは見ない「現実主義」の破綻として[11]，他方でヒトラーには軍事力以外通用しないことを理解せず，その善意に期待した「理想主義」の破綻[12]として，両面から批判されてきた。しかしこのような評価はともに一面的である。前者の評価について言えば，カーの対独宥和論は，第一次大戦後の過酷な平和をドイツに押し付け，その改変を怠ってきた欧米諸国に対する道義的憤慨，ファシズムという害悪は，戦間

期の国際秩序が構造的に生み出したものであり，軍事制裁によって解消されるものではないという平和の構造的分析に裏付けられていた。後者の評価については,「力の行使」の必要性を認めることイコール「現実主義」ではないことが強調されねばならない。確かにカーは国際政治における「力の重要性」を強調したが，それは決して「力の行使」の赤裸々な肯定ではなかった。むしろカーが対独宥和政策を,「力」への考慮と「道義」への考慮，双方を折衷させた政策として評価するとき,「力」への考慮とは,「力の行使」をいかに避けるかという問い－「実力の脅威」(387)を認識した強者の譲歩，パワー・バランスの冷静な洞察に基づく新たな均衡状態の創出－へと連結させられていた[13]。

1．集団安全保障体制批判——平和的変更

1930年代のイギリス平和運動は，ファシズム諸国に対する軍事制裁は正当化され得る暴力であるかを争点に,「連盟による大量殺戮と個別国家による大量殺戮の間に違いを見出すことはできない」[14]と制裁に反対するパシフィストと,「法に裏付けられた実力の行使は，国家による利己的な実力行使とは異なる」[15]として，連盟の制裁を「警察行為」として肯定する集団安全保障論者に分裂していた[16]。後者の集団安全保障論を先頭に立って牽引したのは「理想主義」者達であった。エンジェルは，暴力が依然根絶されていない現状では，平和主義者の選択は暴力の是認か拒絶かではなく，国家の利己的な武力行使を放任するか，国家が利己的な目的で起こす戦争を防ぐために「国際的警察」を組織するかにあり,「真の平和主義者」は「どちらも暴力である以上，悪である」ことを認めつつも，後者の暴力を"Lesser evil"として認めねばならないと訴えた[17]。ウルフもまた，暴力が悪であるからという理由でそれとの関わりを絶とうとするパシフィズムは「絶望の教義」であると非難し，暴力の廃絶は理念的には正しいが今直ちに実現されることではない，文明諸国の現実的課題は暴力の行使が「最小の悪」に止まるよう，それを制限することであると強調した[18]。

しかしパシフィストの制裁反対論は，集団安全保障体制論者が糾弾したような，単なる感情論ではなかった。彼らの制裁批判を根本で支えていたのは，眼前で生じている国際秩序崩壊の責めをすべてファシズム国家に負わせ，彼らを軍事的に懲罰するのは表層的解決である，ファシズムという

暴力を生み出した根本要因を是正する必要があるという, 平和の構造的分析であった。対イタリア制裁に反対して労働党党首を辞任したジョージ・ランズベリーは,「もし1919年の講和が公正なものであったなら, ヨーロッパは独裁制の成立や経済的混乱を経験せずに済んだだろう」と, より公正な国際秩序の実現という課題をなおざりにし続けた民主主義国家の非を糾弾した。そして国際平和はただ圧倒的な軍事的優越によって確保されるものではなく, 諸国家間の正義・公平・自由の確立によって初めて実現されるとして,「宥和政策による集団的正義 (collective justice)」を実現せよと訴えたのだった[19]。「戦争の唯一の代替案」として宥和政策を支持した労働党国際問題諮問委員会議長Ｃ．Ｒ．バックストンも, 第一次大戦後の平和主義者は, 専らその関心を侵略から既存秩序をいかに防衛するかに向け, 不公平な国際秩序をいかに改変していくかという問いを閑却してきた,「持たざる国」の既存秩序への不満が現実の暴力となって現れた今こそ, 国際秩序の「平和的変更」という課題に取り組まねばならないと訴えた[20]。

　ファシズム諸国に対する制裁をめぐって, 集団安全保障論者とパシフィストは, 国際秩序を維持するための「公的」暴力は正当なものとして是認されるべきか否かをめぐって分裂した。しかしこの対立は, より根本的には, 既存秩序の侵害に巨大な制裁力の樹立によって対処しようとする立場と, 彼らの考えを表層的な解決として斥け, 紛争を引き起こしている構造的要因にアプローチすべきだとする立場の対立であった。このように対立を捉えた場合,「リアリスト」Ｅ．Ｈ．カーとパシフィストという, 相容れない思想的立場に分類されてきた両者の接点が見えてくる。カーは, 1936年にウェールズ大学ウッドロー・ウィルソン講座の教授に就任した際の演説で, 次のように語った。第一次大戦後に試みられた集団安全保障体制の実態は, パリ講和会議で決定された現状を覆そうとするあらゆる試みを「侵略」と断罪し, 不公正な国際秩序を永続化する枠組みに他ならなかった。民主主義国が取り組むべき課題は, 集団安全保障体制によって「現状」の保存に努めることではなく, 様々な矛盾・不平等を抱えた「現状」を平和的に変更していくことである[21]。カーはヴェルサイユの講和を, リベラリズムの理念に反するばかりか, 国際秩序の安定という現実的観点からも妥当でないものと見なし[22], 国際平和の鍵をその永続化ではなく, その平和的な改変に求めていたのだった。

集団安全保障体制の強化に邁進する「理想主義」へのアンチテーゼとしての「平和的変更」という問題意識は『危機の二十年』にも貫かれている。カーは，あらゆる普遍的正義の主張には唱道者の利益が反映されているという「思想の相対性」のテーゼを打ち出し，集団安全保障論者がファシズム諸国に対する制裁を正当化する言辞－「法の擁護」「条約の神聖」「国際秩序の擁護」を悉く剥ぎ取り，「露骨な権力闘争」をむき出しにしていく。すなわち英米が「平和」を主張し，独伊が「戦争」を欲するのは，前者が道徳的に高潔であり，後者が不道徳者であるからではなく，既に十分利益を得て満足している前者は「現状」の維持を欲し，そうではない後者が「現状」の転覆を望むだけのことである。ゆえに彼らの戦いは，「平和の擁護者」と「平和の攪乱者」，「法の擁護者」と「法の蹂躙者」といった道徳的優劣のある戦いではなく，「現状の維持を願う国家」と「現状の変革を欲する国家」という，道徳的に等価な「力」と「力」のぶつかり合いに過ぎない。こうしてカーはファシズム諸国の「悪しき暴力」と，それを懲罰する「正しい暴力」との間に絶対的差異を設ける集団安全保障主義者の論理を解体していく[23]。

確かにこのような主張は一見，道徳的虚無主義の表明に他ならない。しかしカーが執拗に「思想の相対性」を強調し，ファシズム諸国に対する軍事制裁に反対した背景にあった問題意識－「戦争への怒りの激情が高まると，この破局を単に一握りの人たちの野望と傲慢とのせいにしてしまって，それ以上の解明を追求しなくなってしまう」，「国家社会主義の出現を可能ならしめた諸条件には触れないままの処理・解決では，1919年のそれと同じ，短命で悲劇的な結果をもたらすおそれは十分にある」[24]－にも留意する必要がある。カーの軍事制裁批判は，「平和的変更」という問題意識を欠いた集団安全保障体制は真に国際秩序を安定させる途ではない，ファシズムという暴力を絶つには，その軍事的打破では不十分であり，ファシズムが生まれるような「現状」を是正しなければならないという分析に裏付けられていた。

確かにファシズム諸国にあくまで非軍事的に対応しようとしたカーやパシフィストの主張に，ナイーブさが存在したことは否定できない。しかし彼らが強調したように，軍事制裁は国際秩序の十分条件ではない。集団安全保障体制は，平和という目的のために，国際組織がまさにその廃絶を目

指すところの手段，すなわち戦争を用いるという基本的パラドクスを内包している。さらにそれは，既に起こった侵略に対処する枠組みであり，侵略を生み出すような既存秩序の矛盾に踏み込むものではない。国際秩序の必要要件としての「平和的変更」というカーやパシフィストの主張は，集団安全保障体制の根本的な問題点を鋭く突いていたが，第二次大戦の勃発とともに，ファシズムに対する宥和的主張と一蹴され，忘れ去られたのだった。

2．国際連盟批判——「対話型連盟」の回復

『危機の二十年』では，「諸国家の利益は基本的に調和する」という「利益調和」概念に対する痛烈な批判が展開されている。しかしカーの利益調和批判は，利益調和の可能性自体を否定するものではない[25]。それは諸利害があきらかに調和していない現状において，なお利害の調和を仮定し続けるリベラリズムの議論が，現状の維持を願う強者が現状変革の必要を拒むイデオロギーに転化していることへの批判であった[26]。私達は，カーが執拗に強調する利害対立という「現実」が，「倫理的調和」，すなわち「およそ利益の自然的調和などというものが存在しないからこそ必要とされている」，「利益の犠牲によって達成される調和」（304）という規範的提言へと昇華されることを見逃してはならない。

「倫理的調和」というカーの国際政治観が端的に表れているのが，その連盟論である。しばしば誤解されてきたが，『危機の二十年』で展開される連盟批判は，諸国家の利益が対立しあう世界において連盟のような試みは不可能であるというシニシズムではない。カーの連盟批判は，連盟という構想そのものの否定ではなく，連盟が「諸利益の自然な共同体が存在するということと，国際連盟がかかる存在をつくりだすために設けられているということとを区別することができ」（126）ず，結果それが本来担うべき役割を放棄していることへの批判だった。カーは連盟の存在意義を，諸国家の利益は自然には調和しないという前提に立って，絶えざる政治的交渉によって「利益調和」を能動的に創出していくことに求めていた。しかしカーの目に映る1930年代の連盟は，「持たざる国」の現状打破的な行動によって，諸国家の利益に不一致が存在することが明白になってもなお，「諸利益の自然な共同体」という仮定に固執し，対立する利害の調整に乗り出すこ

となく,「持たざる国」を断罪・排除しようとしていたのだった。

1930年代の連盟が強制の体系へ変貌していくのを先導したのは,エンジェルやウルフら「理想主義」者であった。彼らは「制裁条項は連盟による集団的平和システムの死活部分である」[27],「国際連盟規約16条を『政治的現実』とすべきだ」[28]と主張し,規約16条が定める制裁,特に軍事制裁を連盟の最重要部分に位置づけていった。連盟の軍事制裁が有効に機能しないと判明すると,彼らは次善の策として反ファシズム軍事同盟を追求していくが,これは強制の体系という彼らの連盟観の必然的帰結であった。ウルフは「現存の半ばいんちきの連盟よりも,ファシズム国家を追放し,民主主義・社会主義国家のみを構成員とし,戦争を防止するためのあらゆる手段をとると決意した連盟の方が,平和と文明という目的にとって遥かに有益で強力な機構となるだろう」[29]という論理で連盟の反ファシズム同盟化を正当化した。エンジェルに至っては,連盟への関心を消失させ,専ら国際秩序維持の期待をイギリス帝国に託すようになる。エンジェルは『帝国の防衛』(1937)において,「独裁政府の跋扈に対し,民主主義国家が有効に結束できていない現状では,世界大に展開しているイギリス・コモンウェルスこそ自由防衛の砦である。帝国は自由主義国家の共同防衛の手段となるならば,自由という大義に貢献し得る。むしろ今イギリス帝国が後退するようなことがあれば,自由主義の未来に重大な損失をもたらすだろう」と主張し,イギリス帝国の保全を国際秩序の維持,自由主義的価値の防衛という観点から公然と正当化したのだった[30]。

ウルフやエンジェルが,ファシズム諸国に対する「文明」の武力という大義を理解せず,依然武力行使に踏み切れない一般大衆へ苛立ちを強めていったのとは対照的に,カーは戦争を避けたいという人々の素朴な感情に立脚し,集団安全保障体制批判を展開していた。カーは,イギリス国民は連盟が謳う荘厳な道義原則に漠然と賛同しただけであり,連盟が課す義務,ましてや「平和は不可分」の名の下に軍事制裁義務を受け入れるとは考えがたいと強調する[31]。そしてイタリアによるアビシニア侵略(1935-1936)に際しては,経済制裁が軍事制裁,さらには全面戦争へと至る危険性を指摘し,「制裁という言葉で表現したところで,戦争の悲惨さに変わりはない」,「戦争は,都合にあわせてスイッチを入れたり切ったり,分量を調節できる電気のようなものではない」と強調した[32]。

しかしより重要なことは，カーが強制の体系としての連盟に反対するだけでなく，異なる連盟像を積極的に打ち出していた事実である。エンジェルやウルフがファシズム諸国に対する有効な制裁を打ち出せない連盟に見切りをつけ，反ファシズム軍事同盟を模索し始めたのとは対照的に，カーは「連盟の未来－理想主義か現実か」(1936) を著し，連盟の未来に向けて積極的な提言を行っていた[33]。カーは連盟の理念型を，利害・価値観の差異を超えた普遍的メンバーから構成され，力（force）よりも道義的説得（moral suasion）に依拠する「対話型連盟」（Consultative League）に見出していた。この観点からカーは，ドイツを含む広範なメンバーから成り，国際紛争に対しては16条よりも，11条に基づく紛争当事国を含む討議によってアプローチしてきた1920年代の連盟を，「理想主義者の夢物語ではなく，ヨーロッパの政治生活の実質的中心であった」と高く評価する。そして1920年代の「対話型連盟」と対置させる形で，ファシズム諸国に対する制裁の是非に関心を集中させ，日本やドイツの脱退を，連盟を価値的に純化し，効率的な制裁運営を可能ならしめるものと歓迎した1930年代の「強制型連盟」（Coercive League）を批判したのだった。カーにとって連盟が再び生命を取り戻す鍵は，16条の廃止と11条の再活性化，そのことによる「対話型連盟」の復権にあった[34]。

さらにカーが第11条と同様，もしくはそれ以上の期待を寄せていたのが，「適用不能となりたる条約の再審議又は継続の結果世界の平和を危殆ならしむべき国際状態の審議」を定めた規約19条であった。カーは「規約19条が死文となってきたために，本来連盟総会で討議され，平和的に解決されるべきであった既存秩序への不満の多くが，単独行動によってとり除かれることになった」と述べ，既存秩序への挑戦が次々に起こっている現状の責めは，秩序を攪乱する「無法者」ばかりにではなく，現状に適合しなくなった条約を再審議・改訂する作業を怠り，専ら既存秩序の保全に努めてきた側にも負わされるべきだと主張する。そして連盟の未来は，規約19条の活用によって，既存秩序の防衛機関というイメージを払拭し，既存秩序の平和的な変革を自由に討議できるフォーラムに脱皮することにかかっていると訴えたのだった[35]。死文となってきた19条の活用というカーの主張は，パシフィストにも共有されていた。ランズベリーはファシズム諸国が排除され，民主主義国家の排他的集団となっている連盟の現状を非難し，

あらゆる国家を包含した普遍的な組織を形成することこそが「リアリズム」であると主張し36、バックストンは、ファシズム諸国が連盟に敵対的なのは、彼らがそれを不公正な現状を永続化する「持てる国」の組織と見なしているからだとして、連盟加盟国は16条と少なくとも同程度の関心を19条に向けるべきだと訴えた37。

　エンジェルとウルフは、侵略に対して実効的な制裁措置をとることができない連盟に死を宣告し、形式上のファシズム諸国の参加を、連盟の迅速な強制行動を妨げる障害と見なした。対照的に、連盟の存在意義を、政治的妥協と利害調整の場たることに求めていたカーにとって、連盟は潜在的な侵略者をメンバーとして含み、彼らを連盟の討議・決定に関与させている限りで意義ある存在であり、ファシズムの脅威に直面した連盟が、専ら16条が定める制裁に論点を絞り、11条に基づく紛争の非軍事的解決や、19条に基づく既存秩序の平和的変更を放棄した時点で、それは死を迎えた。「強制型連盟」と「対話型連盟」という、連盟像をめぐる「理想主義」者とカーの対立は、諸国家の利害は基本的に調和しており、皆が平和の継続に利害を持つと仮定するリベラルな国際政治観が、既存秩序に異議を唱える者を「侵略者」「不道徳者」と排除していく排他的政治共同体へと帰結し、国際政治において利害対立は常態であり、平和は絶えざる妥協と調整によって実現されていくしかないとする諦観に立ったリアリズムの国際政治観が、異質な利害・価値を奉ずる者を、緩やかながらも広く包含した普遍的政治共同体へと向かうというパラドクスを見てとることができよう。

おわりに

　第二次大戦後、政治・学問の場双方で政治的現実主義が全盛を迎えたアメリカと対照的に、『危機の二十年』を生み出した後のイギリスでは理想主義が「驚くべき復権」38を遂げ、対独宥和政策と結び付けて理解された政治的現実主義への嫌悪が広がることになった39。カーの平和的変更の主張は「侵略者」に対する悪しき宥和政策と同一視され、「対話型連盟」の主張は「歯を欠いた脆弱な連盟」に矮小化され、ともに大戦後世界で忘れ去られてきた。

　現在の国際連合は、連盟が第二次大戦の回避に失敗した根本要因を強制力の不在・不徹底に求め、「歯のある国際連盟」たることを目指してきた。

国連は戦間期「理想主義」者が求めて得られなかった「強制型連盟」という理念を確実に受け継いでいる。しかし国連が「ヒトラー準拠型の安全保障観」－再びヒトラーのような無法者が現われた場合にいかに対処するのか－を追求するあまり，国家やその他の人間集団による暴力行使を，より大きな暴力で抑えるという発想自体の是非を問うことを疎かにしてきたことは否定できない40。ここではいかにして暴力の独占を実現するかという問いが病的に追求される一方，いかにして利害対立を軍事力を用いることなく解決するか，既存秩序への敵意の温床となる国際秩序の不公正をいかに是正していくかという問いが相対的に閑却されてきた。第二次大戦前，ウルフは，「不公正な国際秩序を放置し，既存秩序に対する不満を放置すれば，いかに巧妙な安全保障体制を構築しても必ず失敗に終わる」41というパシフィストの提言について，「実現されない限り平和の永続的な基盤は築かれ得ないものである」と認めつつも，それは「長期的なプログラム」であり，世界が現在直面しているのは，「ここ数年もしくは数ヶ月間戦争をいかに回避するか，もし戦争が避けられないのならどう我々をそこから隔離するかという短期の問題」であるとしてそれを棄却した42。しかし現在の私達はこの「長期的なプログラム」の実現を見ているだろうか。「テロや戦争といった『ハード』な脅威に関心を奪われるあまり，貧困や飢餓，安全な飲料水の不足，生活環境の悪化，疫病といった『ソフト』な脅威の解決を後回しにしないようにして欲しい」43というコフィ・アナンの嘆きが象徴するように，対テロ戦争の遂行の中で，私達は再び，あらゆる国家・国家群を凌駕する巨大な暴力の構築に国際平和の希望を託そうとしているのではないだろうか。

　カーが「強制型連盟」に強硬に反対したのは，強力な秩序維持暴力の創出という命題と，国際的公平性の確保という命題の間に存在するディレンマを明確に見てとっていたからであった。ヘドリー・ブルは，主権国家の上位に権力が存在しない「無政府状態」にも秩序維持の仕組みが存在し，「無政府的社会」が形成されていると主張し，その後の国際政治学に広く影響を与えた。ここで注目したいのは，ブルにおいて「無政府的社会」は，「世界政府」未満の秩序として消極的に是認されていたのではなく，むしろ国際正義の前提条件として積極的な意義を与えられていたことである。ブルは国際社会に「世界政府」のような巨大な権威を構築した場合，それが

大国の価値観を反映したものとなり，第三世界に有利な富・資源・権力の再配分をもたらすどころか，既存の分配の一層の固定化をもたらす危険性を指摘する。そして国際社会に暴力の集権化を実現しようとするならば，その前に「第三世界の国家と人民のために，富，生活の楽しみ，および権力の再分配がもたらされねばならない」と強調するのである[44]。ブルにおいて，国際社会の「無政府」性は，国際秩序に適度な柔軟性を与え，既存秩序を不公正なものと感じたアクターが，より公正な国際秩序への変更を求める余地を担保するものであり，その意味で国際正義の一つの重要な要件なのであった。確かに，「持てる国」と「持たざる国」の格差の是正を追求するあまりに，集団安全保障体制を「持てる国」の現状維持の道具と断罪したカーの主張は行き過ぎたものであった。しかしカーの思索は，「富，生活の楽しみ，および権力の再分配」を伴わない秩序維持暴力の構築が，既存秩序の神聖化につながる危険性に無自覚であった「理想主義」者の盲点を突いていた。

　カーが，国際秩序を維持・創出する方途として最も批判すべきものと見なしたのが，自由貿易が万人の利益の「自然調和」をもたらすというコブデン的方途と，国際社会の中央に集権的な暴力装置を成立させ，治安維持をはかるホッブス的方途であった[45]。カーが批判した二つの方途は一見似て非なるものに見えるが，万人が平和の維持に利害を持つのであるから，「平和を攪乱しようとする国家はそれゆえ理性をもたない道義のない国家である」(107)という前提，既存秩序に異議を唱える者を認識論的に，あるいは現実の武力行使によって排除することで「平和」を実現していく志向を共有している。自由貿易から万人が利益を享受し，自然に平和が実現されることへの楽観が打ち破られていく中で，国際社会にも治安維持暴力が必要であると声高に唱道するようになったエンジェルの思想遍歴は，コブデン的な楽観的世界観とホッブス的な悲観的世界観がいかに矛盾なく連関し得るものであるかを鮮やかに示している。1933年，エンジェルは，自身の1913年の著作『大いなる幻想』が，経済的相互依存の進展によって戦争はペイしないものとなり，今後の世界は平和へ向かうであろうという楽観を表明したことについて次のように弁明した。「従来自分は征服が無益であることを証明すれば征服活動は放棄されると考えていたが，この考えは若干修正されねばならない。……世界は武装的無政府状態から武力が全

廃された世界へと一足飛びに移行するわけではなく，各国の武力を法に委譲し，共同体の武力として編成する過渡的段階が必要である」。このような論理でエンジェルは，治安維持暴力の創設という「1913年当時の自分にとっては受け入れがたい結論」を正当化したのだった[46]。

ではカーは，コブデン的世界観とホッブス的世界観を「リアリズム」の「武器」によって打倒した先に，いかなる「ユートピア」を新たに描き出していたのだろうか。カーはコブデン的世界観を，そこで仮定されている「利益調和」は「敗者の福利のみならず，かれらの存在そのもの」を認識論的に消去したものであると糾弾し，ホッブス的方途を，既存秩序で虐げられている者の異議申し立てを「平和」に対する脅威と断罪し，排除していくものだと批判し，2つの国際政治観において疎外されていた弱者の存在を浮かび上がらせていく[47]。そしてイギリスの政策は，「経済的利益が社会的目的に従属することの率直な容認」に立って，「イギリス国内のオールダムやジャロウの福祉と同様にフランスのリールやドイツのデュッセルドルフやポーランドのウッチなど，仏独ソの都市の福祉をも考慮したものでなければならない」(431-432)と強調し，主権国家の枠を超えた国際福祉主義を提示するのである。確かにこのようなカーの国際福祉主義は，諸国家，特に「持てる国」の「犠牲的精神」に依存するものであり，「きわめて限られた程度でしか実現できない」と評価されるものかもしれない[48]。しかし大胆な社会変革の主張が，あくまで諸利益の対立や力の契機を重視する「現実主義」の分析の延長上に出てくることに，カーのリアリズムのユニークさがあると指摘される通り[49]，カーの国際秩序観においては，秩序の安定というリアリズムの関心と，一見リアリズムとは対極的な問題設定とも思われる，配分的正義という規範的な問題関心とが分かち難く結びついている[50]。

現在私達は，配分的正義を「長期的プログラム」と回避し続けてきた末の国際秩序の崩壊を目撃している。秩序崩壊の原因が構造的なものである以上，その対処も構造的視野に立ってなされる必要がある。しかし現実に秩序の動揺を目撃する時，人々の関心は即時的に得られる安定，巨大な秩序維持暴力の構築へと収斂していく。人々が切に求めている安全保障と，彼らが「長期的プログラム」として棄却する配分的正義との連関を突き詰めたカーの思想的営為は，今こそ真剣に顧みられるべきではないだろうか。

〔付記〕 本稿の作成にあたり，平成十九年度文部科学省科学研究費補助金（特別研究員奨励費）の一部を使用した。

(1) 1990年代に活発化したカーの再評価の概観は Peter Wilson, "Radicalism for a Conservative Purpose: The Peculiar Realism of E. H. Carr," *Millennium*, vol. 30, no. 1 (2001), pp. 129-136.
(2) Michael Cox, "Introduction," in E. H. Carr, *The Twenty Years' Crisis 1919-1939 : An Introduction to the Study of International Relations* (New York : Palgrave, 2001), pp. 9-58.
(3) E．H．カー著，井上茂訳『危機の二十年：1919－1939』（岩波書店，1996年），181－182頁。以下，『危機の二十年』からの引用は引用文の後に（頁数）という形で表記する。
(4) ジョン・J・ミアシャイマーは，理論体系としてのカーのリアリズムの粗雑さを率直に指摘しつつ，そもそもその粗雑さは，カーのリアリズムが国際政治を分析・記述しようとするものではなく，理想主義批判に主眼を置くものであることに由来すると強調している。John J. Mearsheimer, "E. H. Carr vs Idealism: The Battle Rages On," *International Relations*, Vol. 19, No. 2 (June. 2005), p. 141.
(5) Tim Dunne, "Theories as Weapons: E. H. Carr and International Relations," in Michael Cox ed., *E. H. Carr : A Critical Appraisal* (New York : Palgrave, 2000), pp. 217-233.
(6) Stefano Guzzini, "The Difference World of Realism in International Relations," *Millennium*, vol. 30, no. 1, (2001), pp. 118-120.
(7) Norman Angell, "The New Nihilism, Our Morale and the Coming Settlement," *The Contemporary Review* (March. 1940), pp. 265-266.
(8) Alfred Zimmern, "A Realist in Search of Utopia," *Spectator* (24 Nov. 1939), p. 750. カーによって「理想主義」と断罪された側からの多彩な反論については，Peter Wilson, "Carr and His Early Critics - Responses to The Twenty Two Years' Crisis, 1939-1946," in Cox ed., *op.cit*., pp. 165-197.
(9) Hans J. Morgenthau, "The Surrender to the Immanence of Power: E. H. Carr," in *Dilemmas of Politics* (Chicago: University of Chicago Press, 1958), p. 357.
(10) 両者は『危機の二十年』に対し，体系的な反論を著した二人でもある。Norman Angell, *Why Freedom Matters* (Harmondsworth: Penguin, 1940). Angell, "Who are - the Utopians? and Who - the Realists?" *Headway*, vol. 2, no. 4, (1940), pp. 4-5. Leonard Woolf, *The War for Peace* (London : G. Routledge,

1940). Woolf, "Utopia and Reality", *Political Quarterly*, vol. 11, no. 2 (April. 1940), pp. 167-182. 本稿ではカーが『危機の二十年』で批判した国際政治観・思想家を指して、カーの用語法そのままに「理想主義(者)」という概念を用いたが、この概念が暗に示唆する、空想的で非現実的であるといった価値判断を含むものではない。分析概念としての「理想主義」の問題点については、ピーター・ウィルソン「危機の二〇年と国際関係における『理想主義』の範疇」宮本盛太郎・関静雄監訳『危機の二〇年と思想家たち——戦間期理想主義の再評価』(ミネルヴァ書房、2002年)、1-29頁。

(11) Robert G. Kaufman, "E. H. Carr, Winston Churchill, Reinhold Niebuhr, and Us- The Case for Principled, Prudential, Democratic Realism," *Security Studies*, vol. 5, no. 2(1992), pp. 318-325. マイケル・J・スミス著、押村高ほか訳『現実主義の国際政治思想——M．ウェーバーからH．キッシンジャーまで』(垣内出版、1997年)、第4章。

(12) Lucian M. Ashworth, *Creating International Studies: Angell, Mitrany and the Liberal Tradition* (Aldershot : Ashgate, 1999), chapter 5.

(13) モーゲンソーは、政治権力と軍事力の違いを論じ、軍事力とは威嚇手段または潜在的な力として背後に存在している限りで政治権力たりえるのであり、それが現実に行使された瞬間に純粋に「軍事」となると洞察したが(ハンス・J・モーゲンソー著、現代平和研究会訳『国際政治－権力と平和』福村出版、1986年、32頁)、カーが『危機の二十年』で強調する「力」は、モーゲンソーが言うところの「政治」の範疇に属する「力」に近いものといえよう。

(14) George Lansbury, *My Quest for Peace* (London : M. Joseph, 1938), p. 28. ランズベリーはNo More War MovementやWar Resisters' Internationalの議長を歴任し、1932-35年労働党党首を務めた。

(15) C. R. Attlee, *The Labour Party in Perspective* (London : Victor Gollancz, 1937), p. 216. アトリーはランズベリー辞任後から1935-55年労働党党首を務めた。

(16) Martin Ceadel, *Pacifism in Britain, 1914-1945 : the Defining of a Faith* (Oxford : Clarendon Press, 1980), chapters 2, 3.

(17) Norman Angell, "Weak Points of Pacifist Propaganda," in G. P. Gooch, ed., *In Pursuit of Peace* (London : Methuen, 1933), pp. 28- 44.

(18) Leonard Woolf, *The League and Abyssinia* (London : L. and Virginia Woolf at the Hogarth Press, 1936), pp. 28-30.

(19) Lansbury, *op. cit*., pp. 10, 18-19, 44-46.

(20) C. R. Buxton, *The Alternative to War : A Programme for Statesmen* (London : G. Allen & Unwin, 1936), chapter 1.

(21) E. H. Carr, "Public Opinion as a Safeguard of Peace," *International Affairs*, vol. 15, no. 6 (Nov. 1936), pp. 846-862.
(22) 細谷雄一「『新しい社会』という誘惑-E．H．カー」同『大英帝国の外交官』(筑摩書房，2005年)，140-146頁。
(23) 『危機の二十年』，第5章「リアリストからの批判」，第11章「条約の不可侵性」。
(24) 『危機の二十年』，第1版への序。
(25) Graham Evans, "E. H. Carr and International Relations," *British Journal of International Studies*, vol. 1, no. 2, (1975), p. 84.
(26) 遠藤誠治「『危機の二〇年』から国際秩序の再建へ――E．H．カーの国際政治理論の再検討」『思想』954号(2003年)，52-53頁。
(27) Leonard Woolf, "Meditation on Abyssinia," *Political Quarterly*, vol. 7, no. 1 (Jan. 1936), p. 28.
(28) Norman Angell, "International Anarchy," in Leonard Woolf, ed., *The Intelligent Man's Way to Prevent War* (London : Victor Gollancz, 1933), p. 48.
(29) Leonard Woolf, "Labour's Foreign Policy," *Political Quarterly*, vol. 4, no. 4 (Oct. 1933), pp. 523-524. この時期のウルフは，ソ連と英仏の政治目標は短期的には対立しても，究極的には「文明社会」という同一の政治目標を追求しているという論理によって，ファシズム諸国に対する英仏ソ「西欧文明勢力」同盟の必然性を強調した。Leonard Woolf, *Barbarians at the Gate* (London: V. Gollancz, 1939). ゆえにウルフが「民主主義・社会主義国家」というとき，そこには特別なイデオロギー対立は存在せず，「文明勢力」としての共通性が強く意識されているといえよう。
(30) Norman Angell, *The Defense of the Empire* (New York: D. Appleton Century Company, 1937), p. 50.
(31) E. H. Carr, "Public Opinion as a Safeguard of Peace."
(32) E. H. Carr, "Book Review of Arnold Toynbee's *Survey of International Affairs 1935*," *International Affairs*, vol. 16, no. 2 (Mar-Apr. 1937), pp. 282-3.
(33) E. H. Carr, "The Future of the League-Idealism or Reality ?" *Fortnightly*, vol. 140 (Oct. 1936), pp. 385-402.
(34) 1930年代のジュネーブでは，連盟が国際危機に有効に対処できていない現状を打開するため，連盟規約の改訂が討議されていた。その中で，「対話型連盟」と「強制型連盟」という概念は一つの鍵概念となった。規約改訂のために組織された改革委員会(Reform Committee)や連盟総会の場では，メンバーシップの普遍性の是非，連盟は侵略が生じた後の制裁と侵略の防止のどちらに重点を置くべきかなど，カーの論説と重なり合う論点の多くが討議された。F. P. Walters, *A History of the League of Nations* (London

: Oxford University Press, 1960), chapters 5, 6.

(35) E. H. Carr, "The Future of the League-Idealism or Reality ?" 確かに『危機の二十年』では，1936年の論説に見られるような連盟への期待は影を潜めている。カーは「連盟規約第19条は，国際的な不満が世界の世論を代表する団体から全員一致で提示される『慫慂（advice）』の力で正当とされて，自発的に改善されてゆくであろうという誤った考えの痛ましさをとどめている孤影である」(381) と，一度は期待を寄せた19条への諦観を露にしている。しかしこのことはカーが「対話型連盟」という理念を抱いていたことを否定するものではない。『危機の二十年』でカーは，当初は連盟に託していた「持てる国」と「持たざる者」との「対話型」紛争解決という理念を，労使関係をモデルとした「平和的変革」として提示している。『危機の二十年』，第13章「平和的変革」。

(36) George Lansbury, *Why Pacifists should be Socialists* (London: FACT, 1937), p. 72.

(37) Buxton, *op. cit.*, pp. 166-171. Buxton, "The Dissatisfied Powers and the World's Resources," *The Contemporary Review*, vol. 839 (Nov. 1935), pp. 539-545.

(38) John J. Mearsheimer, *op. cit.*, p. 143.

(39) Ian Hall, "Power Politics and Appeasement: Political Realism in British International Thought, 1935-1955," *The British Journal of Politics & International Relations*, vol. 8, no. 2 (2006), pp. 174-192.

(40) 最上敏樹『国連システムを超えて』（岩波書店，1995年），第3章。

(41) Buxton, *The Alternative to War*, p. 168.

(42) Leonard Woolf, "Arms and Peace," *Political Quarterly*, vol. 8, no. 1 (Jan. 1937), pp. 31-32.

(43) Kofi A. Annan, "For A Safer World, Working Together," *Manila Times* (Dec. 27 2003).
http://www.globalpolicy.org/secgen/annan/2003/1227safer.htm.

(44) ヘドリー・ブル著，臼杵英一訳『国際社会論——アナーキカル・ソサイエティ』（岩波書店 2000年），364－365頁。

(45) Peter Wilson, "The Myth of the 'First Great Debate,'" *Review of International Studies*, vol. 24, no. 5 (1998), pp. 13-14.

(46) Norman Angell, *The Great illusion*, 1933 (London: Heinemann, 1933), pp. 369-370.

(47) 『危機の二十年』第4章「利益の調和」。

(48) H．スガナミ著，臼杵英一訳『国際社会論——国内類推と世界秩序構想』（信山社出版，1994年），254頁。

(49) 遠藤，前掲論文，57頁。
(50) カーの思索において配分的正義が重要な位置を占めていることを指摘し，それを規範理論として位置づけた論稿として，Chris Brown, "International Relations Theory and the Ethics of Redistribution," *Contemporary Political Studies: Conference Proceedings* (1995), pp. 791-798.

2007年度　書評

日本政治学会書評委員会

政治理論　　　　　　　　　　　　　　　＜評者　山田竜作＞

対象　松下圭一『現代政治＊発想と回想』法政大学出版局，2006年
　　　篠原一『歴史政治学とデモクラシー』岩波書店，2007年

　「戦後50年」であった1995年，戦後日本の政治学の再検討への機運が高まったかに見えたが，その後10年あまり，それが十分になされてきたとはなかなか言い難い。そのような中，過去半世紀もの間，「市民の政治」の理論化に重要な足跡を残してきた2人の碩学が，近年重厚な書を著した。松下圭一『現代政治＊発想と回想』，および篠原一『歴史政治学とデモクラシー』である。この2冊は，現代日本の政治理論の課題がいずこにあるかを確認する手がかりを，種々の面から与えてくれる。

　松下の著書は，著者の個人史に即しながら，現代の政治課題を理論化する作業に自身がいかに取り組んできたか再説している。著者の論旨は明快である。大衆社会＝都市型社会が成立する「現代」にあっては，多元・重層的な「分節政治」が構想されなければならず，自治体・国・国際機関という三政府におけるそれぞれの基本法と，シビル・ミニマムの再編をめぐって，自治・分権が絶えず理論化される必要がある。にもかかわらず，日本の政治家・官僚，および政治理論家や講壇憲法学者は，中進国型の官治・集権という思考にとどまり，市民発の政策・制度の理論化という今日的要請に応えていない，というのである。

　他方，篠原の著書はその第一章で，「第二の近代」という著者の問題意識に基づき，今日的な討議デモクラシーのありようを詳細に検討している。特に注目すべきは，著者が，1960年代以降の参加デモクラシー論の登場・変遷と，それが討議デモクラシー論へといかにつながったのかについて，広範な文献の検討を通じて一定の理論史的な整理を試みている点である。現代の討議（あるいは熟議）デモクラシー論は極めて多様であり，それらが登場してきた知的・社会的背景を知ることなしに理解はおぼつかない。

その意味で本書は，20世紀後半以降のデモクラシー論史の基本視角を提示するものと言えよう。

都市政策や市民政治をめぐって，長年それぞれに議論を蓄積させてきた2人の著者であるが，この2冊の著書を併読すると，その発想の違いが明らかになる。松下の場合，「近代」と区別されるべき「現代」を理論化する際，中進国型の理論構成を持つとされるドイツの理論家たちを準拠点とすることには極めて批判的である。ゆえに，彼のハーバーマスへの評価は低く，むしろイギリス亡命後のマンハイムの社会計画論こそ，彼自身の政策・制度論と同じ指向性を持つものとして高く評価する。それに対して篠原は，「第二の近代」たる現代の理論化作業におけるハーバーマスの意義を認めた上で，大なり小なりハーバーマスとの対話によって練り上げられてきた欧米の討議デモクラシー論を，日本を含めた先進国に必要なラディカル・デモクラシーとして位置づけているように見える。と同時に篠原は，ハーバーマスの討議倫理からのみでは十分な制度論が出てこないという認識を持っており，二回路型デモクラシーを含め，討議の制度化をめぐって踏み込んだ議論を展開している。形や論点は異なれども，制度論が必要であるという認識は，松下と篠原に共有されている。

市民政治を理論化する場合，「市民」と呼ばれる人々の持つ市民性・市民文化を問題とせざるをえない，という点で両者には一致点がある。都市型社会に対応した「人間型」としての市民を構想する松下にとって，市民文化の熟成は未完の問題であり，市民による政策立案や市民立法をめぐって，市民の側の政策型思考・制度型思考の訓練が絶えざる課題として設定される。篠原の場合は，ことあげすることを嫌う日本の「無議」の文化がオープンな討議を困難にしているという，古くて新しい問題を改めて提起しており，ある意味で「戦後啓蒙」の問題意識を現代的に捉えなおすことを要請しているとも言えよう。

総じて，両者が強調しているのは，市民の活動という「現場」から理論化を行うことの重要性であろう。特に，日本の政治理論家の営みの多くが独善的な「私文化」の域を出ず水準が低い，という松下の指摘は手厳しい。「市民社会」や「公共性」に関する理論的な研究蓄積は，量的には冷戦終結後おびただしいように見えるが，それらが生きた現実との緊張感を失ってはならない，という警鐘であろうか。篠原の場合は，人間が「生きる知」

を失ったアナルゲシア（無痛覚社会）が「第二の近代」の特徴であると捉え，市民のエンパワーメントと討議文化の形成を重視している。マクロな歴史的状況を踏まえた上で，「現場」（自治体であれ社会運動であれ）における智慧を理論化する，という地道な作業が要請されていると言ってよく，これは現代の政治理論家の世代にとって重い課題であろう。

政治過程　　　　　　　　　　　　　　＜評者　菅原　琢＞

対象　福元健太郎『立法の制度と過程』木鐸社，2007年

　国会研究は，日本政治研究の中で最も急速に研究が進んでいる分野のひとつであり，言うまでもなく福元はこれに最も貢献している一人である。著者の前著と異なり，本書は異なる時期に書いた論文を後にまとめたものである。しかし本書もまた，国会研究の地平を広げることに寄与している。まずは本書を構成する主要3章を簡単に紹介する。

　第1章「政府法案提出手続きの蹉跌」では，内閣が各省庁に対して行う提出法案に関する照会項目（提出予定日，予算関係かなど）の変遷を追うことで，内閣による法案管理（特に法案数削減）の成否について論じている。具体的には，法案の重要性を測る調査項目（選別指標）は法案管理に活かされず，設定された提出期限も守られず，提出遅れに対する内閣による制裁（＝当該法案を提出させない）も行使されていなかったと分析し，この点で内閣は法案の管理に失敗していると指摘する。ただし，提出が遅くなった法案には国会によって不成立という制裁が課されたため，結果的に提出期限の設定という制度は（制度設計者の意図とは異なるが）半分成功したとする。

　第2章「無意味な二院制」では，衆参両院の議員構成と法案の審議過程の相違について確認している。具体的には，参院議員は衆院議員に比べて年齢は高いが議員経験は短く，大卒者は少なく，医師等は多いものの法曹出身者は少ないといったことを指摘し，シニアな（＝年長で経験と知識に富む）参院は現出していないと主張する。加えて，趣旨説明の実施など各法案の審議経過に関し両院で一致する傾向が強く，かつ参院のほうが各種議事手続きの発動率が低く，その意味で審議活動の水準が低いということを計量分析により確認している。これらより，日本の二院制は異なる審議状況を生んでおらず無意味であると結論付けている。

第3章「国会対策戦術としての定足数」では，本会議や委員会での「定足数」制度の実際について分析している。具体的には，日常的に定足数が守られていない一方で，野党の国対戦術の一環として時として定足数割れが問題化することを指摘し，議員の出席を促すためという本来の意図とは異なって定足数という制度が利用されていると結論付けている。

以上のように各章は，国会審議過程の互いに関連しない部分を扱ったものである。本書をまとめる論理として，「制度は過程に影響するが，制度設計者が意図した通りとは限らない」ということを実証するものだということが序章冒頭に述べられているが，川人が述べるようになぜこの3つの制度でなければならないのかは判然としない（川人貞史「書評：福元健太郎著『立法の制度と過程』」『公共選択の研究』第49号，2007年）。誤解を恐れず言えば，特に法案の照会事項や定足数などは，国会という制度全体からすれば重要ではない「どうでもいい」部分に着目したものかもしれない。

しかし，評者としてはこの細部への着眼を評価したい。たとえば法案の照会事項は瑣末なデータに見えるが，本書の詳細な公文書の調査からは，こうした事項にも何らかの意図があり，諸アクターを制御するためのリソースでありうるということが浮かび上がる。我々は骨組みとなっている大きな制度に着目し，それらが過程に対して決定的な影響を与えていると考えがちだが，実際の過程を注視すれば，多数の小さな制度が相互に関連して過程に影響を与えているのである。しかも変更が生じにくい大きな制度よりも細かい制度のほうがより変更しやすく，そのときどきの状況に対応しやすく過程の変化に結びつきやすい。本書の細部への留意は，制度と過程の関係の複雑さを指摘するものである。

同時にこれは本書の課題でもある。たとえば，照会のみが法案管理の手段，制度ではなく，法案数削減という内閣の意思が通期の前提でないとすれば，著者とは異なる議論が導ける。すなわち各省庁が政府方針や閣法の与党事前審査などを織り込んで動いているとすれば，法案に関する情報は照会以前から内閣に伝わり，法案は内閣に管理されていると想定される。照会の結果の提出予定法案リストはその意味で内閣によって選別済みの法案リストであり，期限遅れで法案が提出されるのは内閣が出したいからである。会期進行による法案不成立率の上昇を織り込んだ内閣が提出日も管理しているとすれば，提出日は法案序列を示し，増山の言う積極的議事運

営権の行使を意味する（増山幹高『議会制度と日本政治』木鐸社，2003年）。これは明らかに本書，そして著書の国会観とは異なっている。

　しかしこのような疑問，異なる解釈が導きうるのは，本書が資料とデータから新しい事実や解釈を提供しているということの証である。そして，すでに川人や小林良彰（『朝日新聞』2007年3月25日付）の書評がそうであるように，新たな議論の広がりを提供しているところに，本書独自の価値があると評価できるだろう。

行政学・地方自治　　　　　　　　　　　　　　＜評者　西尾　隆＞
　対象　西尾勝『地方分権改革』東京大学出版会，2007年

　2007年度も行政学・地方自治の分野で多数の著作が刊行されたが，テーマの重要性，アプローチの独自性，議論の濃密度という点から，西尾勝著『地方分権改革』（行政学叢書5）をとり上げたい。

　本書は，行政学のうち（国や国際レベルではなく）「都市行政学」に軸足を置き，（自治体経営や市民自治ではなく）「政府間関係」の制度設計にフォーカスをあて，（海外の事例や研究ではなく）日本の地方分権改革を素材として，日本の地方制度の特徴と同改革の諸条件を詳細に分析した書き下ろしの一冊である。政治学のごく狭いテーマを扱っていると思われるかもしれないが，分権改革は国・地方のあらゆる政治主体が参加する条件複合の政治過程であり，その影響は日本の政治行政システム全体に及ぶ。日本の政治学全体に大きな貢献をしていることは疑いない。

　内容を紹介すると，「はじめに」で本書のテーマと視点が著者の研究歴を交えて示される。次に改革の出発点にある認識として，「集権融合型」の地方制度の実態，「三割自治」と呼ばれた行財政構造の問題，市町村横並びの平等主義的体質が検証される（Ⅰ章）。続いて，1993年の国会による地方分権推進決議を起点とし，2000年の地方分権一括法施行にいたる「第一次分権改革」の道程を当事者（地方分権推進委員会委員）の目から考察し（Ⅱ章），その多面的な評価に基づき，改革を始動させ機関委任事務を廃止するという画期的成果の反面，国地方係争処理委員会の不活用や補助金改革などで問題が残ったことを論ずる（Ⅲ章）。これ以降の市町村合併と三位一体改革の流れを「第二次分権改革」ととらえ，経過の分析と評価を行なう（Ⅳ章）。以上の議論に基づき，著者のこれまでの理論的基礎にあった天川

モデルの「分権－集権」,「分離－融合」軸を批判的に吟味しつつ,関与の概念,地方分権と地方自治（団体自治と住民自治）,立法権の設計との関連で「集権分権理論」を再構成する（Ⅴ章）。「おわりに」で著者は,分権改革が選挙・政党・議院内閣制を含む「政治構造改革」を必要とし,また両者が表裏一体をなしていることを強調する。

さて,本書の特色は,(1)著者の視座と観察眼,(2)事実・項目選択の確かさ,および(3)国際比較の中での日本の地方制度の特徴把握という三点に要約できよう。

本書の視座については,分権改革に深くコミットした著者が,自ら「体験観察」と呼ぶように改革現場に身を置き,至近距離からその内容を緻密に腑分けし,その道程を描ききっている。読者は,"分権改革丸"の舳先に立ち,政治という暴風雨や岩礁や氷山が次々と目の前に押し寄せる中で,刻々変わる状況把握と決断を迫られる航海士の,目も眩む判断と行動を追体験するような読後感を覚えよう。それは,対象から距離を置いて船の行方を傍観するのとは全く異なる,スピード感溢れる風景である。著者は若き日のアメリカ大都市研究について,「その改善・改革方策を考案し提言する意欲も責任も持ち合わせていなかった」と記すが,本書は日本の分権改革への溢れる意欲と審議会委員としての強い責任感に貫かれ,その主観性・主体性が逆説的に客観性を高めている。実際の改革に意欲と責任をもつ者のみに可能な,水も漏らさぬ対象への観察眼がみてとれる。

第二に,ひと口に地方分権といっても,改革には無数の課題や論点があり,とり上げる対象の選択は容易でない。流動する政治状況,生きた制度配置の中で何が次の争点・検討課題かを常に迫られてきた著者は,本書の記述においても厳しい優先順位をつける。本書には実際の改革に重要なことのみが書かれ,そうでないことの多くは省かれ,そこに研究者の好みや恣意の入り込む余地は少ない。例えば学界から批判の多かった市町村合併についても,それがいかに政治的に不可避の流れであったかが詳述されている。政治・行政学者は一体何を研究すべきであろうか。テーマの選定は自由でよいし,著者もかつては自由にアメリカの都市問題を選んだのであろう。だが現実の改革に深く関与すると,研究者も歴史の必然に衝き動かされ,必然の生を生き始めるように見える。著者は現代の政治行政学者のもう一つの生き方を示しており,本書はその貴重な記録でもある。

第三に本書は，国際比較の視点から日本の地方制度の特徴をどう解明するかという理論化の作業を行なっている。比較行政は今なお未開拓の領域だが，著者は一国理解の姿勢に徹する一方，海外の知識を触媒として用いつつ，従来の比較の軸に修正と肉づけを試みている。一例を示すと，通達行政退治の過程で「関与」という"新概念"に注目したことから，行政的関与と立法的関与，法律の規律密度の高低といった概念・視点が生まれている。改革という厳しい現実を通して浮かび上がってくる概念の中に，意外に普遍的で有効な比較の基準が隠されていることを示唆している。

　最後に，本書が注記を欠いていることにも触れておきたい。これまでの著作から明らかなように，著者の記述の正確さと思索の深さは比類がなく，「体験観察」に基づく本書には，学術書とはいえ注という形式手続が不可欠とはいえないだろう。むしろ評者は，政治行政の改革だけでなく，政治学研究にも一種の"宗教改革"が必要なのではないかと勝手に連想した。著者の意識にはないことかもしれないが，免罪符などよりはるかに重要な事柄の本質にもっと目を向けよとのメッセージが，本書全体から聞こえるようであった。

政治思想史（欧米） <評者　千葉　眞>

　対象　シェルドン・S・ウォーリン『政治とヴィジョン』尾形典男・福田歓一・佐々木武・有賀弘・佐々木毅・半澤孝麿・田中治男訳，福村出版，2007年

　長年にわたり西欧政治思想史の基本的テクストとして世界各国で親しまれ，今や「古典」とも呼ぶべきシェルドン・S・ウォーリンの原著『政治とヴィジョン』が刊行されたのは，1960年であった。その44年後の2004年に，その増補版がプリンストン大学出版局から上梓された。(Sheldon S. Wolin, *Politics and Vision*, expanded edition (Princeton and Oxford: Princeton University Press, 2004.) 翌年の3月には，カリフォルニア州オークランドで開催されたアメリカ政治学会・西部地区年次大会において，コーネル・ウェストとウェンディー・ブラウンの司会の下でこの増補版をめぐるセッションがもたれ，ウィリアム・コノリー，アン・ノートン，ニコラス・ゼノス，ジョゼフ・ミラーらが興味深いコメントをしたのが印象深く記憶に甦ってくる。ウォーリンはこれらのコメントに応答する形で，1960年代の

原著は自分が自由主義の立場にあった時に書かれたものであり，2004年の増補版は明確に民主主義（ラディカル・デモクラシー）の立場に移行して多くの年月が経過した後に書かれたものであると主張した。さらに「今度の増補版よりも1960年に書かれた原著の方を評価したい」との会場からの発言に対しては，そのコメントに感謝しながらも，この数十年間におけるアメリカおよび世界の多くの地域における支配権力の拡大化ならびにそれと反比例する形で推移した政治的なものの深刻な変容と衰退を考慮に入れた場合，自分にはここに記された第二部以外の書き方はできなかったと説明した。そしてウォーリンは，彼の応答の最初と最後にとりわけ若い研究者たちに向けて，政治思想史研究と政治理論の課題と任務（vocation）の重要さについて注意を喚起したことを忘れることができない。増補版では七つの章が新たに書き加えられたが，第11章から第13章までの翻訳は有賀弘氏が受け持ち，また第14章から第17章までは田中治男氏が担当した。難渋な原文ゆえに訳業は並大抵の苦労ではなかったと推察されるが，この「古典」の全体が堅実な翻訳によってここに上梓されたことを心より慶びたいと思う。

　1960年に書かれた原著は印刷ミス以外ほぼ完全に初版と同じ形で第一部として刊行され，第二部は上記のように七つの新しい章が書き加えられたわけだが，それらは次のような構成になっている。第11章「近代の権力からポストモダンの権力へ」，第12章「マルクス＝政治経済学の理論家」，第13章「ニーチェ」，第14章「自由主義と合理主義政治」，第15章「自由主義的正義と政治的民主主義」，第16章「権力と諸形態」，第17章「ポストモダン・デモクラシー」。評者はすでに，この増補版に関する解題を「「スーパーパワー」批判とポストモダン・デモクラシー論――ウォリン著『西欧政治思想史』増補新版の刊行に寄せて」という題で雑誌『思想』（第975号，2005年7月）に書いたことがある。そこではとくに第17章のポストモダン・デモクラシー論との関連で本書を取り上げたので，ここでは限定的に二，三の異なるテーマについて記すことにしたい。

　増補版の第二部のメインテーマの一つが，近代的権力の「満潮」を迎えた20世紀の権力批判にあることは間違いないであろう（とくに「増補版への序言」，第11章，第16章を参照）。権力についてのベーコン的な近代的権力観が，ある意味で連続性と拡張性を伴って20世紀のスーパーパワー（唯

一の超大国）としてのアメリカの支配権力に帰着していく事態を，政治思想史的にたどる分析と考察には興味深いものがある。さらにカール・マルクスとフリードリッヒ・ニーチェが取り上げられ，これら二人の反政治的言説（後期マルクスの場合は「経済」の問題に収斂されるように見え，ニーチェの場合は「文化」の問題に帰着するように見える）にもかかわらず，両者の中に近代に固有の政治的なものの「経済」や「文化」への収斂・分散・転成を認めていく考察は注目に値する。両者ともに権力の追求を政治外的要因に求めつつも，結局は権力追求の観点から政治的なものの再編を目指していく限りで，ウォーリンは彼らの思想を政治思想として把捉し，彼らを権力の理論家として理解し，マルクスには経済の政治学を，ニーチェには文化の政治学を認識し，彼らの政治観の近代性とポストモダン性を新たな角度から闡明しようと試みているとも理解できよう。また，ウォーリンのニーチェ論は20世紀後半以降のニーチェ賛美論と一線を画し，現代になかなか馴染まない強面のニーチェをありのまま描こうとしている点も興味深い。またニーチェを「批判的全体主義の理論」の模索者と捉えた点にも注目したい。ジョン・デューイへのウォーリンの積極的な評価，カール・ポッパーとジョン・ロールズの20世紀の理論としての成功を評価しながらも，政治的なものの観点から彼らを批判しようとするその両義的応答にも意義深いものがある。

政治思想史（日本・アジア）　　　　　　　＜評者　伊藤彌彦＞

　対象　眞壁仁『徳川後期の学問と政治』名古屋大学出版会，2007年

　650頁の大著で著者の学位論文であるが，刊行された部分以外に研究の土台をなす資料編があるという。自然科学を志して大学に入った著者が，千葉眞教授の授業を聴いたのをきっかけに政治学研究に向かい，さらに松沢弘陽教授と宮村治雄教授の論文指導に恵まれ，取り組んだ分野が近世後期儒学であった。ここで忘れられた儒者の資料の鉱脈と出会う。その結果が本書である。

　徳川後期儒学界の双璧は頼家と古賀家である。林家の私塾を幕府昌平坂学問所に格上げする頃，古賀家では，佐賀弘道館を創立した力量を見込まれて，まず古賀精里が松平定信にスカウトされ，ついで彼の三男侗庵，さらに孫の謹堂も昌平坂学問所儒者を勤めた。林家を除けば，三代にわたっ

たのは唯一例外だという。しかし維新後の両家の運命は対照的で，勤王家の頼家は脚光を浴び古賀家は忘却される。昌平黌儒学は旧守，狭隘，固陋の否定的印象を付され，学界からも忘却され，昌平黌の学系も江藤新平による「大学本校」の閉鎖とともに消えた。

　本書は，明治になって生活が逼迫し分散していった膨大な古賀家三代の史料群を「正面突破」で調査した成果である。すなわち自分の足で各所蔵機関を歩き回り，人目に触れることなく歴史に埋もれていた史料を発掘し，それをもとに事実を再構成する作業のなかから生まれた。本書の学界への貢献としては，まず，この埋もれていた史料を発掘し書誌的なガイドラインを提供したことを挙げておきたい。

　徂徠以後の後期徳川儒教については，これまで研究が少なく安易なステレオタイプでとらえられていたが本書はそれに書き換えを迫る切り口をみせる。その手法は，たんなる経書解読にとどまらず昌平坂学問所の「社会的形態を具体的に検証する」ことで特色づけられる。たとえば，学問所儒者の陣容をリスト化し，昌平黌刊行物や編纂作業を追跡し，漂流民受領をめぐり老中と諸機関の間を往復した6カ月におよぶ意思決定過程を図式で示し，教授陣の出した「策問」と応答の内容から昌平黌の思想的主題を明らかにし，あるいは昌平黌の期末試験というべき「学問吟味」の過去問を掲げることで時代の変遷をみる。そこで追求されるのが著者のいう「政教」関係，政治と学問の相互関係問題であった。

　「寛政異学の禁」による学統の制定以降における経書解釈の問題にも言及する。学統の制定は，幕臣子弟教育に共通の士風基準を提供したのであり，外交において「宋学」という東アジア儒教圏での共通の儒学コミュニケーションへの復帰を意味した。また日本の学者世界においては，一八世紀後半，仁斎学，徂徠学からの離反，宋学への「転向」問題をひき起こしたという。

　同時に，林家と昌平坂学問所儒者が，徳川政府のいわば外務省機能を果たしていた史実の分析に多くの紙幅を割く。つまり，外交史料の整理，諮問された重要案件への答申，老中の政策顧問，漢文国書の翻訳と返書作成などで，しかも産業革命を背景に新展開をみせる国際情勢下の外交参与である。

　一例をペリーの開国要求の国書問題で示せば，本書では学問所関係者の

作成した答申書類から彼らがこの勧告を「如何に読んだか」を整理する。そして開国要求に応えた世界史的認識をもつ建白書が古賀謹堂の「存念書」であることを紹介し，その原文に付された朱筆を，著者は徳川斉昭のものと推定し，『水戸藩史料』に突如出現した黒船対策の卓見との類似性から，その下敷きに使用されたと推測してみせる。この謹堂の上質の国際情報の調達が，彼の海外見聞録「蕃談」のように，役人の漂流民取り調べとは別に，直接漂流民から話を聞きだす，いわばオーラルヒストリーの実践に負うことも紹介している。

その他，学問所における古賀系統と佐藤一斎系統の人脈のこと，海防掛における勘定奉行系と目付系の党派対立と，学問上の政治構想との絡み合った海防争議など，興味深い史実がつまっている。

難解な漢字には適切なルビがあり，白文には丁寧な説明文が付されることも好ましい。思想史のみならず政治史，外交史，国際関係史，アジア論の通説に種々の再考を迫る一書である。

政治史（日本・アジア） ＜評者　成澤　光＞

対象　今井清一『横浜の関東大震災』有隣堂，2007年

「政治史」とは何だろう。評者年来の疑問である。一般的には，「主として職業政治家による政治的言動史」を「政治史」というらしい。現に2006年度の本欄では，政党政治，防衛政策，核兵器政策をテーマとする三つの研究書が取り上げられていた。しかし，「政治史」は，社会史的事象の客体と主体（一般市民から職業政治家まで）の言動が政治的意味を持つ場合も広くカバーすべきであろう。例えば，1918年から1920年にかけて世界を襲った「スペイン風邪」（鳥インフルエンザの人型への変異による）の流行では日本でも38万人以上の死者が出たといわれている。犠牲者数だけからいっても＜政治的な＞事件だといえよう。しかし，これまでに本格的な「政治史」研究の対象となったことはない（歴史人口学者・速水融の『日本を襲ったスペイン・インフルエンザ』2006年ほか，若干の論文がある。）。当時の公衆衛生行政にはどのような限界があったのか。情報伝達や警察の対応にはどのような問題があったのか。日露戦争や関東大震災よりも犠牲者数がはるかに多かった事件の政治史学的分析が欲しい。

2007年度の業績のうち，ぜひここで取り上げたいと思ったのは，「日本政

治史」を専門とする著者が長年関心を持ち続けてきた，自然災害をテーマとする研究書である。1962年に同じ著者の編著として刊行された，『記録 現代史　日本の百年5　震災にゆらぐ』（筑摩書房）は，評者の中に強い記憶となって残っている。

　本書はまず第一章で大震災全体の中に横浜地域の罹災を位置づける。東京市と比較して横浜市では，推定人口に占める罹災者（死傷者，行方不明者）率が極めて高い。市街地の特徴と被災規模の違い（人口密度，道路の広狭，埋立地の震度，木造家屋の倒壊と火災など）が明らかにされる。さらに，第二章から第四章までは，横浜市内各地区の罹災状況を史料で検証しつつ，建築物の火災と倒壊が明らかにする近代都市の構造をあぶり出す。現金と書類を守るために設計された鉄骨構造の煉瓦と石造の銀行が，結果として倒壊と火災を防ぎ人命を守った。港に停泊していた日本籍および外国籍の客船や貨物船による避難民の救助。刑務所の倒壊で収容者が一時的に解放され，高等係の巡査が特別要視察人を誘導避難させた処置と社会不安。掠奪や野盗の横行。倒壊した校舎からまず「御真影」の救出を優先しようと奮闘した学校長などなど。突発的な事件がさらけ出した社会の断面が精細に記述され，読者の想像力を刺激する。

　第五章では，県庁と市役所の罹災状況と通信途絶下での政府に対する救援要請，被災者支援より優先された軍隊と警察による治安維持活動，食糧自救運動と戒厳令下での掠奪実態を分析している。第六章は，流言蜚語による朝鮮人虐殺を考察する。流言は震災初日から横浜市内の被災地で発生し急速に広がり，警察，軍隊，自警団が主体となって，虐殺，強制労働などさまざまな迫害が行われた。著者は，流言の発生地と拡大過程，犠牲者数などについて綿密な資料分析をもとに跡づける。さらに朝鮮人だけでなく同時に殺害された中国人労働者たちについても，政府が実態を隠蔽し続けた経緯を，朝鮮独立運動あるいは出稼ぎ労働者の動向などと関連づけて明らかにしている。

　本書が描写する震災下での「無警察状態」は，当時の日本社会に潜在していた地域住民間の相互不信，戦後不況下での日本人労働者と朝鮮人・中国人労働者との利害対立，民本主義や社会主義運動者に対する警戒心，社会不安に対応した自警団（自衛団）創設の動きなど，震災前の動向との関係において的確に分析されている。

第七章では，大阪府，兵庫県からの救援船による応急生活必需品の輸送，外国船による避難民の輸送，神戸在住欧米人による救済委員会の活動，各国の軍艦による救援など比較的知られていない史実についても丁寧に紹介している。第八章は，震災復興について。都市計画，復興資金の調達などに絡む政治的動きを紹介している。最後に著者の関心は，1945年5月の横浜空襲による被害へと延びている。(『新版　大空襲5月29日』有隣堂，1995，参照。)

　日本政治史を専門とする著者が，なぜ職業政治家を中心とする政治過程の歴史よりも空襲や地震といった事象の政治史を好んでテーマに選んだのか。本書の「あとがき」にあるような著者の個人的な経験によるだけではないであろう。むしろ「弱い立場にあって立ち直る気力をもたない者」(前掲書の「おわりに」から) の受けた苦難に対する sympathy が，著者の内面奥深くにあるからではないか。評者は勝手にそう想像している。社会史的な事件の政治史的な意味について，本書の理論的な整理が十分であるとはいえないが，それは若い世代の研究者が今後展開すればいい。主流の政治史研究とは方法的に異なる切り口で，政治史研究に厚みを加えた本書を高く評価したい。

比較政治・政治史（欧州・北米ほか）　　　＜評者　白鳥　浩＞

　対象　眞柄秀子・井戸正伸編『拒否権プレイヤーと政策転換』早稲田大学出版部，2007年，
　　　　岡澤憲芙・連合総合生活開発研究所編『福祉ガバナンス宣言』
　　　　日本経済評論社，2007年

　「雪が降っている中，家路を急いでいるとしましょう。そこで，トナカイしか見ていないような赤信号の道路があります。あなたは，合理的に考え，信号を無視して渡りますよね。当然。」

　大きなお腹を揺らしながら，『ネステッド・ゲームズ』を既に上梓していたジョージ・ツェベリス（George Tsebelis）が，冗談交じりに述べる。そのときに筆者の隣に座っていたヤン＝エリック・ラーネ（Jan-Erik Lane）が，静かに挙手をして述べた。

　「北欧人は，制度があるなら，人がいないからといって信号無視はしない。背景とする社会構造から制度は生まれてくる。個人の行動はそういったも

のに規定される。」

　今から十年ほど前の，世界政治学会（IPSA）の事務局が，当時おかれていたオスロ大学におけるツェベリスのゲーム理論についてのコロキアムでの一こまである。

　ここに端的にあらわれているように，現代政治学の理論には，大別すると，ツェベリスの発言にみられる主体志向の理論と，ラーネの発言にみられる構造志向の理論とがあると理解出来る。主体志向のアプローチは，スミス的な自由主義や合理的な経済人と親和的であり，構造志向のアプローチの典型的な例は，古くはマルクス主義，近年では環境，ジェンダーなどをめぐる言説に見られる。これらのアプローチは，必ずしも"either or"ではないが，本年もそのふたつの志向を持ったすばらしい研究業績が，比較の視座を持った政策研究をめぐって刊行されている。

　眞柄秀子・井戸正伸編『拒否権プレイヤーと政策転換』（早稲田大学出版部）は，そうした主体志向の先進的な傑出した研究論文集である。本書には，ツェベリスの最新の論文も収められており，近年，政治経済学の中で共通言語となりつつある「拒否権プレイヤー」に関する実証的な比較分析を行っている。

　本書の執筆者の議論は先駆的であり，示唆に富む。例えば，眞柄論文の結論である拒否権プレイヤーは政策転換を遅らせ，市場調整のあるところでは政策転換が起こりにくいというのは重要な指摘である。本書が，やがて政策に対する主体としての「拒否権プレイヤー」概念を用いたアプローチの必読文献となることは間違いがない。

　さらにいえば，この論文集の特徴は，最先端の主体志向の研究を邦語で読めるということにある。海外の研究者の訳出に当たった研究者の文章も非常に読みやすい。本書は，日本の政治学研究が，真に国際レベルであり，最先端の研究をリードし，世界の政治学コミュニティに寄与するものである証左となろう。

　一方，構造志向の分析については，岡澤憲芙・連合総合生活開発研究所編『福祉ガバナンス宣言』（日本経済評論社）をあげることが出来よう。この著作は，政治経済学における構造志向の研究が，優れて学際的なトピックであることをわれわれに教えるものである。フクヤマ論文以降，世界は冷戦の崩壊と市場万能主義を受け入れたようにみえる。しかし，そこで構

造的な「格差」は，主体である個人のパフォーマンスの欠如として扱われ，見過ごされがちであった。小泉内閣の時代の新自由主義的な政策は，そうした議論に立脚したものであったといえよう。それにより「格差」が顕在化し，現在問題となってきている。

本書は，現在の日本を主題とし，構造的な「格差の二つの次元」である同一の地点における「垂直的格差」と地理的に異なる地点での「水平的格差」のうちの垂直的格差に焦点を当てたものである。近年では，主に行政学の領域で「ガバメントからガバナンスへ」という議論が，時代のスローガンとなっているが，本書は，「市場万能主義」に対するオルタナティブを，福祉を中心としたガバナンスを北欧の研究者が中心となり検討している。ただ，格差については，ここで取り上げられなかった「都市対地方」に見られる「水平的格差」も存在することを忘れてはならない。

この二冊の研究書の卓越した特徴は，それぞれ主体志向，構造志向でありながら，その対岸につながる研究射程を持っていることである。眞柄，井戸の著作は主体である拒否権プレイヤーから始まり，その政策転換への影響を扱うことで，最終的には政策によって構成される制度，その基底をなす構造への視座を持っている。同様に岡澤，連合総合生活開発研究所の著作が，小泉以降の「格差」構造から論をはじめ，新たな主体としての市民社会とのガバナンスへと展開している。このアプローチの異なる二つの著作の著者が，『比較政治経済学』（有斐閣）という一冊の教科書を著していることは示唆的である。これは先に筆者が"either or"ではないといったこととつながる。

こうした卓越した研究書を邦語で読むことが出来ることは，われわれの時代の研究者の喜びである。この二冊は研究領域に拘わらず，社会科学を研究するすべての研究者の書棚に並んでいるべき研究書と位置づけることが出来るであろう。

比較政治・政治史（途上国全般ほか）　　＜評者　木村正俊＞

1　対象　間寧編『西・中央アジアにおける亀裂構造と政治体制』アジア経済研究所，2006年

タイトルが示すように，本書は亀裂（cleavage）概念を民主主義体制であるトルコ，イエメンと権威主義体制であるシリア，カザフスタンに適用

して，亀裂構造と政治体制の関係を考察した論文集である。

第1章「総論」では周知の Lipset & Rokkan 以降の研究の歩みを踏まえて，本書で用いられる亀裂やその他の概念の定義が行われている。亀裂の「組織的表現形態」が重視され，「特定の亀裂に依拠する支持基盤をもつ政党」である「亀裂政党」に焦点が当てられる。

第2章「トルコ」では，オスマン帝国以来存在する「中心・周辺」亀裂の現代版である「世俗・宗教」亀裂と「トルコ・クルド」亀裂，およびそれぞれの亀裂政党の支持の拡大が分析され，政治体制の亀裂反映度の高さが明らかにされる。

第3章「イエメン」では，「中心・周辺」亀裂の前提である中心が歴史的に不在であり，主要亀裂は北イエメンの南北という二つの地方と南イエメン地方の対抗である「地方間対抗軸」であるとして統一前とその後の政治の展開が分析されている。統一後は内戦をへて，元来は北イエメン北部の亀裂政党であった「国民全体会議」が他の2地方でも支持されて包括政党化し，体制の亀裂反映度が低下している。

第4章「シリア」では，シリアの5つの主要な亀裂の政治体制への影響が議論される。1963年までは政党だけでなく軍を通じて亀裂の反映度の高い体制が存在した。1970年11月にH・アサドが権力を掌握するまでのバース党体制は党内部（の権力闘争）に亀裂が反映された。その後は亀裂の一定程度の容認による体制の正統化と安定化が目指されている。この点は，「クルド問題」への体制の対応において具体的に分析されている。

第5章「カザフスタン」は，Lustick の統制（control）概念を用いて，「基幹民族」カザフ人と非カザフ人という民族的亀裂が政治体制に反映しないように，いかに国家が民族的亀裂を統制しているかという観点から分析が行われている。具体的には「カザフスタン諸民族会議」と選挙を通じた民族エリートの統制が明らかにされる。

本書は，対象国家・地域の研究者だけでなく政党政治論，比較政治学，エスニシティー論に関心がある人は一読すべき論文集である。

<評者　玉田芳史>

II　対象　片山裕・大西裕編『アジアの政治・経済入門』有斐閣，2006年

本書はアジア諸国の政治経済に関する大学生向けの入門書として編まれ

ている。二部構成であり，理論編では工業化，民主化，国際環境が説明され，各国編を貫く視点が提示される。キーワードは，自由な市場競争を制限することで生まれる利益，レントである。「良かろうが悪かろうが，レントはできるかぎりなくし，市場を通じた効率的な企業経営を行うことが重要」（34頁）という確たる視点から，政治経済の解明を試みる点に大きな特長がある。「アジアの政治経済を，明確な問題意識に基づいて，一定の視点から説明する本になり，社会人の方にも読み応えのあるものになったのではないか」（278頁）と編者が自負するのも頷けるところである。

本書の価値を高めているのは，レント論の檻への執筆者の各人各様の対応であろう。統一の中の多様性が面白いのである。現実のアジアが多彩なこと，執筆陣が各国の政治に通暁した力量豊かな専門家であることがその背景をなしている。韓国の章はレントを中心に据えて財閥形成が分析されている。中国の章は共産党一党独裁下における高い成長率を「地方政府主導型」で生き生きと説明し，台湾の章は成長と民主化を中小企業の分業ネットワークと民主進歩党支持で解き明かしている。工業化も民主化も劇的とはいえない東南アジアのインドネシア，フィリピン，マレーシア，タイを扱う4つの章は歯切れがそれほどよくはない。たとえば，フィリピンはレントを減らした後も近隣諸国よりも成長率が低く，マレーシアではマレー人優遇というレントの廃止は政治的理由から不可能に近い。レント論と少し距離をおいて，インドネシアは政治体制の転換で，タイは斬新な次世代モデルで経済の説明が試みられる。成長著しいインドは，長い時間軸の上に位置づけて経済政策の転換が説明される。各国の歴史や社会への造詣を下地として，経済成長を主役としながら政治との絡み合いが述べられており，好個の入門書に仕上がっている。

強いて粗探しをすれば，経済成長偏重の印象が強いこと，レント犯人説をとりつつも予防策を示さないこと，成長の鍵という「相互学習」の内容が不明確なこと，民主化の理由は「簡単にどれが正しく，どれがまちがっていると言い難い。各自が考えてみたいところである」（48頁）と読者に難題を押しつけること，などを指摘しえよう。

国際関係 　　　　　　　　　　　　　　　　　　＜評者　半澤朝彦＞
対象　細谷雄一『外交——多文明時代の対話と交渉』有斐閣，2007年

本書は，テキストにも定評ある有斐閣の新シリーズの第一弾であり，多くの学生や門外漢，読書子が手にしそうである。しかし，はたして本当にこれが「スタンダード」と見なされて良いのだろうか。ともすると「サービス精神」が過剰で，帝国主義時代の外交官などへの感情移入を隠さない情熱的な筆致なだけに，ややゆがんだ国際関係イメージを与える危険があるかもしれない。「プロ」は相対化できても，学生は思いのほか，そのまま受けとめてしまう。

まず，「外交」というタイトルについて。「外交政策」でも「対外政策」でもなく，「国際関係」や「国際政治」でもない，「外交」というタイトルからすれば，読者は，限定された意味での「外交」，つまり「外交交渉」の分析を予想するかもしれない。目次でも，「外交政策」「対外政策」など「政策」の語は一切避けられている。かつての坂野正高氏の名著『現代外交の分析』で検討されたような複雑な現代外交は，グローバル化が進む今どうなっているのか，そういう話しであれば，興味も湧く。

ところが，本書には，分析対象を外交交渉に限定するようなストイシズムはない。アーネスト・サトウやハロルド・ニコルソン，ジョージ・ケナンといった英米の外交官やジャーナリスト，評論家の言説に依拠しつつ，対外政策の形成過程や外交姿勢はおろか，世論，世界システムにまでいたる，驚くほどマクロ的な語りが展開する。「外交」の語義を最大限に拡張しつつ，エリート外交官らの世界観に多くのスペースを割く結果，近現代の国際関係は，ほとんど外務省や外交官が形成したかのような錯覚が生じる。この，ある種のトリックに由来する数多くの難点については，網谷龍介「職業外交官への愛情と外交制度分析の欠如と――細谷雄一『外交』を読む」『国際学研究』No.33, 2008（明治学院大学国際学部紀要）に詳しい。

当然ながら，産業社会成立以降の国際関係を論じるなら，外交を行う主体が外務省のみであるはずはない。とりわけイギリスは，一国史的アプローチを拒絶するグローバルな帝国である。外務省は，欧米が「文明国」「主権国家」であるとほぼ一方的に認定した主体との関係を扱っただけである。植民地省，自治領省，連邦関係省などはもちろん，軍，メディア，そして東インド会社のような数多くの非政府主体が公式・非公式の国際関係を左右した。たしかに「現代外交」の章ではアクターの多様化が指摘されるものの，終章の「二十一世紀の外交」では，パブリック・ディプロマシーな

ど，再び重点は外務省や外交官に戻ってしまう。

そもそも，主権国家体制という，欧米がスポンサーとなった一種のフィクションを鵜呑みにすることは，帝国主義時代の外交官のメガネで現代世界を見るという，危険でときに非倫理的な結果を招く。「抑圧された民族，搾取された国家の側から見た『外交』の歴史と概念について少なくとも数章を割くべきではなかったのか」という小倉和夫氏の指摘（小倉和夫「外交の意味をあらためて問う—細谷雄一著『外交—多文明時代の対話と交渉』を読んで」『書斎の窓』No. 572, 2008年, 有斐閣）に共感する研究者は少なくないだろう。アメリカによる「対テロ戦争」の矛盾と膨大な犠牲が露呈する中，帝国やナショナリズム，グローバリゼーション，新自由主義により拡大する格差などを扱う国際関係論研究者から見れば，本書の時代錯誤な枠組みは，「政治学の退行」と映るのではないか。

ある種のリーダビリティや親切な本の体裁を考慮に入れても，こうしたあからさまに復古的なアプローチが一部の読者にそれなりに歓迎される理由は何だろうか。一つには，グローバリゼーションに対する反動としての国家主義の復活があろう。とくにわが国では，西欧国際体制に「過剰適応」してきた明治以来の日本外交のイメージが支配的で，著者のアプローチがそれほど不自然に感じられないのかもしれない。また，いわゆる「プチ・ナショナリズム」世代は，一般に批判精神や問題発見能力が乏しくなっており，たとえば戦後の日本外交を「成功物語」と評してしまえるような，本書の楽観的なトーンが心地よいのかもしれない。

従来の日本の研究が，アメリカ流の国際関係論の輸入に忙しく，理論や政策過程に偏して，じっくり歴史や人間を見る姿勢を欠いていたのは事実であろう。その点では評者は著者に同意する。とはいえ，今度は古色蒼然としたイギリスの「ジェントルマンの世界観」を直輸入するのでは，似たようなものである。気になったのは，世論についてである。「得体の知れない巨大な圧力」「情緒的で流動的な世論」といったリップマンらの「愚民観」は，彼らが生きた歴史的文脈の中では理解できようが，むしろ外務省以外に人材がいくらも存在する現在，示唆を与える歴史的教訓といえるかどうか。むしろ，外務省の省益や官僚の権威主義，外務省の役割が空洞化しつつある不安を代弁しているように読める。

書評委員会から

　書評委員会は昨年度に市川太一委員長の下で発足いたしました(『年報政治学』2007－Ⅰ, 参照)。今年度は昨年度の経験と反省を踏まえまして, 政治学の9つの分野において2007年（その前後の年でも可能）を中心に刊行された研究書1－2冊の書評を行うことにいたしました。結果的に書評の対象とする分野の数を少し限定することになり, また書評として取り上げる研究書の数を少なくすることによって, より重点的に書評を行うことを目指しました。最初の数年は多少とも試行錯誤を繰り返しながら, 将来に向けてよりよいものとしていければと願っております。

　なお, 2007年度の書評委員会は以下の委員による構成でした。（敬称略）山田竜作（政治理論）, 山田真裕（政治過程）, 西尾隆（行政学・地方自治）, 千葉眞（政治思想史［欧米］）, 伊藤彌彦（政治思想史［日本・アジア］）, 成澤光（政治史［日本・アジア］）, 眞柄秀子（比較政治・政治史［欧州・北米ほか］）, 大串和雄（比較政治・政治史［途上国全般ほか］）, 高原孝生（国際関係）。委員をお務めくださった会員諸氏, ならびに評者として実際の執筆をしてくださった会員諸氏には, ご尽力を厚く感謝申し上げます。今後とも本書評欄が本学会員の研究の推進にとって裨益するものとなることを切念いたします。

（委員長　千葉　眞）

日本政治学会規約

一，総則
第一条　本会は日本政治学会 (Japanese Political Science Association) と称する。
第二条　（削除）

二，目的及び事業
第三条　本会はひろく政治学（政治学，政治学史，政治史，外交史，国際政治学，行政学及びこれに関連ある諸部門を含む）に関する研究及びその研究者相互の協力を促進し，かねて外国の学会との連絡を図ることを目的とする。

第四条　本会は前条の目的を達成するため左の事業を行う。
　　　　一，研究会及び講演会の開催
　　　　二，機関誌その他図書の刊行
　　　　三，外国の学会との研究成果の交換，その他相互の連絡
　　　　四，前各号のほか理事会において適当と認めた事業

三，会員
第五条　本会の会員となることのできる者はひろく政治学を研究し，且つ会員二名以上から推薦された者で，理事会の承認を得た者に限る。

第六条　入会希望者は所定の入会申込書を理事会に提出しなければならない。

第七条　会員は，理事会の定めた会費を納めなければならない。

第八条　会費を二年以上滞納した者は，退会したものとみなす。但し，前項により退会したとみなされた者は，理事会の議をへて滞納分会費を納入することにより，会員の資格を回復することを得る。

四，機関
第九条　本会に左の役員を置く。
　　　　一，理事　若干名，内一名を理事長とする。
　　　　二，監事　二名
　　　　三，幹事　若干名
　　　　四，顧問　若干名

第十条　理事及び監事の選任方法は，別に定める理事・監事選出規程によるものとする。
　　　　理事長は，別に定める理事長選出規程に基づき，理事会において選出する。
　　　　幹事及び顧問は理事会が委嘱する。

第十一条　理事長，理事及び幹事の任期は二年とする。
　　　　監事の任期は三年とする。
　　　　補充として就任した理事長，理事，監事及び幹事の任期は前二項の規定にかかわらず，前任者の残存期間とする。
　　　　理事長，理事，監事及び幹事は重任することが出来る。

第十二条　理事長は本会を代表し，会務を総括する。
　　　　理事長が故障ある場合には理事長の指名した他の理事がその職務を代表する。

第十三条　理事は理事会を組織し，会務を執行する。

第十四条　監事は，会計及び会務執行を監査する。

第十五条　幹事は，会務の執行につき，理事に協力する。

第十五条の二　顧問は会務の執行につき理事長の諮問に応える。

第十六条　理事長は毎年少なくとも一回，会員の総会を招集しなければならない。
　　　　理事長は，必要があると認めるときは，臨時総会を招集することが出来る。
　　　　総会（臨時総会を含む）を招集する場合は，少なくとも一ヶ月以前に全会員に通知しなければならない。
　　　　会員の五分の一以上の者が，会議の目的たる事項を示して請求したときは，理事長は臨時総会を招集しなければならない。

第十七条　総会（臨時総会を含む）は，出席会員によって行うものとする。
　　　　理事会は，役員の選任・会計・各委員会および事務局の活動その他，学会の運営に関する基本的事項について総会に報告し，了承

を受けるものとする。

第十八条　本会の会計年度は，毎年四月一日に始まり，翌年三月末日に終る。

五，規約の変更及び解散
第十九条　本規約を変更する場合は，理事会の発議に基づき会員の投票を実施し，有効投票の三分の二以上の賛成を得なければならない。

第二十条　本会は，会員の三分の二以上の同意がなければ，解散することができない。

（二〇〇〇年一〇月八日改正）

日本政治学会理事・監事選出規程

理事の選任
第一条　理事の選任は，会員による選挙および同選挙の当選人によって構成される理事選考委員会の選考によって行う（以下，選挙によって選出される理事を「公選理事」，理事選考委員会の選考によって選出される理事を「選考理事」と称する）。

第二条　公選理事は，会員の投票における上位二〇位以内の得票者とする。

第三条　投票が行われる年の四月一日現在において会員である者は選挙権及び被選挙権を有する。
　　　　ただし，顧問および理事長は被選挙権を有しない。

第四条　会員の選挙権及び被選挙権の公表は会員名簿及びその一部修正によって行なう。
第五条　一，選挙事務をとり行なうため，理事長は選挙管理委員長を任命する。
　　　　二，選挙管理委員長は五名以上一〇名以下の会員により，選挙管理委員会を組織する。
第六条　一，選挙は選挙管理委員会発行の，所定の投票用紙により郵送で行なう。
　　　　二，投票用紙は名簿と共に五月中に会員に郵送するものとする。
　　　　三，投票は六月末日までに選挙管理委員会に到着するように郵送されなければならない。

　　　　　四，投票は無記名とし，被選挙権者のうち三名を記する。

第七条　一，選挙管理委員会は七月末までに開票を完了し，得票順に当選人を決定し，九月初旬までに理事長及び当選人に正式に通知しなければならない。
　　　　二，最下位に同点者がある場合は全員を当選とする。
　　　　三，投票の受理，投票の効力その他投票及び開票に関する疑義は選挙管理委員会が決定するものとする。
　　　　四，当選人の繰上補充は行なわない。

第八条　一，前条第一項の当選人は理事選考委員会を構成する。
　　　　二，理事選考委員会は，十五名以内の理事を，地域，年齢，専攻，学会運営上の必要等に留意して選考する。
　　　　三，理事選考委員会は当選人の欠員補充をすることができる。その場合には，前項の留意条件にとらわれないものとする。
　　　　四，常務理事については，本条第二項にいう十五名の枠外とすることができる。

第九条　理事長は，選出された公選理事および選考理事を，理事として総会に報告する。

監事の選任
第十条　監事の選任は理事会において行い，理事会はその結果を総会に報告し，了承を受けるものとする。

規程の変更
第十一条　本規程の変更は，日本政治学会規約第十九条の手続きによって行う。

（了解事項）　理事選挙における当選者の得票数は，当選者に通知するとともに，理事会に報告する。

　　　　　　　　　　　　　　　　　　　　（二〇〇〇年一〇月八日改正）

日本政治学会理事長選出規程

第一条　理事長は，公選理事の中から選出する。
第二条　現理事長は，理事選挙後，理事選考委員会（日本政治学会理事・監

事選出規程第八条）に先だって，公選理事による次期理事長候補者選考委員会を招集する。

二　公選理事は，同選考委員会に欠席する場合，他の公選理事に議決権を委任することができる。

三　次期理事長選考委員会では，理事長に立候補した者，または推薦された者について投票を行い，過半数の得票を得て，第一位となった者を次期理事長候補者とする。

四　投票の結果，過半数の得票者がいない場合，上位二名につき再投票を行い，上位の得票者を次期理事長候補者とする。

五　再投票による得票が同数の場合は，抽選によって決定する。

第三条　選考理事を含めた次期理事会は，次期理事長候補者の理事長への選任について審議し，議決する。

二　理事は，欠席する場合，他の理事に議決権を委任することができる。

（二〇〇二年一〇月五日制定）

日本政治学会次期理事会運営規程

一　〔総則〕次期理事が選出されてから，その任期が始まるまでの次期理事会は，本規程に従って運営する。

二　〔構成〕次期理事会は，次期理事および次期監事によって構成する。

三　〔招集〕次期理事会は，次期理事長が召集する。但し，第一回の次期理事会は現理事長が招集する。

四　〔任務〕イ　次期理事会に関する事務は，次期常務理事が取り扱う。また，その経費は次期理事会経費に準じて学会事務局が支払う。

ロ　次期理事会は，任期の間の次期常務理事，次期幹事，各種委員会の長および委員を必要に応じて委嘱できる。

ハ　次期理事会は，任期の間の日本政治学会行事について，現理事会の委嘱にもとづき，企画，立案できる。

五　〔記録〕次期理事会の記録は，次期常務理事の下でまとめ，次期理事会および現理事会の構成員に配布する。

（二〇〇二年一〇月五日制定）

『年報政治学』論文投稿規程

※第9条の「投稿申込書」は，日本政治学会のホームページからダウンロードできます（URL: http://wwwsoc.nii.ac.jp/jpsa2/publication/nenpou/index.html）。

1．応募資格
　・日本政治学会の会員であり，応募の時点で当該年度の会費を納入済みの方。

2．既発表論文投稿の禁止
　・応募できる論文は未発表のものに限ります。

3．使用できる言語
　・日本語または英語。

4．二重投稿の禁止
　・同一の論文を本『年報政治学』以外に同時に投稿することはできません。
　・同一の論文を『年報政治学』の複数の号に同時に投稿することはできません。

5．論文の分量
　・日本語論文の場合，原則として20,000字以内（注，参考文献，図表を含む）とします。文字数の計算はワープロソフトの文字カウント機能を使って結構ですが，脚注を数える設定にして下さい（スペースは数えなくても結構です）。半角英数字は2分の1字と換算します。図表は，刷り上がり1ページを占める場合には900字，半ページの場合には450字と換算して下さい。
　　論文の内容から20,000字にどうしても収まらない場合には，超過を認めることもあります。ただし査読委員会が論文の縮減を指示した場合には，その指示に従って下さい。
　・英語論文の場合，8,000語（words）以内（注，参考文献，図表を含む）とします。図表は，刷り上がり1ページを占める場合には360語（words），半ページの場合には180語（words）と換算して下さい。
　　論文の内容から8,000語にどうしても収まらない場合には，超過を認めることもあります。ただし査読委員会が論文の縮減を指示した場合には，その指示に従って下さい。

6．論文の主題

・政治学に関わる主題であれば，特に限定しません。年報各号の特集の主題に密接に関連すると年報委員会が判断した場合には，特集の一部として掲載する場合があります。ただし，査読を経たものであることは明記します。

7．応募の締切
・論文の応募は年間を通じて受け付けますので，特に締切はありません。ただし，6月刊行の号に掲載を希望する場合は刊行前年の10月末日，12月刊行の号に掲載を希望する場合は刊行年の3月末日が応募の期限となります。しかし，査読者の修正意見による修正論文の再提出が遅れた場合などは，希望の号に掲載できないこともあります。また，査読委員会が掲載可と決定した場合でも，掲載すべき論文が他に多くある場合には，直近の号に掲載せず，次号以降に回すことがありますので，あらかじめご了承ください。掲載が延期された論文は，次号では最優先で掲載されます。

8．論文の形式
・図表は本文中に埋め込まず，別の電子ファイルに入れ，本文中には図表が入る位置を示して下さい。図表の大きさ（1ページを占めるのか半ページを占めるのか等）も明記して下さい。また，他から図表を転用する際には，必ず出典を各図表の箇所に明記して下さい。
・図表はスキャン可能なファイルで提出してください。出版社に作成を依頼する場合には，執筆者に実費を負担していただきます。
・投稿論文には，審査の公平を期すために執筆者の名前は一切記入せず，「拙著」など著者が識別されうるような表現は控えて下さい。

9．投稿の方法
・論文の投稿は，ワードまたは一太郎形式で電子ファイルに保存し，『年報政治学』査読委員会が指定する電子メールアドレス宛てに，メールの添付ファイルとして送信して下さい。投稿メールの件名（Subject）には，「年報政治学投稿論文の送付」と記入して下さい。
・なお，別紙の投稿申込書に記入の上，投稿論文と共にメールに添付して送付して下さい。
・また，投稿論文を別に3部プリントアウト（A4用紙に片面印刷）して，査読委員会が指定する宛先に送ってください（学会事務局や年報委員会に送らないようにご注意ください）。
・送付された投稿論文等は執筆者に返却致しません。

10．投稿論文の受理

・投稿論文としての要件を満たした執筆者に対しては，『年報政治学』査読委員会より，投稿論文を受理した旨の連絡を電子メールで行います。メールでの送受信に伴う事故を避けるため，論文送付後10日以内に連絡が来ない場合には，投稿された方は『年報政治学』査読委員会に問い合わせて下さい。

11. 査読
    ・投稿論文の掲載の可否は，査読委員会が委嘱する査読委員以外の匿名のレフリーによる査読結果を踏まえて，査読委員会が決定し，執筆者に電子メール等で結果を連絡します。
    ・なお，「掲載不可」および「条件付で掲載可」と査読委員会が判断した場合には，執筆者にその理由を付して連絡します。
    ・「条件付で掲載可」となった投稿論文は，査読委員会が定める期間内に，初稿を提出した時と同一の手続で修正稿を提出して下さい。なお，その際，修正した箇所を明示した修正原稿も電子メールの添付ファイルとして送って下さい。

12. 英文タイトルと英文要約
    ・査読の結果，『年報政治学』に掲載されることが決まった論文については，著者名の英文表記，英文タイトル，英文要約を提出いただくことになります。英文要約150語程度（150 words）になるようにして下さい（200語以内厳守）。査読委員会は原則として手直しをしないので，執筆者が各自で当該分野に詳しいネイティヴ・スピーカーなどによる校閲を済ませて下さい。

13. 著作権
    ・本『年報政治学』が掲載する論文の著作権は日本政治学会に帰属します。掲載論文の執筆者が当該論文の転載を行う場合には，必ず事前に文書で本学会事務局と出版社にご連絡下さい。また，当該『年報政治学』刊行後1年以内に刊行される出版物への転載はご遠慮下さい。
    ・また，投稿論文の執筆に際しては他人の著作権の侵害，名誉毀損の問題を生じないように充分に配慮して下さい。他者の著作物を引用するときは，必ず出典を明記して下さい。
    ・なお，万一，本『年報政治学』に掲載された執筆内容が他者の著作権を侵害したと認められる場合，執筆者がその一切の責任を負うものとします。

14. その他の留意点
    ・執筆者の校正は初校のみです。初校段階で大幅な修正・加筆をすることは

認められません。また，万が一査読委員会の了承の下に初校段階で大幅な修正・加筆を行った場合，そのことによる製作費用の増加は執筆者に負担していただきます。
・本『年報政治学』への同一の著者による論文の投稿数については何ら制限を設けるものではありませんが，採用された原稿の掲載数が特定の期間に集中する場合には，次号以下に掲載を順次繰り延べることがあります。

査読委員会規程

1. 日本政治学会は，機関誌『年報政治学』の公募論文を審査するために，理事会の下に査読委員会を置く。査読委員会は，委員長及び副委員長を含む7名の委員によって構成する。

    査読委員会委員の任期は2年間とする。任期の始期及び終期は理事会の任期と同時とする。ただし再任を妨げない。

    委員長及び副委員長は，理事長の推薦に基づき，理事会が理事の中から任命する。その他の委員は，査読委員長が副委員長と協議の上で推薦し，それに基づき，会員の中から理事会が任命する。委員の選任に当たっては，所属機関，出身大学，専攻分野等の適切なバランスを考慮する。

2. 査読委員会は，『年報政治学』に掲載する独立論文および特集論文を公募し，応募論文に関する査読者を決定し，査読結果に基づいて論文掲載の可否と掲載する号，及び配列を決定する。特集の公募論文は，年報委員長と査読委員長の連名で論文を公募し，論文送付先を査読委員長に指定する。

3. 査読者は，原則として日本政治学会会員の中から，専門的判断能力に優れた者を選任する。ただし査読委員会委員が査読者を兼ねることはできない。年報委員会委員が査読者になることは妨げない。査読者の選任に当たっては，論文執筆者との個人的関係が深い者を避けるようにしなければならない。

4. 論文応募者の氏名は査読委員会委員のみが知るものとし，委員任期終了後も含め，委員会の外部に氏名を明かしてはならない。査読者，年報委員会にも論文応募者の氏名は明かさないものとする。

5. 査読委員長は，学会事務委託業者に論文応募者の会員資格と会費納入状況を確認する。常務理事は学会事務委託業者に対して，査読委員長の問い合わせに答えるようにあらかじめ指示する。

6. 査読委員会は応募論文の分量，投稿申込書の記載など，形式が規程に則しているかどうか確認する。

7. 査読委員会は，一編の応募論文につき，2名の査読者を選任する。査読委員会は，査読者に論文を送付する際に，論文の分量を査読者に告げるとともに，論文が制限枚数を超過している場合には，超過の必要性についても審査を依頼する。

    査読者は，A，B，C，Dの4段階で論文を評価するとともに，審査概評を報告書に記載する。A～Dには適宜＋または－の記号を付してもよい。記号の意味は以下の通りとする。

    A：従来の『年報政治学』の水準から考えて非常に水準が高く，ぜひ掲載すべき論文

B：掲載すべき水準に達しているが，一部修正を要する論文
C：相当の修正を施せば掲載水準に達する可能性がある論文
D：掲載水準に達しておらず，掲載すべきではない論文。

　査読者は，BもしくはCの場合は，別紙に修正の概略を記載して査読報告書とともに査読委員会に返送する。またDの場合においては，論文応募者の参考のため，論文の問題点に関する建設的批評を別紙に記載し，査読報告書とともに査読委員会に返送する。査読委員会は査読者による指示ならびに批評を論文応募者に送付する。ただし査読委員会は，査読者による指示ならびに批評を論文応募者に送付するにあたり，不適切な表現を削除もしくは変更するなど，必要な変更を加えることができる。

　AないしCの論文において，その分量が20,000字（英語論文の場合には8,000語）を超えている場合には，査読者は論文の内容が制限の超過を正当化できるかどうか判断し，必要な場合には論文の縮減を指示することとする。

8. 修正を施した論文が査読委員会に提出されたときは，査読委員会は遅滞なく初稿と同一の査読者に修正論文を送付し，再査読を依頼する。ただし，同一の査読者が再査読を行えない事情がある場合には，査読委員会の議を経て査読者を変更することを妨げない。また，所定の期間内に再査読結果が提出されない場合，査読委員会は別の査読者を依頼するか，もしくは自ら査読することができるものとする。

9. 最初の査読で査読者のうち少なくとも一人がD（D＋およびD－を含む。以下，同様）と評価した論文は，他の査読者に査読を依頼することがある。ただし，評価がDDの場合は掲載不可とする。修正論文の再査読の結果は，X（掲載可），Y（掲載不可）の2段階で評価する。XYの場合は，委員会が査読者の評価を尊重して掲載の可否を検討する。

10. 査読委員会は，年報委員長と協議して各号に掲載する公募論文の数を決定し，その数に応じて各号に掲載する公募論文を決定する。各号の掲載決定は，以下の原則によるものとする。

    1) 掲載可と判断されながら紙幅の制約によって前号に掲載されなかった論文をまず優先する。
    2) 残りの論文の中では，初稿の査読評価が高い論文を優先する。この場合，BBの評価はACの評価と同等とする。
    3) 評価が同等の論文の中では，最終稿が提出された日が早い論文を優先する。

　上記3つの原則に拘らず，公募論文の内容が特集テーマに密接に関連している場合には，その特集が組まれている号に掲載することを目的として掲載号を変えることは差し支えない。

11. 応募論文が特集のテーマに密接に関連する場合，または応募者が特集の一

部とすることを意図して論文を応募している場合には，査読委員長が特集号の年報委員長に対して論文応募の事実を伝え，その後の査読の状況について適宜情報を与えるものとする。査読の結果当該論文が掲載許可となった場合には，その論文を特集の一部とするか独立論文として扱うかにつき，年報委員長の判断を求め，その判断に従うものとする。
12. 　査読委員長，査読委員及び査読者の氏名・所属の公表に関しては，査読委員長の氏名・所属のみを公表し，他は公表しない。

付則1
　1．本規程は，2005年10月より施行する。
　2．本規程の変更は，理事会の議を経なければならない。
　3．本規程に基づく査読委員会は2005年10月の理事会で発足し，2006年度第2号の公募論文から担当する。最初の査読委員会の任期は，2006年10月の理事交代時までとする。

付則2
　1．本規程は，2007年3月10日より施行する。

The Annuals of Japanese Political Science Association 2008-I

Summary of Articles

Redefining the Meaning of Work: State, Market, and Society in the Arguments Regarding Reform of the Welfare State in France

Takuji TANAKA (11)

The purpose of this paper is to examine the recent discussions on the relationship between the obligation to work and the social citizenship in France. Work is one of the primary obligations of citizens since the French Revolution, and the welfare state after the Second World War is constructed on the basis of this "centrality of work." However, since the 1970s, as the working conditions has become more unstable, the correspondence between the obligation to work and the social citizenship (or the social right) has become the central object of political and philosophical debates. Three types of arguments can be distinguished: free work from social regulations and reduce public social security; implement new policies for "inclusion" and work-sharing in order to re-balance the social right and the obligation to work; redefine the meaning of work from "salaried work" to "activity." These arguments illustrate the new confrontations about the future possibilities of the welfare state.

Skepticism and Disappointment in Hayek's Argument on Democracy in comparison with Tocqueville

Masaru YAMANAKA (37)

One of the thinkers whom Hayek praised very highly is Tocqueville. Hayek regarded Tocqueville as one of the best liberal thinkers of the 19th century who developed most successfully the political philosophy of the Scottish thinkers such as Mandeville, Hume and Smith. And the title of Hayek's *The Road to Serfdom* (1944) was named after what Tocqueville had called the "new servitude". Evidently Hayek's argument on tyranny or despotism in the book had many similarities with that of Tocqueville in *Democracy in America*.

However, there were, in fact, several big differences between them. Tocqueville defined individualism in a negative way: individualism "disposes each citizen to isolate himself from mass of his fellows and withdraw into the circle of family and friends". But Hayek defined it in a positive way: the essential features of individualism were, for Hayek, "the respect for the individual man *qua* man". While Tocqueville considered *political* freedom most important as a bulwark against the majority's tyranny or a new democratic despotism, Hayek considered *economic* freedom most important. Tocqueville endeavored to make the best use of democracy to make people good public citizens. But Hayek had skepticism and disappointment with democracy, which seemed to make Hayek resemble Plato rather than Tocqueville. These differences between them seem to pose a significant problem for state-society relationship in the contemporary world.

Associations and Democratic Politics:
Can Associationalism Give Birth to a New Model of Politics?

Makoto HAYAKAWA (61)

The role of voluntary associations is a focus of current democratic theories including civil society argument, radical democracy, and deliberative democracy. Though it is certain that associations often perform democratic functions, they also disturb democracy by demanding narrow group interests, suppressing the opinions of group members, and lacking the interest in coordination and compromise. Whereas the associationalism developed in the United States depends on voluntary associations excessively, the one in the United Kingdom has been paying a close attention to the inadequacy of associational effects. The legacy of the pluralist theory of the state is especially important in this regard. Comparing two strands of associationalism, it is clear that something is necessary to strike an appropriate balance between the democratic and undemocratic functions of associations. The key to the problem is the new understanding of representative democracy. Contrary to the idea that associatiomalism will eventually replace the state-centered politics, a strong but flexible state which can accommodate and coordinate a variety of associations is required. Without taking such a state into consideration, associationalism would not be able to realize stabilized and impartial democratic politics.

Immigration Issues in Contemporary French Politics:
As a Case of Society-State Relationship in Postcolonial Era

Kazuya ONAKA (82)

Society-State relationship is a classical theme in modern political theory. Nonetheless its national form is challenged by phenomena of globalization. In paragraph 1, we suggest to conceive this relationship in local, national and global contexts, considering that the experiences to cross borders characterize phenomena of globalization. The moment of moving from one milieu to another takes part in reality of society-state relationship, to the extent that it relates personal experiences to a collective dynamics or narrative. In paragraph 2, we examine immigration issues in contemporary France. Contrary to images that an event like suburb riots in 2005 might let believe, the history of immigration in France does not date from the period of decolonization. It amounts to saying that postcolonial immigrants of whom the majority came from extraeuropean countries occupy a specific place in this history. In paragraph 3, we discuss a postcolonial interpretation on writings of two great philosophers, Michel Foucault and Hannah Arendt, proposed by Françoise Vergès. She interprets their texts about "boomerang effects" from colonies to home country in relation to contemporary French politics.

Why was "kouzou-kaikaku" of SDPJ buried in '60s?

Masashi KISHITA (109)

Recently, there are many articles with which SDPJ is dealt. The aim of this article is to investigate the formation process of the proposition "kouzou-kaikaku" (the reform plan of SDPJ) and to verify how the plan had held place in SDPJ at that moment. Especially I will focus on the rising and fall of the faction "Eda-Ha" which was represented by Eda Saburou (one of the influential reformers in SDPJ). It would have intended to reform SDPJ in large measure in 1960's. But in spite of its passion, the reform faced the various oppositions by the major (left) factions within SDPJ. As the consequence, Eda-Ha failed to reform SDPJ.

We can see many reasons why the theory "kouzou-kaikaku" has lost its position in SDPJ. Up to this time, it is said that the decline of Eda-Ha with the intention of the reform caused to the decline of SDPJ. I present other reason of the decline from the alternative points of view.

By doing so, I intend to contribute further development of the studies on SDPJ.

Feminism and State Theory: The Return of the State and Beyond

Tetsuki TAMURA (143)

Though the state has been the main topic in political theory, it hasn't been the case in feminism. But in recent years feminists have begun to pay attention to the state and state theory. So my research question is how feminists should theorize the state. I argue three points in order to answer this question. Firstly feminists can't see the state as essentially patriarchal, because state is constructed through discursive struggles. Secondly it is important that both civil society and mediation channels are democratic, if state is to be non-patriarchal. So feminist state theory can't be the theory focused on the state exclusively. Finally for feminists it is insufficient to think only about the relationship between state and civil society. Because feminists have criticized public/private distinction, feminist state theory must take this distinction into account. There are some qualitative differences between public realm including civil society and private realm such as family. But we should not see these boundaries as fixed. We go on deliberating whether these boundaries are appropriate or not. That is why 'politics as public action" is significant.

Passions and Institutions
—the Vision of Order in Taguchi Ukichi's "Nihon Kaika-Shoshi" (Short History of Japan's Civilization)

Yuri KONO (169)

This paper focuses on the "Nihon Kaika Shoshi" (or Short History of Japan's Civilization); the masterpiece of Taguchi Ukichi (1855-1905), and tries to reconstruct the appropriate context in which this text should be placed.

When, in Part Five of the book, Taguchi discussed the decline and fall of Tokugawa government, one of the contexts he was attempting to address clearly was the row among his contemporaries over the institution of parliament.

Unlike early Fukuzawa Yukichi before "Minjo Isshin", Taguchi understands Parliament as one of the tools for channeling passions and interests of the people. Although he maintained that self-love is an indivisible feature of human nature, he did not think market should be the final arbiter between self-loves, not because market is imperfect, but because passions of self-love take various forms in various historical circumstances. Altruistic ideologies (such as Confucianism or Bushido) also represent transformations of self-love. These ideologies Taguchi consequently described as political passions which destroyed the Pax Tokugawa.

Parliament is another kind of market, a place of exchange not only of interests but of political passions, and it is a necessary safety valve for maintaining stability and peace in government.

"Political Determinants of the Pace of Financial Reforms in Developing Countries."

Sawa OMORI (188)

Abstract: This paper analyzes political determinants of the pace of three dimensions of financial reforms in developing countries: privatization of banks, enhancement of banking supervision, and capital account liberalization. The pace of financial reforms refers to the degree to which a country speeds up financial reforms. I argue that the IMF conditionality programs play a role in speeding up the pace of each of the three dimensions of financial reforms. However, these IMF effects are conditioned by the number of veto players; namely, as the number of veto players increases, these IMF effects tend to decrease. Further, I predict that the stronger the influence of the manufacturing sector in a country, the quicker the pace of privatization of banks and capital account liberalization with the enhancement of banking supervision as an exception. Also, countries with a stronger influence of the banking sector tend to delay all three dimensions of financial reforms. These arguments were quantitatively assessed employing event history method. Results demonstrated that the IMF's impact on financial reforms is contingent upon the number of veto players as hypothesized. In addition, the effects of the manufacturing sector were confirmed, while the effects of the banking sector were not.

The democratization of party leadership selection in Japan

Takayoshi UEKAMI (220)

This paper examines the relationship between a democratization of party leadership selection and party organizational change in Japan. The Liberal Democratic Party, the long ruling party, became used to utilizing votes by party members as a method of electing its presidents. Compared with the Democratic Party of Japan, the second largest party, LDP has a much larger number of members, but its factional linkage which holds diet members and rank and file party members together has dwindled. By contrast, the organizational support base of DPJ remains weak, so the demand of local party organizations for votes by party members does not increase. In sum, as a result of many LDP members voting individually, they are coming on the stage of party leadership selection as new actors. Both because the incentives of candidates and members change, votes by party members became popular in LDP.

Reexamination of the Civilian Minister System in the Prewar Japan: The Japanese Army in 1920's and the Supreme Command

Yasuo MORI (241)

This article examines the struggle for the control of the army between the army and political parties.

In prewar Japan only military offices could assume the military ministers. It has commonly been accepted that this rule made it difficult for civilians to control the Army and it was the decisive power resource of the army. However, this view cannot explain why party cabinets between 1924 and 1932 failed to institutionalize civilian control over the army and how the army reacted to the establishment of party politics in this period.

This paper mainly provides two new views. First, in the 1920s, the army agreed reluctantly to give up military minister posts to parties due to the rise of parties. Second, in spite of this compromise of the Army, the Army still maintained these posts because the prime ministers and the army ministers agreed to avoid a rapid rule change and control the army by their leadership.

The failure of civilian control in prewar Japan did not stem solely from formal rules. Party cabinets could develop their power and control the Army by aggressively enforcing formal rules and taking their initiative. Yet, they failed to establish their political supremacy over the Army in the 1920s and it led to militarism afterward.

Pride and Civil Society in John Locke's Political and Educational Thought

Yumiko NAKAGAMI (263)

'There is something troubling in this type of case, in that the desire for honour, command, power and glory usually exist in men of the greatest spirit and most brilliant intellectual talent. Therefore one must be all the more careful not to do wrong in this way,' Cicero said in *On Duties* referring to Julius Caesar. Agreeing with him, John Locke tries to tame the dangerous aspect of 'the desire for honour, command, power and glory,' that is, human pride. However he sees this passion as indispensable to human freedom and therefore a free civil society, in contrast to Thomas Hobbes, who attributed the cause of the Civil War to this passion. In *Some Thoughts Concerning Education*, Locke outlines a free civil society on the basis of human pride. In a polite and civilized society where the 'Law of Opinion or Reputation' prevails, human pride can be moderated and cultivated into public spirit based on individual autonomy and freedom. For Locke, civil society is not merely a counterpart to absolute monarchy, but also a basis of human civility, that is, a civilized society.

The "Conditioning" Effect of Political Knowledge on Voting Behavior
Ryosuke IMAI (283)

This paper examines how and how much the levels of political knowledge affect voting behavior in Japan. By adding interaction terms of political knowledge scale and other independent variables to the baseline logit model, the analysis demonstrates that the impact of party evaluation, issue attitudes, and pocketbook evaluation is conditioned by the levels of political knowledge. That is, the effect of party evaluation on voting behavior is significantly stronger among politically knowledgeable voters; political unawareness prevents voters from connecting their issue attitudes with voting decision; the politically less well-informed tend to rely on retrospective pocketbook evaluation when they vote. These findings suggest that taking account of the conditioning effect of political knowledge is critical to make sense of Japanese voting behavior.

The World Views of E.H. Carr's "The Twenty Years' Crisis" (1939)
—The Correlation between His "Realism" and "Pacifism."
Seiko MIMAKI (306)

This thesis revisits "Twenty Years' Crisis" and considers what E. H. Carr means by "realism." Since the 1990s, many works have challenged the stereotyped picture of a "realist Carr." Now we know much about a "non-realist" Carr, but there still remain a lot of questions about Carr's "realism." Contrary to the prevailing image of anti-idealism, Carr's "realism" is a "weapon" to demolish the inequalities between nations, and to rebuild a more equal order.

During the 1930s, the "idealists" such as Norman Angell and Leonard Woolf abandoned their optimistic beliefs in public opinion, and advocated the League sanctions against the fascist countries. Together with the pacifists, Carr criticized the League sanctions as a superficial solution, and insisted that the fundamental problem was the inequalities between the "have" and "have-not" countries. His criticisms toward the League were not a denial of the League itself. He criticized the "Coercive League," which was hostile to the "have-not" countries, but supported the "Consultative League," which functioned as a forum between the "have" and "have-not."

Now we are in the long fight against terrorism. Global terrorism is, in part, a reaction to global inequalities. Carr's "realism" tells us that military actions alone never beat global terrorism.

年報政治学2008-Ⅰ
国家と社会：統合と連帯の政治学

2008年6月10日　第1刷発行

編　者　　日本政治学会（年報委員長　杉田　敦）
発行者　　坂　口　節　子
発行所　　有限会社　木　鐸　社
印刷　　㈱アテネ社／製本　大石製本

〒112-0002　東京都文京区小石川5-11-15-302
電話（03）3814-4195　　郵便振替　00100-5-126746番
ファクス（03）3814-4196　　http://www.bokutakusha.com/

ISBN978-4-8332-2404-8　C3331

乱丁・落丁本はお取替致します

日本政治学年報

年二回刊行
二〇〇五年度より発行元が小社に変更

〔既刊バックナンバー〕
日本政治学会編　年報政治学 2007-Ⅱ

排除と包摂の政治学
越境，アイデンティティ，そして希望　　A5判264頁定価：本体1700円＋税

帝国の時代におけるリージョンとマイノリティ －ロシア・メノナイトのカナダ移住を手がかりにして－	竹中　浩
無国籍者をめぐる越境とアイデンティティ	陳　天璽
文化的多様性と社会統合 －カナダの先住民とフランス系住民をめぐって－	辻　康夫
越境社会と政治文化 －「ヨーロッパ」は「市場」か「要塞」か，深層政治界か－	小川有美

日本政治学会編　年報政治学 2007-Ⅰ

戦争と政治学
戦争の変容と政治学の模索　　A5判200頁定価：本体1400円＋税

マックス・ウェーバーにおける戦争と政治 －〈宗教社会学〉への試論として－	亀嶋庸一
書かれざる『戦争の政治学』	川原　彰
民主主義と武力行使 －冷戦終焉後の展開とイラク戦争による転回－	押村　高
デモクラシーと戦争	北村　治

2005-Ⅰ　市民社会における参加と代表
A5判360頁定価：本体2300円＋税

2005-Ⅱ　市民社会における政策過程と政策情報
A5判256頁定価：本体1700円＋税

2006-Ⅰ　平等と政治　A5判320頁定価：本体2200円＋税

2006-Ⅱ　政治学の新潮流：21世紀の政治学へ向けて
A5判270頁定価：本体1800円＋税

【シリーズ21世紀初頭・日本人の選挙行動】全3巻完結

小林良彰

制度改革以降の日本型民主主義

55年体制における民主主義の機能不全は、選挙制度改革以降も解消されていない。本書はその原因を解明する。公約提示及び政策争点と有権者の投票行動の間の関連、制度改革の前後の比較により、期待される変化が生じたか否かを検証し、具体的な政策提言する。

A5判 336頁 税込三一五〇円

平野　浩　［シリーズ21世紀初頭・日本人の選挙行動］【既刊】

変容する日本の社会と投票行動

日本の有権者が、なぜ、どのような投票行動をとっているかを知ることは、日本の政治がなぜ、どのように現在の形となっているかを知り、同時に個々の有権者に「政治」とは何かについての洞察をもたらす。右の問題意識から21世紀初頭の有権者の投票行動をミクロ・マクロの両面から切り込む。

A5判 204頁 税込三一五〇円

池田謙一　［シリーズ21世紀初頭・日本人の選挙行動］【既刊】

政治のリアリティと社会心理

平成小泉政治のダイナミックス

76年JABISS調査から数えて30年の歴史、継続性を有し、国際比較の標準調査項目とも一致するよう工夫している。JESⅢパネル調査は、21世紀初頭小泉政権期をほぼカヴァーし、本シリーズは、これらの普遍性・歴史性を踏まえ、JESⅢ＝小泉政権の固有性を明確にし、更に視野を拡げ、投票行動の背景を日本人の価値観の変容と連続性を様々な手法を用いて検証する。

A5判 330頁 税込四二〇〇円

【現代世界の市民社会・利益団体研究叢書別巻】

ロバート・ペッカネン著　佐々田博教訳

日本における市民社会の二重構造

政策提言なきメンバー達

本書は日本における二重構造を持つ市民社会は、政府が作り出す政治構造、法制度に起因し、社会関係資本の創出と共同体の形成を通じて民主主義を支える、公共領域のあり方や政策決定に影響を与えることのない「政策提言なきメンバー達」から成り立っていることを論証。

A5判 272頁 税込三一五〇円

辻中　豊　　現代日本の市民社会・利益団体

A5判 370頁 税込四二〇〇円

辻中　豊　　現代韓国の市民社会・利益団体
廉　載鎬

A5判 490頁 税込六三〇〇円

蔵　研也　〔既刊〕

無政府社会と法の進化

アナルコキャピタリズムの是非

本書は、無政府社会の可能性とその秩序を生物学におけるESS（進化安定戦略）として大胆に構想してみせる。また著者は議論を開かれたものにし、本書を手掛りに無政府社会への賛否や更なる疑問に導かれるよう読者を誘う。

A5判 232頁 税込三一五〇円

日本型教育システムの誕生
徳久恭子著（立命館大学法学部）
A5判・360頁・4500円　ISBN978-4-8332-2403-1　C3031

　敗戦後の民主改革において，当初教育改革は最優先課題であった。それは米国の支持する「国民の教育権」と日本の支持する「教権」の理念・方法をめぐる対立と妥協により，教育基本法を頂点とする日本型教育システムを築いた。従来の保革対立アプローチの限界を越え，アイディアアプローチを用いて占領期を通じて教育改革は完遂されたものとして捉える視角からこれを論証する。教育政策を始めて政治学の議論にした。混迷を極める現在の教育改革論議に資する。

移民国としてのドイツ
近藤潤三著（愛知教育大学）
A5判・324頁・3500円　ISBN978-4-8332-2395-9　C3032
■社会統合と平行社会のゆくえ
　本書は『統一ドイツの外国人問題：外来民問題の文脈で』の続編。移民政策における近年の主要な変化を反映したパラダイム転換の過程を追及する。

統一ドイツの外国人問題
近藤潤三著（愛知教育大学）
A5判・500頁・7000円（2002年）ISBN4-8332-2317-7
■外来民問題の文脈で
　戦後西ドイツは敗戦で喪失した領土からの外来民の流入，外国人労働者の導入，難民受入等多くの課題を抱えた。このような錯綜した人の移動の総体を「外来民問題」という観点から，ドイツの外国人問題を捉える。その特有の社会構造と政策転換の変動のなかに百五十年に及ぶ統一ドイツ国家形成の真の姿を見る。

統一ドイツの変容
近藤潤三著
A5判・396頁・4000円（1998年）ISBN4-8332-2258-2
■心の壁・政治倦厭・治安
　統一後のドイツでは東西分裂の克服がもたらした束の間の歓喜と陶酔の後に，心に重くのしかかる難問が次々に現れてきた。旧東ドイツ地域の経済再建とその負担，失業者の増大，難民の大波，排外暴力事件の激発等。本書は統一後のドイツの現実を徹底的に一次資料に基づいて追跡し，ボン・デモクラシーの苦悩を解明。